Ullstein-Sachbuch

ZUM BUCH:

Hartmut von Hentig, Professor der Pädagogik in Bielefeld, legt hier autobiographische Texte vor, die der landläufigen Vorstellung vom Wesen einer Autobiographie kaum entsprechen. Als Ganzes ist das Buch eher eine Dokumentation der wichtigsten Phänomene und Probleme unserer Epoche – gebrochen und gespiegelt in der Persönlichkeit des Autors.

ZUM AUTOR:

Hartmut von Hentig, geboren 1925, studierte ab 1945 in Göttingen und Chicago alte Sprachen; er promovierte mit einer Arbeit über Thukydides. Anschließend war er Lehrer am Landerziehungsheim Birklehof. 1963 kam die Berufung auf den Lehrstuhl für Pädagogik an der Universität Göttingen und 1968 der Ruf an die Universität Bielefeld, wo er am Aufbau der Fakultät für Pädagogik, Philosophie und Psychologie sowie des Oberstufen-Kollegs und der Laborschule – deren Leiter er jetzt ist – mitwirkte. Zu seinen wichtigsten Büchern gehören: *Universität und höhere Schule* (1967), *Systemzwang und Selbstbestimmung* (1968), *Spielraum und Ernstfall* (1969), *Cuernava – oder Alternativen zur Schule?* (1971), *Die Bielefelder Laborschule* (1971), *Was ist eine humane Schule?* (1976), *Die entmutigte Republik* (1980), *Aufwachsen in Vernunft* (1981) und *Erkennen durch Handeln* (1982).

Hartmut von Hentig

Aufgeräumte Erfahrung

Texte zur eigenen Person

Ullstein Sachbuch

Ullstein Sachbuch
Ullstein Buch Nr. 34306
im Verlag Ullstein GmbH,
Frankfurt/M – Berlin – Wien

Ungekürzte Ausgabe

Umschlagentwurf:
Theodor Bayer-Eynck
Foto: Isolde Ohlbaum

Mit freundlicher Genehmigung des
Carl Hanser Verlags, München · Wien

Printed in Germany 1985
Druck und Verarbeitung:
Elsnerdruck, Berlin
ISBN 3 548 34306 6

Dezember 1985

Vom selben Autor
in der Reihe der
Ullstein Bücher:

Spielraum und Ernstfall (39020)

CIP-Kurztitelaufnahme
der Deutschen Bibliothek

Hentig, Hartmut von:
Aufgeräumte Erfahrung: Texte zur
eigenen Person / Hartmut von Hentig. –
Ungekürzte Ausg. – Frankfurt/M; Berlin;
Wien: Ullstein, 1985.
(Ullstein-Buch; Nr. 34306:
Ullstein-Sachbuch)
ISBN 3-548-34306-6
NE: GT

Inhalt

Meinem 97jährigen Vater gewidmet

Das nichtgeprüfte Leben ist nicht lebenswert. *Sokrates*

Jeder Mensch erfindet sich früher oder später eine Geschichte, die er für sein Leben hält. *Max Frisch*

Das Kind sieht das Mögliche und lebt mit ihm, und das ist viele Ängste wert.
Carl Frankenstein

Wenn wir unser Leben erzählen, so lügen wir nur selten, unabsichtlich oder in Nebensachen, auf die es nicht ankommt. Wir sagen die Wahrheit, soweit sie überprüfbar ist. Aber es gibt viele Wahrheiten, das ist das Problem.
Martin Gregor-Dellin

Krieg raus, wer du bist! und schnüffel nicht Gott hinterher! denn das, was die Menschheit ist, begreifst du am besten an dir. *Wolf Biermann*

Darf man einen Moment einem andern aufopfern? Offenbar Nein; so wenig man einen Menschen bloß als Mittel für den andern behandeln darf . . . Es ist aber die Natur der pädagogischen Einwirkung, auf die Zukunft gerichtet zu sein; sowie wir diese Richtung verringern wollten, würden wir die pädagogische Einwirkung als solche aufheben. Wir können nicht anders den Widerspruch aufheben, als wenn wir . . . also entscheiden: Jeder pädagogische Moment, der als solcher seine Beziehung auf die Zukunft hat, muß zugleich auch Befriedigung sein für den Menschen, wie er gerade ist.
Friedrich Schleiermacher

Jedem Alter des Menschen antwortet eine gewisse Philosophie. Das Kind erscheint als Realist; denn es findet sich so überzeugt von dem Dasein der Birnen und Äpfel als von dem seinigen. Der Jüngling, von innern Leidenschaften bestürmt, muß auf sich selbst merken, sich vorfühlen: er wird zum Idealisten umgewandelt. Dagegen ein Skeptiker zu werden hat der Mann alle Ursache; er tut wohl zu zweifeln, ob das Mittel, das er zum Zwecke gewählt hat, auch das rechte sei. Vor dem Handeln, im Handeln hat er alle Ursache, den Verstand beweglich zu erhalten, damit er nicht nachher sich über eine falsche Wahl zu betrüben habe. Der Greis jedoch wird sich immer zum Mystizismus bekennen. Er sieht, daß so vieles vom Zufall abzuhängen scheint: das Unvernünftige gelingt, das Vernünftige schlägt fehl, Glück und Unglück stellen sich unerwartet ins gleiche; so ist es, so war es, und das hohe Alter beruhigt sich in dem, der da ist, der da war, und der da sein wird.

Johann Wolfgang Goethe

1. Vorwort

Die Veröffentlichung von autobiographischen Texten setzt ein Interesse des Publikums an der Person des Autors voraus. Ich fürchte, die meisten Autobiographen rechnen allzu selbstverständlich mit diesem Interesse, und so bleiben sie ihrem Text andere notwendige Anstregungen und Begründungen schuldig.

Gute Gründe für die Aufzeichnung des Erfahrenen sind das Bedürfnis nach Aufbewahrung und Ordnung, die Freude an der Gestaltung, die Hoffnung auf Befreiung – und allemal Rechtfertigung.

Diese Motive sind mir vertraut, aber ich folge einem anderen: Indem ich mein vergangenes Leben vergegenwärtige und mustere, studiere ich die Bedingungen für die Erfüllung meiner Lebensaufgabe. Ich bin Lehrer, Erzieher und *politēs* – ein aktiver und spezialisierter, vielfältig in die *polis* verstrickter Bürger. Dies fordert ein klares Wissen davon, wie Menschen – nicht nur im Kindes- und Jugendalter, in dem wir ihnen professionell zusetzen – sich entwickeln, wer Einfluß nimmt und wodurch, wie unterschiedlich sie sind und wo die Grenzen aller geplanten Einwirkung liegen. Das in der Tradition angesammelte Wissen, die systematische Wissenschaft, die jeweilige Lage selbst lehren uns viel – aber Zutrauen werden wir zu solcher Lehre nur haben, wenn sie mit unserer eigenen Erfahrung übereinstimmt. Wie der Psychoanalytiker sich einer Analyse unterzogen haben muß, bevor er selbst analysieren darf, so sollte jeder Lehrer, als Teil seiner selbstverantworteten Ausbildung, sein Leben geprüft, den alten Auftrag des Sokrates vollzogen haben. Daß das nicht geprüfte Leben – ἀνεξέταστος βίος – nicht lebenswert sei, ist der Kernsatz seiner Philo-Sophie, seiner Suche nach dem Sinn menschlicher Existenz. Ἐξετάζεται – er wird geprüft, er muß Rechenschaft geben, hieß es von einem athenischen Beamten, der sein öffentliches Amt an die *polis* zurückgab. Tut ein Pädagoge dies in reiferen Jahren, macht er sich klar, warum er dieser Mensch und kein anderer geworden ist, wie er die ihm zuteil gewordenen Bildungsgüter, Erfahrungen, Chancen genutzt hat, wie er mit seinem Gewissen umgeht, dann kann es sein, daß er Erkenntnisse hervorbringt, die auch anderen zugänglich und nützlich sind: Er gewinnt sie ja unter anderem mit Hilfe dessen, was er in seinem Beruf mit anderen gemeinsam treibt. Dieser Beruf verpflichtet wie kaum ein anderer zum Verstehen und Erklären und zu verständlicher Verallgemeinerung.

Nun hätte ich über mein Leben wohl auch nachdenken und Rechenschaft geben wollen, wenn ich nicht Pädagoge geworden wäre. Wer anderen ein guter Freund und ein wirksamer Gegner, wer ein verantwortlicher Staatsbürger und ein anregender Zeitgenosse, ein Kritiker, ein Tröster, ein Herausforderer sein will, der hat es mit dem gleichen Grundwissen zu tun. Die Pädagogik ist ein Spezialfall unseres allgemeinen Umgangs mit Menschen. Die Pädagogik aber bringt es mit sich, daß meine Selbstprüfung häufiger an Dinge rührt, die im Leben der meisten Menschen wichtig sind: Not und Leid mit der eigenen Konstitution; das Verhältnis zu den Eltern; die Schule nicht nur als Ort der Belehrung, sondern als Ort der Erfahrung; die Literatur als Erkundung von Lebensmöglichkeiten, als Stifter von Sinnfiguren, als Verständigungsmittel; die Sprache als Instrument der Erkenntnis, als Ursache von Täuschung und als Spiegel der Person; die Wirkungen der Zeitgeschichte – Nationalsozialismus, Krieg, Niederlage, die Stunde Null, die Teilung Deutschlands, der Wiederaufbau, die Demokratie, die NATO; die politischen und moralischen Probleme, die zum Pensum der Bildung, weil der Menschheit geworden sind – Sachzwänge, Selbstbestimmung, Mitbestimmung / Macht, Herrschaft, Gewalt / Überlieferung, Fortschritt, Dialektik / Sein und Bewußtsein / Idee und Erscheinung / Individualität und Sozialität – und all dies gebrochen und gespiegelt in einer vorstellbaren, in ihren Handlungen auszumachenden Person.

Zwei erzählende und das Erzählte analysierende Versuche bilden den Ausgangspunkt; sie offenbaren, wie anders der gleiche Lebens-Stoff erscheint, je nachdem, zu welchem Zweck man ihn untersucht. In diese biographischen Experimente sind keine Nachforschungen eingegangen; sie sind aus der spontanen Erinnerung geschrieben; was diese erfaßt, was sie ausläßt und was sie wiederholt, ist selbst Teil des »Studiums«, das ich hier treibe. Zitate habe ich nachträglich überprüft. Es folgen Äußerungen in der Form persönlicher Mitteilungen: Selbstporträts, An-Sprachen, Briefe, Antworten, Bekenntnisse. Die Reden auf den Vater bringen die Zeit ins Spiel; in den Selbstdarstellungen stehen sich die genetische und die analytische Erklärung gegenüber; die Briefe öffnen die Dimension von verheißenem Sinn und erfahrenem Zweifel, in deren Licht die gleiche Erfahrung so anders erscheint; die ›Antworten‹ handeln – beispielhaft – von persönlichen Eigenschaften, die sich über meine aufgeklärten Überzeugungen und mein öffentliches Schicksal legen: die Liebe zu den Kindern, die mich die Macht über sie aushalten läßt, die Treue zu mir selbst, die den Wandel meiner ›Position‹ unwesentlich macht; die Bekenntnisse zeigen noch einmal die Person im Spiegel eines unbestimmten frühen Erlebnisses – à la recherche du temps perdu – und im scharfen Verhör vor dem Publikum der Gegenwart.

Alle Texte erklären nicht mich, sondern an mir ein Stück unseres Lebens. Eine Darstellung meiner Person wäre die Darstellung von etwas, was es nur einmal gibt – eine philosophische Monstrosität oder ein Gegenstand der Ästhetik. So etwas zu schaffen wäre Sache eines Künstlers. Der werde ich im übernächsten Leben. Im nächsten werde ich ja Sänger oder Seefahrer!

4. März 1983

2. Geschichtetes Leben – gelebte Geschichte

Der Versuch einer politischen Autobiographie (1979)

Wenn man bei klarem Wetter mit einem modernen Düsenflugzeug aufsteigt, kann man erleben, wie an einem bestimmten Punkt aus der unter einem liegenden Landschaft Landkarte, ein Stück Geographie wird. Dasselbe, nur weniger plötzlich und augenfällig, geschieht uns in und mit der Zeit: An einem bestimmten Punkt wird aus dem vergangenen Geschehen Geschichte – unser eigenes Leben geht in den einteilenden und fortführenden Linien des ganzen auf, unser nicht unterbrochenes Bewußtsein zerfällt in ›gegebene‹ Epochen, verdichtet sich um öffentliche Ereignisse, beginnt, private Erinnerung gesondert zu führen. Wir erkennen, daß nicht nur dieses oder jenes Ereignis vorbei, abgeschlossen, tot ist, sondern auch unser Erlebnis davon; was ›für mich‹ war, ist ›an sich‹ geworden – eine Schicht im Gestein der Zeit.

Unvorstellbar, daß einer, dem dies widerfährt, nicht tief erregt ist! In diesem Augenblick lernt er zum zweitenmal Geschichte. Was die Geschichtsbücher und Geschichtslehrer den jungen Menschen mühsam beizubringen versuchen und was diese so selten wirklich berührt, ereignet sich eines Tages von allein, wenn und weil wir ein Stück Geschichte – Wandel und Dauer in der gemeinsamen Welt – durchlebt haben. Ob mit Grauen oder Entzücken: wir spüren diesmal, daß die Geschichte nach uns greift, daß wir zu ihr zu gehören beginnen. Alles ist schon immer Geschichte gewesen – nur wir haben es für vereinzelte, persönliche, nach vorn offene Ereignisse gehalten, für eine Mischung aus Zufällen, erklärbaren Reaktionen, sich kreuzenden Plänen und Notwendigkeit. Nun aber ist es ein zusammenhängender Prozeß mit deutlichen Mustern und Tönungen – und unumkehrbar. Die Schuldsprüche liegen bereit. (Jeder sehe zu, ob und wie er ihnen entkommt!) Es liegt auch Entschuldigung bereit: die Verhältnisse, der kollektive Irrtum, das notwendig falsche Bewußtsein. (Jeder sehe zu, ob und wie er sie aushält!) Die einen suchen ihren Anteil zu sichern, die anderen ihn abzustreiten: Sie beide überprüfen, was sie sind, an den großen Figurationen der allgemeinen Entwicklung.

Seltener, schwieriger, geradezu ein Opfer dieser Vorgänge ist die Prüfung der Geschichte an den eigenen Lebensstationen. Halten die Mythen, die verallgemeinerten Feststellungen vor der persönlichen Erinnerung stand? Wie sehr haben sie uns geformt, noch bevor wir sie erkennen konnten? Wie haben wir zu ihrer Entstehung und Rechtfertigung beigetragen? Wie eignen wir uns die durch Geschichte entfremdete Vergangenheit wieder an?

Die Historiker haben für jene Zone, in der Geschichte aus sich ablagernder Gegenwart besteht, den Begriff ›Zeitgeschichte‹ erfunden. Der Ausdruck gibt den Anspruch wieder, mit den noch nicht abgeschlossenen Vorgängen wie mit Geschichte umzugehen. Die Daten sind ja schon da – die Tatsachen, die genannten Absichten, die jetzt zu erkennenden Gründe, die Stimmungen, eine Fülle von Deutungen –, und irgendwann einmal wird die Zunft sie brauchen, um die Geschichte zu schreiben, die dann daraus geworden ist. Warum also nicht jetzt damit anfangen, da noch alles greifbar, die Zeugen am Leben, die Zeugnisse belebbar sind!

Aber ›alles‹ läßt sich gerade nicht greifen: Geschichte kann nicht das totale Abbild des totalen Vorgangs sein – seine greifbare Verdoppelung. Die Erscheinungen müssen gerafft, gesiebt, gewichtet werden – sie müssen Muster bilden. Welche Muster, und woher kommen sie? Gehen sie aus den Sachverhalten hervor oder aus den Fragen derer, die zurückschauen, oder aus den Empfindungen und Urteilen, dem Selbst-Bewußtsein der Menschen, die zu der Zeit gelebt und gehandelt haben?

Der Begriff ›Zeitgeschichte‹ sagt: Unser Flugzeug ist noch nicht hoch, der Abstand noch nicht groß genug, um das überdauernde, objektive Muster zu erkennen; er drückt zugleich Ungeduld aus – die Hoffnung, mit den Mitteln des Sammlers, der routinemäßigen Spurensicherung, der bloßen Archivierung ohne ›Muster‹ die Gegenwart festhalten zu können. Aber auch der Archivar und der Kriminalist haben Kategorien, müssen ihr Material bündeln und bezeichnen, um es wieder auffinden zu können. Ja, ihr Material ist selbst schon von einer bestimmten Art: solches, das man aufheben und weitergeben kann. Die so vorgehende Zeitgeschichte greift nicht nur den erst entstehenden Mustern vor, sie verhindert möglicherweise, daß man deren Entstehen beobachtet.

Wenn Zeitgeschichte dem künftigen Schreiben von Geschichte dienen will, müßte sie vor allem dies tun: den noch lebenden Menschen soviel subjektive Erinnerung abfragen, wie sie herzugeben bereit und in der Lage sind; die Zeugnisse, Dokumente, Akten zwar studieren, aber ihnen systematisch mißtrauen; es sind ›Ablagerungen‹ von Bewußtsein, das es hier noch lebendig, sperrig, von Bildern erfüllt, mit Lust und Leid getränkt gibt; die Unstetheit der Wahrnehmung, der Urteile, der Selbst-Deutung als kostbaren Stoff annehmen und aufheben und diesen nicht gleich auf eindeutige Ursachen, widerspruchslose Theoreme reduzieren; Wechselndes nicht immer in lineare Bewegung, sich Stoßendes nicht gleich in Gegensätze, einzelne Zustände nicht alsbald in historische Lagen verwandeln; immer wieder herausfinden wollen, was die Menschen tatsächlich von der ›Landschaft‹ sehen oder gesehen haben und was davon sie deshalb so sehen, weil sie die ›Landkarte‹ schon kennen.

Natürlich gibt es Muster, die man gleich erkennen kann: 1918 war nationaler Niedergang und schloß (unverdiente) Demütigung ein; 1945 war Befreiung und schloß (unverdiente) Rettung ein. Auch das Muster von Auschwitz war erkennbar: Das Programm der NSDAP, die Bektnntnisse aus *Mein Kampf*, Reden und Taten von Hitler, die die Ausrottung der Juden unmißverständlich ankündigten, lagen vor, noch ehe er an die Macht kam. Die Idee allein war verdammungswürdig, auch wenn sie nie verwirklicht worden wäre. Sie hätte zur Abschreckung genügen müssen. Die Kenntnis eines einzigen Exemplars des *Stürmers*, ein einziger vor unseren Augen in ein jüdisches Schaufenster geworfener Stein, die erste staatliche Rechtsbeugung im Namen der reinen Rasse und des gesunden Volksempfindens hätten zur Aufdeckung des Musters genügt, nach dem hier Geschichte gemacht werden sollte. Warum man es *nicht* gesehen hat, das zu erklären ist die Aufgabe der jetzt oder dereinst zu schreibenden Geschichte. Zugleich muß sie bloßlegen, in welchem Maß erst das katastrophale Ende der NS-Zeit jene anderen Muster hervorgebracht hat – Rechtfertigung, Verdammung, Zerknirschung, Scham –, die sich über die Tatsachen breiten. Wäre der Nazischrecken 1938 durch einen Autounfall der Führerequipe und durch Druck von außen auf die Nachfolger beendet worden – könnten wir uns unseres Urteils und damit des Musters, unter dem wir jene Zeit sähen, ganz sicher sein? Wir hätten die Hetzlieder, die Unterscheidung von Staatszugehörigkeit und Volkszugehörigkeit (die den Juden abgesprochen wurde), die Nürnberger Gesetze und womöglich sogar die ›Reichskristallnacht‹ zwar für eine ungeheuerliche Schweinerei gehalten, aber eben für eine der vielen möglichen, die in der Politik passieren, in Soweto oder in Santiago, in einem vietnamesischen Dorf oder in einem persischen Kino.

Zwischen den vorgeprägten Fakten und den Urteilen vom Ende her hat es die Erinnerung schwer, sich zu behaupten – die Erinnerung daran, wie man blind für das eine und ohne das andere gedacht, empfunden, entschieden, gehandelt hat. Wird die Erinnerung aber den ›in der Sache liegenden Vorgaben‹ und den ›vom Ereignis her auferlegten Mustern‹ geopfert, muß die Geschichte unwahr werden, gleich wieviel Scharfsinn und moralische Kraft man auf sie verwendet.

Der Begriff ›Zeitgeschichte‹ kann freilich auch dazu dienen, daß uns bewußt bleibt: Dies ist noch nicht Geschichte – nicht, weil die historiographische Verarbeitung noch nicht abgeschlossen ist, sondern weil der Tatbestand noch fortdauert. Er ist nicht ›bewältigt‹, wie das Kürzel dafür heißt, und das meint: die Reaktionen auf ihn wechseln und mit ihnen sein Einfluß auf die Gegenwart, ja, er selbst wandelt seine Rolle: Trauma, Ansporn, Schreckbild, Tabu. So ist ›Zeitgeschichte‹ bei uns heute ein Synonym für die Erforschung der Nazizeit; diese hat es schwer, Geschichte zu werden – die Ära Adenauers, die dreißig Jahre später endete, als die Hitlers begann, ist es dagegen schon geworden.

Ich fasse zusammen: Neben Dokumenten und Daten einerseits und deutenden Mustern andererseits gibt es die erinnerte, subjektive, unabgesetzte Erfahrung. Sie führt uns in die Ausgangslage zurück. In ihr, in der wir nicht ›weise‹ sind, ist die Realität der Geschichte wiederhergestellt. Sie ist verletzlich, schwankend, schwer greifbar – ist aber das, was uns letztlich an der Geschichte interessiert. Den Druck der Tatsachen und der Deutungen kennen auch wir. Er ist unsere große Lebensnot. Wie haben sich andere zu anderen Zeiten dazu verhalten? Was hat ihnen geholfen, als Personen oder Kulturen zu bestehen? Was hat sie wachsam, was anfällig, was erfinderisch gemacht? Das Interesse hierfür und die noch so unsichere Antwort darauf dürfen nicht der Produktion von Universalgeschichte geopfert werden. Ja, diese selbst greift spätestens zu ihrer eigenen Korrektur auf jenen unaufgeräumten Grund zurück. Sie rekonstruiert mühsam die Unklarheit einer Individualität – eines Jesus, eines Wallenstein, eines Friedrich von Preußen, eines Marx.

Die Aufgabe ist dreifach:
- das im Prozeß des Geschichte-Werdens Ausgeschiedene bewahren,
- daran (im Abstand dazu) die Genese des Geschichtsmusters beobachten und kontrollieren, und
- dabei zugleich zeigen, in welchem Maß das eigene Erleben schon durch jenes Muster bestimmt worden ist: wie nicht nur Geschichte gemacht, wie nicht nur Geschichte erlebt, sondern wie Geschichte gelebt worden ist.

Wie bei den Gebilden, die die Wahrnehmungspsychologen konstruieren und die man so oder so sehen kann: als Kelch oder als zwei einander zugekehrte Gesichter, als Vorsprung oder als Höhlung, nehmen wir bei solcher Arbeit wahr, daß wir wahrnehmen. Unsere Welt ist mehr Wille und Vorstellung, als uns lieb sein kann, und wir merken es, wenn wir uns einmal umgedreht haben und dabei sehen, daß hinter uns nicht nur liegt, was uns widerfahren ist, sondern was die Geschichte daraus gemacht hat. Zur wahrhaftigen, erfüllten und darum allein erziehlichen Geschichte gehört, daß sie sich selbst auch wieder aufhebt; sie ermöglicht zu sein, wie man damals war, mit dem Vorbehalt aller großen Kunst: wissend, daß man so nicht ist.

Im folgenden will ich an meiner eigenen Biographie prüfen,

was das ergibt. Das ist ein überaus ehrgeiziger Plan für einen Nicht-Historiker. Ich muß ja nicht nur über meine Erinnerungen verfügen, sondern über die von mir so genannten Fakten und Muster. Ich beschränke mich auf eines der letzteren – und kann das tun, weil mir seit Jahrzehnten bewußt ist, daß mein Leben unter seinem Zeichen steht. Ich lebe mein Leben im Nachhall und unter dem Eindruck des Nationalsozialismus und seiner Perversionen. Was damit gemeint ist, wird dem Leser klarwerden, indem ich die von der Geschichte hervorgehobenen Daten und ›Wendepunkte‹ (1933, 1939, 1945, 1948, 1968, 1975), bestimmte Schlüsselereignisse (Judenverfolgung, 20. Juli, die Entnazifizierung, die Oppenheimer-Affäre, die Wiederbewaffnung, den Vietnamkrieg), einzelne als Epochen kanonisierte Abschnitte (den Wiederaufbau, die Reform der sechziger Jahre, die Tendenzwende oder die Zeit der Restauration) abrufe und zeige, wie ich mich dabei jeweils befunden habe. Es ist ein Experiment mit meiner Kraft der Erinnerung und Entinnerung – der Möglichkeit, Tatbestände zurückzurufen und Deutungen abzustreifen, die sich der damaligen Wahrnehmung bemächtigt haben.

1933

Ich war sieben Jahre alt. Wir – meine Eltern, die vier Geschwister und ich – lebten seit einem Jahr in Landin über Rathenow im Havelland. Der Ort zählte hundertsechsundzwanzig Seelen, die in zwei niedrigen Häuserzeilen rechts und links einer mit runden Feldsteinen gepflasterten Dorfstraße wohnten. Auf ihr klapperten jeden Morgen achtundzwanzig Kinder in Holzpantinen zur einklassigen Schule, in der wir von Lehrer Döring mit Rohrstock und Liebe unterrichtet wurden. Die Liebe erwiderten wir unbekümmert um die Schläge.

Landin war ein armes Dorf. Dem Sandboden ließ sich mit Anspruchslosigkeit und Fleiß etwas Unabhängigkeit abringen. Es gab sechs bis acht richtige Bauern; der Rest waren Landarbeiter. Mit Gewinn war in dieser Gegend nur auf den größeren Rittergütern zu rechnen, deren riesige Felder sich mit Dampfpflügen bearbeiten ließen und deren Getreideernte genügte, um eine Dreschmaschine auszunutzen. Der Besitzer des Rittergutes Landin kam nur dadurch über die Runden, daß er seine Reitpferde verkaufte, seine Jagd verpachtete und meinem Vater und dessen Freund Morsbach das alte Schloß vermietete, während er in die kleine, wohnlichere Orangerie zog. Die Räume des Schlosses waren hoch, die Mauern zwei Meter dick. Richtig warm war es nur in der Küche.

In die Armut teilten sich eigentlich alle, wenn schon ungleich. Der Waldarbeiter Busse am Ende des Dorfes mit seinen neun Kindern hatte am meisten abbekommen. Bei ihm roch man die Armut. Aber auch im neuen und alten Schloß wurde mit Umsicht und Konsequenz gespart. Auf Schützenfesten waren wir Bürgerkinder die einzigen, die zuschauten, wenn sich die anderen Limonade kauften und sich an der Schießbude Preise erschossen. Der Inbegriff von Luxus dieser Kinderjahre war, wenn mir ein Milchgriffel gekauft wurde, der das Doppelte eines normalen Griffels kostete und nur halb so lange hielt.

Die Kindheit auf dem Lande, in dem verwilderten Park, in dem wir Buden bauten, in den Ställen und Scheunen war bunt und glücklich. Aber es gab im Hintergrund etwas, das es vorher nicht gegeben hatte – in Kalifornien, wo wir bis dahin gelebt hatten und der Vater deutscher Generalkonsul gewesen war: Politik.

1932 hatte mein Vater keinen Posten, er stand, wie es hieß, ›zur Disposition‹, schrieb Artikel, war ebenso oft in Berlin wie in Landin, und wenn er nach Hause kam, brachte er Freunde mit, mit denen er über Politik sprach. Politik war etwas Erwachsenes, Wichtiges, fast Verschwörerisches und hatte viel mit Hindenburg und Hitler zu tun, Namen, die in den Zeitungen standen und die zu meinem Erstaunen wie zu meiner Beruhigung auch anderen Menschen im Dorf bekannt waren. Was sonst bei uns zu Hause geredet wurde, kam bei den anderen Leuten in Landin nicht vor.

Politik war für den Siebenjährigen, wie gesagt, ein unbestimmbar bedrohlicher Hintergrund, eine jener durchgehenden Veränderungen in dem sonst noch immer unbeschwerten Leben – etwas wie die langen, kalten Winter, die allgemeine

Armut, die schlechte, schimpfige Laune der meisten Erwachsenen, die vielen behelmten und berittenen Polizisten. In meiner kindlichen Weltvorstellung gehörte dies alles zusammen. In Amerika hatte jeder Schultag mit einem Flaggenappell und der Nationalhymne begonnen. In Landin gab es den 1. Mai, die Sonnwendfeier, das Erntedankfest, den Heldengedenktag. Auch hier wehten Fahnen, auch hier wurde gesungen – aber es war etwas ganz anderes: ernst, fordernd, bedeutungsschwer, die Erwachsenen schienen etwas damit zu wollen.

Wir Kinder konnten *Flamme empor* singen, lange bevor in Landin ein Nazi erschien; wir sangen es mit der gleichen Inbrunst und Feierlichkeit wie *Ich hab mich ergeben* und *Deutsch ist die Saar.* Man sang ohnehin viel – Soldatenlieder und ›Dienstmädchenlieder‹, wie man sagt, seit man weder singt noch Dienstmädchen hat. Im Grunde waren es wirkliche Volkslieder. Jeder sang sie – die Werkstudenten, die meinen Vater besuchten, die Köchin in der Küche, die Landarbeiter, wenn sie mit einer Fuhre Rüben vom Feld heimkehrten, wir Kinder in der Schule... Man kannte den Text bis zur letzten Strophe, und diese besonders, wenn und weil sie traurig war. *Argonner Wald, um Mitternacht, Als wir nach Frankreich zogen, Wildgänse rauschen durch die Nacht.* Ihr Refrain war Tod und Trotz, es waren deutsche Lieder von deutschem Lied, sie machten uns Kinder zu Mitwissern des großen Geheimnisses, an dem alle Erwachsenen mitzutragen schienen. Das Lied vom blonden Trommelknaben und »Als die goldne Abendsonne/sandte ihren letzten Schein, letzten Schein, zog ein Regiment von Hitler/in ein kleines Städtchen ein...« konnten sich unmerklich unter die anderen mischen, waren sie doch alle von der gleichen gefühligen Einfachheit und Eindringlichkeit, um die es mehr ging als um die Inhalte.

Die Machtübernahme fand in Berlin statt. Berlin war selbst für uns in der Mark Brandenburg sehr weit: eine halbe Stunde zu Fuß nach Kriele, von dort eine Stunde mit der Kleinbahn nach Nauen und von dort wieder nach langem Warten eine weitere Stunde mit dem richtigen Zug. Was in Berlin geschah, geschah eben in Berlin. Machtübernahme in Landin gab es nicht: Der Wachtmeister war immer schon da. Nur die blutigen Schlägereien zwischen den beiden Gruppen mit den roten Fahnen – die beide nicht aus dem Dorf waren – hörten auf. Im Dorf war man für den (feldgrauen) »Stahlhelm« und den (kornblumenblauen) »Luisenbund« – und für Hindenburg. Das alles wußten wir Kinder so gut wie jeder Erwachsene. Und »Kommunisten – die gibt's bei uns nicht«.

Der Nationalsozialismus eroberte das Dorf mit Papierfähnchen und farbigen Zigarettenbildern, die die Geschichte der ›Bewegung‹ darstellten und die schwarzweißen Schauspielerfotos ablösten. Wir Kinder begannen, Hakenkreuze zu kritzeln; dieses Symbol reizte dazu, weil es leicht genug war, um schnell aufgefaßt, und schwierig genug, um als Aufgabe empfunden zu werden.

Dann verschwand meines Vaters Freund Morsbach, der mit seiner Familie in einem anderen Teil des alten Schlosses wohnte. Wir fragten hartnäckig, wo er sei, warum er nicht wiederkomme; wir liebten den großen, gütigen, schönen Mann. Da mutete mein Vater meiner zehnjährigen Schwester und mir, dem inzwischen Achtjährigen, die Geschichte eines politischen Mordes zu; er mutete uns zugleich zu, zu wissen, daß niemand wissen durfte, daß wir es wußten. Mit dem Röhm-Putsch waren viele Gegner der Nazis liquidiert worden. M., schon vorher verhaftet, entkam diesem Tod nur, weil er von einem anderen gezeichnet war. Im Gefängnis hatte er sich eine Lungenentzündung geholt und wurde nur entlassen, damit er draußen sterbe.

Damit war Politik aus dem Hintergrund von Radiogedröhn, Armut und Schupos herausgetreten und Teil der persönlichen Erfahrung geworden. Im selben Jahr sah ich den Film *Hitlerjunge Quex*. Wie andere Jungen habe ich Quex zugleich geliebt und beneidet. Auch ich wäre gerne für eine große Sache in den Kampf gegangen und gestorben; auch ich wollte mich bewähren; auch ich sehnte mich nach den Starken und der Gemeinschaft, die sie zu bilden schienen. Daß ich diese Sehnsucht bei den Nazis stillen würde, haben Morsbach mit seinem unwiderruflichen Tod und mein Vater mit seinem unausweichlichen Vertrauen verhindert. Die Nazis waren ja nicht stark – sie taten nur so. Sie waren laut, brutal und nun in der Mehrheit.

Für mein noch so junges Leben bedeutete 1933 keine Wende. Aber auch im Leben der Leute in Landin hatte sich nichts geändert; auf eine primitive Weise war zum Austrag gekommen, was in ihrem gemeinsamen Los, in ihrer gemeinsamen Denkart angelegt war. Sie wollten Ruhe und Arbeit, Ordnung und Führung. Politik wollten sie nicht. Wer jetzt von diesem Schicksal ausgenommen wurde, war es schon vorher. Der Rittergutsbesitzer wurde erst Parteigenosse, dann – als solcher – Landrat in Ostpreußen. Als man Jahre später die Synagoge in seinem Amtsbereich stürmen und anzünden wollte, stand er mit seinen drei Zentnern Leibesfülle vor dem Portal und herrschte die Meute an: »Nur über meine Leiche!« Die Synagoge blieb damals verschont. Und ›wir‹ verließen Deutschland – die Armut, die kalten Winter und die Revolution der Papierfähnchen und Zigarettenbilder. Noch im Jahre 1934 nahm mein Vater den Posten des deutschen Gesandten in Bogotá, Kolumbien, an. Wir fuhren zu neuen, sehr fernen Ufern. Für den Knaben Hartmut blieb in Deutschland eine uneingelöste Erwartung zurück.

Judenverfolgung

1936 schon kehrten wir aus Südamerika heim. Ich drängte in die Hitlerjugend. Alle Jungen waren in ihr, und sie trugen Koppel, Schulterriemen und Dolch. Auf der deutschen Schule im Ausland hatten ebenso tüchtige wie ahnungslose Lehrer werkend und wandernd, liedersingend und lauteschlagend die Verklärung der Heimat betrieben. Mein Vater, der ständig Streit mit der Partei und der Auslandsorganisation hatte, war von ein paar armen Wegelagerern halb totgeprügelt worden, die Regierung in Bogotá hatte daraus nur allzu gerne ein kommunistisches Attentat auf den Vertreter des nationalsozialistischen Deutschland gemacht. Und doch gab es keine Verwirrung der Gefühle: Der Elfjährige konnte zugleich Pimpf sein wollen und zum Vater halten, der die Nazis verachtete und offen kritisierte. Dieser hatte ihm selbst die Wahl gelassen: »Wenn du willst, kannst du Hitlerjunge werden. Ich vertraue fest, daß du nichts Unanständiges tun wirst.«

1936 und 1937 lebten wir vorübergehend in Holland. Die Hitlerjugend war dort illegal und um so interessanter; man traf sich zu Heimabenden in einer Phantasieuniform und gab stolz das ›für Deutschland‹ gesammelte Staniol ab (ich aß sogar Joghurt ›für Deutschland‹, um so zu den Verschlußkappen der Flaschen zu kommen), man las aus Krögers *Vergessenem Dorf*, aus Richthofens *Rotem Kampfflieger*, aus Dwingers *Zwischen Weiß und Rot* vor und sang *Es klappert der Huf am Stege, Hoch auf dem gelben Wagen, Der mächtigste König im Luftrevier*. Vor allem aber verfolgte man den Verlauf des Krieges in Spanien; Alcázar und Almeria konnte jeder von uns auf der Karte zeigen. Mein Vater schwieg dazu. Durch und durch bürgerlich liberal, hätte er mir die Volksfrontregierung nicht plausibel machen können, und umgekehrt war meinem kindlichen Eifer für die Seite, auf der auch Kriegsschiffe und Flieger Deutschlands kämpften, mit den Sorgen um die Weltpolitik nicht beizukommen.

Anders stand es mit den Juden, mit deren Schicksal der deutsche Vertreter unmittelbar befaßt war. Die einen flohen über die Grenze nach Holland, die anderen wurden von den Nazis bei Nacht dort hingetrieben, und den Holländern mußte in beiden Fällen nahegelegt werden, sie zu behalten. Die angstvolle Feindseligkeit der Holländer gegen das große brutale Nachbarland machte sie nicht von alleine zu Freunden der deutschen Juden; das schlechte Gewissen steigerte die Gereiztheit, und die Mussert-Faschisten nützten dies gründlich aus. Wenn auf den Heimabenden unverhohlen Judenhetze getrieben wurde, krümmte sich meine Seele unter der Last der von mir nicht bezeugten Wahrheit. Ich hatte doch die Menschen gesehen, die zu meinem Vater kamen – Deutsche wie wir, heimatlos geworden, gequält, gejagt, entrechtet, nur weil sie Juden waren. Ich wußte, daß nichts von dem stimmte, was man ihnen anhängte: Sie waren weder häßlich noch geldgierig noch gefährlich; selbst in ihrem Elend haßten sie Deutschland nicht, das sie verhöhnte und ausstieß.

Als wir 1937 nach Berlin zogen, war ich vorbereitet auf Erfahrungen und Zumutungen, die mich von der lauten Unbekümmertheit meiner Altersgenossen ausschließen sollten und die die ›große Sache‹ hätten werden können, der sich zu opfern Hartmut-Quex einst ersehnt hatte. Hier wurde ich Schüler am Französischen Gymnasium, an dem es eine große Zahl jüdischer Mitschüler gab: Sie hatten in der Internationalität dieses Instituts und der Moralität seines durch Parteiabzeichen gedeckten Direktors Schutz gefunden. Man konnte an diesem Französischen Gymnasium alltäglich dreierlei lernen: die verächtliche Dummheit und Roheit der nationalsozialistischen Lehre, denn natürlich gab es auch am Französischen Gymnasium Lehrer, die sie vortrugen; die Erkenntnis, die Kraft und die Tröstung, die die abendländische Tradition angesichts ihrer Verneinung bereithält; und die Klugheit, deren es bedarf, sich dieser zu bedienen. Mut mußte man selber mitbringen. Dann konnte er von anderen gemehrt werden. Lehrer Lindenborn las den *Nathan* mit uns – im Klassenbuch stand unter ›behandelter Stoff‹ einfach »Lessing«. Der Religionsunterricht ging weiter. Mein Pfarrer gab mir den Konfirmationsspruch: »Alles, was ihr tut, das tut von Herzen als dem Herrn und nicht den Menschen.« Uli Stang, ein norwegischer Mitschüler, verborgte sein Exemplar von *Im Westen nichts Neues.* Käthe Beuge – von einem unglücklichen Referendar beim Lesen von Werfel ertappt – gab traurig-naiv zurück: »Ich hätte wissen müssen, daß Werfel verwerflich ist. Aber es hat mir niemand gesagt – und erkennen kann ich es auch nicht. Können Sie mir dabei helfen?« Nun, er zog vor, es nicht zu tun. Wir gaben jüdischen Mitschülern Begleitschutz, wir setzten alle Mittel intelligenten Schülerterrors gegen dumme Lehrer ein, die Rasse- und Vererbungstheorien über die Mendelschen Bohnen hinaus mit uns behandeln wollten; es ist in meiner hierfür empfindlichen Erinnerung kein Schüler jüdischer Herkunft je auch nur Jude genannt worden, geschweige denn beleidigt und gequält.

Bis zum Jahre 1938, bis zur Erschießung von Ernst vom Rath und der darauffolgenden sogenannten ›Reichskristallnacht‹ war solche Ritterlichkeit möglich. Danach verschwanden die Juden auch aus dem Französischen Gymnasium. 1941 wurde der gelbe Stern eingeführt. Die neuen, schärferen Verordnungen wollten nicht nur die Juden demütigen, sondern die ›Arier‹ hindern, ihnen zu helfen.

Bis in die späteren Kriegsjahre habe ich jüdischen Freunden

meines Vaters Lebensmittel und Geld überbracht – in tödlicher Angst. Ich übergab sie in einer alten Aktentasche im Halbdunkel von Treppenhäusern – es mußte hell genug sein, um selber sehen zu können, dunkel genug, um nicht gleich erkannt zu werden. Ich habe zu Hause meine Angst nicht eingestanden. Angst haben vor der Angst – war das Preußentum? Und: merkten das die Juden nicht? Was war ihnen mein Kommen dann noch wert? Ein gelähmter Schulkamerad meines Vaters, Blumenfeld, hätte lieber gehabt, ich wäre eine halbe Stunde bei ihm geblieben; gute Worte waren mehr als ein halbes Pfund Butter, wenn man doch nicht mehr zu leben hoffte. Der Familie Löwenstein brachte ich ahnungslos einen Hasen, den Vater auf einer Jagd geschossen hatte. Ich mußte ihn mit zurücknehmen, weil er nicht koscher war. Mehrere Wochen lang verbargen wir eine jüdische Frau mit zwei Kindern in unserer Wohnung. Sie aßen von unseren Lebensmittelrationen mit, waren scheu, blieben uns Kindern fremd. Mitleid und Scham – das war der schwierige Boden einer schwierigen Beziehung. Meine siebenjährige Schwester fragte: »Wie wird man eigentlich Jude?« Einige ältere Freunde der Familie starben einfach, bevor sie abgeholt wurden, andere ereilte eine gnädige Bombe. Alles, was diesen Menschen Auschwitz ersparte, *war* gnädig. Die kleine Judenschule am Bahnhof Tiergarten Ecke Klopstockstraße, auch sie schon in einem Behelfsquartier, wurde geschlossen; man sah immer weniger Juden – und es gab keinen Zweifel, daß, wenn sie fort waren, man sie nie wiedersehen würde.

Später haben Deutsche behauptet, sie hätten »nichts gewußt«. Was immer dies heißt, es entschuldigt sie nicht. Im Gegenteil, nicht gewußt zu haben, ist die Schuld, denn es bedeutet: nicht gefragt zu haben. Wenn heute mein Nachbar plötzlich und spurlos verschwindet, kümmere ich mich um seinen Verbleib. Es weiß jeder, warum er das damals unterließ.

In jener Zeit wurde der Film *Jud Süß* gezeigt. Er war so widerwärtig, daß ich die Vorstellung verließ. Ich habe ihn erst zwanzig Jahre später in einem Seminar zu Ende gesehen, um die Machart dieses Propagandawerks zu analysieren. Den

Ekel von einst habe ich meinen Studenten nicht vermitteln können: Es war der Ekel vor mir selbst, dem ›Zuschauer‹, der nicht aufschrie und der, gefragt, warum er das Kino verlasse, vermutlich gelogen hätte, er wolle aufs Klo.

Das ›steinerne Schweigen des Bürgertums‹, die Abkehr aus Angst oder Scham, das Nicht-sehen-Wollen, was gegen alles Recht und alle Menschenwürde geschah, weil man meinte oder wußte, daß man nichts verhindern könne – das war kein heldenhaftes, aber ein verständliches Verhalten. Es ist in der Ordnung, ja wichtig, daß wir versuchen, es den Nachgeborenen zu erklären, auch da, wo wir es nicht rechtfertigen können. Aber das mutwillige, eilfertige Mitmachen, die vielen gemeinen öffentlichen und geheimen Taten, die nicht einmal befohlen waren, sondern nur ›erwartet‹ wurden, – wer schildert die? Welche Wirkung hat es, wenn das immer nur ›die anderen‹ waren? Wer erinnert sich daran, wie er selber ohne Not dem Ungeheuer gefällig war, mitgrölte, mitdemütigte, mitlog, mitprofitierte – und sagt das seinen Kollegen, seinen Schülern, seinen eigenen Kindern? Ob man die böse Vergangenheit besser dadurch ›bewältigt‹, daß man sie verdrängt, oder dadurch, daß man in Sack und Asche geht, oder dadurch, daß man seine *authoritarian personality* öffentlich und kalt analysiert, mag strittig bleiben. Aber ob wir eine Vorstellung davon bewahren, wie freudig gemein der Mensch sein kann, wie ohne jede sittliche Hemmung – und unter welchen Bedingungen –, oder ob wir meinen, dies vergessen oder ›aufarbeiten‹ zu können, kann niemandem gleichgültig sein. Durch solche Erfahrung verändert die Geschichte nicht nur die einzelnen Menschen, sie verändert die Menschheit.

1939

Am 1. September 1939 wurde in den frühen Morgenstunden »zurückgeschossen«. Diese zynische Lüge hat sich uns damals eingeprägt – seither wird *so* davon berichtet. An diesem Tag aßen wir, wie immer, spät zu Mittag. Die Tafel war voll besetzt – und im Gegensatz zur sonst so lebhaften Unterhaltung herrschte vollkommenes Schweigen. Ich hätte meinen

Vater tausend Dinge fragen mögen, aber er war plötzlich unnahbar, das Gesicht finster, von Gedanken verhängt; es ließ meine Aufregung falsch, wichtigtuerisch erscheinen. Dann hörte ich, wie sein Löffel auf den Rand des nur halb geleerten Tellers schlug, wir sahen auf und vernahmen die Worte, die uns die nächsten sechs Jahre nicht freigeben sollten: »Es kann uns nichts Schlimmeres passieren, als daß wir diesen Krieg gewinnen.« Mein Vater stand auf und verließ den Raum.

Hitler überraschte nicht nur die Polen und die übrige Welt mit seinem ›Blitzkrieg‹ – er überraschte vor allem die Deutschen. Wir Berliner hatten aus Anlaß von Staatsbesuchen und Nationalfeiertagen häufig genug die modern bewaffnete, preußisch disziplinierte, ja sogar – in Spanien – kriegserfahrene Wehrmacht gesehen. Militärisch war uns der Erfolg des Polenfeldzugs verständlich – aber nicht moralisch. Ich erinnere mich, daß in den Gesprächen mit vertrauten Mitschülern Erleichterung und Enttäuschung einander die Waage hielten. Gern hätten wir Hitlers Propaganda geglaubt – den Überfall auf den Sender in Gleiwitz, die toten Deutschen in Bromberg, die ›verbrecherischen Provokationen‹ der Polen. Umgekehrt befriedigte es tief, daß England und Frankreich nicht klein beigegeben hatten. Und alles zusammen machte uns Angst und ließ mit dem Sieg über Polen auf Frieden hoffen. Aber der kam nicht. Es folgten weitere Feldzüge, weitere Siege und mit ihnen das Bewußtsein, daß nun niemand und nichts Hitler aufhalten könnte: Sein Wahn war vollends der deutsche Wahn geworden.

In der Schule trauerten wir um die ersten Kameraden. Es war zerknirschte Trauer, ganz ohne das übliche Beiwort ›stolz‹. Jeder Tod eines Kameraden enthielt die Frage: Warum er und nicht du? und: Wie ist solches Sterben? und: Ist der Tod eines jungen Menschen nicht immer sinnlos?

Wer gehofft hatte, der unwiederbringliche Verlust eines Lieben würde die Menschen gegen den Krieg und seinen rasenden Urheber aufbringen, mußte nun sehen, wie das Gegenteil geschah: Keiner durfte ›umsonst gefallen‹ sein! Jetzt, da der Krieg wütete und man ihn nicht hindern konnte, las auch ich lieber Walter Flex als Erich Maria Remarque. Ich grübelte und legte die zwei Welten, zwischen denen es zu wandern galt, für mich aus: hier das Wissen von der Verruchtheit des Ganzen und da der unschuldige Opfergang, Buße, Reinigung.

Freilich, daß Hitler selbst das ›Opfer‹ forderte, riß mich aus solch verschwommenen Konstruktionen wieder heraus. Seine Forderung war schamlos, weil das Opfer so blind, so verblendet gebracht wurde. Ich erinnere mich, wie ich meinen Vater einmal an einem Sonntag in seine Dienststelle, ins Auswärtige Amt, begleitete. Zu unserem Erstaunen fanden wir eine Putzfrau mit dem Reinigen des Treppenhauses beschäftigt. Mein Vater grüßte sie und fragte, was sie denn heute, an einem Sonntag, hier tue. »Ja, haben Sie denn gestern nicht unseren Führer gehört?«, erwiderte sie, »er hat noch größere Opfer gefordert, gerade von uns hier daheim. Ich habe an die Soldaten da draußen gedacht.«

Das war ein Hauptproblem: daß da draußen gekämpft und gestorben wurde und wir zu Hause weder etwas dafür noch etwas dagegen taten. Der sinnlose Dienst in der HJ, das Auf- und Abmarschieren in kalten Straßen, das Sammeln für das Winterhilfswerk – das war die eine Seite; daneben verdienten wir Geld mit Luftschutzwachen, belogen unsere Eltern: Dies sei Pflicht, während wir uns in Wahrheit um diese Posten stritten; wir gingen für das Geld ins Theater, standen für Karten eine weitere Nacht an, und auch dies mußten die Eltern für Dienst halten; wir spielten eine in Belgien erbeutete Platte mit dem Siegfried-Line-Lied zwanzigmal hintereinander, bis wir den Text in seine letzten Winkel hinein kannten; wir führten in der Schule eine tolldreiste Luftschutzkeller-Komödie auf, in der die Blockwartherrschaft, das Heim-Heldentum, der neidische Hader in der großen Volksgemeinschaft entlarvt und verulkt wurden; wir tauschten die Nachrichten aus, die wir ›ganz zufällig‹ von ›unbekannten‹ Sendern aufgelesen hatten – das war die andere Seite; und eine dritte schließlich: da gab es Ärger mit dem Nazi-Portier, der durch ewige Beanstandung der Verdunkelung Rache für seine Kellerexistenz nahm; da half ich bei der Versorgung von Kriegsgefangenen, deren sich meine dienstverpflichtete, aus Haß liebende Schwester annahm; da begleitete ich Sechzehnjähriger die achtzehnjährige Sinaida Fomotschkina, die ›Beute-Ukrainerin‹, die uns zugeteilt war, um die Ecke zur Eisdiele – wie man einen Hund auf die Straße führt, der in der Stube elend wird; da räumte man einem alten Menschen seinen Platz in der Schlange ein und stellte sich hinten wieder an – kleine Schlachten an der Heimatfront, trotzig gegen den Irrsinn des Krieges geschlagen.

An der Front, wenig später, war wenigstens der NS-Spuk verscheucht. Soldaten waren Soldaten. Hier hatte kein Brauner etwas zu sagen. Die saßen in den Etappen und belehrten die Fahnenjunker. Ich wußte zuviel, war ihnen verdächtig, wurde zum Munitionholen geschickt und währenddessen bei den Kameraden angeschwärzt: ein eingebildeter Adliger und Intellektueller zugleich. Sie hatten gesiegt, wenn ich aufmuckte. Dann traf mich die volle Wucht ihrer gemeinen Rache: das Reinigen ihrer vollgekotzten Stube mit meiner Zahnbürste – dies haben meine Kameraden mit Entsetzen gesehen, aber zu mir halten mochten sie doch nicht. Ich war ihnen unheimlich: bis zur Selbstzerstörung bemüht, ein guter Soldat, ein Mann zu sein (mit siebzehn Jahren!), fähig, aus dem Stand die befohlene Instruktion über den Unterschied zwischen Furcht und Angst zu halten oder über das Beschwerderecht in der Heeresdienstvorschrift oder über die Teile des MG 34, und überzeugt, daß wir nicht siegen durften!

Dies konnte man nur als *animal* überleben, dem Hunger, dem Schlafbedürfnis, der Rettung des eigenen Lebens hingegeben. Mit achtzehn führte ich eine Gruppe von zwölf Mann in einer Reservekompanie in die Schlacht am Dukla-Paß. Der Jüngste in meiner Gruppe war sechzehn, der Älteste sechsundvierzig. Nach zwei Tagen und Nächten war ich Führer von zwei Zügen, nach einer Woche unterstand mir die freilich auf ein Viertel geschrumpfte Kompanie. Alle anderen Offiziere und Unteroffiziere waren ausgefallen. Die vorgeschobenen Posten, die uns nachts schützen sollten, schliefen regelmäßig ein – die Sechzehnjährigen wegen ihrer Jugend, die Sechsundvierzigjährigen, weil sie abgestumpft waren. Das war Wachvergehen vor dem Feind und wurde mit Erschießen geahndet. Da ich niemanden meldete und da ich nicht wollte, daß der Russe bei uns durchbrach, robbte ich die ganze Nacht zwischen den Posten auf einer Strecke von einem Kilometer hin und her und rüttelte, nein, schreckte sie wach.

Die Angst verlor sich nach wenigen Wochen und mit ihr auch die Frage nach dem Sinn. Wie viele, wie wenige mögen es gewesen sein, die diesen Krieg in dem Bewußtsein erlitten haben, daß uns nichts Schlimmeres passieren könne, als ihn zu gewinnen? Aber wiederum: Was war im Jahre 1944 schlimmer, als ihn zu verlieren? Wieviel Schuld haben deutsche Soldaten begangen oder verdrängt, solange sie auf den Sieg hoffen mußten? Wieviel mehr Schuld haben sie verdrängt, seit sie nicht mehr auf ihn hoffen konnten – weil diese Hoffnung für sie alles gewesen war und ihr Verlust ihnen nun alles nahm? Ich konnte der Roheit und dem Unrecht in der verqueren Einsicht widerstehen: Es ist schlimm – aber es ist gut, daß es schlimm ist.

Widerstand?

Hätte ich desertieren können? Der Gedanke ist mir damals nicht gekommen, bis in die allerletzten Tage des Krieges, und da auch nur, weil wir zu zweit waren, es Einverständnis gab zwischen mir und dem anderen: daß dies besser sei als ›bis zur letzten Patrone zu kämpfen‹. Wir ließen uns also von den Amerikanern gefangennehmen. – Aber 1943 und 1944 stand ich an der Ostfront. Dem Schlimmsten, was der Krieg uns brachte: der Kälte und dem unablässigen Gefühl von Ausgeliefertsein, wäre man durch Überlaufen zu den Russen nicht entronnen. Im Gegenteil. Was die Russen selber aushielten im verwüsteten, zurückeroberten Land, war mehr, als ich mir zutraute. Wir waren auskömmlich ausgestattet; im Schutz meiner Handschuhe, Fußlappen, Knobelbecher und eines schnellfeuernden Maschinengewehrs hatte ich eine Überlebenschance.

Das Entscheidende war wohl: Überlaufen war Verrat, war Schande, kostete mehr Mut als das Spähtruppunternehmen in unbekanntes Gelände, der Frontalangriff bei Tag, die Absetzbewegung bei Nacht. Wie wenige Schüsse trafen, hatte man am zweiten Tage schon ausgelernt.

Über das Schicksal der Stalingrad-Armee sprachen wir immer wieder, kurz und zögerlich: Es beschäftigte jedermann, aber keiner gab dem anderen Einblick in Gedanken, die er vor sich selber gerne verbarg. Um so unbedenklicher berauschten sich die Kameraden mit den Legenden von Weissagungen aus dem Mittelalter, die bei der Zerstörung der Kathedrale X oder des Klosters Y gefunden worden seien und die ganz deutlich *unseren* Krieg vorzeichneten: Rückzug bis an die eigenen Grenzen und dann ein überwältigender Sieg...

Nein, desertieren enthielt keine Chance, weder für mich noch für den Satz meines Vaters von dem Unglück, das ein deutscher Sieg bedeute; dieser Sieg war ohnedies verspielt. – Aber Widerstand? Durch Tat wäre aus der bloß erlittenen Niederlage die gewollte und gebändigte Niederlage geworden: unsere Beendigung unseres Unrechts. So haben's die Männer vom 20. Juli gemeint, gesagt, getan. – Ich wartete auf eine Gelegenheit. Tat ich es wirklich? Auf welche? Hatte es nicht ihrer viele gegeben? Ich war aus eigenem Wunsch Hitlerjunge geworden. Ich hatte mich, dem klugen Rat meines Vaters folgend, zur Offizierslaufbahn gemeldet. (Sein Argument: Diesen Krieg überlebt nur, wer sich in Gefahr richtig zu benehmen weiß – das lernen nur noch die Offiziere, die Mannschaften werden ›verheizt‹. Und nach dem verlorenen Krieg zählt die Verpflichtung nicht mehr, die man eingeht.) Hatte ich meine Gelegenheit zur Weigerung nicht schon versäumt? »Auch Leutnant *mußte* man nicht werden, und wer es werden *wollte*, wollte auch General werden oder Generaldirektor.« Solche Sätze sagt man heute, fünfunddreißig oder vierzig Jahre danach. Aber durch den höheren Rang wird man nicht mehr schuldig – man ist nur besser sichtbar. Vielleicht könnte man in der Position mehr verhindern, und so wäre es denn eine Pflicht, sie einzunehmen.

Solche Gedanken lagen den meisten von uns vollkommen fern. Die Ausbildung war ungleich härter als für alle anderen. Wer befehlen will, muß zunächst gehorchen lernen. Die Unteroffiziere, die uns zurechtschleifen sollten, wußten, daß sie nach anderthalb Jahren vor uns würden strammstehen müssen. Sie nutzten ihre Chance. Sie trommelten mit Gewehrläufen auf unsere Stahlhelme: »Leichte Schläge auf den

Hinterkopf erhöhen die Intelligenz des Soldaten!« Wir übten, obwohl wir seit zwei Jahren auf der ganzen Linie im Rückzug waren, immer nur Angriff. An einer Waldschneise angekommen, die – so die ›Einlage‹ des Übungsleiters – vermint war und obendrein durch feindliche MGs bestrichen werden konnte, wurde von uns der Befehl erwartet: »Ganze Kompanie, Sprung auf, marsch, marsch«, ohne Rücksicht auf Verluste.

In den Lagebesprechungen und Instruktionsstunden habe ich das kritisiert. Meine gymnasiale Bildung erlaubte mir, die Kritik so zu sagen, daß sie wie der richtige Eifer für die richtige Form des Siegens erschien. Auf keinem Gefechtsfeld war ich je so allein wie in diesen Auseinandersetzungen: »Fahnenjunker Unteroffizier Hentig meint das also besser zu wissen als wir. Was meinen Sie denn, wofür wir dies hier (die Hand strich über eine stattliche Ordensleiste) bekommen haben? Und wo ist denn mein Bein geblieben? – Doch nicht bei solchen Sandkastenspielen, wie wir sie hier machen! Die Instruktionsstunde ist beendet. Achtung! Wegtreten!« Und dann gab es eine gepfefferte Nachtübung, und alle Kameraden grollten mir.

In Wischau, im Herbst 44, auf Offiziersschule mit zentralem Kasernenkomplex und über die Dörfer verstreuten Ausbildungskompanien, eines Tages Generalappell. Fast tausend Fahnenjunker stehen im vollen Wichs im Geviert. Der Fahnenjunker v. W. wird durch Feldgendarmen vorgeführt. Ihm werden die Epauletten und Ehrenzeichen von der Uniform gerissen und der Stahlhelm abgenommen. Er hat beim Gewehrreinigen erklärt, er fühle sich an den Eid auf den obersten Befehlshaber nicht mehr gebunden, seit dieser ihn seinerseits gebrochen habe. Der NS-Politruk hält eine zwanzigminütige Ansprache, in der er schildert, wie man auf der Ordensburg mit »solchen Leuten« umgegangen sei; da habe man nicht erst den Vorgesetzten Meldung gemacht; man habe den Mann fest in eine Decke gerollt, ihn nachts aufs Übungsfeld gebracht und »mit Panzern untergewühlt«. Ich verharrte wie alle anderen im ›Stillgestanden‹, froh, daß jeder dem Vordermann in den Nacken starrte und keiner meine Tränen sah – Tränen der Wut und Ohnmacht. Auf den Gedanken, aus dem Glied zu treten und mich zu v. W. zu stellen, bin ich nicht gekommen.

Und auch hier habe ich mitgemacht: Während unserer Grundausbildung waren wir in der Gegend von Bialystok zugleich als Besatzungsarmee eingesetzt. Alle vier Wochen brummten wir mit den Panzern in das sogenannte ›Todesgebiet‹ – große Zonen, die man dazu erklärt hatte, weil man sie nicht besetzen konnte; wer darin angetroffen wurde, den behandelte man als Partisan. In Wahrheit ging es darum, die Schnapsvorräte des Kasinos aufzufüllen, und die junge, ihrer Waffen noch unkundige Ausbildungsmannschaft wurde zum Komplizen gemacht, indem man ihr das Marodieren erlaubte: Wir durften aus den von den Polen fluchtartig geräumten Gehöften Hühner und Schweine mitnehmen und was immer man in der Speisekammer fand. Danach wurden die Häuser in Brand geschossen, und man fuhr wieder heim. Ich ließ mich als Sicherungsschütze einteilen und entzog mich auf diese Weise, angeekelt, dem barbarischen Treiben. Und schon das konnten die fröhlichen guten Gesellen nicht verstehen, auf die ich zum Leben und Überleben angewiesen war. – Auch zum Widerstand braucht man ein Publikum – wenigstens ein gedachtes. Das waren mein Vater, meine Schwester, mein Lehrer Lindenborn, mein Pastor Eichstädt. Von diesen allen wußte ich freilich, sie wollten vor allem eines: daß ich heimkehre.

Vielleicht wäre alles anders gewesen, hätte ich schon damals Bücher des Widerstands gekannt: die Aufzeichnungen von Friedrich Percyval Reck-Malleczewen, von Petter Moen, von Dietrich Bonhoeffer, von den Geschwistern Scholl, von meinem eigenen Patenonkel Ulrich von Hassell oder doch wenigstens Alfred Anderschs Roman *Sansibar oder der letzte Grund*! 1939 hatte ich mir Ernst Jüngers *Auf den Marmorklippen* gekauft, den man als Schlüsselroman ausgab. Ich war enttäuscht: In schöner Sprache war da von Schlössern und Schlangen, Leuchtkäfern und Cuba-Doggen die Rede – und Förstern mit ihrem Oberförster. Aber unsere Welt war kein Wald! Das Buch war ein Ärgernis, weil es unsere Lage ästhetisierte. Ich weiß, ich hätte dieses Wort damals nicht gebraucht, aber ich hätte Sätze zitiert: »... und vor allem waren wir vor dem Oberförster auf der Hut. Wir lebten daher in einer gewissen Strenge und in schlichten Gewändern ... Zweimal im Jahr ließen wir indessen das rote Futter durchleuchten – einmal im Frühling und einmal im Herbst.« Ja, so war es, und so hätte es nicht sein dürfen.

Wollte man Bundesgenossen, mußte man zu den Klassikern zurück: zu Hebbels *Judith*, zu Beethovens *Fidelio*, zur *Antigone*. Aber bei ihnen allen hatte die einsame Tat einen Sinn. Diese Möglichkeit hatten die Nazis gründlich zerstört. Außerdem sagten die klassischen Helden: Man muß zu sterben bereit sein. Der siebzehnjährige Hartmut Hentig wollte leben. Der Niedergang des Ungeheuers war ja gewiß und Deutschland doch nicht mehr von diesem zu trennen.

Am 20. Juli war ich in Ostpreußen auf einem zweimonatigen Genesungsurlaub, den ein Militärarzt mir verordnet hatte, als die Amerikaner in der Normandie gelandet waren. (»Wir brauchen ja auch für den nächsten Krieg noch Soldaten!«) Von meines Vaters Beziehung zu den ›Verschwörern‹ erfuhr ich durch seine Verhaftung; er wurde freigelassen, noch bevor der Volksgerichtshof die ersten Angeklagten aburteilte, darunter meinen Patenonkel von Hassell.

Ich war in diesen Tagen von der Gräfin Dönhoff gebeten worden, Pferde von Ostpreußen nach Westpreußen zu reiten – für den Fall der Evakuierung des Landes. Die Russen standen schon vor Gumbinnen. Die Flucht vorzubereiten, ja auch nur von ihrer Möglichkeit zu reden, war Defätismus und wurde schwer bestraft. Ich ritt also auf gedeckten Waldpfaden über Land von einem Herrensitz zum anderen; Quartier war im voraus gemacht. Keine der ostpreußischen Adelsfamilien, die nicht vom 20. Juli betroffen war; keine, in der die strenge Kultur, die kultivierte Strenge ihres Lebens auch nur einen Augenblick ausgesetzt hätte; keine, in der man nicht schwieg: Es gab jetzt nichts mehr zu reden, weil es auch nichts mehr zu handeln gab!

Mich überkamen die Gefühle wieder, die ich als Zwölfjähriger angesichts des Hitlerjungen Quex hatte: das Bedürfnis, die geforderte, rettende Tat zu tun und sich dabei zu opfern. Aber es gab keinen Auftrag und nun auch keine Gemeinschaft der Verschwörer mehr, die ihn mir hätte erteilen können.

Den Widerstand hatte ich durch schiere Jugend versäumt. Noch bevor der Krieg zu Ende gegangen war, waren die Chancen der Bewährung vorüber. Ich habe fortan mit dem Zweifel gelebt, ob ich dazu fähig sei.

1945

Zu Hitlers Geburtstag 1945 wurden wir zu Leutnants befördert – 700 Fahnenjunker. Am anderen Morgen bestiegen wir in unseren maßgeschneiderten Uniformen die bereitgestellten Güterwagen, um dem Oberkommando des Heeres als Führerreserve unterstellt zu werden. Also nach Berlin. Aber das OKH war von dort nach Süddeutschland ausgewichen. Da die Gleise im Stadtkern zerstört waren, wurden wir in der Nähe des Schlesischen Bahnhofs auf Lastwagen verladen und zu einer anderen offenen Verladestelle im Westen der Stadt gebracht. In der Frankfurter Allee baumelte an jedem zweiten Laternenmast ein desertierter deutscher Soldat – zur Abschreckung. Es ging über Thüringen ins Bayerische im Güterzugtempo mit vielen Halten. Einige Kameraden sprangen im Dunkeln ab, wenn wir in der Nähe ihres Heimatortes waren. Die vielen Fliegerangriffe bei Tag und Nacht boten den nötigen Anlaß. Während eines solchen Angriffs – wir mußten jedesmal den Zug verlassen und im Gelände Deckung suchen – schlug ein amerikanischer Flieger mit ungeöffnetem Fallschirm fünf Meter von mir entfernt in den leicht moorigen Wiesengrund. Die Kameraden stürzten sich auf ihn, um ihm die Pelzweste, die Uhr und vor allem den Fallschirm abzunehmen. Ich wandte mich erschrocken, angewidert, elend ab und stieß zehn Meter weiter auf ein viereckiges Paket, das ein Schlauchboot für die Crew enthielt. Ich nahm es mit und gab es zwei Tage später in Augsburg auf die Post. Es muß in den ersten Maitagen gewesen sein. Die Deutsche Reichspost hat es noch vor VE-day ordnungsgemäß bei meinen Geschwistern in Garmisch-Partenkirchen abgeliefert. Was für eine Nation!

In Augsburg bezogen wir eine Kaserne. Der Zeugmeister, der Proviantmeister, die Ärzte verteilten, was sie zu verteilen hatten, und wir statteten uns mit dem Praktischsten und Notwendigsten für die Gefangenschaft aus, der wir, allen Einsatzparolen zum Trotz, zuversichtlich entgegensahen. Die Auflösung war im vollen Gang. Es stand keine Ehre mehr auf dem Spiel: Keiner verbarg mehr, wonach er alleine trachtete. Über uns jagten die ersten deutschen Düsenjäger hinweg und gaben uns das Gefühl: Mit solchen Höllenmaschinen müßte selbst dieser Krieg noch zu gewinnen sein. Aber nun wollte das keiner mehr. Der Treibstoff reichte außerdem gerade noch, um drei oder vier von den über 200 Maschinen aufsteigen und zwei rasende Runden über der atemberaubten Stadt kreisen zu lassen. Ein Teil von uns wurde abkommandiert, um bei der Sprengung zu helfen. Offiziere von SS-Einheiten oder von der ›Elitedivision Hermann Göring‹ warben um uns und grinsten verständnisvoll, wenn wir ablehnten, weil wir eigene Marschbefehle hätten. Die bekamen wir tatsächlich, je zwei bis drei Mann zusammen, zu den umliegenden Ortschaften, wo wir uns der Ortskommandantur zur Verfügung stellen sollten – ich in Ingolstadt. Der Kommandeur fürchtete sich vor jungen, Panzerfaust tragenden, möglicherweise kampfbegierigen Offizieren und schickte uns weiter. Im Dorf Schrobenhausen beobachteten wir aus einer Kellerluke den Einzug der Amerikaner, vergruben unsere Waffen und stellten uns nach Curfew auf die Straße. Betrunkene GI's torkelten an uns vorbei und mußten erst gebeten werden, uns gefangenzunehmen. Mit vorgehaltenen Maschinenpistolen und einem eindringlich wiederholten »watches, watches, watches« tasteten sie uns nach Uhren ab. Ich wehrte mich, redete von Haager Landkriegsordnung und Genfer Konvention und wurde alsbald mit allen seither bekannten Horrornamen überschüttet, die für deutsche Schuld stehen. Da war mit Genf und Haag nichts anzufangen. Ein Leutnant kam vorbei, entschuldigte sich für seine Soldaten, lud uns in seinen Jeep und brachte uns an die Sammelstelle für Offiziere, wo man uns verpflegte und mit Zigaretten versorgte.

Nie wieder werde ich in meinem Leben eine so totale Wende erleben, aus keinem Alptraum kann man glücklicher erwachen! Der Einzug in das amerikanische Gefangenenlager war das Eintreten in die große Freiheit. Jede schlechte Behandlung, die uns auch hier gelegentlich widerfuhr, wurde auf einem großen Schuldkonto abgebucht, jede korrekte, ja freundliche Behandlung war ein Rauchzeichen: Hier sind Menschen, hier kann man weiterleben.

Die Lager wurden von Amerikanern bewacht, aber insbesondere die Offizierslager in Selbstverwaltung gegeben. Es entwickelte sich eine Lageruniversität, wie sie vielfältiger und reicher unter tausend Personen nicht denkbar war. Ich habe mich geistig ausgelebt, ja ausgetobt, wie nie wieder danach. Die Selbsterniedrigung der anderen war mir egal: stehlende Obersten, bis zum Bauch in der Mülltonne hängende Majore, süchtige Raucher, die erst den Birnbaum vom Laub bis zur Rinde in ihre Pfeife stopften und dann ihre Ritterkreuze über den Zaun warfen, um von den Wachsoldaten ein paar Zigaretten zurückzubekommen. Ich war auch ohne Rachegefühle, ohne das Bedürfnis zu richten. Ich teilte meine Zeltbahn mit einem prominenten PK-Berichterstatter und Redakteur von Goebbels' Intellektuellenzeitschrift *Das Reich* und ließ mir von ihm erklären, welchen Verführungen er als junger Mann erlegen war, vor allem der: eine Idee besser zu denken, als ihre dann so mächtig gewordenen Urheber das taten.

Keine Angst, keine Demütigungen, keine eigenen Rachegefühle, keine Verantwortung, das war die eine Seite. Aber ich hatte auch keine Vorstellung von einer möglichen, geschweige denn einer besseren Zukunft. Ich hatte ein Mann sein müssen, bevor ich ganz Kind gewesen war; ich war glücklich damit beschäftigt zu leben, ein Individuum zu sein ohne Uniform, ohne Marschbefehl, ohne Ehrgeiz. Ich verpflichtete mich unter den Buhrufen der anderen zum Aufbau französischer Städte und wurde mit den zwanzig weiteren Kameraden, die ein Gleiches zu tun bereit waren, von den Amerikanern dafür nach Hause geschickt: Es war nur ein Test!

Die ganze Familie hatte überlebt und war wenige Tage vereinigt, bis der Vater als hoher Beamter dem sogenannten *automatic arrest* anheimfiel. Ehemalige Offiziere sollten ins Bergwerk gehen oder, wenn sie versehrt waren, in nützliche Fabriken. Ich rettete mich erst in die Hopfenernte und dann in die britische Zone.

Chaos und Freiheit sind seitdem nie wieder ganz für mich zu trennen und beide nicht von einem überwältigend strahlenden Sommer, in dem man zu Fuß über Land ging wie hunderttausend andere, hinter Hecken und in Scheunen schlief, sich ein Stück Brot erbettelte und Fallobst am Wegrand auflas – und kein Mensch etwas von einem wollen konnte. 1945 – die Jahreszahl, die in den Geschichtsbüchern für Elend, letzte sinnlose Zerstörung, nationale Erniedrigung, persönliche Vergewaltigung steht oder für die Abstraktion ›Ende des Naziregimes‹, des tausendjährigen Reiches – markiert eines der köstlichsten Jahre meines Lebens.

Reeducation, Entnazifizierung, Lebenlernen

Die alte Welt war untergegangen, ganz und gar. War man selbst mit ihr untergegangen, ein anderer geworden, kulturlos, gewissenlos, anspruchslos? Und was machte man mit den Lasten schwerer Erinnerung? Als ich später einer Freundin eine etwas kompliziertere geistige Überlegung aus jener Zeit mitteilte, sagte sie verwundert: »Und ich glaubte, du habest damals nur an Essen gedacht!« Hungern und denken verträgt sich sehr gut. Das Studium, das ich im Spätherbst 1945 in Göttingen begann, hätte der Medizin oder der Jurisprudenz, der Landwirtschaft oder der theoretischen Physik gelten können: Es wäre gleich gewesen. Studium war eine Lebensform und hatte für mich mit Abschlüssen und Laufbahnen nichts zu tun. Studium war der Vorwand, alle Fragen stellen zu können, alle erreichbaren Bücher zu lesen, sich allen Menschen zuzugesellen, die einem interessant vorkamen und dies hinnahmen. Im übrigen war es ein Privileg. Ja, die alte Welt war eben doch nicht untergegangen: Ein berühmter Professor der Theologie empfahl mich, weil ich Wilhelm von Kügelgen, den »Alten Mann«, zum Ahnen habe, dem Zulassungsbeamten der Universität; dessen Sekretärin wiederum hatte im Auswärtigen Amt gearbeitet und kannte meinen Vater; der Dekan der philosophischen Fakultät war Romanist und entzückt, einen Absolventen des Französischen Gymnasiums aufzunehmen; und da ich alte Sprachen studieren wollte, was nach 1945 nicht ›jedermanns‹ Wunsch war, wurde ich angenommen, während gleichzeitig Tausende den Ort enttäuscht verließen.

An den geschichtslos gewordenen Deutschen zerrten die verschiedensten Verführungen: Die Amerikaner waren sehr bald entschlossen, uns zu *good guys* zu machen und von den *bad guys*, den Kommunisten, fernzuhalten. Die Russen waren mißtrauischer und mehr noch als die anderen Besatzungsmächte auf die Deutschen angewiesen, die sie mitgebracht hatten – gescheite Menschen, die tatendurstig darauf warteten, den besseren Sozialismus bei uns zu verwirklichen. Von ihnen hörte man, daß Hitler weniger wichtig war als das System, das ihn hervorgebracht hatte, und erfuhr zum erstenmal Nachsicht für das notwendig falsche Bewußtsein, das man selbst von alledem habe. Es war mir unheimlich, daß man mich noch in dieser Stunde nicht für ›verantwortlich‹ hielt. Die Engländer und Franzosen brachten ihre Lebensart, die einen ihre hohe Kultur, die anderen ihre hohe Menschlichkeit ein. In Göttingen gab es Ferienkurse, zu denen junge Franzosen und Engländer auf eigene Kosten und gegen die Stimmung in ihrem eigenen Land angereist kamen, keine Richter, sondern Freunde. Systemkritik hätten auch sie verstanden, aber es interessierte sie mehr, was jeder einzelne von uns gedacht, getan oder erlitten hatte. Von Heldentaten sprach niemand.

Axel von dem Bussche, mein Stubennachbar, war der erste, der mir half, zurückzuschauen und dem Anblick standzuhalten. Er war ausgewiesener Widerstandskämpfer, und ihm hörte man deshalb ohne Vorbehalt zu, wenn er berichtete, wie er als junger Offizier in seinem Frontabschnitt eine SS-Einheit bei der Erschießung von Juden antraf: »Eine Frau hat mich kniefällig um ihr Leben gebeten – ich habe ihr nicht helfen können.« Von dem Augenblick an hat er gegen Hitler gekämpft. Aber nichts wird die Erinnerung an jene Frau löschen können. Nichts! Als er sich vor der Göttinger Studentenschaft um den Vorsitz des AStA bewarb und über seine Vergangenheit Rechenschaft ablegte, war er für die einen ein Vaterlandsverräter und für die anderen ein moralischer Feigling. Das war unsere Erbschaft, das war das Los der Besseren unter uns, wie es auch ihr Los war, trotzdem gewählt zu werden, wie Axel von dem Bussche.

Ich habe keinen der KZ-Filme ansehen *müssen*, die uns von den Alliierten gezeigt wurden, weil ich sie habe sehen *wollen*. Ich habe die vielgeschmähte *reeducation* interessant gefunden und hilfreich; ich las Emery Reves' *The Anatomy of Peace* und Orwell's *Animal Farm*, Margret Boveris *Amerikafibel* und die Schriften der *founding fathers* der amerikanischen Demokratie. Für den Preis von zwei Reichsmark konnte man Eugen Kogons *SS-Staat* kaufen und Boldts *Letzte Tage der Reichskanzlei*, Hassells *Tagebücher*, Pliviers *Stalingrad* und Haushofers *Moabiter Sonette*. Schon 1944 hatte mein Vater aus der Schweiz Hillarys *The Last Enemy* mitgebracht; jetzt schickte ein Freund Rauschnings *The Beast from the Abyss*, Koestlers *Darkness at Noon* und Picards *Hitler in uns selbst*. Das waren wirksame Purgative. Seit der Dreyfus-Affäre hatte Literatur solche politische Bedeutung nicht mehr gehabt.

Auf der Bühne sahen wir Zuckmayers *Des Teufels General*, fast unwillig über soviel Fairneß, Frischs *Nun singen sie wieder* mit einer guten Dosis Selbstmitleid, Wilders *Wir sind noch einmal davongekommen* tief bewegt von der Beziehung, die da zwischen unserer armselig-widerwärtigen Katastrophe und den großen Bedrohungen und Gnadenakten der Menschheitsgeschichte hergestellt wurde, hingerissen auch von der Kühnheit modernen Welttheaters. Vor allem aber hat uns Anouilhs *Antigone* mit ihrer Botschaft beschäftigt, daß es zeitlose Probleme gibt und zeitlose Gesetze: Antigone muß ihren Bruder begraben, auch wenn Polyneikes ein Schuft ist, die Leiche nicht identifizierbar, der Aberglaube enthüllt und Kreon ein weiser und gütiger Mann. Es gibt keine ›historische‹ Entschuldigung für unterlassene Menschlichkeit. – Nicht die Besatzungsmächte haben uns umerzogen, sondern diese Stücke und die Gespräche, die wir danach in warmen Sommernächten vor unseren Wohnungen auf einem Mauerrand oder einer Mülltonne sitzend führten.

Die verständnislose und unwürdige Behandlung, die mein Vater durch die Besatzungsmächte erfuhr, der alles andere als dies verdient hatte, hat mich bekümmert, aber nicht an der Richtigkeit und Notwendigkeit der *reeducation*, der Entnazifizierung, der Nürnberger Gerichtsbarkeit zweifeln lassen. Die ersten marxistischen Schriften freilich habe ich erst im Jahre 1949 gelesen, als ich Austauschstudent in Amerika war. Durch sie allein habe ich gelernt, die Moralität der Politik nicht nur als eine Frage des individuellen Charakters zu beurteilen, und auch, daß das *principiis obsta,* das wir nach 1945 für die wichtigste Lektion zu halten geneigt waren, nicht ausreicht. Vor allem aber begann ich nun, die Dialektik von materiellem Unterbau und ideologischem Überbau an meiner eigenen Existenz zu beobachten und zu prüfen. Dies war interessanter und schien mir notwendiger, als alte Nazis zu entlarven. Ein Versäumnis hat erst die Geschichte daraus gemacht.

1948

Ich besitze kein Geschichtsbuch, das bis zu diesem Jahr reicht. In denen, die es gibt, wird vermutlich unter diesem Datum stehen: Berlinkrise und -blockade/Luftbrücke/›Trizonien‹/Parlamentarischer Rat/Grundgesetz. Vor allem aber: Beginn des wirtschaftlichen Wiederaufbaus aufgrund der sogenannten Währungsreform. An einem uns allen unvergeßlichen Tag im Juni bekamen wir das ›Kopfgeld‹, wenige, aber harte Deutsche Mark – und alle Menschen gleichviel. Für einige Wochen, ja Monate, lebte man in dem Zustand, den Revolutionen immer nur versprechen oder erträumen. Eine vergleichbare Umwertung in den geistigen und sozialen Vorstellungen hat es nicht gegeben. Und über kurze Zeit zeigte sich auch, daß die 100000 Mark, die auf einem Millionenkonto stehengeblieben waren, gegenüber 100 Mark, die ein anderer von 1000 behielt, den alten Vorsprung nicht nur wiederherstellten, sondern, weil dieses Geld wirklich zählte, zu ›Kapital‹ machten, während das andere ›Geld‹ blieb. Geld gibt man aus, Kapital legt man an. Ich jedenfalls war meine 60 DM schnell los – 40 davon absurderweise für eine Lederhose; den Rest nahmen mir die Buchhandlungen ab, in denen man plötzlich nicht nur Rowohlts Rotations-Romane, sondern solide alte Bücher kaufen konnte. Ich erwarb Morgensterns *Sämtliche Galgenlieder* und den *Peloponnesischen Krieg* von

Thukydides in der Heilmannschen Übersetzung. Die Rückwendung begann mit dem ersten Tag der neuen Ära!

Wir erlebten, daß aus Kriegswirtschaft Markt wurde – wirklich bewußt war es mir nicht. Ich verdiente mein Geld als Nachtdolmetscher für die englische Militärpolizei. Von sieben bis eins arbeitete ich in einer Töpferei, deren fröhlich singende Mädchen mich gut verpflegten. Nachmittags vollzog ich das Gebaren des Studierens. Ich war wie nie zuvor mit mir selbst beschäftigt – unruhig wissend, daß ich erwachsen werden, daß ich einen Beruf haben müsse. Um mich herum machten die ersten Kommilitonen, mit denen ich gemeinsam begonnen hatte, ihre Examina. Das Improvisieren, aus dem mein Leben bestand, sollte ein Ende haben – auch das schien der ›Wiederaufbau‹ zu fordern. – Ich bin dem, gottlob, damals ausgewichen. Ich hätte in allem ›Fertigkeit‹ nur vortäuschen können. Mit Ordnungssinn und Pflichtgefühl begabt, war ich gleichwohl nicht bereit, mich Zwängen zu unterwerfen. Anhalternd schloß ich Freundschaft mit einem englischen Offizier, der in mir den richtigen Kandidaten für ein in Amerika ausgeschriebenes Stipendium sah. Ich bewarb mich, wurde ausgewählt und reiste als einer der ersten deutschen Studenten in den letzten Tagen des Jahres 1948 in die USA – von einem zerstörten, unaufgeräumten Kai, auf dem verhungerte, schlecht gekleidete Arbeiter und einige mißmutige Zollbeamten den ausgeleerten amerikanischen Frachter abfertigten. Ich floh buchstäblich vor dem, wonach sich meine deutschen Mitbürger in ihrer Mehrzahl sehnten und dessen Schwelle sie 1948 sichtbar erreichten.

An derselben Stelle legte fünf Jahre später das Schiff an, das mich zurückbrachte, an einem modernen Pier mit eleganten Lager- und Verwaltungsgebäuden. Scharen von Menschen drängten sich, um ihre Freunde abzuholen. Sie waren von weither gekommen mit der Bahn und ihren kleinen, gepflegten Käfern, braungebrannt, wohlgenährt, zufrieden, haferlbeschuht und klepper-bemantelt: Bürger des Augenblicks, Bürger ohne Vergangenheit, Bürger ohne ›Trauer‹. – Ich nahm wahr, daß ich Deutschlands folgenreichsten Wandel versäumt hatte: den Wandel zurück zu sich selbst. Ich war im Aufbruch geblieben.

Ich habe mich damals gegen alle mit dem Wort ›Wieder-‹ beginnenden Erscheinungen gewandt: Wiederherstellung, Wiederaufbau, Wiederbewaffnung. Ich habe mich dagegen gewehrt, nicht, weil mir das Alte prinzipiell zuwider war (wie hätte ich dann ausgerechnet die alten Sprachen studieren können!), nicht weil ich in Amerika fortschrittsgläubig geworden war; nicht, weil ich bisher nicht mitgemacht hatte und mich ausgeschlossen fühlte – keinen Anzug besaß, sondern in Blue-jeans und T-Shirt meinen ersten Lehrerposten versah. Ich kam anders aus Amerika zurück, weil ich anders hingegangen war. Ich habe dort meine ›Lektionen‹ gelernt, weil ich Hilfe gesucht hatte für das, was man seither ›Bewältigung der Vergangenheit‹ nennt und was nur einen Sinn haben kann: Bewältigung der Gegenwart oder der Zukunft im Bewußtsein der eigenen Schwächen, die sich so unwiderleglich offenbart haben. Die Lektionen hießen erstens die Demokratie als Lebensform, zweitens die Wissenschaft, genauer Empirie, als Mittel der gesellschaftlichen Aufklärung, drittens der Friede als moralisches Problem. Diese Lektionen boten sich an, weil ich beschlossen hatte: kein deutsches Zerknirschungsmelodram, aber fortan auch keine Beschwichtigung! Die Ferne von den deutschen Zuständen und die Direktheit der gegendeutschen Anklage – 1949 stand ich vor jüdischen Gemeinden, vor internationalen Clubs, vor deutschen Emigranten als *guest speaker* ›für Deutschland‹ – halfen mir zu Mut und Klarheit. Ich mußte mich der Demokratie (des *parliamentary procedure*, der geordneten Überzeugungsvorgänge, des Minderheitenschutzes) bedienen, um in der Demokratie zu bestehen. Ich lernte an einer nur scheinbar ähnlichen, im Grunde ganz anderen Gesellschaft, soziologisch sehen und zugleich ›kritische‹ Wissenschaft von ›systemstabilisierender‹ unterscheiden: In diesem Land wurde nicht nur Statistik dauernd und überall angewandt, sie stimmte auch, weil sich gleichsam ›statistische Verhältnisse‹ gebildet haben – in diesem Land und an der Universität, an der ich studierte, wurden zugleich die großen Entlarvungen vorgenommen, ich las die Untersuchungen von Havighurst und Allison Davis über *social-class influences upon learning.* Und aus beidem zusammen lernte ich Dialektik! Schließlich lernte ich am Beispiel eines gegenwärtigen amerikanischen Dilemmas das deutsche Dilemma durchspielen: wie man mit einer großen moralischen Schicksalsfrage einer Nation umgeht, wenn diese ›frei‹ ist. Amerika führte Krieg in Korea unter fürchterlichen Verlusten; die einen Amerikaner verlangten den Rückzug Amerikas aus allen internationalen Engagements; die anderen verlangten den Einsatz der äußersten Mittel, der Atombombe; wieder andere verdammten beides. Inmitten der *pax atomica* herrschte der kalte Krieg und überzog Amerika mit einem tiefen inneren Unfrieden. Intellektuelle wurden als Kommunisten verfolgt, wo immer sie sich skeptisch über die amerikanische Kriegsführung äußerten, und vollends, wenn sie, die die Atombombe und nun auch Wasserstoffbombe möglich gemacht hatten, die Welt vor ihrer Anwendung warnten. Elizabethtown College war die Gründung einer pazifistischen Sekte, der Church of the Brethren, urvernünftiger Bauern deutscher Herkunft. Die University of Chicago war eine Hochburg des intellektuellen Liberalismus, geprägt von den großen Geistern, die vor den faschistischen Regimen in Europa dort Zuflucht gefunden hatten. Im Fußballstadion der U. of C. hatte Fermi die erste Kettenreaktion ausgelöst, dort schrieb Leo Szilard seinen satirischen *Report on Grand Central Terminal* und *My Trial as a War Criminal* (und später *Die Stimme der Delphine*) – ein Mann, der schon in den ersten Monaten des Jahres 1939, also ein halbes Jahr vor Kriegsausbruch, die Physiker der westlichen Welt zu einem Publikationsboykott in Sachen Uranspaltung zu bewegen suchte. Wir erlebten, wie diese Menschen von McCarthys Ausschuß zu *fellow travellers* gemacht wurden; wir entrollten bei der Heimkehr von McArthur mannshoch die Lettern OLD SOLDIERS NEVER DIE (das hatte der Feldmarschall von sich selbst nach seiner Abberufung durch Truman pathetisch ausgerufen) – BUT YOUNG ONES DO – STOP THE WAR IN KOREA! Die Affäre Oppenheimer und der Fall Hiss zeigten an, in welchen Gegensatz die Massendemokratie zu den denkenden Individuen geraten konnte – gerade auch hier! Wer experimentiert, ist bereit, Altes umzustoßen, wer gewohnt ist, seinen Beobachtungen mehr zu trauen als seinem Vorwissen, der muß zu Konflikt bereit sein, der wird sich nicht auf angestammte Loyalität festlegen lassen.

Als ich nach Deutschland zurückkam, gab es die gleichen politischen Probleme in ungleich einfacherer Form; ungleich einfacher waren auch die vorgebrachten Lösungen: entweder ›ohne mich‹ oder ›wir leisten unseren Beitrag zur Verteidigung der Freiheit‹. Hier fehlte intellektuelle und moralische ›Deutlichkeit‹. In Amerika standen sich die kategorischen Pazifisten und die Niebuhrianer gegenüber. Die einen sagten nein zu jeder auch nur indirekten Beteiligung an spontaner oder organisierter Gewalt, sie argumentierten mit einer ›neuen Lage‹, die mit der Wasserstoffbombe gegeben sei: Krieg ist heute das furchtbarste Unheil, das wir auf uns laden können, weil wir nichts wiedergutmachen können, was wir in ihm zerstören; wir werden nicht einmal mehr bereuen, geschweige denn sühnen können; wir werden mit dem Atomkrieg die *absolute* Unfreiheit gewählt haben. Das ließ die alte Frage nach gerechten und ungerechten Kriegen weit hinter sich.

Die Niebuhrianer wiederum nannten dies ›Gesinnungsethik‹, Perfektionismus, unverantwortlich. Der Pazifist begehe eine schwere Unterlassungssünde, wenn er erkanntes Unrecht, z. B. totalitäre Unterdrückung oder Rassenterror, nicht mit allen ihm zu Gebote stehenden Mitteln zu verhindern suche. Die tiefere Ethik gebiete uns sogar, den anderen vor seiner eigenen Sünde zu bewahren, ihm in erster Linie um seiner selbst willen in den Arm zu fallen und die Schuld eher auf uns zu nehmen.

Ich besuchte pazifistische Seminare, ging in die Senate Hearings, las mich in die Scholastik der Friedenswissenschaft ein, debattierte in den ›Model United Nations‹ mit. Der Pazifist Hartmut Hentig hat versucht, es sich nicht einfach zu machen, kein Parasit auf der ›Sündhaftigkeit‹ der anderen zu sein. Er verstand die Logik nicht, die die Herstellung der Bombe gutheißt und gleichzeitig verlangt, die Regierung solle sich feierlich verpflichten, die Bombe nicht zuerst zu werfen. Wie können Menschen sich in einer solchen Logik sicher fühlen, wo doch jeder weiß, daß die Bombe mich nur dann ›schützt‹, wenn ich sie zuerst werfe oder wenn sie nie geworfen wird? Warum sie dann überhaupt bauen? Ist dies der Anfang jener falschen Systeme, deren wir – wie beim Nazismus – nicht Herr werden, weil wir nie ihrer Urlüge standgehalten haben? Umgekehrt: Ist der wahre christliche Pazifismus, der nicht auf dem fünften Gebot, sondern auf der Bergpredigt gründet, nicht eine Utopie? »Bewaffne dich, und du bewaffnest deinen Gegner« – dieser nüchterne Satz war für Amerika sinnlos: Beide Seiten waren schon bewaffnet. Aber in Deutschland war ein neuer Weg möglich, eine Wehrlosigkeit, die nicht nur die tierische Demutsgebärde vollzog, sondern die zu einer starken Alternative zum Krieg hätte zwingen können. Dem Christdemokraten Adenauer warf ich damals nicht vor, daß seine Politik Westdeutschland nach Westen wendete, sondern daß sie ihm die moralische Herausforderung ersparte, vor der wir standen.

Am Ende einer Pazifistentagung in Detroit stand plötzlich am hinteren Ende des Saales ein junger Neger auf und erklärte seine tiefe Enttäuschung über das vorgetragene theologische Gehechel. Es gehe nicht darum, die Welt davon zu überzeugen, wie wohlüberlegt und tiefsinnig oder gar wie ›konkret‹ der Pazifismus sei, sondern darum, sie aufzurütteln, hinauszugehen auf die Straße und vereint ›Feuer‹ zu schreien, weil die Welt schon in Brand stehe. Er hielt den 400 Anwesenden vor, 350 von ihnen suchten letztlich nur ihre Sicherheit, und sie suchten sie hier, weil sie sie woanders nicht gefunden hätten. Und dann machte er klar, was er mit ›Sicherheit‹ meinte: »Wenn eine Nation 5 % der Bevölkerung der Erde umfaßt und 50 % ihres Reichtums besitzt, so sind 90 % ihres Besitztums Diebstahl.« Daß wir alle an das Kreuz unserer kleinen Wohlhabenheit, unseres Berufs, unserer Krankenversicherung, unserer Altersversorgung, unserer Familienrücksichten genagelt werden würden – das war an einem anderen Tatbestand die Wiederholung der alten Figur. Es gibt nichts Gutes und Dauerhaftes ohne schmerzliche Opfer. Die Waffen strecken ohne Liebe tut niemandem gut. Geben, geben, geben, bis es schmerzt, das ist Pazifismus, was von *pacem facere* kommt.

Die Deutschen, ich unter ihnen, hatten ihr Opfer an der falschen Stelle gebracht. Jetzt wollten wir Sicherheit, und da sie uns im Namen der Freiheit beschert wurde, durften wir sie für doppelt wertvoll halten.

Mit den meisten anderen politischen Fragen ist es uns ähnlich gegangen – mit der Verfassung unserer Wirtschaft, unserer Wissenschaft, unserer Erziehung. 1962 schrieb ich eine *Bestandsaufnahme* über die deutsche Nachkriegspädagogik; darin hieß es:

> Die Einsicht, daß man nicht durch schlechte Panzer, zuwenig Bomber, verkehrte Schlachtenpläne und Hunger, sondern durch eine falsche Philosophie verliert..., hat uns gezwungen, hinter Politik, Wirtschaft und Strategie zurückzugehen, dorthin, wo ihre wichtigsten – die geistigen – Voraussetzungen gelegt werden. Wir wußten nun, daß das Ausmaß der äußeren Zerstörung glimpflich war, gemessen an der inneren Zerstörung, die voraufging, daß es galt, größere Redlichkeit zu üben, um verläßlichere Grundlagen zu legen...
>
> Eine deutsche Pädagogik, die im Jahre 1945 an die Arbeit ging, mußte a) ganz von vorn beginnen und b) sich unter dem Eindruck der unsäglichen Katastrophe ein Ziel setzen, das sich ausdrücklich auf sie bezog: die Menschen so erziehen, daß sie ein zweites 1933 rechtzeitig erkennen und entschlossen verhindern würden.

Dieses haben wir versäumt. Wir haben weder nach vorn noch nach hinten geschaut. Aus Schichten der Erfahrung, die das Leben tragen, waren Isolierschichten geworden. 1945 schied uns von den Ängsten und der Bewährungsnot der Nazizeit; drei Jahre Trümmer-, Lager-, Schwarzmarkt-, Stromsperrenzeit isolierten uns von unserer eigenen Erschütterung; mit der Währungsreform schieden wir von unserer physischen Not; mit der Restauration erledigten wir den Anspruch auf Erneuerung.

In meinem Lehrerberuf aber war all dies wachgeblieben; meine Schüler in Tübingen waren anders als die im benachbarten ›Neu-Spuhl‹; sie ließen nicht zur Ruhe kommen, was meine ›Geschichte‹ in mir angerichtet hatte. An die Stelle eines Aufbruchs trat die der geplanten, in politischer Bundesgenossenschaft vollzogenen Reform. Eine Reform mußte ersetzen, was zwischen 1945 und 1948 versäumt worden war. Diese aber war stets begleitet von der Angst, sie sei selber korrumpiert, gebe dem Wandel, der sich von alleine vollzieht, nur einen gefälligen Namen, sei selber Beschwichtigung, wo Aufruhr nottat.

1968

Der Aufruhr kam dennoch – von den Studenten. Sie hatten den Mut zur Radikalität. War es wirklich Mut? War Mut nötig und nützlich? – Wir Reformer hatten Irrtümer preiszugeben; wer zögerte, tat dies nicht, weil er nicht tapfer genug war, sondern, weil er nicht wußte, wodurch er sie ersetzen sollte. Da war der Irrtum, Fortschritt lasse sich durch Ideen herbeibringen. Wir alle, Heinrich Roth und Georg Picht, Hellmut Becker und Hildegard Hamm-Brücher, Friedrich Edding und Hartmut Hentig hatten Erfolg, weil wir eine schon erfolgreiche Bewegung bezeichneten und begründeten. Ein Irrtum war, daß Empirie allein verläßliche Erkenntnis von der Realität bringe. Ein Irrtum war auch, daß der Zerschlagung der Privilegien die offene Gesellschaft folgen werde – allein die Vermehrung der Privilegien hätte die Menschen etwas beglückt. *Meritocracy* hat die Angst nicht aufgehoben, man könne aus allem heraus- und herabfallen – sie hat das Schicksal der sozialen *drop outs* ›normalisiert‹ und damit unentrinnbar gemacht; den von ihr hervorgebrachten Neurotikern erfüllt sie die Lust am Untergang zu verbilligten Preisen.

Am 2. Juni 1967 wurde in Berlin ein Student von der Polizei erschossen. Tragische Ironie hatte ihm den Namen Ohnesorg gegeben. Zu seiner Beisetzung kamen in der Sporthalle zu Hannover über 5000 Studenten zusammen – und fünf Professoren. Ich habe auf diesem Kongreß gesprochen: ich sei auf die Seite derer getreten, deren Rechte ich geschmälert und geschmäht fände, deren unbequeme Kritik unserer Gesellschaft nicht vorenthalten werden dürfe.

... deren Handeln und Denken ich zu verstehen meine, auch dort, wo ich dieses Handeln und Denken lieber anders sähe – gefaßter, robuster, weniger verletzt. Ich verstehe etwas von dünngeschabter Haut, von dem Gefühl des Verfolgt- und Ausgeliefertseins an die

Mehrheit, die ach so im Recht zu sein behauptet, von Mißtrauen vor der Macht, von der Angst vor dem Faschismus, und ich beschwöre die Öffentlichkeit, zu begreifen, daß diese Angst kein Honigschlekken und keine moralische Extravaganz ist. – Muß nicht vielmehr, wer diese Angst *nicht* hat, wer diese Angst seit den Hitlertagen je losgeworden ist – muß *der* nicht sich selbst und seiner sogenannten ›Besonnenheit‹ gründlich mißtrauen?

Ich habe damals den Berliner Studenten meine Anerkennung ausgesprochen für das, was sie täglich in den Straßen ihrer Stadt taten, indem sie in unmittelbarer Rede die Bürger vom Sinn ihrer Aktionen zu überzeugen suchten: »die Politik aus der täglichen kopfschüttelnden oder empörten Anerkennung der Macht in die praktische und zuversichtliche Anfechtung von Macht zu übersetzen«. Ich habe sie schließlich davor gewarnt, ihre Erfolge zu überschätzen. Mit einer aufgescheuchten, eingeschüchterten Bürgerschaft sei ihnen nicht gedient, und die Veränderung des Bewußtseins lasse sich nicht durch Demonstrationen, nicht ohne Veränderung der Verhältnisse, nicht ohne Geduld erreichen.

Meine Rede hatte ich Wort für Wort vorbereitet. Fortgetragen von dem mir zuteil werdenden Beifall, habe ich einen Satz improvisiert: Ich würde gegen die Beugung der Meinungsfreiheit der Studenten kämpfen, »ganz gleich, wie radikal« sie seien. Im Jahr darauf, in dem sich die Studentenrevolte, wie sie fälschlich heißt, voll entfaltete, saß ich im Hörsaal der Frankfurter Universität auf einem Podium einer Gesellschaft zur Gründung einer neuen Universität. Die Veranstaltung wurde von der Frankfurter Studentenschaft nicht unter-, sondern überlaufen. Man mußte in einen riesigen Hörsaal wechseln und sollte – von den Studenten über Megaphone dazu aufgefordert – über die Freilassung bestimmter Kommilitonen statt über das angesetzte Thema reden. Magnifizenz, der Hausherr, zog sich unter Hinweis auf die von den Wänden prangenden Beleidigungen zurück: »Mit einem solchen ›Knallkopp‹ werden Sie doch nicht reden wollen!« Ein Podiumsveteran und ehemaliger KZ-Häftling schlug donnernd auf den Tisch, er lasse sich nicht von naseweisen Knaben erklären, was faschistisches Verhalten sei. Ein weiterer Professor willigte grinsend und ohne weiteres in die Nötigung ein. Der Verhandlungsleiter versuchte mit kalter List, wenn schon schwitzend, die Lage durch die Regeln der Geschäftsordnung in den Griff zu kriegen... Der Saal war außer Rand und Band, als das Wort – der Reihe nach – an mich erging. Ich zögerte und sagte dann ins Mikrophon und in den vor der Neugier zurückebbenden Lärm: »Ich habe Angst...« Auf dieses Wort, nein, auf die sich selbst mitteilende Angst hin trat vollkommene Stille ein, und ich konnte, ich mußte mich weiter erklären: »... nicht davor, daß Sie mir etwas tun (es waren mehrere Eier geflogen und hatten auch Podiumsmitglieder getroffen), aber davor, daß ich dieser Lage nicht gewachsen bin. Ich bin überzeugt, daß Sie das Falsche tun, aber ich muß fürchten, daß Sie meine Überzeugung und ihre Begründung nicht hören werden, weil ich sie nicht frech und schneidig und unbekümmert genug vortrage.« Man hat mich zu Ende reden lassen, acht bis zehn Minuten lang. Dann fiel man wieder über die anderen her, und die Versammlung wurde abgebrochen. »... ganz gleich, wie radikal sie sind« – dies schlug nun gegen mich zurück. Ich hatte damals in Hannover wider eine eingewurzelte Überzeugung geredet. Wenn Radikalität heißt: eine Handlung ohne jede Rücksicht und ohne Verantwortung, dann ist sie allemal schädlich und menschenfeindlich. Verantwortung setzt gemeinsame Regeln und Ordnungen voraus, eine gemeinsame Sprache, in der geantwortet und verstanden wird.

Mit den Nazis gab es keine solchen gemeinsamen Regeln mehr, aber man tat so, als gäbe es sie. Man hielt sich an Eide, Befehle, Gerichtsurteile, Gesetzestexte, Meldungen, obwohl sie allesamt Lüge waren. Man ertrug die Anomie nicht, die sonst entstanden wäre. Jetzt verwechselten die jungen Leute Meinungsunterschiede mit Bürgerkrieg, hielten Personen über dreißig und in gutbezahlten Ämtern schon deshalb für korrupt, schrien »Faschist«, wenn einer ihren Marxismus nicht teilte, und unterbrachen die Verbindung mehr mutwillig als mutig – und ganz wider den Sinn der Demokratie, die das Gespräch zwischen Gegnern kunstvoll ermöglicht.

Dieses Fehlverhalten war zugleich Ausdruck einer Chance. 1968 war eine neue Generation da. Sie konnte den Aufbruch wagen, den die ältere Generation 1945 aus physischer und moralischer Erschöpfung nicht einmal versucht hatte, aber sie war auch ungewarnt vor den inzwischen verschwiegenen Nöten. Die Jungen terrorisierten die Alten ohne Erinnerung an das, was solcher Terror vermag, ja sie waren entzückt über die aufgeregten, entlarvenden Reaktionen, die entmächtigenden Wirkungen. – Die Menschlichkeit kann nicht ganz von vorn anfangen und, wie die Folgen meines Angstgeständnisses zeigen, sie muß es auch nicht. Aber wehe, wenn eine Generation ihre Erfahrungen nur durch Geschichtsbücher weitergeben will, in denen von solcher Angst nichts steht!

Zehn Jahre später hat eine Gruppe von jungen Lehrern an der Bielefelder Laborschule ein Buch über ihre dortigen Erfahrungen geschrieben und zur Veröffentlichung gebracht. Beides hat sie vor den Kollegen und den dafür zuständigen Selbstverwaltungsorganen geheimgehalten. Als dies kurz vor dem Erscheinen des Buches ans Licht kam, begründeten die Lehrer ihr Vorgehen mit dem Bedürfnis nach Identität. Sie fühlten sich gehemmt, gelähmt, in einer schwächeren Position, die sie nur durch eine gemeinsame Tat ausgleichen könnten. »Wenn verstanden worden ist, was dies für eine Angst ist – dann erst kann sie überwunden werden.«

Innerhalb von zehn Jahren hatte die jüngere Generation aus der Betroffenheit durch Angst ein politisches Werkzeug gemacht, das wirksamer war als alle von ihr eroberten politischen Institutionen. Keine Schule in Deutschland hat eine so weitgehende Selbstverwaltung wie die Bielefelder Laborschule. Dies macht jeden unmittelbar mitverantwortlich für das, was an ihr geschieht. Hat man die Mehrheit nicht überzeugt, muß man mit ihr weiterringen oder sich fügen. Nun aber gibt es ein anderes Mittel: Man erklärt ihr, sie mache einem Angst, und da sie dies nicht wollen könne, müsse sie gleichsam zur Rettung der Demokratie die Demokratie aufgeben.

Grenzen nicht nur des Wachstums

War ich selbst gegen die Lust an der Unlust gefeit, die in den 70er Jahren die Deutschen und nicht nur sie erfaßte? Auf der

Hälfte dieses Jahrzehntes sollte ich die Hälfte eines Jahrhunderts erreichen. *Midlife crisis,* umrahmt von *back-lash* und *nostalgia* – wer kann da seiner selbst sicher sein? Und dann erfand jemand die Überschrift, die nach meiner festen Überzeugung über unserem Zeitalter stehen wird, wenn es endgültig Geschichte geworden ist: *Limits to Growth.* Der Bericht des Club of Rome sagte der Welt im Jahre 1972 eine kühne und unangenehme Wahrheit: Das für Fortschritt gehaltene, sich selbst steigernde Wachstum unserer industriellen Wirtschaftsform werde, wenn wir es so fortsetzen, in einer Katastrophe enden. Diese Vorhersage wurde gemacht, damit sie nicht eintrete – nicht eintreten müsse. In einem zweiten Bericht beschwor einige Jahre darauf der Club of Rome die Fähigkeit des Menschen zu lernen. *The human factor* macht die Ungewißheit aller Prognosen über das Geschick dieses Planeten aus, ist beides: Unverläßlichkeit und Chance.

Die in der ersten Studie vorgetragenen Berechnungen wurden alsbald von den Experten angegriffen – aber weder war man bereit, fortan den Experten zu trauen, noch war es wichtig, ob sich auch ›berechnen‹ ließ, was man täglich selber oder in den Nachrichten erfuhr. Man bekam Angst vor der Zukunft – die einen, weil soviel Glück, Wohlstand, Frieden nicht anhalten und schon gar nicht zunehmen könne, die anderen, meist jüngeren, weil ihnen dies alles nicht wert schien, fortgesetzt zu werden; es hatte sie keine Mühe gekostet, ihnen die Zeit und Zuwendung ihrer Eltern gestohlen und zeitigte schon jetzt die absurdesten Widersprüche: eine hochentwickelte Medizin, die krank macht, einen Verkehr, der zweckmäßige Bewegung verhindert, eine Massenkommunikation, die die Menschen vereinsamen läßt, eine Schule, die verdummt oder neurotisiert, eine Rationalisierung der Arbeit, die hier Arbeitsplätze zerstört, die wir dort teuer, künstlich, unbefriedigend schaffen müssen, ein Sicherheitssystem, das die Regierungen und Völker in Dauerpanik versetzt... Die Apparate sind ihren Erfindern über den Kopf gewachsen, die Systeme zeugen sich selbst fort, die Mittel überwuchern die Zwecke. Wir sind in der Lage des Zauberlehrlings.

1973 brachte den Yom-Kippur-Krieg, die arabischen Ölstaaten drosselten ihre Lieferungen, die Ölkrise – als wäre sie vom Club of Rome ausgedacht – trat ›politisch‹ ein. In dem Jahr schrieb ich, der ich ein Jahrzehnt lang alles, was wie Restauration aussah, bekämpft hatte, ein Buch mit dem Titel *Die Wiederherstellung der Politik.* Ich habe mich bemüht zu erklären, es gehe nicht um Rückkehr zum Alten. Aber auch nicht um einen Aufbruch nach vorn, der sich vielfach als Flucht erwiesen hatte. ›Wiederherstellung‹ meinte: mit der Täuschung aufräumen, wir trieben Politik. Politik sollte – im Gegensatz zur Ausübung von Herrschaft oder zum bloßen Vollzug von Verwaltung – bewegliche Regelung gemeinsamer Angelegenheiten heißen. Wir müssen eingestehen, daß wir sie nicht (mehr) haben. Wir haben sie durch drei eigentümliche Verfahrensmuster ersetzt. Diese nenne ich erstens die *Bagger-* oder *Bulldozer-Politik:* Die dafür geschaffenen Instanzen setzen fort, was sie tun, und räumen aus dem Weg, was sich ihnen entgegenstellt; zweitens die *Düngemittel-Politik:* Man präpariert die Menschen, ihre Erwartungen, Einstellungen und Handlungsmöglichkeiten – man steckt etwas in den Boden, was die richtige Ernte garantiert; drittens die *Drachentöter-Politik:* Man rottet das Böse aus, wie einst die Drachen, und weil es deren nicht so viele gibt wie gute Menschen, die böse Drachen töten wollen, machen die Drachentöter sich ihre Drachen.

Zur Aufgabe der Politik gehört es, die Voraussetzungen für Politik zu schaffen:

> Die mechanische, die chemische, die moralistische Politik sollten durch eine politische Politik abgelöst werden, in der es für alle Bürger Entscheidungen von einiger Tragweite, Verantwortungen mit einigem Risiko und darum mit Freude an wirklicher Selbstbestimmung gibt. Diese Politik verstehe ich am besten am Gleichnis der griechischen *polis* ... Die aristotelische Definition des Menschen lautet richtig übersetzt: Der Mensch ist ein Wesen, das in der *polis* lebt. Dort muß er Politik treiben, wie er arbeiten, essen, schlafen, sich erholen muß. In unseren gesellschaftlichen Gebilden muß er das nicht nur nicht, er *kann* es nicht, und weil er es nicht kann und in seinem Leben nie gekonnt hat, *will* er es auch nicht. (*Die Wiederherstellung der Politik,* S. 202)

»An einem Morgen im Aprile« trug ich in meinem Unterricht als erstes und mit feierlichem Umstand ein Datum auf unserer Geschichtstafel ein – einer Wandkarte, auf der der Ablauf der Geschichte in einem sich vom Jahre 2000 v. Chr. bis zum Jahre 2000 n. Chr. erstreckenden Zeit-Band veranschaulicht ist und auf der wir historische Ereignisse markieren, die uns im Laufe des Unterrichts begegnen. Am 30. April 1975 wurde der Vietnam-Krieg eingestellt. Meine zehnjährigen Lateiner waren erstaunt und bewegt zu erfahren, daß sie selbst ›richtige Geschichte‹ miterlebten.

Mir war dabei noch anderes bewußt: Es war nicht *irgendein* Krieg zu Ende gegangen – und es war auch nicht nur ein *Krieg*. Einerseits hörte ein Unrecht auf, das Napalm, Entlaubung, My Lai, die Auslieferung eines Volkes an ruchlose Politiker, seine Korruption durch fremden Reichtum und die Unmoral der Etappe hieß. Andererseits hörte die falsche Hoffnung auf, durch militärische Übermacht nicht nur den Gegner niederringen, sondern auch die eigene Schuld tilgen zu können. Die größte Kriegsmacht der Welt hatte dem Widerstand barfüßiger Dschungelkämpfer weichen müssen – und ihre letzten Mittel nicht einsetzen können. Kein Sieg heilte die Wunden, keine danach geübte Großmut beschwichtigte die Selbstanklage. Die älteste der überlebenden Demokratien, die Nation, ohne deren Eingreifen in den Zweiten Weltkrieg Europa Hitlers Herrschaft anheimgefallen wäre, das Land, in dem unzählige Verfolgte Asyl und eine zweite Heimat gefunden hatten und auf dessen Grund und Boden die neuen Menschenrechte abgefaßt worden waren, das Volk, das sich im Nürnberger Prozeß durch seine Vertreter zum Anwalt einer neuen übernationalen Gerechtigkeit gemacht und das das besiegte Deutschland mit Care-Paketen am Leben erhalten hatte, verlor in Vietnam zugleich das Vertrauen seiner Freunde, sein Gesicht und sein Selbstbewußtsein. Die USA und alles, was sie sagten und taten, war fortan suspekt, allem voran die von ihnen bestimmte Bündnis- und Sicherheitspolitik. Als sechs Jahre später die Amerikanische Botschaft in Teheran besetzt und deren Insassen in flagrantem Völkerrechtsbruch über ein Jahr als Geiseln gehalten wurden, rührte sich die zivilisierte Welt nicht, ließ den Präsidenten der Vereinigten Staaten im Stich, entrüstete sich über einen verzweifelten militärischen Befreiungsversuch. Friede, ganz gleich wie faul, war zum höchsten Gut geworden.

Anders als während der amerikanischen Studienjahre, in denen der (damals wütende Korea-)Krieg und die Rüstung der Nationen für mich fast ausschließlich ein moralisches Problem gewesen waren, waren sie jetzt ein moralisches *und* politisches. Welche Partei erklärt den Frieden nicht nur zu ihrem Ziel, sondern treibt eine Politik, die die friedliche Lösung vorhandener Konflikte, die friedliche Aufhebung vorhandenen Unrechts, das Ende unfriedlicher Bedrohung ermöglicht? Mit welchen öffentlichen Argumenten muß ich insbesondere meiner eigenen Regierung zusetzen, damit sie den vermutlich opfervollen und mühsameren Weg beschreitet, in der Zuversicht, daß ihre Bürger sie stützen? Wie verhalte ich mich selbst, damit der Friede nicht nur die noblere Wahl, sondern die praktischere Politik ist?

Frieden

Viermal habe ich in Vorträgen ›öffentlich‹ darüber nachgedacht: auf dem Evangelischen Kirchentag 1967 zum Thema *Erziehung zum Frieden**, als Laudator der Friedenspreisträger Janusz Korczak und Max Frisch in der Paulskirche und auf einem Kongreß in Leipzig, wo ich das Thema wählte: *Erziehung zum Frieden durch Erziehung zur Politik*. Immer war es ein Versuch, von der ohnmächtigen Moralisierung fortzukommen, immer auch eine Bemühung, die Verwerflichkeit von Gewalt überzeugender zu begründen – und immer blieb ich im Drahtverhau der eigenen Einwände stekken: Was konnte man angesichts von Hitlers entschlossener Anwendung böser Gewalt anderes tun als seinerseits Gewalt zu üben? Und Hitler bleibt nicht der einzige Terrorist in unserer Geschichte!

* Abgedruckt in Hartmut von Hentig: Spielraum und Ernstfall. Stuttgart 1969 (jetzt auch als Ullstein-Taschenbuch).

Eine Friedensbewegung, wie ich sie mir vorstelle, muß Mittel massenhafter und dadurch mächtiger gewaltloser Verweigerung ersinnen und ein hohes Maß an Leidensbereitschaft aufbringen. Sie muß nicht nur der Anwendung des Krieges als eines Mittels der Politik entsagen, sondern auch der Sicherheitsseligkeit, der Utopie des totalen Friedens, der Hoffnung auf wirksames Handeln *und* gutes Gewissen zugleich.

Als mir und vielen anderen sogenannten Prominenten für ein Sammelwerk die folgenden drei Fragen gestellt wurden:
– Was heißt für Sie Frieden?
– Was meinen Sie persönlich für den Frieden tun zu können?
– Ist Verweigerung ein Weg zum Frieden?
habe ich geantwortet:

Was heißt für mich Frieden?
Auf dem Schild, den Hephaist für Achill schmiedet, ist der Friede abgebildet: Menschen, die ein Hochzeitsfest feiern, ein Mahl halten, singen und tanzen; Menschen, die eine gute, uralte Arbeit tun; Menschen, die auf dem Marktplatz zuschauen, wie sich zwei »um das Bußgeld für einen erschlagenen Mann« streiten und ein Gericht von Ältesten über den Fall entscheidet. Aber da ist auch eine andere Stadt – umgeben von zwei Heeren von Kriegern; die Soldaten legen einen Hinterhalt; sie rauben Rinder; sie kämpfen miteinander, »und die grausige Göttin des Todes packte den einen verwundet, den anderen wundlos...«.

Von diesem Schild aus einem der ältesten Kriege, von denen wir wissen, lese ich ab: *Der Friede ist nicht ohne den Krieg*. Er ist die große, ungestillte Sehnsucht derer, die den Krieg kennen und fürchten. Und wir alle kennen ihn! Irgendwo in unserer Welt findet er immer statt – »hinten, weit in der Türkei«, zwischen den Montagues und Capulets, zwischen der bewaffneten Staatsmacht und den Gegnern der Kernkraft, zwischen den in Gewohnheit und Abhängigkeit gefangenen Eheleuten, zwischen Kindern, die frei und geborgen sein wollen, und Erwachsenen, denen diese Ansprüche lästig sind... Die Welt wäre nicht nur langweilig, sie wäre leblos, erstarrt, eine Beute des einen endgültigen Siegers – ob

Moos oder Mensch –, wenn alles Schwächere kampflos dem Stärkeren wiche.

Das Eingeständnis, daß es den *wirklichen* Frieden nicht gibt – den vollständigen und vollkommenen, in dem Gerechtigkeit und Freiheit, unsere Identität in der Geschichte und die Offenheit der Zukunft gleichermaßen gewahrt sind –, dieses Eingeständnis, sage ich, heißt nicht, daß es keinen Zweck habe, sich für den *möglichen* Frieden einzusetzen – der freilich unvollkommen, begrenzt, bedroht, ja, in sich friedlos ist.

Es ist nicht einmal in der Natur wahr, daß alles Leben Kampf, ein ständiger Krieg aller gegen alle sei. Und wenn es so wäre, hätten wir Menschen, die wir die Natur längst verlassen, uns ihren harten wie ihren sanften Gesetzen entzogen haben, nicht allen Grund, gerade an dieser Stelle mit ihr zu brechen?!

Friede – das will ich hiermit ausdrücken – kann nur sein, wenn man bereit ist, Spannungen, Gegensätze, Konflikte, sogar ein gewisses Maß an Unrecht auszuhalten. Über dieses Maß ist zu sprechen, nicht über die völlige Gewaltlosigkeit, über eine heile Welt, über Arkadien.

Ich weiß, dieser Befund ist weder originell noch angenehm. Er hat nur eine Aufgabe: vor beidem zu warnen – der Utopie und der Resignation, die gleichermaßen zum Kriege führen können, jedenfalls heute!

In der Frage ist dies nicht ausgesprochen, aber gemeint: ›Frieden *heute*‹. Und ›Frieden heute‹ ist wesentlich bestimmt durch ›Krieg heute‹. Je totaler der Krieg sein kann, um so unvollkommener wird der Friede sein, mit dem wir uns begnügen müssen. Ja, der bescheidenere Frieden wird obendrein mehr Mühe und Kosten fordern.

Was kann ich ganz persönlich für den Frieden tun?
Ich kann vier Dinge tun:

- Ich kann und muß die eben geäußerte Überzeugung klar, eindrücklich, immer wieder vertreten – in Worten und mit dem eigenen Beispiel. Es ist überflüssig, mich mit meinem Nachbarn zu streiten, weil er andere Vorstellungen von der Nutzung des gemeinsamen Mülleimers hat. Ich nehme ein bißchen mehr Mühe auf mich und schaffe die Ordnung, die mir gemäß ist, für uns beide; vielleicht überzeugt ihn das Ergebnis. Und das gilt auch, wenn über Polen und El Salvador geredet wird: Ich mache aus meinen Überzeugungen kein Hehl, aber ich werde mein moralisches und politisches Urteil weder für unfehlbar noch für wirksam, für eine ausreichende Tat halten; mit seiner lauten Verkündigung mache ich die Welt nicht besser, ich mache nur deutlich, wie nahe ein Bürger wie ich der Grenze (dem ›Maß an Unrecht‹) gekommen ist, an der der Friede faul und unerträglich wird.

- Ich bin Lehrer und kann Kindern und jungen Leuten eine Vorstellung davon geben, was uns ermöglicht, friedlich miteinander auszukommen: von den Mitteln, mit denen man einen Streit schlichtet, von der Klugheit der guten Form, von der Macht der Wahrheit – und umgekehrt von dem Mittel der Verleumdung, von den Torheiten der Provokation, von der Verteufelung oder Erniedrigung des Gegners, von den Folgen der Gewalt. Ich kann und muß ihnen vor Augen führen, wie wichtig die Vernunft für die Wahrung des Friedens ist, und zugleich, daß sie Grenzen hat.
- Ich bin Bürger. Ich kann und muß die politische Demokratie nutzen, in der ich lebe (und andere nicht!), und aller fahrlässigen oder mutwilligen Beschönigung von Gewalt, aller Verharmlosung von Krieg, Rüstung, Erpressung als Mitteln der Politik öffentlich Widerstand leisten: mein Teil dazu tun, daß die Regierung abgewählt wird, die nicht die äußersten Anstrengungen dafür macht, daß Kriege *unnötig* werden und nicht nur *unmöglich*, zu dieser ›Unmöglichkeit‹ bisher immer die Vorstellung gehört, daß man selber in der Lage sein müsse, im Ernstfall zu gewinnen und *der* Erwartung zu mißtrauen, haben wir allen Grund!
- Ich kann mich – vielleicht – dazu bringen, überzeugt und überzeugend zu bekennen, daß es in der Tat *nichts* Wichtigeres gibt, als den Krieg zu verhindern, selbst wenn der Friede die Freiheit kostet und mir mitnichten schwere Schuld erspart. Leben wir weiter und haben wir nicht vergessen, was Freiheit ist, können wir sie zurückgewinnen, kann ich die Schuld wiedergutmachen. Diese Hoffnung zählt, ja sie wird in dieser Lage zur Pflicht.

Auf der verkohlten Erde, auf der es keine Menschen oder nur Menschenkrüppel gibt, hat das Wort Freiheit keinen Sinn.

Eines zu tun scheint mir töricht: Appelle zu unterschreiben, die nur noble Absichten verkünden – etwas von anderen fordern. »Frieden schaffen ohne Waffen« ist eine gute Sache, antwortet aber nicht auf das Problem. Die Waffen sind ja da. Wie bringt man die feindlichen Besitzer dazu, sie aufzugeben, nicht mehr mit ihnen zu drohen und nicht mehr mit ihrer Hilfe von den anderen Bedrohungen unseres Lebens auf dieser Erde abzulenken? Wie vermeidet man, daß die erkennbare Schwäche des einen zur Verlockung des anderen wird, seine Ziele diesmal etwas weniger mühevoll – durch schieren militärischen ›Druck‹ – zu erreichen? Hier hilft weder moralische Überlegenheit noch erklärte Friedfertigkeit, ja, *sie* können zum Anlaß des Übergriffs werden.

Ist Verweigerung ein Weg zum Frieden?

Der, der die Frage formuliert hat, hat vermutlich an Wehrdienstverweigerung gedacht, aber auch an tätlichen Widerstand gegen den Ausbau von militärischen Basen und die Herstellung von Waffen. Solche Handlungen können Mittel zur Verhinderung von Krieg sein. An die Ursache des Krieges, an die Bedingungen des Friedens rühren sie noch nicht.

In einem Land, in dem die Wehrdienstverweigerung durch Ersatzdienstleistung rechtlich garantiert und praktisch geregelt ist, (a) weil man offenbar zum Kriegführen nicht alle braucht und (b) mit der Folge, daß eine solche Normalisierung des Protestes diesem das ›Martyrium‹ raubt, ist Verweigerung nur dann wirksam, wenn sie so massenhaft geschieht, daß der Krieg nicht geführt werden kann.

Ich halte es für undenkbar, daß im Ernstfall die einen Bürger ihr Leben hingeben und die anderen dies unnütz, schändlich, verbrecherisch finden – und wie die übrige Zivilbevölkerung zugleich nicht weniger gefährdet sind. Da mögen die Verweigerer Verwundete pflegen und Kühe melken, die Kohle fördern und Waren transportieren (und also den anderen dadurch ermöglichen, den Krieg mit Waffen zu führen) – aber man wird sie behandeln müssen wie Kriegsgefangene.

Eine Nation wäre dies nicht mehr; sie trüge die Spaltung in sich, die ›draußen‹ als Krieg erscheint.

Dies sind – ich gebe es zu – noch die Vorstellungen von einst, von örtlichen und in ihrer Wirkung begrenzten Kriegen. Der ›Holocaust‹ des jederzeit möglichen, weil allseits schon vorbereiteten Krieges *kann nur politisch verhindert werden.* Wenn das nicht gelingt, sind alle anderen Überlegungen in den Feuerwind geschrieben. Mit der Verweigerung hätte man nicht einmal seine Seele vor Gott gerettet, weil man doch jetzt schon weiß, daß sie allein nicht genügt: Wir müssen unser Leben ändern – und das tun wir nicht.
Ich bin mit meiner vierteiligen Antwort auf die wichtigste der drei Fragen – was ich für den Frieden tun *könne* – nicht zufrieden, wohl weil ich mit der Frage nicht zufrieden bin. Sie erlaubt mir, ins Allgemeine und Bedeutende auszuweichen, ja sie fordert es. Sie müßte lauten:

Was werde ich für den Frieden tun?
Die Antwort hierauf beginnt damit, daß sie jene ersten Antworten wieder in Probleme verwandelt, und mündet in einem mich selber erschreckenden Schluß. Dieser folgt – wie der Leser nun sehen kann – eher aus meinem Leben als aus den vorgeführten Gedanken, die ihrerseits Folgen meiner Erfahrung sind:
– Der atomare Krieg selber beendet alle Optionen. Die Entscheidungen über Heil und Unheil werden vorher getroffen. Die Massenvernichtungsmittel *zu haben* ist die s. v. v. entscheidende Entscheidung, nicht erst sie *zu verwenden.* Die Zumutung an das Gewissen aller Bürger des Staates – nicht nur unserer jungen Soldaten – besteht darin, daß sie (in deren Namen die Regierung doch nur handelt) *willens* sein sollen, Massenvernichtungsmittel einzusetzen, die das Leben unterschiedslos vernichten. Denn die Waffen zu haben ohne Bereitschaft, sie einzusetzen, ist sinnlos. Dies aber ist selber die Preisgabe jener »Freiheit«, zu deren Verteidigung dies geschehen soll. Freiheit habe ich nicht, wo ich mein Gewissen beugen oder belügen oder betäuben muß.
– Alle Rechtfertigung von atomarer Rüstung weicht deren

möglicher Konsequenz aus. Was »nur denkbar«, »nur gedacht« sei, heißt es, wiege geringer als die »Erfahrung« von 40 Jahren Frieden unter dem Atomschirm. Diese Wertung aber ist unlogisch, weil der Atomkrieg überhaupt nur »gedacht« werden kann. Geschieht er, gibt es auch keine Erfahrung mehr.

- Eine Sicherheitspolitik, die das Denkbare zu denken verbietet, überfordert die menschliche Vernunft und damit die Loyalität zu den republikanischen Institutionen und Gesetzen, deren Zweck die Rationalisierung der Politik ist: Diese soll allgemein verständlich und dadurch allgemein verantwortbar werden. Es ist sinnvoll, auf der Legitimation der Politik durch die Verfassungsmäßigkeit der Entscheidungen zu bestehen. Aber es ist sinnlos, die Gewissen der einzelnen damit binden zu wollen. Dies würde den Zweck der Verfassung in ihr Gegenteil verkehren.
- Mit der Frage, wo das beginne, was *keine* Rechtfertigung mehr findet, – bei der Tötung eines einzelnen (z. B. eines Gewalttäters) oder bei dem Abwurf einer Sprengbombe (beispielsweise auf eine Rüstung-produzierende Stadt, wobei die Tötung von »Nichtkombattanten« in Kauf genommen wird) oder bei atomaren Waffen mit zwar begrenztem Zerstörungsradius, aber nicht zurücknehmbarem radioaktivem *fall-out* oder erst bei atomaren Massenvernichtungsmitteln – muß sich jeder Mensch für sich plagen. Das kann ihm keine Regierung, keine Partei, keine Gewerkschaft und auch keine Kirche abnehmen. (Darum gibt es ein Recht auf Kriegsdienstverweigerung; dieses kann aber nicht umgekehrt werden: in ein Recht der Regierung, mit den »anderen« *jede Art* von Krieg vorzubereiten.) Hier steht unser oberstes Verfassungsgut, die Würde des einzelnen, auf dem Spiel.
- Die Politik der Neuzeit, die auf dem Gewaltmonopol der Staaten nach innen wie nach außen beruhte, hat sich durch die Möglichkeit absoluter Gewalt prinzipiell verändert. Wir müssen den *contrat social* neu schließen. Die Maßstäbe Gerechtigkeit, Freiheit, Sicherheit, *wealth* und *welfare* der Nation müssen ergänzt werden durch etwas, was bisher außerhalb aller Politik lag und was ich ungeschützt den

»Frieden der Seele« nennen möchte. Nur mit ihm läßt sich heute der Friede unter den Menschen erreichen.

- Ein klares Bewußtsein davon, was die atomare Abschreckungsstrategie bedeutet, läßt einen Frieden der Seele und des Gewissens nicht zu.
- Die Bergpredigt hat uns dies längst gesagt. Man wird sie neu verstehen lernen, seit die Folgen ihrer Mißachtung so radikal sind wie ihre Forderungen. Mit Beschwichtigung hat Pazifismus endgültig nichts mehr zu tun. Wohl dem, der die Kraft hat, dies klar zu denken und bewußt auf sich zu nehmen.
- Da ich nun die Regierung nicht allein abwählen kann, muß ich werben, überzeugen und zugleich Beispiel geben für die Offenheit und Opferbereitschaft, die ich von anderen erwarte. Auf andere Regierungen einzuwirken, ist dem Bürger fast unmöglich. Am ehesten gelingt es bei verbündeten Regierungen und auch dies wiederum am ehesten über die eigene. Diese ist von ihrer Bevölkerung aus verschiedenen Gründen zur Lösung verschiedener Probleme gewählt worden. Die Gewichtung und Verteilung der politischen Mandate hält sich nicht an die Parteiengrenzen und die Legislaturperioden, ja, die Notwendigkeit dieser oder jener Entscheidung ist nicht immer vorherzusehen. Regierungen werden darum immer gelegentlich ohne ausdrückliches und mehrheitliches Mandat der Bevölkerung handeln müssen. Für bestimmte Entscheidungen sollten sie jedoch genötigt sein, eine besondere Legitimierung einzuholen. Verfassungsrechtler mögen sich überlegen, wie beispielsweise die Frage der Einbeziehung der Bundesrepublik in das System atomarer Abschreckung aus dem Gemenge von Konjunktur-, Arbeitsbeschaffungs-, Rentenanpassungs- und Schulpolitik herausgelöst und besonderen Abstimmungs-Anforderungen unterworfen werden kann. Denkbar wäre eine Zweidrittelmehrheit im Parlament, die, weil sie meist über die der regierenden Parteien hinausgeht, eine besondere Begründungsanstrengung erfordert. Freilich wird auch ihre Entscheidung das Gewissen der übrigen verletzen. Will man dies gänzlich vermeiden, kommt, wie bei der Todesstrafe, nur ein Verfassungsverbot in Frage.

- Wenn die politischen Bemühungen (1) weder zu einer Preisgabe der atomaren Abschreckungspolitik führen (die nicht mehr ausschließen kann, was sie ausschließen muß), (2) noch zuwege bringen, daß über diese Fragen anders entschieden wird (im gesicherten Bewußtsein aller, worüber sie entscheiden, und nicht, wie bis jetzt, in gesicherter Unklarheit) und es (3) keine Möglichkeit gibt, der Regierung die atomare Bewaffnung verfassungsrechtlich zu versagen (eine Möglichkeit, die ich mir wünsche, aber nicht beurteilen kann), werde ich gewaltlosen außerparlamentarischen Widerstand leisten – ungern, weil ich die beste Verfassung, die unser Staat je gehabt hat, gewahrt sehen will, und aller Folgen bewußt und gewärtig, die dies für mich hat. Ich nehme das auf mich, weil ich nicht sehe, wie diese Verfassung ihren Bürgern *jetzt* Schutz in einer Sache gewähren kann, in der ihre Väter ihn gewiß hätten gewähren wollen, wäre sie damals erkennbar gewesen. Ist die Stationierung von atomaren Mittelstreckenraketen auf deutschem Boden und damit in deutscher Verantwortung abgewehrt, kann man sich daranmachen, die Verfassung nach ihren Regeln so zu ändern, daß sie die Bürger vor einer untragbaren Zumutung bewahrt: ihre Lebensordnung überhaupt mit Mitteln zu verteidigen, deren Anwendung die Zerstörung der Menschheit bedeutet. Die freie Lebensordnung ist verteidigenswert, ja, wert – wie zu allen Zeiten –, daß Bürger ihr Leben für sie hergeben. Aber es kann den Menschen nicht zugemutet werden, mit der berechenbaren Schuld an der Vernichtung der Erde »frei« zu leben. Dem gilt mein Widerstand.
- Zur Wirksamkeit dieses Widerstandes gehört, daß ich von anderen richtig verstanden werde: Ich muß ihn vorher öffentlich – schriftlich und mündlich – erklären. Die Erklärung zielt auf den politisch-moralischen Kern der Frage (nicht ihre auch wichtigen, historischen, waffentechnischen, ökonomischen, kriegspsychologischen Seiten): daß angesichts einer Strategie, die auf der aufrichtigen Bereitschaft, ja glaubwürdigen Entschlossenheit beruht, das zugegebenermaßen Allerschlimmste zu tun, um das Allerschlimmste zu verhindern, der Beschluß einer einfachen

parlamentarischen Mehrheit zur Legitimierung der Politik nicht genügt.

- Ich leiste diesen Widerstand als Bürger und moralisches Individuum, außerhalb aller meiner Ämter, und hoffe, daß andere mir folgen, so wie ich anderen folge.
  Etablierte und von der Verfassung privilegierte Organisationen, Interessengruppen und Institutionen (Verbände, Gewerkschaften, öffentlich-rechtliche Anstalten wie die Medien oder Universitäten etc.) dürfen ihre Machtpositionen nicht zu einem solchen gesetzlosen Widerstand mißbrauchen.
- Es darf mich nicht stören, wenn ich mich dabei in Gesellschaft von Kommunisten oder anderen Personen befinde, deren Absichten ich sonst nicht teile. Nur zu Gewalttätern darf ich mich nicht gesellen. Gegen sie bin ich aus eigenem Willen machtlos. Gegen die ersteren *muß* ich den nötigen Mut und die nötige Kraft des Geistes aufbringen.

Schluß

Was hat mein ›Experiment mit mir selbst‹ erbracht? – Es sollte geprüft werden, ob die eigene erinnerte Erfahrung den Mustern entspricht, die die Geschichte schon gebildet hat oder zu bilden im Begriff ist. Es sollte zugleich beobachtet werden, wie die Muster entstehen, wie sie aus der gemeinsamen Erfahrung vieler oder unter der plötzlichen Suggestion eines Ereignisses oder einer Person zu einer objektiven Bedingung gerinnen.

Ich habe mir beim Erinnern aufmerksam, aber nicht aufdringlich zugesehen. Verfahren und Absicht standen in bewußter Spannung zueinander: Einerseits wollte ich die vorgefundenen Ereignisse und ›Kapitelüberschriften‹ der zu Geschichte werdenden Vergangenheit abrufen und mit meinem Erleben vergleichen; andererseits durften heutige, von der Geschichte geprägte Urteile das Erlebte nicht überwältigen – es sollte unverarbeiteter Rohstoff sein.

Ich habe es mit diesen Vorsätzen nicht leicht gehabt; ständig hat sich der Richter vor den Beobachter zu drängen gesucht; allein schon die Auswahl aus der Fülle der anbrandenden Erinnerungen war schwer, weil jedes Erinnerungsstück schnell behaupten konnte, es gehöre unbedingt dazu; der begründende Verstand wurde schon dadurch ständig bemüht. Bei der Durchsicht des spontan Niedergeschriebenen habe ich alle Urteile und Einsichten wieder auszumerzen mich bemüht, die nicht der erinnerten Zeit entstammen. Was stehengeblieben ist, war schon damals Reflexion über Vergangenes, stellte schon damals Unterschiede fest, bildete schon damals ›Schichten‹. Beschämend viel alte Gedanken haben sich erhalten: Soviel Neues habe ich über meine eigenen geistigen, sozialen, politischen Grundverhältnisse in den letzten Jahrzehnten gar nicht gedacht!

Das Ergebnis zeigt mir, daß die Muster der Erfahrung des einzelnen in der Tat anders sind als die der Geschichte. Das macht die Großen in ihr so interessant: Sie repräsentieren die Geschichte nicht, sie zwingen ihr etwas von ihrer Besonderheit auf. Sie gefährden freilich auch die Wahrheit der Geschichte. War die ›napoleonische Zeit‹ napoleonisch? War sie nicht zugleich die ›Goethezeit‹ – und war sie etwa goethisch und nicht vor allem biedermeierlich?

Das befriedigendste Ergebnis meines Experiments war in dieser Hinsicht, daß ich mich an keiner Stelle durch die ›Zeitlage‹ entmündigt gefunden habe. Sie erklärt vieles, aber nie allein und nie direkt. Immer bleibe ich verantwortlich. Wie sehr auch immer ich Kind meiner Epoche bin, ich bin nicht prinzipiell durch sie ›determiniert‹. Diese Aussage klingt wie Hybris, aber ich wäre unaufrichtig, wenn ich sie hier unterschlüge. Auch soll sie mich ja nicht aus dem Schicksal der Gemeinheit herausheben. Ich bin vielmehr überzeugt, daß alle Menschen für sich aus ereigneter, passiv erlittener Geschichte gelebte Geschichte machen können.

Natürlich haben mich die Ereignisse und Zustände beeinflußt und gewandelt. Aber sie haben nichts aus mir gemacht, was ich nicht war. Daß wir »immer gewesen sind, was wir im Laufe unseres Schicksals werden«, heißt es einmal in Golo Manns *Wallenstein*. Ich habe mich bei der Prüfung meiner Vergangenheit unter dem schwierigen Thema ›Faschismus‹ in keinem Augenblick nicht verstanden. Die Entdeckung und

Wahrung des eigenen Wesens oder, wie man heute sagt, der Identität, ist nicht nur eine pädagogisch-psychologische Kategorie, sondern auch eine historische.

Geschichte schreiben heißt, die Pathologie einer Gesellschaft aufzeichnen. Die Pathologie einer Gesellschaft besteht aus den unzähligen Pathologien der einzelnen. Aber viele dieser Pathologien werden sich ähneln. Wer 1935 zehn Jahre alt war, träumte seinen Quex-Traum nicht allein; Zwölfjährige haben, in Berlin oder anderwärts in Deutschland lebend, eher Judenverfolgung ›gesehen‹ als Zweiunddreißigjährige; wer mit vierzehn den Kriegsausbruch erlebte, kennt die bange Frage, ob und woran er sich bewähren werde; und auch, wenn es nur wenige sind, die wissen, daß diese Bewährung zu nichts mehr beiträgt, weil der Sieg der schlechten Sache die schlimmere Niederlage ist, so hat ihr Vorhandensein die anderen doch unsicher gemacht: Meine Kameraden von Slobodka bei Bialystok können ihren eigenen Söhnen nicht sagen: »Deutsche Soldaten haben nicht marodiert« – nicht ohne zu wissen, daß sie schwindeln und daß sie dieses Schwindelns überführt werden können.

Die Muster in der Landschaft unter uns sollen aus der Beobachtung, sollen aus ihr selber kommen. Hitler in uns oder Hitler im System, die Banalität des Bösen oder seine Dämonie, Weltgeschichte als Weltgericht oder Politik als ein pragmatischer Anpassungsprozeß, Freiheit oder Gerechtigkeit, Fortschritt durch Aufklärung oder *semper idem* – diese großen Muster muß man sich aus dem Sinn schlagen, wenn man Geschichte schreibt. Ein Schnitt durch das Jahr 1932 oder 1942 oder 1952 oder 1962 könnte kennzeichnendere Ereignisse und Merkmale jener Zeiten hervorbringen als die großen Wende-Daten, die ich befragt habe.

Ich weiß, es gibt Alltagsgeschehen und Denkmalsgeschehen. Kein Historiker verwechselt die Daten des Ploetz mit Geschichte. Aber da es eine Aufgabe des Historikers ist, auszuwählen, zu begründen, zusammenzufassen, versäumt er oft die andere, ihrem Prinzip nach entgegengesetzte: die Wirklichkeit einer vergangenen Zeit nachvollziehbar zu machen. Der Historiker opfert leicht die Banalität, Individualität, Diskontinuität – kurz die Schmuddeligkeit – seines Gegenstandes der Systematik seines Handwerks. Und darum wiederum versäumt er die Beteiligung des Lesers. Ein Film wie *Holocaust* ist nicht die Wahrheit, ja er verfehlt, verfälscht, verzerrt sie an vielen Stellen. Aber er ist ein wichtiger Katalysator für die Wahrheitsarbeit, die wir an uns leisten können. Eine Geschichte, an der wir weniger übertriebene Schicksale, weniger flagrante Untaten und weniger umfassende Deutungen vorgestellt bekommen, dafür aber die Ahnung: das ist dein Fall, dein Versäumnis, deine Bewährungswut, deine Angst – und so hat sich's gewandelt von der gehabten Schwäche über die eingesehene zur verhüllten, zur erpresserisch mißbrauchten Schwäche –, eine solche Geschichte wäre nützlich, weil sie zu leben hilft.

Nach *Holocaust* hat man gefragt, ob der Film und seine Wirkungen nicht beweisen, wie schwach die literarischen und historischen Erzeugnisse der Deutschen über ihre dunkle Vergangenheit bisher gewesen seien, denn an der Zahl und dem Umfang der Arbeiten hat es nicht gefehlt. *Holocaust* hat psychotherapeutisch gewirkt; ob das mit ›heilend‹ gleichzusetzen ist, muß man bezweifeln. Heilsam kann dieses Ereignis sein, wenn es uns klarmacht, wie wenig beides für sich nützlich ist: die sachliche Belehrung einerseits und die emotionale Erregung andererseits. Wenn wir die Menschheit nicht für unbelehrbar halten und wenn wir nicht wollen, daß die Belehrung erst durch die nächste Katastrophe geschieht, müssen wir uns neue Formen der Geschichtsschreibung ausdenken. Denn noch immer weiß der Mensch über das, was der Mensch ist und tun kann, allein aus dem, was der Mensch bisher getan hat. Man muß es ihm wahrhaft vorstellen – so, daß er es erkennen und anerkennen kann.

Dieser Text ist zuerst in der von August Nitschke und mir gemeinsam herausgegebenen Festschrift für Golo Mann erschienen. Die Festschrift trägt den Titel *Was die Wirklichkeit lehrt* (S. Fischer: Frankfurt 1979). Der Text ist um zwei kurze Passagen erweitert worden und um einen Beitrag zu dem von Werner Filmer und Heribert Schwan herausgegebenen Buch *Was heißt für mich Frieden? Auch ein deutsches Lesebuch* (Stalling: Oldenburg, Hamburg, München 1982).

3. Gewöhnung ans Licht – Gewöhnung ans Dunkel

Der Versuch einer pädagogischen Autobiographie (1983)

Warum bin ich überhaupt Pädagoge geworden? – und nicht Jurist, wie mein Vater und die Tradition der Familie es wollten, nicht Regisseur oder Schauspieler, wozu Begabung und Neigung lockten, nicht Politiker, Theologe, Journalist, was wechselnde Anlässe nahelegten!

Sodann: Warum die eigene Pädagogik erklären? Hat sie es nötig? Tut ihr das gut? Liegt sie nicht längst vor – sichtbar als Handlung, lesbar in Büchern? Wenn die authentische Kurzfassung, ein examensfertiger und unstrittiger Hentig gewünscht wird – muß ich ihn nicht schon aus Selbstachtung verweigern? Wenn aber die Innenansicht, die enthüllende Selbstauslegung, die *confessions* – geht das auf Bestellung, zerstört das nicht die in ihnen mögliche Wahrheit?

Schließlich: Was heißt in diesem Fall ›Pädagoge‹ und ›meine Pädagogik‹? – in einem Buch, in dem ausschließlich Erziehungswissenschaftler zu Worte kommen, die man, wie mich auch, Professor der Pädagogik nennt! Will ich *den* erklären?

Die Antworten auf die drei Fragen treffen in diesem einen Satz zusammen: Wie ich Pädagoge geworden bin, ist nicht ablösbar davon, wie ich ich geworden bin. Will ich meine Pädagogik erklären, muß ich mich erklären. Die ›Lehren‹, auf die ich mich im Laufe der Jahre berufen habe, die Ableitung und Zuordnung, die man meinen Schriften zuteil werden läßt, das theoretische Gerüst meiner praktischen Arbeit stimmen über die Zeit hinweg vornehmlich in meiner Person überein. In ihr steckt darum auch die einzige zulässige Abbreviatur. Gäbe es nicht die Aufforderung des Herausgebers, für diesen Band* zu schreiben, ich schriebe meine Darstellung, um mir selber klarzuwerden, welchen Ursprüngen und Prinzipien ich Treue schulde, weil ich ihnen mich und meinen Beruf verdanke.

* Vgl. die Anmerkungen am Schluß dieses Kapitels, S. 210.

Natürlich ist der *Emile* auch dem verständlich, der nichts über Jean Jacques Rousseau weiß. Es zeichnet ein gutes Werk aus, daß es für sich bestehen kann. Aber wer sich fragt, mit welchem Recht Emiles – oder irgendeines Menschen – Erziehung so sein solle, der kann sich nicht mit der Analyse des Textes, der Zeit und der menschlichen Natur – mit Philologie, Kultur- und Sozialgeschichte, Anthropologie und Entwicklungspsychologie – begnügen; der muß vielmehr etwas über die besonderen Beweggründe des Mannes und Pädagogen wissen, der sich für diesen Weg entschied. Pädagogik ist keine Wissenschaft – sie bedient sich tunlichst der Wissenschaft; sie läßt sich von ihr aufklären, kritisieren, begrenzen; ihre Aufgaben, Ziele, Bewertungen läßt sie sich von keiner Wissenschaft anweisen.

Wer sich dafür interessiert, was die Bielefelder Laborschule oder Hentigs pädagogische Gesellschaftskritik oder die Programme »Humanismus als Methode«, »Schule als Erfahrungsraum«, »Die Umwelt erziehlich machen«, »Aufwachsen in Vernunft«, »Erkennen durch Handeln«, »Entschulung der Schule« bedeuten und ob sie tauglich und glaubwürdig sind, der muß nach dem Maßstab fragen, und der liegt nicht einfach vor. Der ist in der Pädagogik nie unabhängig von dem Willen, dem Schicksal, den Eigenarten der Person.

Ich bin überzeugt, daß die Platonischen Dialoge, die Theorien, Verfahren und Ergebnisse des amerikanischen Empirismus, das Pathos und die Anschauung der Rousseauschen Erziehungslehre, die meiner Pädagogik ihre Sprache leihen, mich nicht – so wenig wie hunderttausend andere, die sie auch gelesen haben – zum Pädagogen gemacht hätten, wenn sie nicht auf eine dafür präparierte Substanz getroffen wären. Was ich hier über jene lebensgeschichtliche Substanz sage, drückt überdies meine Vorstellung davon aus, wie Menschen ›sie selbst werden‹ und was Pädagogik dabei tun und nicht tun kann. Das Risiko, daß ich meinen Lesern doch nur etwas aus meinem Leben erzähle, ohne sie davon zu überzeugen, daß dies meine Pädagogik erkläre, gehe ich willig ein. Mit größerer Sicherheit tue ich auch sonst meine Arbeit nicht.

Daß ich mit 28 Jahren gleichsam über Nacht und ohne jede systematische Vorbereitung, geschweige denn Ausbildung,

Pädagoge werden konnte – gewiß nicht gleich ein guter, wohl aber ein von vornherein furchtloser, allseitiger, ›ganzer‹ und fast glücklicher – das danke ich einigen wenigen Grundverhältnissen oder Urerfahrungen und einer Reihe von Begebenheiten, wie sie sonst nur in Geschichten von Maupassant vorkommen.

Grundverhältnisse und Urerfahrungen in der Kindheit

Der Vater. Zu dem, was mich zum Pädagogen gemacht hat, zählt die Tatsache, daß ich wenige Monate nach meiner Geburt von meiner Mutter getrennt wurde und seitdem bei meinem die Mutter absichtsvoll ersetzenden Vater aufgewachsen bin. Über mein frühkindliches Triebschicksal will ich hier nicht spekulieren. Ich muß mich an Tatbestände halten, die weniger Aufschluß versprechen, aber faßbar sind: Mein Vater war bei meiner Geburt schon im 40. Lebensjahr; er litt an dem unmittelbar danach einsetzenden ebenso dramatischen wie widerwärtigen Scheidungsprozeß; er übte einen ihn voll beanspruchenden Beruf aus. Anders als bei heutigen jungen Vätern, die sich die häuslichen Aufgaben möglichst selbstverständlich mit ihrer Frau teilen, fehlte seiner Zuwendung zu meiner um ein Jahr älteren Schwester und mir jede Beiläufigkeit. Sie war bewußt, intensiv, man möchte sagen ›total‹. Der Wunsch, mit seiner Zuwendung auch auf uns einzuwirken, war unbefangen, unverhüllt und setzte nie aus – und die Zuwendung selbst auch nicht. Sie erstreckte sich auf jeden nur denkbaren Lebensbereich – das Füttern und Baden, das Schreiben- und Lesenlernen, den Seelenkummer und das Nachtgebet. Ihm machte dies keine Mühe – jedenfalls keine zusätzliche – hatte doch auch sonst jede seiner Tätigkeiten einen meist asketischen Nebenzweck: Er ertüchtigte sich dauernd – seinen schon so trainierten Körper, seinen schon so disziplinierten Willen, seine schon so reiche Bildung. Leben war immer ›Steigerung‹, und an seinen Kindern, vor allem seinem Sohn, wurde er sich dessen inne. Er nahm also den Zehnjährigen mit ins Kino, wenn dort Jan Kipura als Taxifahrer mit Götterstimme zum Kammersänger ausgebildet wurde und nebenbei lernen mußte, sich ›bei Tisch‹ zu benehmen – mit je einem Band der Weltgeschichte unter die Ellbogen geklemmt (die ›Weltgeschichte‹ durfte doch nicht herunterfallen!); Schwimmen, weil es meist in kaltem Wasser stattfindet, diente der Abhärtung; Umzüge waren ein guter Anlaß zu lernen, wie man Bücher, Porzellan, Teppiche sachgemäß verpackt; in Zeiten, in denen er sich das im Grunde nicht mehr leisten konnte, bekamen wir Kinder Anzüge vom Schneider: damit wir eine ausgehende kulturgeschichtliche Erfahrung machten und nebenbei mitbekamen, wie man einen Stoff aussucht und die Echtheit der Wolle prüft (es wurde eine Faser verbrannt und mußte nach ›Hufschmiede‹ stinken); eine Uhr bekam ich, damit ich ›höchste Vorsicht‹ übe; das Reiten war gut für die Beinmuskulatur und lehrte den Grundsatz ›Führen durch Nachgeben‹. Fast alle frühe Erinnerung an den Vater ist Erinnerung auch an Belehrung, Forderung, Einwirkung, pädagogische Hilfe. Ich sollte nicht – so spürte ich – einfach sein, der ich war oder von allein wurde, ich sollte einer Vorstellung folgen. Nichts war verächtlicher als ›sich treiben lassen‹, nichts machte ihn – und macht ihn bis heute – besorgter, als wenn eines seiner Kinder oder Enkel sich keine Ziele steckt. Rückblickend kann ich auch die Mittel benennen, die mein Vater einsetzte: Vorleben-und-Mitmachen, Zutrauen-und-Zumuten, Geschichten erzählen. Wollte er, daß ich auf mich selbst – meine Haltung, meine Sprache, meine Gesundheit, meine Sachen – achte, dann führte er mir nicht nur die negativen Wirkungen vor: von ungeschnittenen oder abgekauten Fingernägeln, von ›genuschelter‹ Rede, von geckenhafter Kleidung, von gelben oder gar schwarzen Zähnen, sondern auch (was schwerer ist) die angenehmen: so (fest und unaufdringlich) gibt man die Hand; so (zweckmäßig) gekleidet verhält man sich richtig, weil man sich wohlfühlt; so (klar und nicht laut) redend, die Wörter selber verstehend und nicht nur benutzend, gewinnt man die Zuhörer. Vor allem aber zeigte er – mit seiner Person –, *wie* man sie erreicht. Er gab sich Mühe, den Weg dorthin möglichst als lustvoll und wenigstens als vorteilhaft erscheinen zu lassen (durch die mir vorgestellte Ökonomie eines solchen Verhaltens), als sicher (durch unbefangen von ihm geteilte Übung) und als würdig (durch die zu gewinnende Selbständigkeit).

All dies war spürbar Hilfe zur bürgerlichen Selbstbehauptung: so zu werden, daß man in der Welt bestehen konnte – Briefe an hochgestellte Personen schreiben, eine freie Ansprache halten, ausdauernd wandern, als kleines Kind eine große Reise ganz alleine tun. Er erwartete von mir ohne Zögern, daß ich ihm als Fünfzehnjähriger den Haushalt führte, als die Familie aus dem von Bombenangriffen heimgesuchten Berlin evakuiert worden war, und er lobte großzügig und überzeugend, was ich für ihn und seine Gäste tat. Er hatte ein uneingeschränktes und dadurch ungewollt erpresserisch wirkendes Vertrauen – er kontrollierte nie, weder meine Ausgaben noch meine Aussagen noch meinen Aufenthalt, und das beileibe nicht aus Gleichgültigkeit! Er verbarg seinerseits nichts – und das in Zeiten, in denen dies für ihn lebensgefährlich und für uns Kinder schwer belastend war.

Ich habe mich erst spät darüber gewundert, warum ich dies alles ohne Widerstand oder gar Aufstand ertragen habe. Ich habe mir geantwortet: weil es in sich stimmte. Der Vater hat so erzogen, weil er selbst so war, und darum ist es ihm ohne Bruch und gegenseitige Enttäuschung gelungen. Ihm, der von sich selbst ständig äußerste Anstrengung forderte und die erbrachte Leistung genoß, kam für seine Kinder nichts anderes in den Sinn. Sein eigenes Sohnesschicksal, das Gefühl einer besonderen Verantwortung für die durch die Scheidung mutterlos gewordenen Kinder, vor allem aber sein eigentümlich haushälterischer Umgang mit sich, seinen Gaben, Erfahrungen, Mitteln, Kräften, Beziehungen und seiner Zeit, haben ihn zu einem bezwingenden Erzieher ohne Zwang gemacht und ihm fast uneingeschränkte Macht über uns gegeben – obwohl, nein, weil er nie Gewalt angewendet hat.

Die Erziehung durch Vorbild ist eine Erziehung in Freiheit. Der zu Erziehende hat nach diesem Prinzip das Recht, das Vorbild anzunehmen, abzulehnen oder ihm nur zum Schein zu folgen. (Darum wirkt das Vorbild am stärksten, das davon nichts weiß!) Wer hierauf nicht stolz ist und dieses ›Risiko‹ nicht eingeht, wird – wie sehr er das sonst tut – in dieser einen entscheidenden Hinsicht nicht durch Vorbild erziehen:

er wird zu ›Maßnahmen‹ greifen, und was ihm fortan gelingt oder mißlingt, läßt sich nicht der Vorbild-Pädagogik zur Last legen. Gefahr droht ihr von woanders: aus der Beschämung. *Sich* durch jemanden *beschämt fühlen*, ist eine für die Menschlichkeit, für die allgemeine Gesittung und für die moralische Selbsteinschätzung, die man Reife nennt, wichtige Erfahrung. Aber *einen anderen beschämen*, ihn gar beschämen wollen, hat nicht nur bedenkliche Folgen für dessen Seelenzustand und – wenn wiederkehrend – für dessen Charakter, es verträgt sich nicht mit dem Ethos des Edelmuts, das diese Erziehung beansprucht. »Und darum gebeut sich der Edle, nicht zu beschämen: Scham gebeut er sich vor allem Leidenden« und »Gewissensbisse erziehen zum Beißen« läßt Nietzsche seinen Zarathustra reden (Von den Mitleidigen).

Mein Vater hat nicht nur uns Kinder oft beschämt. Daß er es wissentlich und willentlich tat, entnehme ich dem – auch aus Freude an dem kraftvollen Lutherschen Sprachbild – wiederholten Wahl- und Wahrspruch: Man solle »glühende Kohlen auf das Haupt des anderen sammeln«. Sein ihm bewußtes Motiv war sicher jener edelmütige Verzicht auf physische Herrschaft. Seine ihm unbewußte Wirkung war seelische Herrschaft.

Durch moralische Beschämung erziehen ist eine nicht geringere Verführung für den Erwachsenen als durch geistige oder physische Überlegenheit zu erziehen. Wie ihre Schwester, die Ironie – auch zu ihr hatte und hat mein Vater eine Neigung und wieder aus dem gleichen Motiv –, verfängt sie bei Kindern nicht oder sie beschädigt sie. Ich habe mir früh vorgenommen, beide im Umgang mit Jüngeren und Schwächeren zu meiden.

Weil des Vaters Pädagogik ›total‹ war, weil es nichts gab, was sie nicht mitbestimmte, war sie auch von nichts unterscheidbar. Sie war kein Gebiet, das man meiden konnte; ihr gehörte keine Zeit, die sich einschränken oder verschieben ließ; sie hatte keine besonderen Mittel, zu denen man greift und die man dann wieder ablegt. Die Struwwelpeter-Katastrophen konnte ich schon als ganz kleines Kind mit ungetrübtem Vergnügen betrachten: Besondere pädagogische Maßnahmen oder Folgen zu besonderen pädagogischen Tatbeständen gab es in meinem Leben nicht. Die Pädagogik ging im Leben auf – einem guten, bejahten, ja geliebten Leben. Die Beziehung zu dem mir damals wichtigsten Menschen bestand schlicht darin, daß dieser auf mich einwirkte und *mir dies nicht verbarg*, mich vielmehr dauernd zu seinem Bundesgenossen dabei zu machen suchte.

Die Geschwister. Daß ich selber weder geworden bin wie mein Vater noch so erziehen möchte wie er, verdanke ich meinen Geschwistern: meiner älteren Schwester, die sich mit ungestümer und ungeschützter Heftigkeit dem ihr zugemuteten Schicksal (der gerichtlich verfügten Trennung vom Vater) entgegenstellte, und meinen drei jüngeren Geschwistern, die eine harmlose Kinderwelt für sich zu bilden schienen.

An den älteren Geschwistern erkennen die nachfolgenden das Verhältnis zu den Erwachsenen, bevor sie es selber eingehen. Sie sehen die Folgen und können für sich entscheiden, ob sie sie auf sich nehmen oder ihnen ausweichen wollen.

An den jüngeren Geschwistern entdecken und probieren wir die eigene spätere Erwachsenenrolle, jedenfalls dann, wenn der Abstand so groß ist wie zwischen mir und den drei ›Kleinen‹, wie wir sie stets nannten.

Diese Kleinen hatten eine Mutter; der Vater war ihnen zwar noch auf seine ungewöhnliche Weise zugewandt, aber die Intensität hatte nachgelassen; Beruf und Politik forderten immer mehr von seiner Kraft und Zeit; mit der Zahl, ja der Kollektivität der Kinder (die Kleinen waren ja fast gleich alt und kamen immer ›im Rudel‹ daher), nahm seine Pädagogik so etwas wie Routine an. – Hier ist nun für mich das wirksam geworden, was ich bisher geschildert habe: eine pädagogische Lebensform. Ich habe nicht einfach neben meinen jüngeren Geschwistern hergelebt (die ältere Schwester hatte man inzwischen in ein Internat gebracht), sondern auf sie zu. Sie waren eine ›Aufgabe‹ auch für mich – so hatte ich jedenfalls das Verhältnis der durch den Vater repräsentierten großen Menschen zu den kleinen erfahren; ich nahm an den Gesprächen und Urteilen der Erwachsenen über sie teil; ich machte mir Gedanken über ihren Charakter und ihre Entwicklung; ich führte sie auf die ›Wiese‹ hinter unserem Haus in Bogotá; ich las ihnen vor, spielte meine Spiele mit ihnen (z. B. das unermüdliche Aufbauen von Städten und Bauernhöfen mit den wenige Zentimeter großen Holzfiguren), erzählte ihnen meine Geschichten: Abbild, Abwandlung und Abwendung vom Vater zugleich. Denn ich war nicht wie er und verwirklichte nicht mich in alledem, sondern hatte einfach Freude an der mir entgegenschlagenden Bewunderung und Liebe der Kleinen. Als diese statt der Kittel und steife Haube tragenden Kinderschwester eine gelernte junge Kindergärtnerin bekamen, die für sie und mit ihnen bastelte, lernte ich deren Künste mit größter Diligenz und in kürzester Zeit (sie verließ uns schon nach einem Jahr, als wir aus Holland nach Deutschland zurückkehrten) – und verfügte seitdem über mein eigenes pädagogisches Mittel, ein Arsenal von Zauberei mit Sägen und Leimen, Flechten und Weben, Lederarbeit und Modellieren in Ton oder Pappmaché... Ein von »Tante Christel« begonnener Satz von sechs bis acht Kasperlepuppen wuchs auf über zwei Dutzend. Die Stücke, die Kulissen, die Beleuchtung, die Programme, die Umbauten des Kinderzimmers vereinigten sich zu einem ›Gesamt-Kunstwerk‹, dessen Adressaten und Mitwirkende die Kleinen waren, innerlich und äußerlich heftig beteiligt, durch Handeln lernend, nachahmend, hochstapelnd, glücklich überfordert! Ich habe damals für mich die Arbeitspädagogik, das ›Projekt‹, die Ganzheitlichkeit erfunden und in unschuldiger Sicherheit immer gleichermaßen ›vom Kinde‹ und ›von meinem Gegenstand‹ aus praktiziert. Der Versuch, andere mit Hilfe einer Sache zu führen, die zwischen uns entstand, war eine unbewußte Befreiung vom Muster des Vaters. Er führte durch Charakter. Seine Pädagogik war Vollzug moralischer Gesetze, Verwirklichung von Idee, Vorwegnahme und Vorbereitung der kalten, erwachsenen, fernen Zukunft. Meine erste Pädagogik war pragmatisch, konstruktiv, immanent, irdisch; sie suchte Ausgleich im Experiment, genoß Entrückung im Spiel, Ent-Wirklichung in der Phantasie. Ich verkroch mich mit den Geschwistern in die warmen Höhlen der noch nahen Vergangenheit. Ich habe das Kinderzimmer abwechselnd in Wunderländer verwandelt und gründlich – preußisch – aufgeräumt. Unter den Kleinen wurde Frieden gestiftet und Kampf inszeniert. Jede Verführung war möglich, jede Zumutung, jede Spontaneität und Inkonsequenz, solange unser Einvernehmen dadurch nicht gestört wurde. Daß ich dadurch auch von den Kleinen abhängig wurde, machte mir nichts aus. Der Boden der Wechselseitigkeit war sicher genug, »und an morgen dachten wir nicht«.

Natürlich habe ich mich nicht von allem gelöst, was der Vater mir eingegeben hat. Es blieb die Belehrung (aber ohne das Ritual des Wiederabfragens), und es blieb das dramatische Erzählen. Als eingesessene Berliner Großbürger besaßen wir eine Zoo-Aktie, deren Dividende in einer Dauer-Freikarte für die ganze Familie bestand. Wenn ich die Kleinen nachmittags (nach den schnell erledigten Schularbeiten) übernahm, gingen wir oft in den Zoo. Die Hauptmühsal dieser Unternehmung bestand darin, die jeweils 40 Minuten des Hin- und Rückweges mit Unterhaltung zu bestreiten. Wie der Vater ›plante‹ ich mit den Geschwistern den bevorstehenden Rundgang bei den Tieren umständlich; ich rekapitulierte auf dem Heimweg, was wir gesehen hatten, um es zu Hause berichten zu lassen; ich inszenierte kleine Wettbewerbe; vor allem aber erzählte ich Geschichten – die klassischen und die selbsterlebten. Ich habe an den Geschwistern zuerst erfahren, was mir später noch jede Freundschaft bestätigt hat, daß alles, was wir uns aneignen, erst dann wertvoll wird, wenn wir es weitergeben können. Dies erklärt ja auch die zweifelhafte Lust am Lehren: in ihm macht sich geradezu jedes Lernen bezahlt!

Das Ausland. In meiner Kindheit und Jugend sind wir viel im Ausland gewesen. Ich habe die Sprachen des Gastlandes meist sehr schnell gelernt und, wenn ich sie später nicht weiter gebraucht habe, auch wieder schnell vergessen. Die Länder dagegen nicht! Gerüche, Geschmäcker, Geräusche, Stimmungen des Tages oder des Jahres, Erinnerungen an Ängste und an Glück: da überall sind Wurzeln hängengeblieben. Nur in den Vereinigten Staaten habe ich die Schulen des Landes besucht. Die Kinder des deutschen Vertreters gingen auf die in den Hauptstädten immer vorhandene deutsche Schule.

Die fremde Sprache, die fremde Kultur, fremde Landschaft

und fremdes Klima haben ein sehr deutliches Bewußtsein von der eigenen geistigen und physischen Heimat hervorgebracht – vor allem nach einem Zwischenaufenthalt in Deutschland, in Landin über Rathenow im Havelland, als ich acht und neun Jahre alt war. Dort hat sich all das leibhaftig ereignet und als Wirklichkeit eingeprägt, was sonst nur Dichtung, ein Fibeltext, ein Bild von Ludwig Richter oder Else Wenz-Viëtor gewesen wäre: Der Winter *war* ein rechter Mann, kernfest und auf die Dauer, und sein Lied war hinter einem wirklich knakkenden Kachelofen zu singen; im Märzen hatte der Bauer die Rößlein angespannt, im Mai waren die Bäume ausgeschlagen, in der lieben Sommerzeit hatten wir gesehen, wie sich die Lerche in die Luft schwingt, und im Herbst, wie der Nebel weiß und wunderbar aus den Wiesen steiget. Quellen und Brunnen, Lindenbaum und Eiche, der moos'ge Stein im wald'gen Tal und der Friedhof, das Wirtshaus und die Mühle, der Ritt bei Nacht und Wind und der über den gefrorenen See – sie traten später unmittelbar vor das innere Auge – selbst metaphorisch Gemeintes wie »ein feste Burg«, wir hatten ja in einem alten Schloß gewohnt, oder auch in Deutschland längst Vergangenes wie »Trari, Trara, die Post ist da«, war sie doch täglich um 5 Uhr mit einem schnurrigen, schnurrenden und hupenden gelben Auto im Dorf eingefahren! Wenn dann unsere jugendbewegten deutschen Lehrer an den deutschen Auslandsschulen daran anknüpften, war das nicht ›Liedgut‹, sondern selbstverständliche Fortsetzung der erinnerten Wirklichkeit. Ob der Held des Liedes nun am Neckar graste oder am Rhein, in Regensburg über den Strudel fuhr oder von Bamberg bis zum Grabfeldgau durch das Frankenland wallfahrtete, immer gab es etwas, woran sich die neue Vorstellung ankristallisieren konnte. Diese Übertragung gelang nicht nur bei Liedern, sondern bei Märchen, Sagen, den ersten Erzählungen und Romanen, die ich las. Weil es in Landin wirkliche Heimatkunde mit wirklichen Bredows, Teufelsberg und Friesacker Kirchturm* gegeben hatte, konnte es ohne weiteres Deutsche Geschichte geben.

* Gemeint ist die – von Ingeborg Drewitz in *Märkische Sagen* leider schlecht nacherzählte – Geschichte über *Die Herkunft derer von Bredow*.

Von der interessanten ›Fremde‹ hat das nicht abgelenkt. Im Gegenteil, ihren Glanz, ihre Gewalt, ihre Geheimnisse offenbarte sie am Gegensatz zur deutschen Idylle: an den Savannen, die keine Wiesen, den Anden, die keine Alpen, den Llanos, die keine Wälder, am Magdalenenstrom und Orinoco, die kein Rhein waren, an den elenden Indios und den Fincas der spanischen Oberschicht, an der selbstverständlichen Pracht der katholischen Kirche und der ebenso selbstverständlichen Not der Bettler in den Straßen der Städte. – Deutschland war arm, sauber, preußisch, protestantisch. Das verpflichtete. Da gehörte ich eigentlich hin. Ich habe früh die für jede ernste geistige Bewegung, für jede sittliche Motivation wichtigen Wörter ›eigentlich‹ und ›Verpflichtung‹ und ›wenn du vergleichst‹ gelernt.

Das Leben im Ausland hat meinem geistigen Habitus eine Platonische Zutat beigemengt: eine Sehnsucht der offenen Erfahrung nach der Heimat im Wissen, aus der sich nach jeder Rückkehr eine Dialektik entwickelt – die Dialektik von Wahrnehmung und Idee, von Hier-und-Jetzt und Dann-und-Immer, von Verantwortung für die Realität und Verantwortung für die Wahrheit.

Die Schulen. Ich habe in dreizehn Jahren dreizehn verschiedene Schulen besucht. Wie die Länder, so haben auch die Schulen beides getan, gebunden und relativiert. Die Beständigkeit der Prinzipien und der sie verkörpernden Personen macht den Wechsel der Verhältnisse aushaltbar. Und was für einen Wechsel! Auf die freundliche Alamo Elementary School in San Francisco (»Never mind, Sir, we'll just make him happy!«)* und die San Mateo Park School mit ihren

* Hartmut von Hentig: Wie hoch ist die Höhere Schule? Ernst Klett: Stuttgart 1963, S. 12f.: »Als ich in den Vereinigten Staaten eingeschult wurde, nahm mich mein Vater bei der Hand, führte mich zur Directrice der zuständigen Grundschule und hielt ihr – der Feierlichkeit des Augenblicks entsprechend – eine kleine Rede darüber, wie er sich die Leistungen, den Charakter, die Zukunft seines Sohnes vorstelle. Nachdem er einen längeren Katalog von preußischen Tugenden aufgesagt hatte, übernahm die Dame den fünfjährigen Knaben mit freundlicher Entschlossenheit: ›Never mind, Sir, we'll just make him happy!‹«

schönen Anlagen folgte die einklassige Volksschule in Landin: 28 Bauern- und Landarbeiterkinder, Arme-Leute-Geruch, Schiefertafel und kratziger Griffel, eine veritable Schneiderelle, mit der uns der gutmütige Lehrer Döring auf die nackten Waden schlug. Das war damals so. Niemand schien sonderlich darunter zu leiden und auch ich nur, wenn es einen anderen traf, z. B. die Schwester, an der eine solche Maßnahme völlig sinnlos war.

Die amerikanische Schule hatte ihr Versprechen wahrgemacht: Unglück war nicht aufgekommen; man hatte immer ohne Angst und Mühe gelernt; es war immer interessant gewesen. Aber trotz gelegentlicher ›Projektstunden‹ war die Schule Schule geblieben, mit täglicher Nationalhymne und Flaggenappell, großer Lunch-Pause und bis in den Nachmittag hineinreichendem Unterricht – eine wohlgeordnete, von allen bejahte Kinderwelt, in der alle Probleme zugelassen waren, für die Lehrer Antworten hatten. Die Schule war schon damals in dem weitläufigen, großzügigen, kinderfreundlichen Amerika der eigentliche Aufenthaltsort für Kinder – nicht als Folge von gesellschaftlichen Zwängen, sondern aus Überzeugung.

Die Dorfschule in Landin dagegen war der gesetzlich verordnete Mindestunterricht, den die größeren Jungen und Mädchen vor ihrer eigentlichen Arbeit absolvierten – im Sommer von 6 bis 11, im Winter von 7 bis 13 Uhr. Für uns Kleineren war sie der künstliche und maßvoll beklemmende Teil des natürlichen und freien Lernpensums, das in den Ställen, Scheunen, Wagenremisen des Gutshofs auf uns wartete – das Melken auf der Koppel, zu der wir mit hinausfuhren, das Einholen des Bullen, der ›los‹ war, das Füttern der Säue mit Kartoffeln aus dem großen Dämpfer und der kreischenden Ferkel mit Molke, das dramatische Decken der Stute durch den Hengst, dem wir wie allem anderen mit kundiger Neugier zusahen. Überall war Lebensunterricht: wenn der Bäkker aus Kriele kam (und wir seinen Planwagen ›weiterfahren‹ durften, während er die noch warmen Brote in die Häuser trug), wenn Zigeuner durchzogen, wenn der Wachtmeister ausritt, einen Fahrraddieb zu fangen, wenn der Förster den Preis für den Zentner Eicheln auf eine Mark und den für Kastanien auf achtzig Pfennig erhöhte, wenn gedroschen wurde oder die Rübenernte eingefahren oder der Dampfpflug über die gewaltigen Felder gezogen ... Das war ganzheitliches, lebensnahes, für die meisten berufsorientiertes und für uns alle soziales Lernen in einem, *learning by doing and seeing*, das seine didaktische Krönung dadurch erfuhr, daß wir zu Hause, bei Tisch, erzählen mußten (und wollten!), was wir erlebt hatten. Da verteidigten wir dann das Gelernte: den ›Kauter‹, wie sie hier den Puter nannten, was die Eltern noch nie gehört hatten, und den Jumpfie-Stall, in dem die Eltern einen ›Jungvieh-Stall‹ zu erkennen wagten, was wir ihnen energisch und einmütig bestritten.

Die amerikanischen Lehrerinnen waren liebenswürdige, gut ausgebildete Pädagoginnen, die aber nichts als die Schule repräsentierten – keine Zukunft, keine lebendige Vergangenheit, keine Aufgaben und Gegenstände, die auch außerhalb der Schule wichtig gewesen wären. Herr Döring dagegen war ein ganzer Mann, ja, eine ganze Welt. Er verlangte von uns, was zum Leben gehörte: die Leute grüßen, zuhören, antworten, am Sonntag in die Kirche gehen, wofür er uns den Katechismus und Choräle mit 12 oder 15 Strophen beibrachte; den Blasebalg treten, wenn er die Orgel spielte; ihm melden, wenn seine Bienen schwärmten ... An seinem Geburtstag brachte seine Frau ein großes Blech Streuselkuchen herein, wir schmausten, und es gab eigentlich keine Schule; während wir Kleinen das Einmaleins in die Karos der Rechenseite unserer Tafel eintrugen, hörten wir, wie er den Großen die Geschichte vom Dreißigjährigen Krieg erzählte; er konnte so fabelhaft unverständliche Dinge wie ›Raumlehre‹; er geigte; er hielt oben an der Kiesgrube sogar einen – auf dem Dorfe völlig überflüssigen – ›Sportunterricht‹.

Solche Gegensätze prägten sich ein.

Das Colegio Alemán in Bogotá steigerte die Vorstellung von Schule zur umfassenden, wichtigen, unentrinnbaren Lernanstalt. Zwar ging Herr Martin mit uns auf Fahrt, lehrte uns Gitarre spielen, Lieder singen und im Freien kochen; Herr Esperstedt gab einen anspruchsvollen, vielseitigen Werkunterricht; Frau Stein erzählte einfach und immer spannend die Biblische Geschichte, ohne je etwas abzufragen.

Aber Spanisch bestand aus Konjugationen, Geographie aus roten Staatsgrenzen und blau schraffierten Küsten, Sport aus Aufstellung, Massenturnen, Wettkampf und Turnbeuteldabeihaben, Deutsch aus Rechtschreibung (wobei ein »gleisnerischer Mesner bloß ein bißchen Grieß« verlangte und von seiner »griesgrämigen, ihn stets schurigelnden« Haushälterin auch ein »Quentchen« davon bekam; natürlich trug er ein Beffchen und andere schwer zu schreibende Kleidungsstükke!). Direktor Anwander war ein vornehmer Mann, den mein Vater sehr schätzte, aber das hatte fast notwendig zur Folge, daß sie über mich redeten. Und Herr Risch, ja »Herr Risch, der hat'n Vogel, 'n Vogel hat Herr Risch«. Es kam die erste Verachtung für die Lehrer auf und die erste Schulangst vor mittelmäßigen Zeugnissen, ja, der erste innere Widerstand – ausgerechnet gegen den freundlichen Kaplan, der mir Latein beibringen sollte, das es an dieser Schule nicht gab. Es war eine zusätzliche Aufgabe, die mir bewußt machte, daß das Lernen dem Leben Zeit stiehlt.

Diese Schule hat mir mit ihren klischeehaften Unarten die Freude an ihr nicht austreiben können – so wenig wie die deutsche Schule in Amsterdam. In der Rutter-Studie hätten beide gut abgeschnitten: Sie hatte ein deutliches ›Ethos‹; sie vereinigten uns zu einer Gemeinschaft; wir Kinder freuten uns aufeinander; uns wenigstens konnte hier das Leben wichtiger sein als das Lernen.

In jenen Jahren war ich kein ›guter Schüler‹, aber offenbar erkannten die Lehrer auch, daß ich gern lernte und schnell und sicher begriff. Mir wurde nicht nur die Zuwendung zuteil, die ein lernwilliges Kind bei Lehrern gemeinhin findet, sondern auch die Rücksicht auf den Sohn des Herrn Gesandten – die mir damals gottlob nicht bewußt war. In Amsterdam bewies ich, daß man auch ohne Schulbuch auskommen kann. Die Abberufung des Vaters stand ein halbes Jahr lang täglich bevor; da lohnte die Anschaffung nicht. Ich hatte sogar einen Lehrer, der stolz auf diesen Nachweis war.

Aus der Anstalt ›Schule‹, die man besuchen muß, wurde 1937 in Berlin ein geistiges Asyl, eine politische Fluchtburg: das Staatliche Französische Gymnasium am Reichstagsufer. Hatte mich noch in Amsterdam die dort illegale Hitlerjugend angelockt, so trieb mir der Berliner Hajot-Stumpfsinn bald jede Bereitschaft aus, selbst die zum Sport. Schutz gegen die Belästigung durch den nachmittäglichen Exerzierdienst und den abendlichen Heimdienst bot, so gut sie konnte, die Schule und nur sie. Direktor Roethigs Radfahrten und Geländespiele, im Sommer der Ruderclub, im Winter das Theaterspiel unter der Protektion von Professor Lindenborn, später die Luftschutzwachen im Schulgebäude – das alles schränkte die Zeiten für Veranstaltungen der Hitlerjugend einigermaßen ein. Vor allem aber hatten wir das Gefühl, an einer Gegenwelt zu arbeiten, ja, aus der Unterrichtsgemeinschaft wurde eine bewußte Gesinnungsgemeinschaft, eine Verschwörung. Was die Lehrer und Mitschüler (unter ihnen viele ausländische und jüdische) nicht aussprachen, stand in den Texten, die wir lasen. Ein humanistisches Gymnasium kann eine Zeitlang dem Ungeist dienen, aber irgendwann, meist sehr bald, entlarven die Texte selber den Mißbrauch, den man mit ihnen treibt. Priamos zu Füßen des Achill, Odysseus und die Sirenen, Penelope und die Freier, das persische Großreich und die griechische Polis, Athen und Sparta, der Untergang von Platää, der Melier-Dialog, die Niederlage auf Sizilien, Antigone und die ungeschriebenen Gesetze, Sokrates und seine Ironie, Cicero und die Republik, Cäsar und sein Ruhm, Horaz und sein Hoch-Mut, Vergil und sein Pathos, Tacitus und seine moralische Trauer – mit all diesen waren wir ahnungsvoll eingeschlossen. Wer konnte wagen, sie zu Zeugen des Rassenwahns, des Führerkults, der Gewaltverherrlichung umzubiegen! Wer wollte verhindern, daß sie sich uns direkt offenbarten! Noch stotterten wir uns durch die Teubner-Ausgaben, noch sagten wir das Averbo der unregelmäßigen Verben auf, noch saßen uns Klassenarbeiten, Versetzungen, das Abitur im Nacken – aber wir sahen auch schon, wie die ersten Frühvollendeten ihre Flügel spreizten, sahen die Lehrer, die das Gute glaubten, das sie nicht ganz so mutig sagten, und sahen die Lehrer, die das Gemeine und Törichte nicht glauben konnten, obwohl sie es laut sagten und es des Muts dazu nicht bedurfte. Wir fanden vor allem Bestätigung draußen – in der offenen Verneinung von Humanität und Vernunft, im Theater, das die Bildung uns erschloß und uns anders hören und sehen ließ als die Machthaber es meinten, in verbotenen Büchern, die wir untereinander austauschten. Wieder war – wie in Landin – die Schule Vorwand für ein ausgelassenes Lernen-im-Leben, wofür die Schulbildung beides, Muster und Freiheit, hergab. Welche Zeit für Lehrer! – eine Zeit, in der Bildung half, geistig zu leben, und nicht nur, einen Beruf zu erlangen, eine Karriere zu machen.

In ihrer Summe haben mir die Schulen, die ich besucht habe, das institutionalisierte Lernen bedeutend gemacht – *mea res agebatur* –; sie haben in ihrer Vielfalt, ja Gegensätzlichkeit, die Vorstellung nicht aufkommen lassen, es gebe nur einen Weg; sie haben sich nie gegenüber ihrer und meiner Umwelt verabsolutiert. Wenn ich je Lehrer werden wollte: etwas Unwürdiges und Unwichtiges würde ich damit nicht wählen.

Nazis und Krieg. Daß meine Kindheit und Jugend in das ›Dritte Reich‹ und seinen Untergang fielen, hat eine so überwältigende Bedeutung für mein ganzes Leben, daß es keinen Sinn hat, den Pädagogen besonders daraus ableiten zu wollen. Es ist im Gegenteil nötig, zu sagen, daß mich der Gedanke, ein zweites 1933 durch Erziehung und Bildung verhindern zu wollen, in jenen Jahren überhaupt nicht angewandelt hat; er ist mir erst gekommen, als ich schon – sehr zufällig – Lehrer geworden war.* In meiner kleinen politischen Autobiographie** habe ich geschildert, wie mich bis zu meinem 12. oder 13. Lebensjahr das angerührt hat, was ich abkürzend das Hitlerjunge-Quex-Syndrom nenne: die Lockung, jetzt schon ein Mann zu sein, einen Auftrag zu haben, meine Tat zu tun, unter Kameraden zu leben, für die dies sichtbar geschieht, ihnen und allen zu beweisen, daß ich mehr bin, als sie wissen konnten. Des Vaters Preußentum, Sportlichkeit, Ab-

* Die deutsche Pädagogik. In: Bestandsaufnahme. Eine deutsche Bilanz 1962. Hrsg. von Hans Werner Richter. Kurt Desch: München 1962; wieder abgedruckt unter dem Titel: Ein zweites 1933 rechtzeitig erkennen und entschlossen verhindern. Zur politischen Aufgabe der deutschen Pädagogik nach dem Zweiten Weltkrieg. In: Hartmut von Hentig: Die entmutigte Republik. Politische Aufsätze. Hanser: München 1980. S. 112–148.

** Vgl. oben S. 22.

härtungslust und *out-door-life* verbanden sich gut mit jenem pubertären Männlichkeitswahn.

Der so geweckte Idealismus mußte sich selber an die Kehle gehen, nachdem die braune Revolution der Kleinbürger gesiegt und sich in eine drakonische, dröhnende, drangsalierende Herrschaft von Blockwarten und Dienststellenleitern verwandelt hatte. Von 1938 an war meine Quex-Tat der Gang für den Vater zu seinen jüdischen Schützlingen. – Warum sind so wenige junge Nazis später Tyrannenmörder geworden? Hatten sie sich alle nur aus nationalem und sozialem Ressentiment der ›Bewegung‹ anvertraut? Hatte keiner wirklich an Aufbruch und Erneuerung geglaubt, so daß nun auch niemand seine Ehre, seinen Stolz, seine Hoffnung verraten sah?

Vermutlich – wir haben es oft gehört, und es ist darum nicht minder wahr – hat ihnen der Krieg diesen Konflikt abgenommen: Das Bedürfnis nach Bewährung, Reinigung, Opfer konnte sich nach außen kehren, gegen den »Landesfeind«. Vor dem Hochverrat steht – nicht nur im Deutschen – schon das schlimme Wort, mit dem er bezeichnet wird.

Elternhaus und Schule haben mich vor dem Nazismus bewahrt. Für beide konnte ich nichts, beide waren nicht mein Verdienst. Was hätte mir erlaubt, den Nazismus von mir aus zu erkennen, ihn zu verhindern, auszutreiben, immer wieder – in all seinen möglichen Erscheinungsformen – zu bekämpfen? Darauf kann man schlüssig nur antworten, wenn man auch sagen kann, worin seine eine tödliche Gefahr liegt – und nicht nur, welche üblen Folgen er ›auch‹ hat. Das hätte ich damals nur ungefähr, nicht mit rationaler Bestimmtheit, gekonnt. Ich habe ohnmächtig gehaßt, wie ich damals gesagt hätte, und das heißt: meine Ohnmacht gehaßt, wie ich heute sagen muß. Daß die Nazis *glaubten, ein Recht zu haben,* über Leben, Freiheit und Wert von Menschen bestimmen zu können, das war das Empörende. Und das kann jederzeit wieder ›geltende Lehre‹ werden, weil es als Möglichkeit in jedem von uns steckt. Daß die Antwort *hierauf* die Demokratie ist – die institutionalisierte Kritik aller Entscheidungen von Menschen über Menschen, also die prinzipielle Aufhebung aller ›Rechtgläubigkeit‹ hinsichtlich der ›gemeinsamen Angelegenheiten‹, nicht nur Schutz der Minderheiten, sondern auch die Sicherung ihrer Chance, eine Mehrheit zu werden –, das konnte ich damals nicht sehen und hätte es auch aus Büchern nicht lernen können. Das blieb einem späteren Abschnitt meines Lebens vorbehalten.

Eine deutliche Spur haben die Nazis durch den von ihnen verursachten Krieg in meinem Denken hinterlassen – eine Spur, die direkt, und das heißt ohne den Umweg über den Sieg der Alliierten und das Erlebnis Amerika in meine heutige politische Pädagogik führt. Es ist die Erfahrung, daß wir nicht nur für das Leben erziehen, das so schwer vom Überleben zu unterscheiden ist. Diese Unterscheidung besorgt der Tod. Als Volker Niemeyer unter den ersten Schülern des Französischen Gymnasiums fiel, begann für mich ein neuer Abschnitt meines Lebens. Im Geist – und den hatte ich in der Form von Schulbildung – wurde von nun an eine ungewohnte und ungewohnt dringliche Frage gestellt: Was muß man getan, wie muß man gelebt und gedacht haben, wenn man mit 20 Jahren fällt – wissend, daß dieser Tod unnötig, ja, daß er sinnlos sein wird? Ich habe damals zunächst bei der Religion Antwort gesucht. Aber die bestand darauf, dem Tod – so oder so – einen Sinn zu geben. Sie ließ sich nicht auf meine Prämisse ein. Daß unter meinen ›Gesprächspartnern‹ Friedrich Nietzsche dies ausdrücklich tat und klare Antworten gab, erschreckte mich: Ihn hatten die Nazis für sich reklamiert. Auch der Melancholie, der ästhetisierten Ungelöstheit des Problems – ich las damals viel Hugo von Hofmannsthal, Thomas Mann, Jens Peter Jacobsen – wollte ich mich nicht hingeben. Die systematische Philosophie war mir noch verschlossen – aber hätte sie geholfen? Bei der Wissenschaft habe ich in diesen Fragen – richtigerweise – Aufschluß gar nicht erst gesucht. Darwin und Heckel antworteten schnell und unzweideutig: Dein Leben allein hat keinen Sinn! Sigmund Freud gab es in der Bibliothek meines Vaters nicht – und welche anderen Wissenschaften kamen in Frage? Ja, die Geschichte. Aber die war doch immer nur die Korrektur der Frage, auf die ich mit dem eigenen Urteil zu antworten hatte.

Am 10. März 1943 wurden wir zum Reichsarbeitsdienst

einberufen. Am Tage davor feierten wir in der Schule das bestandene Abitur. Angefüllt mit 300 Versen des Empedokles von Hölderlin war ich bereit, meinen Ätna zu besteigen, und entschlossen, nicht in den Krater zu springen, nicht bevor ich wußte, wozu! Ich wollte überleben!

Als Rekrut habe ich dann erfahren, daß Ausbildung herabwürdigen, daß Belehrung verdummen, daß Führung entmündigen kann. Mit diesem Gegenbild zum Gegenbild zum Gegenbild bin ich an der Schwelle zum Erwachsensein bei dem Bild angekommen, das die meisten Menschen sich als erstes von Schule und Erziehung machen. Ich habe freilich auch den Oberst von Busse, den Leutnant Prinz Oettingen, den Hauptmann Maas erlebt, Männer, die wußten, daß die Belehrung und Übung, die sie uns gaben, über Leben und Tod entschieden. Nichts von dem, was Lehrer und Erzieher daheim und im Frieden tun, steht unter einem vergleichbaren Maßstab, und nichts bringt darum auch solche Präzision, solchen Ernst, solche Empfindsamkeit hervor.

Als ich selber an der Front eine Gruppe und vorübergehend im Chaos eine halbe Kompanie zu befehligen hatte, war ich selber nur Vollstrecker von Befehl und Notwendigkeit. Eben das erlaubte mir, aus- und abzuweichen, menschlich zu sein, wie es meiner Natur und Bildung entsprach. Eigene Entscheidungen verlangen, daß man sie mit Konsequenz durchhält. Das haben die, die sich auf den Befehlsnotstand berufen, offenbar übersehen!

Musik. Neben der Liebe löst die Musik bei mir das größte Glücksempfinden aus und die tiefste Erschütterung. Es ist mir darum nicht denkbar, daß ein Mensch einen anderen auf den Weg des Lebens geleitet, ohne daß er Musik erfahren hat und sie mit dem anderen teilen möchte. Musik ist außerdem ein Gleichnis des Gegenprinzips des belehrenden, des einrichtenden und abrichtenden Umgangs mit Menschen. Sie verkörpert ›Sinn ohne Leistung‹, Bleibendes ohne materielle Substanz, Folgerichtigkeit ohne ›Verstand‹, Phantasie ohne Willkür – einen Dialog des Gefühls. Es ist der eine Genuß, den wir nicht verbrauchen (und nicht verrauchen, um Oscar Wildes *bon mot* gerecht zu werden); in jedem Augenblick erreicht sie ihr Ziel oder bricht zu einem neuen Versprechen auf; sie weckt das Bedürfnis nach Harmonie und stillt es. Musik – das macht sie für den Pädagogen heute so unentbehrlich – geschieht jenseits von ›Affirmation‹ und ›Negation‹. Musik, denke ich, kann nicht destruktiv sein, ohne das Recht auf ihren Namen zu verlieren. Andere denken da anders. – Ich bin kein Poet und sollte nicht versuchen zu tun, was nur Poeten können. Aber nur wenn ich an dieser Stelle wage, gegen die Sprache der Aufklärung zu verstoßen, kann ich wenigstens meine Absicht glaubhaft machen: Ich will ausdrükken, daß *ich* ohne die Beunruhigung der Musik ein lächerlicher Rationalist wäre, ohne ihren Trost verbittert, ohne ihre Ordnung mit mir selbst zerfallen.

In meinem Leben hat die Musik wohl mit dem Lied begonnen, vermutlich mit dem beschwörenden Singsang von Salme, unserer estnischen Köchin und Kinderfrau, deren *Heile, heile, Segen...* den bösen Schmerz zähmte, dann mit *Kommt ein Vogel geflogen, Der Mond ist aufgegangen, Weißt du, wieviel Sternlein stehen, O, du fröhliche...* Diese Lieder sagen die Welt aus und verbinden den Sinn des Gedankens mit dem Sinn der Sinne, Wahrheit mit Schönheit, *logos* mit *eros.* Die Erfahrung, daß solche Verbindung möglich ist, hat den Weg zu den großen Erschütterungen geöffnet, die die Musik zu den Worten »... bin tödlich schwer verletzt«, »Das Gras steht wieder auf...«, »Ach Gott, führ uns liebreich zu dir«, »Laß uns um Sankt Marie die See«, »Qui tollis peccata mundi«, »Spem in alium non habeo« bereithält. Eine Pädagogik, die nur die ›Vorstellungen ordnet‹, nur die Phänomene erklärt, nur auf die Erfüllung von Aufgaben vorbereitet und nicht auch ›die Seele nährt‹, hat nur halbe Arbeit getan.

Ich muß die kleine Geschichte wiedererzählen, die ich in meiner »Apologie des Gebildeten« brauchte, um die Poesie (nicht die Literaturwissenschaft) in ihr zu retten:

Am 20. Juli 1944 traf die 19jährige Mitarbeiterin des Grafen Stauffenberg auf die Absperrung um die Bendlerstraße, kehrte nach Haus zurück und erfuhr aus dem Radio das Scheitern des Aufstandes. Sie fragte ihre Mutter, was sie tun solle. Diese, eine geborene Gräfin Yorck, sagte: ›Geh auf dein Zimmer, mein Kind, und lerne Gedichte! Du wirst sie brauchen.‹ Des Boethius' wortreiche *Consolatio Phi-*

losophiae vermag nicht deutlicher zu sagen, wozu uns die Musen dienen. (S. 46)

In Liedern können wir die gleiche Stärkung finden. Ich habe immer gern gesungen – es war eine der seltenen Gelegenheiten, mich im ungetrübten Einklang mit anderen zu finden, wobei weder sie noch ich über unsere Beziehung nachdenken mußten, wenn nur die Lieder schön waren und jeder sein Teil richtig sang. Daß Singen um seiner selbst willen schön war, habe ich in Landin erfahren, wo die Menschen gemeinsame Freude, gemeinsame Trauer, gemeinsame Hochstimmung wie selbstverständlich in Gesang ausdrückten. Lieder waren kein Schulpensum, und deshalb habe ich sie in der Schule gern gelernt. In Bogotá haben wir dies zu vervollkommnen gelernt – von Lehrer Martin kunstvoll und von der eigenen inneren Wahrnehmung lustvoll angeleitet: wenn der Sopran (in dem der zehnjährige Hartmut mitsang) die Melodie führte und zugleich von den anderen Stimmen getragen wurde.

Ein Instrument zu spielen habe ich nicht gelernt, aber von meinen Bemühungen darum weiß ich, eine wie hohe Anforderung an den Geist (nicht nur den Verstand) das Auflesen und Umsetzen der Noten in proportionierte Bewegungen der Hand bedeutet. Ich weiß auch, was das Gegenteil solcher Disziplin ist und was es wohl anrichtet. Die Rolling Stones »müssen die Platonische Stadt verlassen« – dieses Bild heißt für mich nicht: die Rock-Musik verbieten, was ihre Anziehungskraft nur erhöhte, wohl aber auf der Hut sein und nicht zulassen, daß sie die Stille und Empfindsamkeit für Vivaldi und Mozart gänzlich vertreibt.

Meine musikalische ›Muttermilch‹ ist Schubert, der kraftvolle Ordner Bach ist das Brot dazu. Schumanns *Eichendorff-Lieder* treiben mir die Tränen in die Augen – so nahe ist die Erregung durch Schönheit und Glück der Erregung durch Trauer. – Woher wollen wir wissen, was Vollkommenheit ist, wenn wir dies nicht erfahren haben! Und natürlich gibt es sie auch bei Edith Piaf und Zarah Leander und Lotte Lenya und Joan Baez und Peter Rohland oder Iwan Rebroff, den Beatles und Simon & Garfunkel.

Nein, ohne sie alle, ohne Musik wüßte ich nicht, wozu die Strapazen der Pädagogik gut wären!

Bücher. Natürlich kommt die Pädagogik nicht aus der Musik; natürlich kommt sie nicht nur aus der Anschauung und dem Herzen; natürlich kommt sie auch aus Büchern. Von diesen wird noch viel die Rede sein, von Platon und Schleiermacher, von Rousseau und Illich, von Dewey und Nohl. Aber andere Bücher hatten mich längst zur Pädagogik verführt, bevor diese sie formen konnten. Andere warben neben der Pädagogik für die Pädagogik. Ich will einigen dieser Bücher – und den *mir* wichtigsten pädagogischen Werken – hier meinen Dank abstatten. Die Liste ist schamlos unvollkommen – wie mein Gedächtnis sie diktiert, in assoziativer Abfolge und mit der jeweils heftigsten (nicht notwendig bedeutendsten und originellsten) Belehrung. Dies ist's, was sie mir sagen:

Janusz Korczaks *Das Recht des Kindes auf Achtung* und *Wie man ein Kind lieben soll*: was die Titel sagen.

Anton S. Makarenkos *Der Weg ins Leben*: wie die Ursituation der Erziehung aussieht und wie hoffnungslos wir uns von ihren Möglichkeiten entfernt haben.

Thomas Platters *Lebensbeschreibung*: wie gut wir's haben – wir heutigen Lehrer und Schüler –, was wir dadurch versäumen, warum wir so spät oder gar nicht erwachsen werden.

Jean Itards *Bericht über Victor von Aveyron*: was die Kultur dem Menschen antut und was sie ihm nimmt.

Salomon Maimons *Lebensgeschichte*: wie anders die Entwicklung eines Menschen verlaufen kann, als unsere Wissenschaft vorhersagen würde, und eine wie gewaltige Macht der Wissensdurst über uns hat. (Das lehrt schon: Joan Lowells *Ich spucke gegen den Wind.*)

James Herndons *How to Survive in Your Native Land*: wie individuell die Aufgabe der Erziehung ist und wie man sie inmitten kollektiver und institutioneller Zwänge doch erfüllen kann.

Walter Kempowskis *Unser Herr Böckelmann*: wie der Lehrer vom Kind her aussieht und auf wieviel mehr als die Sache und die Regeln der Didaktik es in seinem Beruf ankommt – und auf wieviel weniger.

Carlo Collodis *Pinocchio*: wie eine erfundene unvollkommene Gestalt dem unvollkommenen Kind helfen kann, sich selbst zu finden.

Wilhelm von Kügelgens *Jugenderinnerungen eines alten Mannes* und Jean Paul Sartres *Les Mots*: was *bürgerliche* Kultur für die Bildung der Seele, des Geistes, des Verstandes tut.

Johannes R. Bechers *Abschied*: warum ein sensibler junger Mensch gegen die bürgerliche Kultur seines Vaters aufstehen muß.

Friedrich Nietzsches *Unzeitgemäße Betrachtungen*: wie radikal die Kritik an der Bildung wird und werden muß, wenn sie von einem gründlich gebildeten und zu ihrer Anwendung entschlossenen Geist kommt. (Das von Nietzsche angestiftete Nachdenken über die Geschichtlichkeit und die Übergeschichtlichkeit unseres Bewußtseins haben R. G. Collingwood mit *The Idea of History*, K. Popper mit *The Poverty of Historicism*, C. F. von Weizsäcker mit *Die Geschichte der Natur*, H. Heimpel mit *Der Mensch in seiner Gegenwart* und Peter Gay mit *The Enlightenment* stimulierend, irritierend, vexierend am Leben gehalten.)

Sigmund Freuds *Unbehagen in der Kultur*: wie tief Triebschicksal und Kultur voneinander abhängen und wie wichtig es ist, keines dem anderen zu opfern.

Chaim Potoks *The Chosen*: wie stereotyp unsere Vorstellungen von pädagogischen Grundverhältnissen sind – z. B. das von Vater und Sohn, und daß wir unsere soziale Phantasie mehr anstrengen müssen als unsere wissenschaftliche Erkenntnis, wenn wir etwas besser machen wollen.

Truman Capotes *Other Voices, Other Rooms*, Richard Hughes' *A High Wind in Jamaica*, Jane Whites *Quarry*: wie falsch und wie unrecht es ist, Kinder mit der moralischen Elle zu messen – welche Abgründe von Unmenschlichkeit die Kultur zu überbrücken, zu überdecken hat.

J. D. Salingers *Der Fänger im Roggen*: ein wie zeitgebundener, gemeinsamer und einsamer Zustand Jugend ist, für den Nachsicht zu zeigen so falsch ist wie ihm mit Härte zusetzen, dessen Fremdheit wir Erwachsenen vielmehr mit wissender Liebe hinnehmen müssen.

Hermann Hesses *Unterm Rad*, Leopold von Wieses *Kadettenjahre*, Michel del Castillos *Elegie der Nacht*, Robert Musils *Die Verwirrungen des Zöglings Törless*: wie unmenschlich angesehene pädagogische Einrichtungen sein können, wie sich Ordnung und Gewalt zueinander verhalten und wie grausam die *peers* sind, wenn das System selber grausam ist.

William Goldings *Herr der Fliegen*: welch rettende Kraft Institutionen haben.

Paul Goodmans *Growing up Absurd*: wie die gesellschaftliche Wirklichkeit mit- und gegenerzieht.

Siegfried Bernfelds *Sisyphos*: was systemkritisches Denken erbringt, wie Freud und Marx zusammengenommen etwas Drittes ergeben, das das System der Bildung dringend braucht, und was eine klare geistvolle Sprache für die Erkenntnis leistet.

Michael Youngs *The Rise of the Meritocracy 1870–2033*: wie die Erfüllung der Chancengleichheit das Herrschaftsproblem in der Pädagogik nicht ausräumt, sondern überhaupt erst offenbart.

Philippe Ariès' *Geschichte der Kindheit*: wie die Pädagogen fortan vergangene und gegenwärtige Zeugnisse der Kultur ansehen und auslegen müssen, wenn sie wissen wollen, was sie tun.

Friedrich Paulsens *Geschichte des gelehrten Unterrichts* und Lawrence A. Cremins *The Transformation of the School*: was eine Geschichte der pädagogischen Ideen und Institutionen zum Verständnis, zur Bereicherung und zur Relativierung der eigenen pädagogischen Arbeit leisten kann.

Michael Campells *Lord dismiss us*: wie persönlich und verletzlich auch die öffentlich geregelte Beziehung von Lehrer und Schüler ist und was Schulen ertragen müssen, wenn sie diese Beziehung nicht zerstören sollen.

Edgar Z. Friedenbergs *Coming of Age in America*: wie man eine empirische Untersuchung anlegen muß, wenn man nicht nur sicher verallgemeinerte Antworten auf vorgegebene Fragen sucht, sondern herausfinden will, was fragens- und untersuchenswert ist.

Nicht wahr, der Leser weiß, was mir Platons, Rousseaus und Deweys jeweils ganzes Werk bedeutet, so daß ich sie (und überhaupt die mich bestimmenden antiken Autoren) hier nicht mit aufzähle?

Die eigene Person. Von der Person Hartmut von Hentig ist als letztem die Rede. Sie ist durch all das, wovon bisher die Rede war, geformt worden, aber – das ist nicht nur meine Überzeugung, es ist eine greifbare, lebhafte Erfahrung – es gibt sie auch für sich: als Summe der erfüllten wie der nicht erfüllten Möglichkeiten dieses Menschen, als das, was allen bisher aufgeführten Einwirkungen und Umständen nachgegeben oder Widerstand geleistet oder auch sie herbeigerufen hat.

Das fängt mit meinem Namen an, der mir zum Hohn gegeben zu sein schien. Davon abgesehen, daß der Hartmut der Sage, der dem Herwig die Gudrun raubte und dann tatenlos zusah, wie seine Mutter sie schlecht behandelte, nicht zur ›Identifikation‹ verlockte, brauchte ich, weil ich von schwacher Konstitution war, den ›vielen‹ (nicht harten!) Mut, den der Name verheißt – und mußte ihn mir doch immer erst abringen! ›Weich-feige‹ machten die Mitschüler daraus, als sie entdeckten, wie verletzlich ich war. Neben mir gab es die ältere Schwester, die ein Junge sein wollte, die als Zehnjährige ihr Damenrad mit Hilfe eines Haselnußknüppels in ein Herrenrad verwandelte und die als Fünfjährige auf die von Gästen arglos gestellte Frage, was wir denn werden wollten, für ihr Teil finster antwortete: »Mörder!« Die Unterdrückung eines deutlichen Gefühls wäre ihr unaufrichtig vorgekommen, und Unaufrichtigkeit wiederum hätte sie buchstäblich krank gemacht. Ich dagegen suchte mein Heil bei den Ordnungen und Konventionen.

Verstellung war ein wirksamer und, wie ich bald erkannte, weit verbreiteter Schutz. Ich habe als Kind viel gelogen – erst, um die Erwartungen der Erwachsenen nicht immer zu enttäuschen, dann auch, um meine Ruhe zu haben. Ich konnte darum später keinen Grund sehen, von Kindern immer die volle Wahrheit zu verlangen. Schön, wenn sie nicht lügen müssen, aber wenn sie es tun, haben sie einen Grund, und der ist selten von ihnen verschuldet. Wie leicht aus der kindlichen Gaukelei Einbildung wird, wie schnell sich erlebte Phantasie und erlebte Wirklichkeit des Kindes mischen, hat der kleine Hartmut den großen für alle Zeit gelehrt. Als ich von Georg Picht Jahrzehnte später von der Notwendigkeit hörte, die

Moral zu entmoralisieren und die Pädagogik zu entpädagogisieren, wußte ich auf Anhieb, was damit gemeint war.

Die Innenansicht der eigenen Person nach außen getragen wirkt – wenn sie nicht zum Gedicht gestaltet worden ist – peinlich. Sie ist im übrigen so unnütz wie die mutwillige Verstellung. Es gibt keinen Menschen, dem ein geübter Analytiker nicht Geheimnisse entreißen oder noch Verborgenes offenbaren könnte. Aber die Wirkung der Person und ihres Werkes haben solche Enthüllungen noch in keinem Fall aufgehoben – sie weder zum Guten noch zum Schlechten ernstlich verändert. Wozu sie also selbst betreiben?

Fazit. Über das jeweils schon Gesagte hinaus, drängt es mich heute, die folgende Summe aus jenen vor meinem Studium liegenden Urerfahrungen und Grundverhältnissen zu ziehen:

- Meine Ansicht vom Leben ist aus den – an Erlebnissen, Aufgaben und Beziehungen so reichen – Umständen erwachsen, und ich denke, das trifft auf die allermeisten Menschen zu.
- Die Schule hat vornehmlich an der ›Ordnung der Vorstellungen‹ mitgewirkt – ›und der Erfahrungen‹, wie ich Theodor Wilhelms kluge Bestimmung ergänzen möchte. Die Schule taugt wenig, wo das Leben keine hinreichend bedeutenden Vorstellungen und Erfahrungen mehr gibt.
- Sie ist ein wichtiger Ort zur (schadlosen) Erprobung der Kräfte, Erkenntnisse, Interessen, Bedürfnisse; in ihr lernt man die nötige Selbstbehauptung in einer eher feindlichen, weil neidischen oder mißtrauischen Menschheit, die in ihr durch Lehrer und Mitschüler repräsentiert ist, – ohne Gewalt und mit Hilfe von Vernunft, Wissen, Geschmack, Politik, Freundschaft und Solidarität, die in ihr durch andere Lehrer und andere Schüler vertreten sind.
- Die Schule muß heute für mehr aufkommen als für die Wissensbildung und die Vorbereitung auf das Leben in der Gesellschaft. Wer erzieht, hat es mit der ganzen Person zu tun, und das um so mehr, je weniger diese ›draußen‹ zu ihrem Recht kommt. Darum muß mir die Schule Gelegenheit geben, ›meine Person zu finden‹, die ›mich bewährende Tat zu tun‹, ›Musik zu treiben‹.

- Ziel der Pädagogik kann niemals sein, eine Person zu ›machen‹. Die ist immer schon da und hat die Wahl, sich den Umständen zu unterwerfen oder entgegenzustellen oder zu entfliehen. Die Pädagogik kann dafür sorgen, daß die Wahl mehr oder weniger von der Vernunft bestimmt wird, vor allem dadurch, daß sie die Wahl hinausschiebt. Sie hat es nicht in der Hand, daß die Wahl dann und dadurch besser ausfällt!
- Vernünftig begründete, aber nicht ihrerseits rationale pädagogische Hilfen sind: Vorbild, Anschauung, Teilnahme, gestufte Bewährung, die Bereitstellung von ›Helden‹ (oder ›Identitätsangeboten‹), Vertrauen-und-Verläßlichkeit ... Die Reihe ist fortsetzbar und will als solche sagen: auf wie vielfältige Weise ›Aufklärung‹ geschehen kann und wie töricht es ist, sie auf die Übernahme bewiesener Einsichten zu beschränken.

Maupassant-Geschichten im Studium

Alte Sprachen und alte Universitäten. Im April 1945 geriet ich als frischgebackener Leutnant in amerikanische Gefangenschaft. In dem Offizierslager bei Böhl-Iggelheim und später bei Heilbronn entwickelte sich in der zunehmenden Frühsommerwärme ein atemberaubendes Geistesleben, das dann bald – im Interesse der einzelnen – förmlich als ›Lageruniversität‹ mit Vorlesungsankündigung, Einschreibung und akademischen Zeiten organisiert wurde. Ich nahm unter anderem an einem Kurs teil, der sich »Kursorische Lektüre von Platons Symposion« nannte und darin bestand, daß der Dozent, ein schwäbischer Studienrat, aus einer Feldpostausgabe der Schleiermacherschen Übersetzung vorlas, den deutschen Text mit dem griechischen Original unterlegte, das er im Kopf hatte, und erklärte, wieso Schleiermacher dies und nicht das oder jenes daraus gemacht habe. Damit war der Sinn (alt-)philologischer Studien, die Notwendigkeit, Griechisch zu lernen, und der Gewinn, Platon zu lesen, auf die überzeugendste und bündigste Weise demonstriert. (Noch dreimal habe ich Vergleichbares erlebt: erstens, als Ernst Zinn 1962 in

Tübingen unter dem Rubrum ›Vorlesung‹ die *Äneis* des Vergil ankündigte und genau das tat – er *las* den lateinischen Text *vor* und brachte ihn durch seine bloße Vortragsweise zum Verständnis und Genuß seiner Hörer; zweitens, als eben dort Wolfgang Schadewaldt seine Homerstudien zusammen mit seiner Homerübersetzung vortrug; und drittens – man verzeihe mir die Unbescheidenheit, aber es geht um die Angabe einer ähnlichen *Wirkung* –, als meine Tübinger Schüler den *Aias* in griechischer Sprache aufführten.)

Nachdem ich erst der Gefangenschaft entronnen war (wie, das habe ich anderwärts geschildert)* und dann der Arbeit im Bergwerk, die in der amerikanischen Zone dem ehemaligen Offizier allein offenstand (ich traf Marion Dönhoff auf der Straße in Garmisch, versprach ihr, sie beim Unterrichten ihrer Neffen und Nichten nördlich von Göttingen abzulösen, und war nun auf dem Weg dorthin), fragte mich Friedrich Gogarten, an dessen Tür mich der Zufall trieb, was ich denn studieren wolle. Es kam ihm nicht in den Sinn, daß einer wie ich in Göttingen etwas anderes suchte als ein Studium und bei ihm etwas anderes als Hilfe dazu. Ich improvisierte eine Antwort, weil ich noch immer die großen Leute nicht enttäuschen wollte: Alte Sprachen. Ohne das Erlebnis mit dem schwäbischen Studienrat Hausmann wäre mir dies nicht eingefallen. Es machte nun aus der Verlegenheitslüge fast eine Wahrheit. – Als ich neun Jahre später nach umwegigem, endlich mit ordentlichem ersten und zweiten Staatsexamen abgeschlossenem Studium meine erste beamtete Lehrerstelle antrat, war es just die, die Herr Hausmann freimachte, um Direktor am Eberhard-Ludwigs-Gymnasium in Stuttgart zu werden.

Das Studium nach 1945 war für mich und viele andere ein Rausch. Ich habe nicht vergessen, wie hart das tägliche Leben war; ich sehe überhaupt keinen Grund, stolz darauf zu sein – wir haben die Entbehrungen weder erfunden noch fröhlich bejaht, wir haben sie erduldet oder auf findige und nicht immer noble Weise zu vermeiden gesucht. Aber wir wurden durch eine besondere Freiheit des Geistes belohnt. Wer sie

* In diesem Band S. 38.

ausgekostet hat, dem mögen heute getrost darüber die Augen leuchten!

Die Altphilologie hatte es schwer, mit der Philosophie, der Theologie, dem Staatsrecht, der Geschichte, der Literaturwissenschaft zu konkurrieren, die sich alle sichtbar und einleuchtend am Aufräumen des geistigen Trümmerfeldes, das die Nazizeit hinterlassen hatte, beteiligten. Die Altphilologie war freilich selber schuld, wenn sie in jenem Jahre Null, statt es mit Sokrates, Sophokles und Aristophanes, mit Tacitus, Seneca und Lucan aufzunehmen, Veranstaltungen über »Die Geschichte der deutschen Philologie« oder »Die griechische Lexikographie« ankündigte. Nikolai Hartmann, Herman Nohl und Hans Heinrich Schaeder, Friedrich Gogarten, Hans Iwandt und Ernst Wolf, Hermann Heimpel, Karl Brandi und Percy Schramm, Rudolf Smend, Gerhard Leibholz und Ludwig Raiser, Heinrich Schöffler, Erich Heller und H. R. Rosemann und auch die Physiker Robert Pohl und Carl Friedrich von Weizsäcker oder der Astronom Ten Bruggenkate lockten mich in ihre ›Vorlesungen für Hörer aller Fakultäten‹ und von dort bald in die Privatissima. Wie man sich auch mühte, das ging dem eigenen Studium ab! Nicht daß die Alte Welt damals in Göttingen nicht auch glanzvoll vertreten gewesen wäre. Wann wird man wieder an einem Ort einen Pohlenz, Deichgräber, Latte, Karstedt, K. Müller, W. F. Otto beieinander haben?! – Aber in der eigenen Disziplin will und soll man ein Ganzes aufbauen, und dem Anfänger dieses auch nur von fern zu zeigen, war der so organisierten, nämlich nicht organisierten, nicht disziplinierten Disziplin nicht möglich. Ich vermute, es war in allen Geisteswissenschaften ähnlich, aber der Vagabund merkt dies nur ›zu Hause‹.

Das Studium war eher eine Lebensform als eine Arbeitsform. Man war sehr angespannt, alles andere als faul oder unproduktiv, aber frühe und gute Examina machten nur diejenigen, die ihre Sache eigentlich schon beherrschten, die gekommen waren, um abzuschließen und ihren Beruf anzutreten. Das hatte ich nicht vor und hätte auch gar nicht gewußt, welchen. Außerdem bestritt ich mein Studium selbst – durch Askese, Schnorren und einen Nachtdienst als Dolmetscher zwischen der deutschen Polizei und der englischen MP. Ein solches Studium werden junge Menschen in Deutschland so bald nicht wieder haben: so selbstbestimmt, so ungeplant, so vielseitig, so hochfliegend, so riskant – so philosophisch! Indem ich dies schreibe, wird mir bewußt, daß wir, die wir dies erlebt haben, den kommenden Generationen schulden, unsere Erinnerung daran genau und ehrlich festzuhalten: an ein Studium ganz ohne Scheine, Studienordnung, Zwischenexamina, Zeitbeschränkung, Anweisung oder Ratgeber für das richtige Studieren; mit viel großem und kleinem Grenzverkehr zwischen den Fakultäten; in Einsamkeit (und Depression) und Freiheit (und wiederum Depression) und der Erfahrung wirklicher, nicht curricular induzierter Selbständigkeit – eines in keiner Lerntheorie vorgesehenen plötzlichen Sprunges nach vorn; mit der Möglichkeit ganz enger Beziehungen zu ganz bedeutenden Professoren und der nicht geringeren Möglichkeit eisiger öffentlicher Abkanzlung durch einen solchen; ja, und ohne den geringsten Zweifel, daß man in der Welt gebraucht werde! Wer kann sich vorstellen, wieviel Chaos, welcher sachliche Hochmut und didaktische Tiefstand, welcher Mangel an Mitteln sich gleichwohl in wieviel Lust und Leistung umzusetzen vermag! Ich habe nie wieder soviel gelesen wie in jenen Jahren der Stromsperre und des schwarzen Büchermarktes, nie wieder soviel gesammelt zugehört, nie wieder so kühn über meine eigenen Möglichkeiten hinaus diskutiert. Und als mir Aristoteles' *Metaphysik* (Zeta) in meinen eigenen Lebensproblemen nicht half (wozu sie auch nicht gedacht war – aber das forderte ich damals von einem geistigen Studium!), verließ ich das Studium und lernte Töpfern. Daß die philologische Methode wert sei, ›an sich‹ studiert zu werden, kam mir nicht in den Sinn – schon deshalb nicht, weil gerade sie herzlich schlecht gelehrt wurde. Was sie als Mittel des Verstehens, der geistigen Ordnung, der Kritik und der Kreativität leistet, das versuchte damals eigentlich nur ein Mann zu zeigen – Werner Hartke.

Wenn meine Generation 1968 zu großen Teilen auf der Seite der Studenten stand, dann war das eine widersprüchliche und verkannte Folge unserer Erfahrung: daß die alte Universität zwar köstlich, aber auch im strengen Sinn unverantwortlich und also in der Demokratie unrettbar war. Hätten wir die deutsche Universität in den Nachkriegsjahren – inmitten der Ruinen, gleichsam unter ›mildernden Umständen‹ – nicht lieben gelernt, wir hätten sie, wie die uns folgende Generation, gehaßt. In den Endsechziger Jahren zogen die einen aus, um zu zerschlagen, was nicht mehr taugte – um Platz zu machen für eine andere Zukunft –, die anderen, um das Alte durch Wandlung doch noch zu retten. Angesichts der erschrockenen Abwehr der konservativen Mehrheit haben viele von uns den Unterschied erst erkannt, als die Steine flogen und auch die Utopie nicht mehr zu retten war.

Elizabethtown College und die Neue Welt. An einem Sonntag im Jahre 1947 bangte ich in einem D-Zug der nächsten Station entgegen. Ich fuhr ›schwarz‹, weil auch ohne Zulassung. Ich entkam der Kontrolle in letzter Minute. Der Ort, in dem der Zug hielt, hieß Bielefeld. Ich entschloß mich, von hier aus zu meinem Ziel zu anhaltern. Nach stundenlangem Warten nahm mich ein englischer Chaplain in Uniform mit und fuhr mich statt der drei Meilen zu seiner Garnison in Sennestadt die 50 km zu meinen Freunden in Lippstadt: »Sie kommen sonst hier nicht weg – deutsche Fahrzeuge dürfen heute nicht fahren und britische dürfen Sie nicht mitnehmen.« Während der Fahrt erzählte er mir eine Begebenheit in seinem Leben, die ihn so handeln ließ. Wir befreundeten uns, und Maupassant, der auch diese Geschichte schrieb, fand es passend, daß Phil mit einer Stiftskameradin meiner Schwester verlobt war.

Wie es kam, daß der katholische Brite Phil mit Geistlichen einer pazifistischen Sekte aus Amerika in Bad Salzuflen in einem Haus lebte, weiß ich nicht mehr. Diese waren nach Europa gekommen, um nach Beendigung des Kampfes, an dem sie nicht teilgenommen hatten, Versöhnung zu stiften. Mit *pacem facere*, Frieden machen, fing für die »Kirche der Brüder« (Church of the Brethren), der sie angehörten, das *bellum prohibere*, das Kriegverhindern, an. Zu ihrem Programm gehörten das Arbeiten in den Trümmerfeldern von Kassel, die Verteilung von zwei Dutzend Zuchtrindern im ehemaligen Feindesland, die Vergabe von vier Stipendien für ihre vier

Colleges im amerikanischen Osten und Mittleren Westen. Ich war – durch Phil vermittelt – einer der sechzig Bewerber, die sie dafür musterten, und bekam eine Einladung nach Elizabethtown College, Elizabethtown/Pennsylvania.

E'town, wie sie es nannten, war ›our little town‹, Ur-Amerika, aus dem sich das uns bekannte – von unseren Medien, Konferenz-Touristen, Goethe-Institut-Reisenden, Freundschafts-Parlamentariern vermittelte – Amerika unablässig regeneriert. Es ist weder ›Main Street‹, noch ›Look Homeward Angel‹, noch ›Dallas‹. Es ist weniger trostlos, weniger dramatisch, weniger banal – es ist solide, gut durchblutet und *nihil humanum a se alienum putat.* Für mich war es ein Glück, daß ich den Weg der Amerikaner gehen sollte: von der Provinz nach Kosmopolis, lehrreich auch in der einen Hinsicht, um die es hier geht – der Entwicklung meines pädagogischen Bewußtseins.

Elizabethtown College war damals winzig; es zählte zwischen drei- und vierhundert Studenten. Alle *faculty*-Mitglieder waren allen Studenten bekannt. Sie vertraten ihr jeweiliges Gebiet mit Selbstbewußtsein und akademischem Anspruch, und sie brachten – an einer nur mit High School-Diplom versehenen, also gänzlich unausgelesenen Klientel – zuwege, was ich mir für das fast doppelt so große Bielefelder Oberstufen-Kolleg nur träumen kann: daß jeder Student diesen Anspruch versteht und die Regeln, die seiner Erfüllung dienen, beherrscht. Das Studium war auf eine überzeugende Weise handwerklich. Hier hatte man Selbständigkeit, Objektivierung, die Beziehung von Befund, Beleg, Beweis, von Beobachtung, Deutung, Bewertung, von Hypothese, Experiment, Überprüfung des Experiments und Verallgemeinerung übbar gemacht. Man wußte, wie man erreicht, daß sich die Studenten in ihrer Arbeit einer anderen Sprache bedienten als im Duschraum, und daß sie eine der Kommunikation dienliche Schrift verwendeten. Dies alles ging stetig, in kleinen Schritten, unaufdringlich, aber mit Bestimmtheit vor sich, die nur bei schwachen Lehrern in Pedanterie abglitt. Wir haben in den Geistes- und Gesellschaftswissenschaften jede Woche einen *book-report* geschrieben; gerade die überlegenen Lehrer, von denen es einige in einem Chor von Mittelmaß gab, scheuten sich nicht, ein größeres Werk kapitelweise von Stunde zu Stunde mit den Studenten zu lesen, den Gedankengang zu rekonstruieren, ihn durch Testfragen, Ausblick auf den (historischen) Zusammenhang, Gegenlektüre und sparsame Anwendung auf die eigene Erfahrung zu kritisieren; wir haben systematisch – im ritualisierten Pro und Kontra – debattiert: »Resolved that the United States nationalize all nonagricultural basic industries«, und förmliche Turniere gegen andere Colleges ausgetragen. Es gehörte zum dienstbaren, entlastenden Werkzeug des Studierenden, daß er übersichtlich und einheitlich bibliographiert, einen Zettelkasten führt, mit Buchkatalogen mühelos umgeht, Schreibmaschine beherrscht und die Regeln, auf die man sich in einer Kultur dafür geeinigt hat, beachtet.

Mir ist seitdem bewußt, daß es sinnvoll ist, von einem akademischen *training* zu sprechen und dieses an der Entfaltung des Gegenstands entlang vorzunehmen. Ein solches *training* kann zum unerträglichen *coaching*, zur spezialisierten Abrichtung auf eine Technik und damit auch unzuträglich werden. Die Alternative kann freilich nicht sein, auf Training zu verzichten. Die Erwartung, daß man ›am Vorbild‹ des Professors oder der Literatur lerne, wie man mit Texten, Dokumenten, Daten, Argumenten umgeht, ist an der Massenuniversität zur offenkundigen Illusion geworden. Aber sie ist auch unter anderen Verhältnissen oft ein Vorwand für didaktische Gedankenlosigkeit. Die *nouvelle vague* des selbstbestimmten, offenen, kreativen, kritischen, forschenden Lernens schlüge nicht nur hoch, sondern trüge auch durch, wenn den Schülern und Studenten jene banausischen Hilfen an die Hand gegeben würden. Wo man dies nicht tut, trägt man zur Mystifizierung von Wissenschaft bei, deren Arbeitsformen und -mittel nicht immer wieder neu erfunden, erkundet, erarbeitet werden müssen – als hätten die Lehrer dies etwa selber getan!

Sofern die Clubs ein Gegengewicht zu den formalen Kursen sein sollten, verrieten sie wohl ein schlechtes Gewissen: Mit der Didaktisierung und Scholastisierung hielten der Geist und die Politik in Elizabethtown nicht immer Schritt. Sie tummelten sich also auf eigenen Spielwiesen. Aber gerade wenn man diesen Verdacht hat, wird man jene Einrichtung weise finden, die dem Studenten erlaubt, seine geselligen Bedürfnisse in Verbindung mit einer bestimmten, begrenzten Sache zu befriedigen. Sie verhindert das Bessere nicht, das sie ersetzt. Schlimm ist es, wenn das Club-Leben nicht lebt, wenn es – wie so oft in Amerika – zum leeren Zeremoniell geworden ist.

Daß ich mich auf ein solches Puppenstuben-Spiel, auf die Nachahmung einer Vorstellung einer Sache, nicht einließ, hat meine Umwelt erschreckt. Ich war am Ende von knapp eineinhalb Jahren fast allen unheimlich, voran meinen Freunden, nicht nur, weil ich mich nicht beschränken konnte und wollte und alles mischte: Politik, Studium, Freundschaft und Vergnügen. Es verstörte sie vor allem die Ursache hierfür: die Einheit von Tat, Überzeugung und Person. Daß ich jeden Morgen meinen Waldlauf machte, daß ich Artikel schrieb, alternative Andachten hielt, die Demokratie der Anstalt ernst nahm und dadurch beeinflußte, daß ich von Krieg und Nazis sprach, die ich erlebt hatte, und darauf bestand, daß das auch sie angehe, daß ich, aus Europa kommend, vieles einfach ›besaß‹, was sie sich erst als Bildung aneignen mußten, hatte eine sichtbare Wirkung auf meine Umwelt. Nachträglich muß ich mich nicht scheuen, sie ›pädagogisch‹ zu nennen. Sie war es, gerade weil ich keine pädagogische Funktion und Ambition hatte.

Meine Rolle blieb mir nicht unbewußt. Ich habe in Elizabethtown, meinem eigenen Plan folgend, vorwiegend Americana studiert. Dazu gehörten neben der amerikanischen Literatur und Geschichte, neben *civics* oder *problems of democracy,* vor allem die von mir bis dahin unbetretenen Disziplinen Psychologie, Soziologie, Ökonomie, Politikwissenschaft und Pädagogik. Hier lernte ich die Sicht einnehmen, die diese Wissenschaften, wie man sie an einem College lehrt, nahelegen: Eine Erkenntnis muß dazu führen, daß man nach ihr handeln, sich ihr entsprechend verhalten kann. Fremdheit, Intensität, Spontaneität, wie sie meine amerikanischen Kommilitonen nicht ohne Faszination an mir wahrnahmen, sind nicht ›lernbar‹ – und auch das nahmen sie wahr. Mir selber jedoch ist die ungewollte Wirkung, die ich damals tat, soviel wichtiger gewesen als alle *treats and tricks**, die jene Wissenschaften lehren können, daß ich ihnen seither nur mit Unglauben und gelegentlich mit Ungeduld zuhöre.

Chicago und die Community of Thinkers. Die Sommerferien des Jahres 1949 verbrachte ich bei meinem Onkel Hans von Hentig in Colorado. Es war das Jahr 200 nach Goethes Geburt. Ich machte mich anhalternd nach Aspen im gleichen Staate auf, wo der große Deutsche groß, weltbürgerlich, geistig gefeiert werden sollte – in einer nur mühsam erreichbaren *ghost town,* abseits von allem sonst zu erwartenden internationalen Kulturbetrieb, und das zwei Wochen lang. Dreißig Meilen vor Aspen nahm mich ein Mann in seinem offenen Zweisitzer mit. Es war Thornton Wilder. Er moderierte am zweiten oder dritten Tag im großen Zelt eine Diskussion über Dichtung und Bildung, an der unter anderem Robert Maynard Hutchins, Arnold Bergstraesser und einer der großen Physiker teilnahmen (Enrico Fermi oder Leo Szillard? – ich habe es vergessen). Am Abend spielte Isaac Stern... Und alle diese kamen aus Chicago – einschließlich des Veranstalters und Geldgebers Walter Paepcke, des Besitzers der American Container Corporation, der größten Verpackungsindustrie der Welt. Ihm war es gelungen, Albert Schweitzer für eine 2-Millionen-Dollar-Gabe aus dem Urwald in Lambarene hierher zu locken, wo er nach seinem Vortrag in der Hotellounge von Reportern bedrängt wurde: »Please, just one more example, Doctor Schweitzer, for your principle ›reverence for life‹!« – »I'll give you one, gentlemen: If you would kindly leave me alone!«

Der Maupassant-geschulte Leser ahnt die Pointe von alledem: Ich bewarb mich trotz Werner Jaegers freundlichem Angebot in Harvard an die University of Chicago und bekam dort ein ausreichendes Stipendium, an dessen Verlängerung ich von Jahr zu Jahr mit Fleiß und Bangen arbeitete. Ich kehrte damit zu den Alten Sprachen zurück, deren Bedeu-

* Im November, zu Halloween, gehen die Kinder in Amerika mit Masken von Tür zu Tür, klingeln die Leute heraus und fordern »treats or tricks!« – »Bewirtung – oder wir machen Zauber!«

tung mir nirgends so klar geworden war wie an dem von ihnen nicht berührten Elizabethtown College. Ich studierte nicht ›weiter‹ – ich begann von neuem.

Die Regel des Department of Classics war: erst den Text lesen – genau und ganz –, dann über ihn reden, lesen, schreiben. In den drei Chicagoer Jahren habe ich mir auf diese Weise im Griechischen wie im Latein je etwa dreißig Oxford-Ausgaben (im Hegelschen Sinn) ›angeeignet‹ – insgesamt zwei Meter in meinem Regal. Dies ist die Basis meiner Philologie geblieben. Auf ihr und um sie herum habe ich einen breiten, aber in seiner Bedeutung weit hinter den Originalen zurückbleibenden Bestand von ebenfalls klassischer Sekundärliteratur angelegt: Kommentare, Abhandlungen, Geschichte. Noch heute traue ich mir zu, einen umfassenden, sich nicht wiederholenden, anspruchsvollen altsprachlichen Unterricht mit diesen rund 300 Bänden zu bestreiten, ja, auch unter ihnen haben sich einige als eitle Anschaffung erwiesen.

Dies war kein zufälliges, es war das gewollte Ergebnis eines Studiums, dessen Möglichkeiten damals in Deutschland unvorstellbar waren: mit, nein, in einer seit dem Ende des 19. Jahrhunderts mit reichen Mitteln aufgebauten, für die Vergangenheit fast vollständigen, alle wichtigen Neuerscheinungen sofort einkaufenden und nach kurzer Ausstellung einordnenden, für alle *graduates* uneingeschränkt zugänglichen Bibliothek. Ich hatte einen festen Arbeitsplatz im Classics Department und die Möglichkeit, mir dort einen ›Apparat‹ zu halten, der manchmal über 100 Bände zählte. Daß wir dies alles beherrschen, uns nutzbar machen, ›unter uns‹ bringen, war eines der erklärten Ziele der Universität, die sich damit freilich in den verschiedenen Departments unterschiedlich durchsetzte.

Der Ehrgeiz der University of Chicago – das hieß damals, vor allem ihres Präsidenten (der den Titel ›Chancellor‹ trug) Robert Maynard Hutchins – ließ sich deutlicher an ihrem College als an den Departments und den Graduate Schools ablesen. Das College nahm jeden auf, der sich in einer dafür ausgedachten Eignungsprüfung *(aptitude test)* bewährt hatte, also unabhängig davon, ob er ein High School Diplom ersessen oder eine der landesüblichen Leistungsprüfungen *(achie-*

vement tests) bestanden hatte (der jüngste Student war damals 15 Jahre alt); man las die *hundred great books;* man brachte die jungen Leute dazu, in geschmeidiger und genauer Sprache über das Gelesene zu diskutieren; man ermutigte sie, mit den großen Geistern aller Zeiten unmittelbar zu reden und zu rechten – kritisch bis zur Respektlosigkeit –, aber eben darum auch deren Anspruch ungeschützt ausgesetzt. Thukydides, Macchiavelli, Hobbes, Burke, Mill, de Tocqueville – das war jeweils das ganze gewaltige Gewicht ihres Werkes, nicht ein Kapitel in einem ›Abriß der Gesellschaftstheorie‹. Natürlich hatte niemand das ganze Opus gelesen, aber es durfte sich auch keiner darauf berufen, es seien ihm andere als die referierten Passagen und Meinungen nicht bekannt. Allein dieser Anspruch versetzte die *sophomores* und *juniors* in eine Art geistigen Fiebers. Fragen, Deuten, Denken – das ist eine Infektion, an der man scheitert oder erstarkt. Das Fach Geschichte hatte man am College zunächst abgeschafft, weil man die Geschichte ernst nahm. Tut man das, kann sie kein ›Fach‹ sein, sie ist vielmehr eine Dimension *jedes* Gegenstands. Später hat man sie wieder eingeführt, aber mit einem Auftrag und in Formen, die dieser Idee entsprachen. Das auch bei uns so viel beschworene, weil so schwer faßbare ›Geschichtsbewußtsein‹ ist jedenfalls nicht das Ergebnis vieler, gründlicher, genauer, gar auf den Faden einer Theorie gezogener Geschichtskenntnisse, sondern entspringt der lebhaften Wahrnehmung des wesentlichen Abstands zwischen dem historischen Dokument und uns. Dieser Wahrnehmung hilft eine um Kontraste ebenso wie um Kontinuität, um Anschauung ebenso wie um Strukturen bemühte Historie. Als ich 1950 nach Chicago kam, war man im Begriff, eine solche am College einzuführen und debattierte heftig und grundsätzlich darüber. Da ich über Werturteile und Objektivität in der griechischen Historiographie arbeitete und an der alten Frage, was unser Interesse an der Geschichte konstituiere, habe ich an dieser Debatte teilgenommen. Ich bin tief in eines der Grundprobleme der Bildung und ihrer Tradition eingetaucht, ohne ahnen zu können, wie maßgebend es für meine spätere Tätigkeit sein würde.

Das College war dem Präsidenten wichtiger als die Universität. Die amerikanische Universität hielt er für unrettbar: Am Scheideweg zwischen der Suche nach Wahrheit und der Vorbereitung auf die akademischen Berufe habe sie sich für das letztere entschieden; voll beschäftigt mit der Anhäufung spezialisierten und objektivierten Wissens, das den Professionen dient, könne sie sich nicht den bedeutenden Fragen widmen, die dem Denken des Menschen aufgegeben sind; ihre Mitglieder seien nicht einmal in der Lage, gemeinsam festzustellen, worin jene bedeutenden Aufgaben bestehen; Arbeitsteilung, ein vermutlich brauchbares Prinzip für die Organisation gesellschaftlichen Handelns, habe das Denken des Ganzen, die Bemühung um den Zusammenhang und das Ziel der geistigen Tätigkeiten abgelöst; ein jeder Professor könne sich im Prinzip mit jedem Kollegen seines Faches auf der ganzen Welt verständigen, aber nicht mit dem Kollegen anderer Disziplinen auf demselben Campus; die Universität gleiche einer Enzyklopädie, deren Gegenstände nur noch durch die alphabetische Anordnung aufeinander bezogen seien; so sei die Universität zu einer *service station* geworden, was schlicht ›Tankstelle‹ heißt, und unfähig zu geistiger Führung *(intellectual leadership);* sie beteilige sich an der großen Anpassung, ja, sie habe sich einer schädlichen Maxime verschrieben, »that education is adjustment to the environment« und diese auch noch falsch gedeutet (wenn John Dewey hiervon sprach, meinte er, daß erst die gesellschaftlichen Verhältnisse verändert werden müßten und dann erst Übereinstimmung zwischen ihnen und der Schule hergestellt!); irrige Vorstellungen von Fortschritt, von Demokratie, vom Lernen hätten das Bildungswesen und die Universität pervertiert: die *Schulen* seien zu Bewahranstalten geworden; man erwarte von ihnen in erster Linie, daß sie vergnüglich, hygienisch und unfallsicher seien; der Maßstab ihres pädagogischen Erfolges sei psychische Ausgeglichenheit, soziale Verträglichkeit, Normalität; die *Universitäten* bemühten sich, für möglichst viele Berufe auszubilden, möglichst viel zu publizieren, in möglichst vielen *committees* vertreten zu sein; sie versuchten, sich der Öffentlichkeit unentbehrlich zu machen, ja, sie hätten den Ehrgeiz, der *community* zu gleichen – Fußball zu spielen wie sie, jeder Neuigkeit nachzujagen wie sie, wohltätig, weltverbessernd, wettbewerbstüchtig zu sein wie sie . . .

In den drei Jahren, in denen ich in Chicago war, habe ich keine öffentliche Rede von Hutchins versäumt. Die Früchte vom Baum seiner Erkenntnis schmeckten süß. Elizabethtowns gesunde Mittelmäßigkeit, sein Aufgehen in der Gegenwart, seine intellektuelle Harmlosigkeit und Solidität hatten mich durstig gemacht auf Zweifel, äußerste Grenzen und letzte Gründe, auf das geistige Abenteuer Vergangenheit und das moralische Abenteuer Zukunft, auf philosophische *sophistication*. Im Amerika des kalten Krieges mit der UdSSR, des heißen Krieges in Korea und des von Senator Joe McCarthy geleiteten Ausschusses zur Untersuchung ›unamerikanischer Aktivitäten‹ waren Hutchins Ideen über die Aufgabe der Universität mutig, überzeugend und hochpolitisch.

Die Grundfigur hat sich mir dauerhaft eingeprägt: Der Zirkel der Anpassung (der Zustand des Gemeinwesens hängt vom Zustand der Schulen ab; der Zustand der Schulen hängt vom Zustand des Gemeinwesens ab; beide bestätigen sich in ihrer Mangelhaftigkeit) muß durch eine unabhängige Instanz durchbrochen werden. Unabhängigkeit kommt dem Glauben und dem Denken zu; der Glaube steht nicht in unserer Verfügung und ist nicht frei kommunizierbar. Das unabhängige Denken zu ermöglichen, liegt in unserer Hand. Der Ort, an dem dies geschieht, ist die Universität, nicht unsere, an der dies nicht geschieht, sondern die *University of Utopia*. Ihre Mitglieder gehen den wichtigen Fragen nach: Was ist der Mensch – seine Natur, seine Geschichte, seine Bestimmung? Was ist das gute Leben? Was ist eine gute Gesellschaft? Diese Fragen sind nicht Gegenstand wissenschaftlicher Forschung. Sie sind Gegenstand der freien Geistesbildung. Diese steht in einem großen, über die Zeiten hinweg fortgesetzten Gespräch – einer Kultur des Dialogs. Um ihn führen zu können, muß man vor allem zu denken lernen. Die Gemeinschaft derer, die dies wollen und treiben – das ist die wahre Universität. In den USA kann diese heute nur nach dem im doppelten Sinn verspielten Lernen der High School und vor dem verwissenschaftlichten Studium, also im College, stattfinden. Diese wahre Universität ist eine *educational institution*, und das heißt, keine Wissensfabrik mit angeschlossener Berufsbildung. Sie zeichnet sich durch die Menge der Fragen aus, die zu behandeln sie ablehnt. Sie ist der mittelalterlichen näher als der unseren. Jener ging es, wie Hutchins es mit einem mich elektrisierenden Ausdruck nannte, um »the intellectual love of God«. Wir müssen ein Äquivalent zu jener universellen Wahrheit suchen.

Der zitierte Ausdruck ist in meiner Erinnerung hängengeblieben, weil er mir erfahrbar machte, was Metaphysik ist: sehen können, was der Demiurg mit der Welt gemeint hat. Für einen Augenblick hat mich die Verbindung von ›intellectual‹ mit ›love‹ und von beidem mit ›God‹ hoch über mein angestrengtes eigenes Denken erhoben. Unvereinbare Dinge ließen sich aufeinander ein. Ich war von dem starken Willen zur Einheit der Welt im Geist gefangen; aber dann wurde in der Folge dieses Anspruchs der Demiurg doch wieder zum ›Gott der Philosophen‹, zu einer weltlichen und dem Verdacht der Subjektivität ausgesetzten Sache: der *causa prima omnium rerum*, die zugleich das Prinzip ist, nach dem der Mensch sie verstehen kann.

Blicke ich nach 30 Jahren zurück, erschrecke ich, wie kundig, vielseitig und genau mir damals das Verhältnis von Politik, Pädagogik, Wissenschaft und Philosophie dargelegt worden ist. Ich finde alle Konflikte wieder, die uns in den letzten zehn Jahren ›überfallen‹, alle Kontroversen, die uns anhaltend beschäftigt haben. Ich sehe, daß wir selber ein Exempel dessen geworden sind, was ich damals bei Hutchins gelernt habe: daß die Menschen in der Geschwindigkeit vergessen und verlernen, in der sie gelernt haben – daß es nur soviel Fortschritt gibt, wie wir neue Einsicht mit alter Einsicht verträglich gemacht haben. Noch einmal: In dem damaligen Amerika wirkte diese erzkonservative Position wie ein Aufbruch – befreiend, weil der Gründe der Unfreiheit bewußt, und belebend, weil selber lebendig. Sie gab meinen Studien einen unmittelbaren Sinn. Ich konnte mir die Frage ersparen, welchem Zweck ich mit ihnen dienen wollte, weil der Zweck und der öffentliche Nutzen in der geistigen Tätigkeit selbst lag. In der Stadt der Weizenhändler und Schweineschlächter am Rande der Great Plains lernte ich die Welt von der Idee her erkennen, an Modellen denken, mich von der Gewalt der Erscheinungen befreien. Wer dies einmal getan hat, kann sich den *phainomena* um so sicherer wieder zuwenden.

Hutchins war kein eigenständiger Philosoph. Die Logik seiner Argumente war anfechtbar. Sie verblüffte durch den Wechsel von hohem analytischem Anspruch zu fibelartiger Einfachheit. Die Umkehrung einer gewohnten Deduktion ließ den Hörer stutzen und nachdenken: »Education implies teaching. Teaching implies knowledge. Knowledge is truth. Truth is everywhere the same. Hence education should be everywhere the same.«*

So antwortete Hutchins auf den in den USA herrschenden kopflosen Empirismus, der das *trial-and-error*-Modell biologischer Selbstbehauptung für eine ausreichende Erklärung allen Lernens hält und pädagogisch folglich nur an einem interessiert ist: daß dieser Prozeß nicht aufhöre. Jede Sprunghaftigkeit, jede Spontaneität, jede Individualisierung findet hier ihre theoretische Rechtfertigung und keine die ihr auch nützliche oder notwendige Kritik.

Hutchins und die University of Chicago haben in mir viel angelegt, was später meine Pädagogik bestimmen sollte: Das Bild von der *polis,* die als ganze erzieht (und der die Schule davon nichts abnehmen sollte, der diese vielmehr als Widerpart dient: durch die Ausbildung des unabhängigen Denkens); die Einsicht in die dialektische Form geistiger Bewegung; das Gebot der Beschränkung; die Hoffnung auf den unspezialisierten Menschen und die spezialisierten Institutionen (wir schaffen allenthalben das Gegenteil!); das Bekenntnis, zu dem er uns Studenten in seiner Abschiedsrede aufrief: »Wenn wir zwischen Sancho Panza und Don Quijote zu wählen haben, dann laßt uns – by all means – Don Quijote wählen!«** – Daß Wohlstand, Frieden, bürgerliche Ordnung, Gesetz, Moral, Kunst und Wissenschaft nur der »cultivation of the intellect« dienen, habe ich Hutchins schon damals nicht

* Robert Maynard Hutchins: The Higher Learning in America. Yale University Press: New Haven 1936, S. 66.

** Robert Maynard Hutchins: The Conflict in Education in a Democratic Society. Harper & Brother: New York 1953, S. 20.

abgenommen, so gut ich verstand, warum er jenen allen den ersten Platz streitig machte, den sie abwechselnd in unserer Welt beanspruchen. Aber es war nicht überflüssig, daß er mir diese Möglichkeit vorgedacht hat: Das ist, so erkannte ich, die Konsequenz einer Philosophie des Geistes ohne geglaubten Gott.

Neben dem College, an dem dies alles so sein sollte, hat Hutchins der University of Chicago eine Einrichtung gegeben, an der die Great Conversation so frei und so anspruchsvoll vor sich ging wie an der gedachten University of Utopia – das unglücklich benannte Committee on Social Thought. Das CST war eine interdisziplinäre Fakultät, an der es im wesentlichen nur zwei Regularien gab: das ganz und gar individuelle, jeder Vorschrift und jedem Vorbild enthobene Tutorial und die wöchentliche Gesprächsrunde aller Mitglieder. Man diskutierte in einem kleinen Kreis von (etwa 20) aktiven Teilnehmern, um den ein großer Kreis von nichtaktiven saß und zuhörte. Die Aktiven waren, wie Gelehrte das sinnvollerweise sind, Spezialisten auf einem Gebiet, brachten auch dessen Fragen und Erkenntnisse ein, waren aber zu Gemeinverständlichkeit verpflichtet und wurden von den anderen zu dieser angehalten. Gäste – es kamen die berühmtesten aus aller Welt – wählten ihren Platz im inneren oder äußeren Kreis. Der Verlauf steuerte sich selbst.

Dies erfahren zu haben, gab mir einen deutlichen Vorsprung vor den *querelles pédagogiques allemandes.* Ich war vertraut mit Dingen, die uns in Deutschland noch bevorstanden. Aber eben diese Vertrautheit hinderte mich oft zu sehen, wie wenig selbstverständlich das alles war und wie mißverständlich die von mir verkündeten Überzeugungen sein mußten, wenn man nicht wußte, von welchem Erfahrungshintergrund sie kamen.

Fünfzehn Jahre später hatte ich meinen (kleinen) Teil an der Gestaltung einer neuen Universität zu leisten. Ich habe mich erinnert: Die innere Feste der Wissenschaft ist für *education* uneinnehmbar. Das Vorwerk – da wo die Fragen nicht durch die Methode ausgelesen und formuliert werden – ist auch wichtiger, weil hier der Geist das Fragen lernt. Wichtige Fragen liegen nie innerhalb der Grenzen einer Disziplin. Je universeller das Erkenntnisziel ist, um so verschiedener können die Wege dorthin sein. Es gibt einen Zusammenhang zwischen dem Erfolg einer herrschenden Lehre und der Schwierigkeit, sie zu lehren, – es gibt ein in der Erkenntnis angelegtes Bedürfnis nach Bewährung am Widerspruch; darum ist es ›in Ordnung‹, wenn die Plakate in Universitäten und Kollegs das Bestehende angreifen, die Gegenwelt verkünden. Die Einheit, in der man lehrt und lernt, muß klein genug sein: ihre Mitglieder müssen sich in einem Raum versammeln und sich mit normaler Stimme miteinander verständigen können. Es müssen nicht alle auf einer Versammlung reden, es genügt, daß der innere Kreis den äußeren repräsentiert. Lehrende und Lernende gehören an einen runden Tisch. Es muß vor allem genug Zeit für ernstes, einsames Studium geben: An der University of Chicago konnte man Kurse und Seminare belegen, soviel man wollte – *credit* bekam man nur für neun Wochenstunden: um sie aufzuarbeiten, braucht man den Rest der Zeit! – Würden wir so etwas bei uns einführen, wir hätten die halbe Universitätsreform geschafft: die Hälfte der Veranstaltungen gespart, die Zahl der Teilnehmer gleichwohl verringert, die ›pädagogische Dichte‹ erhöht, die Didaktik notwendig verändert.

Hiermit war der geistige Grundriß für das Oberstufen-Kolleg gelegt.

Und für die Laborschule? – *Classics* lag in Chicago direkt neben der Laboratory School. Ich habe sie damals nicht betreten und fast nichts von ihr gewußt. Daß John Dewey einmal auch diese Universität mit seinen Ideen bestimmt hatte, löste in meiner Umgebung fast nichts aus – kein feierliches Zitieren, keinen Protest, kein Bedauern, kein verdecktes Hommage. Jetzt regierte hier der Heilige Thomas ohne seine Heiligkeit. Schon der bei den *classics-people* verehrte Platon galt beim Heiligen Offizium der University of Chicago, personifiziert durch den Philosophen Mortimer Adler, als Romantiker, dessen Dichtung man mit Begrifflichkeit, mit aristotelisch-exoterischer Kritik beikommen mußte. Einer der großen Chicagoer Philologen hatte vorgearbeitet mit einem Buch, das den aufschlußreichen Titel trug: *What Plato said.* – Wenn die behauptete Dialektik geistiger Bewegungen gilt, dann durfte ich auch nicht ausgerechnet in Chicago lernen, was John Dewey und der Pragmatismus für meine Pädagogik bedeuten sollten. Nicht einmal, als ich eineinhalb Jahrzehnte später die Laborschule gründete, wußte ich von der besonderen Einrichtung, ihrer Geschichte und Gestalt sehr viel mehr als den Namen und den Ideen-Grundriß (der mit dem architektonischen identisch war) aus John Deweys *School and Society*. Vielleicht hätte ich bei näherer Kenntnis weder Lust auf noch Mut für ein Schullaboratorium gehabt. Gefallen hätte mir President Harpers Vergleich der *Lab' School* mit den Kliniken einer Medizinischen Fakultät* oder daß John Dewey zugleich *head of department* bei den Philosophen und bei den Pädagogen war oder daß die Schule »testing ground and *demonstration* of fundamental educational principles« sein sollte** und nicht Bestandteil des *regular establishment* der Erziehungswissenschaft, verkörpert durch die School of Education; beruhigt hätte mich auch, wie sich die Eltern für diese dereinst berühmteste und umstrittenste Schule Amerikas einsetzten, sich aber – selbst in diesem liberalen und progressiven Land – zugleich über die gänzlich freiwillig aufgesuchte Pädagogik empörten: »Ein Jahr an dieser Schule hat unseren Sohn beinahe zerstört: Wir müssen ihm jetzt beibringen, was Lernen heißt. Im letzten Jahr hat man ihm dort beigebracht ›zu beobachten‹!«***; mit Neid hätte ich das ›Mißverhältnis‹ zwischen Einsatz der Lehrer, Produktivität, Erfindungsreichtum, Ruhm einerseits und grotesker finanzieller und institutioneller Unsicherheit andererseits registriert (der reguläre Jahreszuschuß aus dem Budget der Universität betrug 2500 Dollar!); ja, John Deweys *policy* hätte mich begeistert und beglückt: »... the school must be on a precarious basis and make undue demands upon the thought and anxiety of all concerned ...«****

* William Rainy Harper: Quarterly Statement. In: University Record IV, Nr. 27 vom 6. 10. 1899, S. 155.

** John Dewey: The University Elementary School. In: The President's Report 1898/99, S. 137f.

*** Richard R. Storr: Harper's University. The Beginnings, The University of Chicago Press: Chicago/London 1966, S. 298.

**** John Dewey: a. a. O., S. 198.

Aber ich wäre verzweifelt über die vielen Schwierigkeiten, für deren Lösung ich mich gänzlich unbegabt fühlte und fühle, die offenkundig Deweys Hauptgeschäft waren: Eingliederungsprobleme, administrative und persönliche Querelen, der Kampf mit den Rivalen, insbesondere an der School of Education, die Systemzwänge der Wissenschaft und Lehrerbildung – tückische Nebenprodukte dessen, was die Gründung einer Schule an einer Universität zunächst so einleuchtend erscheinen läßt! – Wie gut, daß der liebe Gott mich damals an diesem allen vorbeigeführt hat!

Der Beruf am Beruf gelernt

Rundum-Pädagoge am Birklehof. Als ich im Sommer 1953 in Quebec das Studentenschiff »Arosa-Kulm« bestieg, war mein Abschiedsschmerz so groß, daß ich mich auf die Schule, die mir bevorstand, nicht freuen und mich nicht vor ihr fürchten konnte. Die Schule, das war der Birklehof im Schwarzwald, ein vollhumanistisches Gymnasium und Landerziehungsheim. Georg Picht war ihr Leiter. Er hatte mir eine Stelle als Lehrer der Alten Sprachen angeboten, und ich hatte sie angenommen – mehr aus Neugier und Vernunft als aus Notwendigkeit oder Neigung.

Auf dem Schiff las ich *The Crock of Gold* von James Stephens, ein hintersinniges irisches Märchen, in dem Kulturkritik, eine poetische Liebesgeschichte und abgründige Wortzauberei sich mischen. Mein Gesichtsausdruck muß den um mich herum Sitzenden mein Vergnügen mitgeteilt haben; sie baten mich, ihnen vorzulesen (hatten sie sich doch für ihre Sommerfahrt mit allem, nur nicht mit Lektüre versorgt); und bald hatte ich eine Zuhörergemeinde von 12 bis 15 jungen Menschen. Im Anschluß an die wohldosierte Lektüre diskutierten wir darüber: was die mythologischen Figuren bedeuteten, was den Zauber ausmache, welcher Sinn sich ›bisher‹ zu erkennen gebe. Ich spürte dabei, daß man mir Autorität antrug. Ich war 28 Jahre alt, ich war kein Jüngling mehr.

Als die wenigen Deutschen, Franzosen, Italiener, Holländer gebeten wurden, Sprachkurse für die in die jeweiligen

Länder reisenden Studenten anzubieten und ich einen solchen abhielt, schwoll die Zahl meiner Hörer in wenigen Tagen so an, daß ich den Kurs doppelt und schließlich dreifach halten mußte. Ich führte nicht nur in die deutsche Sprache ein, sondern in deutsche Eigenarten und Gebräuche, ließ Lieder lernen, empfahl Reiseziele und schilderte, was man wo sehen oder auch nicht mehr sehen könne. Ich hatte mit meinem Beruf schon begonnen, bevor ich wußte, was ich tat – und hatte Freude daran.

Am Birklehof traf ich gegen Ende der Sommerferien ein und war in dem mir zugewiesenen Zimmer im ›Saalbau‹ mit Büchern, Teppichen, Bildern, geborgten Möbeln und einer stattlichen Sammlung von in Deutschland noch ganz seltenen Langspielplatten eingerichtet, als die ersten Schüler anreisten, mir auf die Schulter schlugen und wohlwollend bemerkten, ich hätte da ›sauglatte‹ Blue Jeans an. Für einen Lehrer hielten sie mich offenbar nicht. Als auch Eltern anklopften und, mich sehend, verärgert fragten, ob es denn hier gar keine Erwachsenen mehr gebe, wurde mir mein Autoritätsproblem schlagartig bewußt. Auf dem Schiff hatten fast Gleichaltrige vorübergehend geistige Führung gesucht. Hier war auch ein Status einzunehmen. Den Jungen spielen, der ich nicht mehr war, oder den gestandenen Mann herauskehren, als der ich offenbar niemandem erschien – das war die sich alsbald stellende falsche Alternative. Es kam alles darauf an, die Unbefangenheit nicht zu verlieren, in die ich die erste Freude am Lehrersein zurücknahm.

Was mich vor dem schwersten Fehler bewahrt hat – der Verstellung – vermag ich nicht zu sagen. Alle anderen Pannen, die einem unerfahrenen Lehrer passieren können, sind mir passiert, sofern mich mein Instinkt oder die Schüler nicht davor bewahrten. Eine offizielle Anleitung wurde mir nicht zuteil – weder zum Unterrichten noch zur Führung meines ›Saalbaus‹ (eines Wohn- und Schlaftraktes mit etwa fünfzehn Jungen zwischen 14 und 18), noch zur Ökonomie meiner Kräfte und Gaben. Der Schulleiter kümmerte sich prinzipiell nicht um die Nöte seiner Lehrer (wenn er sich überhaupt kümmerte, dann um ihre Erfolge).

Hier war alles drei großen Ordnungsmächten überlassen:

der täglichen Konferenz, der sehr lebendigen Tradition und der Schülerselbstverwaltung, die diese trug.

Am Landerziehungsheim Birklehof habe ich den Beruf des Lehrers lieben gelernt. Am Uhland-Gymnasium in Tübingen habe ich ihn ausüben gelernt (und ihn weiter geliebt). An der Universität Göttingen habe ich ihn, seine gesellschaftlichen Voraussetzungen, seine psychologischen Gesetze, seine historischen Maßstäbe wissenschaftlich zu bestimmen und theoretisch zu verstehen gelernt (und mich zu ihm zurückgesehnt). An den Bielefelder Schulprojekten habe ich schließlich gelernt, wie schwer es ist, die Liebe zu dieser Rolle (die in erster Linie eine Liebe zu Kindern ist oder, vorsichtiger ausgedrückt: eine Freude am Umgang mit Kindern) und die eigene Art, zu unterrichten und zu erziehen, mit dem theoretischen Wissen und dem politischen Anspruch zu verbinden.

In dieser Deklination ist die übliche Abfolge nicht eingehalten. Der erstgenannte Fall (mein unzünftiger Einstand am Birklehof) war nicht *casus nominativus,* sondern vor allem *casus genitivus:* Er hat meine Zugehörigkeit zu diesem Bereich unseres Lebens konstituiert. Daß er den anderen voraufging, daß ich nicht wußte, worauf ich mich einließ, und schon gar nicht, welche Namen, Ordnungen, Gesetze, wissenschaftlichen Erkenntnisse hier gelten – das ist rückblickend der Glücksfall meiner Pädagogik gewesen. Ich war schon tief in meinem Beruf, bevor von mir verlangt wurde, zwischen Lehrer, Erzieher, Freund, zwischen Experte, Rollenträger, Beamter, Angehöriger des Standes ›Studienrat‹ oder der ›Interessengruppe‹ Lehrer, und schon gar zwischen Informant, Organisator von Lernprozessen, Modell, Bezugsperson, System-, Unterrichts- und Laufbahnberater, Freizeitanimateur, Jugendarbeiter, Sozialpädagoge zu unterscheiden. Ich habe, als ich diese Kunstfiguren der pädagogischen Theorie und Administration später kennen und durchschauen lernte, alsbald einen tief in der Erfahrung gründenden Widerstand gegen ihre Absonderung aufgebracht, gegen ihre ›Professionalisierung‹, wie es professionell heißt. Unterscheidungen, die der Analyse der pädagogischen Vorgänge und damit ihrem Verständnis und ihrer Verbesserung dienen, wie die zwischen ›Bildungstheorie‹, ›Didaktik‹ und ›Methodik‹, kamen in meinem Werdegang erst auf, als ich sie brauchte; ich entdeckte ihre Notwendigkeit und Brauchbarkeit selber und habe sie darum unmittelbar, ökonomisch, mit Überzeugung und Gewinn eingesetzt. Sie haben mir nicht schon vorher bange gemacht oder mich mit sich statt mit der Wirklichkeit befaßt.

So sah mein Alltag aus: Ich weckte meine Jungen freundlich, aber bestimmt, bevor ich mit einigen Freiwilligen meinen Morgenlauf machte; ich weckte noch einmal – wieder freundlich und noch bestimmter – wenn ich zurückkam; ich ging mit zur Frühandacht; ich zivilisierte – jeweils meine Gruppe – beim Frühstück durch meine Anwesenheit, kontrollierte, wenn ich nicht selbst Unterricht hatte, die Stuben nach Unterrichtsbeginn, bereitete meine Latein- und Griechisch-Stunden vor, hielt sie oder eine mir aufgetragene Vertretungsstunde ab; ich hörte mit Spannung, was im Lehrerzimmer während der halbstündigen großen Pause von Kollegen angesagt und angefragt wurde; ich stand in der Runde der Lehrer und Schüler bei der täglichen Versammlung vor dem Mittagessen; ich beaufsichtigte Schularbeiten (aller Fächer) zur gesetzten Stunde; ich probte als Mitspieler in einem Theaterstück oder als Mitsänger in einem Chorwerk; ich bastelte – und das nicht nur zur Weihnachtszeit; ich hielt Bienen und ließ sie von einem – an dieser Aufgabe psychisch erstarkenden – Schüler betreuen; ich hielt abends in meinem Zimmer Arbeitsgemeinschaften in Politik, Literatur, Philosophie ab; ich veranstaltete am Wochenende – nicht nur, wenn ich Sonntagsdienst hatte – Geländespiele, Wanderungen, Schnitzeljagden; ich fuhr Ski mit solchen, die es besser, und mit solchen, die es schlechter konnten als ich; ich erbarmte mich einmal in der Woche mit einer Gruppe von Schülern des Schulgartens; ich redete nächtelang mit Kollegen (und erfuhr nebenbei eine Einführung in die badische Weinkultur); ich beriet mit der Schülerselbstverwaltung, deren ernannte (nicht gewählte) Repräsentanten ›Helfer‹ hießen und dies in einem für Außenstehende kaum vorstellbaren Maß waren – häufig durch ihren klugen, mehr aus ihrer praktischen Moral als aus ihrer politischen Funktion erwachsenden Widerstand; ich lernte, wie man große Bildungsreisen plant und durchführt, Feste feiert, Streiche spielt und aushält (ein halber Bauernhof – Kuh, Schwein, Hühner und Hund – am Sonntagmorgen im Eßsaal war das Ärgste, was ich mit meinen Schülern den anderen zugemutet habe; eine fingierte Nachricht, Herr Picht habe – inmitten einer schwierigen Lage – die Schulleitung niedergelegt und mich mit sofortiger Wirkung zu seinem Nachfolger bestimmt, war das Heikelste, was die anderen mir zugemutet haben); ich habe Eltern zu überreden versucht, Schüler getröstet, mich von ihnen trösten lassen; ich habe mit Aufsässigen gerungen, mit ›Terroristen‹ gekämpft, mit Verliebten, Ausbrechern, Selbstmordgefährdeten gewacht; ich bin am Ende jedes Tertials schweigend mit allen Schülern und Lehrern zum Kreuz auf dem ›Sonnenwendhügel‹ gezogen, wo wir gemeinsam das Schullied *Was mein Gott will, g'scheh' allzeit* sangen und der Toten gedachten – jeder der seinen –, an meiner Seite in stiller Regelmäßigkeit Michael Probst, Sohn von Christian Probst, dem Gefährten von Hans und Sophie Scholl; ich habe, wenn alle in die Ferien abgefahren waren, in meinem Bereich aufgeräumt.

Ich denke, eine solche Übersicht läßt, auch wenn sie nur äußerliche Bezeichnungen festhält, erkennen, daß das Leben des Junglehrers Hartmut von Hentig total im Beruf aufging und sein Beruf total im Leben. Weniges werde ich gut gemacht haben (den Unterricht zunächst sogar herzlich schlecht) – aber alles ganz. Fehler offenbaren sich in einer solchen Gemeinschaft sofort. Das ist unangenehm und führt zu schleuniger Korrektur. Kleine Weisheiten, die ich später in den Schulprojekten propagiert und über die ich in meinen Schriften geschrieben habe, beispielsweise meine drei *R* (*R*eviere bilden, *R*egeln machen, *R*ituale stiften), habe ich mir damals, ohne es ausdrücklich zu wissen, zugelegt. Ich habe erfahren, daß ein Kollegium sehr bunt sein kann, wenn ein gemeinsamer Stil die Farben eint und bindet; es verträgt dann sogar Käuze, Exoten, ausgesprochen schwierige Personen, ja, diese bekommen ihre eigentümliche pädagogische Funktion. Die durch Training und Auslese standardisierten amerikanischen Lehrer, die alles nach den Regeln richtig und darum gleich machen – kontrolliert, sanft, konsequent – ersparen den Schülern die Zumutung, mit einem verletzlichen, nervösen, aufbrausenden, traurigen, widersprüchlichen Menschen umzugehen, mit menschlichen Menschen also und nicht mit sozialpsychologischen Kunstfiguren. Wenn der kriegsversehrte Kollege X die Fassung verlor, wenn der Kollege Y auf seinen Spaziergängen einen Rucksack mit den eigenen Gedichten und Aufsätzen umhertrug, weil er Angst hatte, sie könnten einem inzwischen ausbrechenden Feuer zum Opfer fallen, und der Kollege Z eine Karriere unter den Nazis mühsam und redlich abarbeitete – dann waren das allenfalls für Neulinge Anlässe zu Naserümpfen oder Gelächter, allen anderen war daraus eine Aufgabe geworden, eine Forderung, vor der zu bestehen ihnen wichtig war.

Der Stil, der den auffälligen Individualismus dieser Schule bändigte, war der eines Individualisten – seines Leiters. Er stand spät auf, verachtete Sport und Abhärtung, weigerte sich, Vokabeln abzuhören und sich für das Lernen der Primaner – nur die unterrichtete er – verantwortlich zu fühlen, zog sich nach seinem Unterricht in seinen ›Olymp‹, wie das niedrige, verrauchte Arbeitszimmer im Alt-Birkle hieß, zurück. Er hatte und zeigte eine eingewurzelte protestantische Abneigung gegen vermittelnde Institutionen, aber er lebte davon, daß es sie gab. Eltern, die sich darüber beklagten, ihr Kind verwahrlose an dieser Schule, erteilte er gelassene Belehrung über das inverse Verhältnis von äußerer und innerer Ordnung. Die Lücke von halb drei bis halb fünf auf dem Tagesplan der Schule, die die pädagogischen Besucher irritierte, verteidigte er: »Ein Schüler muß doch einmal am Tage etwas tun dürfen, von dem wir nichts wissen!« Er hatte ein eindringendes und beständiges Verständnis für Schwächen und Schwierigkeiten von einzelnen – mit dem Kollektiv ging er streng um.

Man war am Birklehof aus Überzeugung liberal und stand dazu, auch wenn die Liberalität gelegentlich von Schlampern und Egoisten mißbraucht wurde. Tiefer Verachtung verfiel die Salemer Erziehung mit Trainingsplan, Schuluniform, Strafläufen, damals noch peinlicher Trennung von Jungen und Mädchen. Wenn Birklehof-Schüler im Hockey wieder einmal gegen Salem verloren hatten, rächten sie sich, indem sie sich in der Öffentlichkeit, im Zuge, in einem Lokal schlecht benahmen und durchblicken ließen, sie kämen aus Salem. Es war ein archaisches Haß- und Neidverhältnis. Und an ihm konnte man erkennen, daß es sich nicht um dort Stil und hier Willkür handelte, sondern in der Tat um zwei deutliche Prägungen, die sich an ihrem Gegenteil Schatten und Schärfe des Umrisses holten. Denn am Birklehof konnte man sich sehr wohl disziplinieren, aber man bestand darauf, es freiwillig zu tun, in eigener Regie. So war beiden Schulen das *honoursystem* gemeinsam: Während der Klassenarbeiten nicht abschreiben; schwänzen, nur wenn der Lehrer da ist; wenn etwas pekziert worden ist und der Schuldige wird gesucht, meldet er sich. (Mit der Folge übrigens, daß die Lehrer oft darauf verzichteten, nach dem Schuldigen zu fragen: Er ist dann keine Beute mehr!)

›Stil‹ also als Stilisierung der Freiheit? – Nein, es war mehr. Georg Picht und vor allem seine Frau, Edith Picht-Axenfeld, lebten der Schule noch etwas anderes vor, was für diese, die ständig in Gefahr war, sich für den Mittelpunkt der Welt zu halten, von unschätzbarer Bedeutung war, nämlich, wie man einer Sache dient – einer Sache, die ihren Sinn nicht aus der Pädagogik bezieht.

Hierfür taugt vielleicht das Wort ›Stil‹ wirklich nicht mehr. Mit ihm verbindet sich allzuleicht die Vorstellung von Fassade, einer Fassung um der Außenwirkung willen. Dies wäre zwar für mich kein Grund, ›Stil‹ nicht zu wollen, aber es gibt Aufgaben, die man mit innerer Fassung, also mit Ethos, besser besteht.

Georg Picht arbeitete an einem im Alt-Birkle untergebrachten Platon-Archiv und kehrte nach getaner Schularbeit, für die Kinder sichtbar, an jene zwar unverstandene, aber mit seiner Person und seinem Unterricht verbundene wichtige Tätigkeit zurück. Seine Frau brachte jeden zweiten Sonntag ihre Musik in die Schule; sie erklärte das Stück, das wir hören würden, und spielte es ohne viel Rücksicht auf das Alter, die ›Bedürfnisse‹, das subjektive Befinden der Schüler, vor. Der Eindruck war außerordentlich und nicht zuletzt auf das Bild zurückzuführen, das sie uns bot: makellose Haltung, die sich durch die Musik in Anmut verwandelte. – Beider Verhalten, an dem ›Stil‹ hier nur illustriert werden sollte, wirkte in erster Linie durch seine Konsequenz. Als die Bielefelder Schulprojekte gegründet wurden, habe ich bei der Auswahl und Einweisung der Lehrer beständig die Forderung wiederholt, ein Pädagoge müsse ›Verläßlichkeit‹ darstellen. Gefragt, was ich damit meine, habe ich sowohl trivialere als auch abstraktere Beispiele gegeben: Pünktlichkeit, die Einhaltung von Regeln, das Einfordern von Aufgaben, Treue zu Personen, zu Überzeugungen, zu sich selbst. Das Beispiel von Frau Pichts Klavierspiel – für mich das stärkste – hätte wohl niemand verstanden.

Von Georg Picht habe ich die erste Einführung in die philosophischen und politischen Dimensionen der Pädagogik bekommen. Vieles, was er sagte, war Herausforderung – rätselhaft und dadurch fesselnd. Der Dialektiker, der er war, konnte jederzeit auch das Gegenteil sagen; zynisch sollte dies nicht sein – er begründete die Umwendung alsbald; daß dies ging, war seine Pointe! Geblieben sind mir vor allem die anstößigen, also von mir selbst weiterzudenkenden Gedanken: daß Bildung in unserer Zeit eine Gemeinschaftsleistung sei und nicht mehr durch das Individuum verwirklicht werden könne – ein Kernsatz seiner Oberstufenreform; daß es auch einen Bildungskanon nicht mehr geben könne, und dies nicht etwa wegen der Fülle des Wißbaren oder wegen des herrschenden Pluralismus, sondern weil Bildung ihre Funktion verändert habe; daß nämlich die Theorie die mächtigste Form gesellschaftlicher Praxis geworden sei; daß also Allgemeinbildung in der Beherrschung der Verallgemeinerung liege; daß ›Leitbilder‹ in der Pädagogik ein Betrug seien, weil die idealistische Denkfigur Platons Glauben an die Wirklichkeit der *eidē* voraussetzt, den wir nicht haben; daß Bildung im Begriff sei, sich aus einer philosophisch-historischen Kategorie in eine soziologisch-ökonomische zu wandeln, und daß wir dies vor allem zu lernen hätten; oder ganz konkret, daß ein Schulleiter dazu da sei (und daß er dadurch ›führe‹), daß die anderen ihre Schwächen und Fehler ihm anlasten und sie dadurch aushalten.

Gleichwohl: ›Gelernt‹ habe ich am Birklehof die Pädagogik nicht – ich bin in sie eingetaucht. Als ich sie mir in den nächsten Lebensabschnitten praktisch und theoretisch, als System, aneignete, hatte ich freilich stets das Gefühl, dies wisse ich schon, ja, ich wisse es besser. Während die anderen von ›Indien‹ redeten, hatte ich es gesehen.

Nicht alles am Birklehof fand meine Billigung, nicht alles ging gut. Ich war jung und rigoros. Widersprüche durften nicht sein – die zeigten Schwäche an, womöglich Heuchelei. Auch wenn Georg Pichts Dialektik nicht zynisch war, so wirkte sie doch so auf andere, und es störte mich, daß ihn dies nicht störte: Im Zynismus drückt sich nicht nur Menschenfeindlichkeit aus – die könnte man bekämpfen –, es kündigt sich Hoffnungslosigkeit an – und der ist schwer zu begegnen. Am Birklehof wurde zuviel in Gegenwart von Schülern über Pädagogik geredet; ich fand dies nicht nur ›schamlos‹, ich hielt es für eine falsche Entlastung der Lehrer, eine falsche Vereinnahmung der Schüler. Ich notierte mir für einen längeren Bericht das Stichwort »Zuviel Gemeinschaft«; ich sah – weil ich es an mir selbst erfuhr –, wie schwer es viele Kinder hatten, dem Kollektiv zu entrinnen – trotz der Pichtschen Theorie; es half ihnen niemand, und wenn einer zu helfen versuchte, nahmen es die Kollegen als Subversion wahr, als Verrat an einem Übereinkommen, das ich doch gar nicht geschlossen hatte! Jüngere, strengere Kollegen setzten mir zu. Der Schulleiter antwortete mir zu oft auf meine Forderungen: »Was wollen Sie, Sie können nirgendwo anders hin – Sie haben ja keine deutschen Lehrerexamen!«

Da beschloß ich, den Birklehof zu verlassen, die Examina nachzuholen und gestärkt wiederzukommen. Ich ging in das mir vertraute Göttingen, saß in der Vorlesung und im Oberseminar von Erich Weniger, um die nötigen Semesterstunden für die A-Prüfung in Philosophie und Pädagogik belegt zu haben, bestand die erste Staatsprüfung und erfuhr, daß ich mit ihr in Baden-Württemberg keine Referendarstelle bekommen könne, weil mir dazu ein drittes Fach fehlte. Ich mußte nach Tübingen ziehen, wo mir ausnahmsweise erlaubt wurde, die Voraussetzungen für eine Zusatzprüfung in Englisch während der ersten Hälfte meines Referendariats – also ohne Zeitverlust – zu erwerben. Diese Erlaubnis erwirkte Ernst Klett, Vater meines Birklehof-Schülers Michael. Ich hatte ein Buch übersetzt, H. D. F. Kittos *Die Griechen,* und er war dabei, es herauszubringen.

Lehrer am Uhland-Gymnasium. Ein ›Symposion‹ war das Uhland-Gymnasium nicht, nicht Spaziergang am Ufer des Ilissos, nicht Rast unter der Sykomore, nicht Erfüllung des Traumes von Böhl-Iggelheim – aber auch nicht die Kaserne, das Gefängnis, das Seelenschlachthaus, als das die alte Schule gescholten, die Fabrik, das Verordnungslabyrinth, die *cooling-out*-Anstalt, als die die moderne Schule angeklagt wird. Das Tübinger »UG« war ein vollhumanistisches Gymnasium. Es hatte zwischen drei- und vierhundert Schüler, das heißt, es führte die Klassen meist bis Quarta oder Untertertia doppelt – dann waren so viele Schüler abgegangen, daß man die zwei Restklassen zusammenlegen konnte. Es widersetzte sich hartnäckig der Möglichkeit, die Abgänger bei sich zu behalten, was ihm möglich gewesen wäre, wenn es sie statt des Griechischen Französisch hätte wählen lassen. (Französisch war dritte, Englisch vierte Fremdsprache.) Es bezog sich ausdrücklich auf die Einheit der humanistischen Bildungstheorie: Die entscheidende geistige Formung geschieht hier an den Alten Sprachen, an den griechischen und lateinischen Texten, an den Modellen Hellas und Rom – aller übrige Unterricht hat ergänzende Funktionen. Es brachte selbstsichere Gründe gegen die Fünf-Tage-Woche vor: Es mag ein humaner Fortschritt sein, wenn der Mensch zur Muße befreit werde; Unterricht dafür zu opfern, sei jedoch widersinnig; die Schule bilde; Bildung sei Muße, sei ein Gegenbegriff zur Unterhalt schaffenden Arbeit, ein Privileg und keine Last; sie weiche allein der Feier, dem Sabbath. – Wenn der Leiter des »UG«, Erich Haag, so redete, klang kein Hochmut mit, es klang nicht einmal weltfern. Er erhob einen Anspruch, dem er selber, sichtbar und überzeugend genügte und den er nicht schon deshalb aufgab, weil andere einen Dünkel daraus machten oder die Sprache nicht verstanden oder den Sinn belächelten.

Im »UG« trat die Idee des alten Gymnasiums in Erscheinung, eine Idee, die ungleich schwerer zu verwirklichen und zu kritisieren ist als die Vorstellung, die wir uns in der Geschichte von diesem Schultyp gemacht haben. Besondere

Umstände hatten das »UG« vor den Verzerrungen bewahrt, die nicht nur die – durch Leid fruchtbar gemachte – Erinnerung der Literaten ›dem Gymnasium‹ angedichtet hat: Es war klein; es war nicht bedroht; es hatte eine durch Herkunft und Bestimmung geeignete Klientel (gut die Hälfte der Schüler stammte aus Professoren- und Akademikerfamilien, hatte eine unmittelbare Anschauung davon, wozu solche Bildung gut sei, und ging auf einen akademischen Beruf zu; ein weiteres Viertel wurde aus den umliegenden Gemeinden und den Tübinger Grundschulen als hervorragend begabt an das für schwierig gehaltene »UG« empfohlen, darunter viele Kinder aus ganz kleinen, nicht selten proletarischen Verhältnissen; ein weiteres Viertel entstammte einem Aufstiegs- und bildungsbeflissenen Mittelstand und sorgte für Kontrast, didaktischen Umstand, die Anlässe zu pragmatischer Selbstbesinnung; Töchter und Söhne von Fabrikbesitzern, also Mitglieder der künftigen Wirtschaftselite, wurden hier nicht herangebildet und auch keine Nur-Abiturienten); es war anziehend für Lehrer, die gern in einer Universitätsstadt leben und die Beziehung zu ihrer Wissenschaft aufrechterhalten wollen, und konnte unter diesen und unter seinen Referendaren die besten auswählen; es hatte vor allem einen Chef von hohem geistigen Rang.

Dieser Schule wurde ich zugeteilt und damit dem im benachbarten Kepler-Gymnasium untergebrachten Studienseminar unterstellt, das Robert Ulshöfer leitete.

Daß ich ausgerechnet hier meine – einzige – Ausbildung als Lehrer erhielt, dafür bin ich dem Schicksal und den daran beteiligten Personen vom ersten Tag an dankbar gewesen. Heute kommt eine weitere Dankbarkeit hinzu: dafür, daß ich meinen Beruf *als Handwerk* gelernt habe – nicht als eine durch Theorie gesteuerte Tätigkeit oder als Wissenschaft oder als Wahrnehmung einer gesellschaftlichen Funktion. Die Handwerkslehre beginnt – im Prinzip – mit dem einfachsten Werkstück, den elementaren Verrichtungen daran, den allgemeinsten Regeln und Grundsätzen. Sie unterschlägt unnötige Differenzierungen und alle Alternativen. Sie ist auf Festigung, Beruhigung, Sicherheit des Handelns aus. Sie gibt alle notwendige Erkenntnis in ihren Verfahren vor und erwartet nicht, daß man sie selber neu aufbringe oder kritisiere. Wenn alle Elemente des betreffenden Handwerks zusammengefügt sind, mag der einzelne entscheiden, ob und in welcher Richtung er davon abweichen will – er ist durch Beherrschung der Sache ›frei‹. Die wissenschaftliche Ausbildung beginnt – im Prinzip – mit dem System der wissenschaftlichen Erkenntnis; sie wählt, auch wenn sie sich dem ›forschenden‹ oder ›entdekkenden Lernen‹ verschrieben hat, ihre Aufgaben und Objekte so aus, daß sie jenes System bestätigen; sie lehrt damit die Dominanz der verallgemeinerbaren Erkenntnis über die Erfahrung des besonderen Falles; die Wahrnehmung des Abstands zwischen der Wirklichkeit und der wissenschaftlichen Erkenntnis von dieser ist für die wissenschaftliche Ausbildung konstitutiv – sie erlaubt nicht nur Kritik und Progreß, sie fordert sie. Sie setzt die Freiheit des Subjekts gegenüber der Sache voraus. Festigung, Beruhigung, Sicherheit überläßt sie der späteren Praxis.

Ich weiß nicht und werde nie wissen, ob mir der zweite Weg mehr genutzt oder mehr geschadet hätte. Der erstere jedenfalls, den ich gegangen bin, war sowohl nützlich wie unschädlich, weil ich eigene Erfahrungen und eigenwillige Vorstellungen vom Ganzen meines Berufs mitbrachte, eine durch die Pedanterie und Hierarchie der Meisterlehre nicht anfechtbare Lust an meiner Tätigkeit und ein Selbstbewußtsein, für das meine 30 Jahre, der Philosophiae Doctor der Universität Chicago und die Weltläufigkeit meines Lebens die äußeren Indizien waren.

Am Seminar bekam ich nun ›endlich‹ Anleitung, die ich interessiert und auch dort ohne Abwehr aufnahm, wo ich ihr mißtraute oder schon entschlossen war, ihr nicht dauerhaft zu folgen. Außerdem war sie weder starr noch einheitlich. Die Personen und Lehren, von denen sie ausging, widersprachen einander nicht selten. In dem durch die Positionen des Seminarleiters (Robert Ulshöfer), des Schulleiters (Erich Haag) und des Fachmentors (Gerhard Herrlinger) abgesteckten Feld blieb mir genügend Spielraum für eigenes Experiment. Haag war liberal aus geistiger Überlegenheit, Ulshöfer aus Intelligenz und Unentschiedenheit, Herrlinger aus gutartiger Zuwendung zu jungen Leuten.

Die Beziehung zu Robert Ulshöfer begann ›blutig‹ (ich war auf dem Weg zu ihm mit dem Fahrrad gestürzt und betrat seine Sprechstunde lieber mit aufgeschlagenem Knie und zerrissener Hose als unpünktlich, zumal ich noch in seinen schon seit Wochen laufenden Kurs aufgenommen werden wollte) und endete zehn Jahre später in konsequenter Gegnerschaft, die in unnötige Feindschaft umschlug. Er war ein empfindlicher und dadurch schwieriger Mann, aber ein ungemein anregender Ausbilder. Die Systematik seines Kurses war an der Praxis erwachsen und in ihr flexibel geblieben; er konnte sie mühelos den Problemen anverwandeln, die er im eigenen Deutschunterricht gerade hatte und löste; er war – das machte die Qualität seiner Anleitung aus – ein freudiger Entdecker wichtiger Fragen: Langweilig war es in seinem Kurs nie. Zwischen den Referendaren und ihm gab es häufige und heftige Konflikte, in denen ich abwechselnd auf seiner Seite und der meiner Mitreferendare stand. Die spätere Auseinandersetzung, die wir als Herausgeber der von ihm gegründeten Zeitschrift *Der Gymnasialunterricht* hatten, war sicher beiderseits verschuldet: Er wollte herrschen, und ich wollte recht behalten.

An keinem Fach kann man so exemplarisch die Ziel-, Auswahl-, Methoden- und Beurteilungsprobleme, die Altersabhängigkeit der Gegenstände und Verfahren, das Verhältnis von Bildung und Erziehung erkennen und veranschaulichen wie am Deutschunterricht. Seine wenigsten drei Aufgaben – dem Schüler die Sprache *(parole et langue)* verfügbar zu machen, ihm die Literatur und die von ihr hervorgebrachten und in ihr aufbewahrten Sinnfiguren zu erschließen und ihm zu helfen, an beidem die eigene Lebenserfahrung zu artikulieren – offenbaren deutlich, was in anderen Fächern nur schwer zu erkennen ist und doch in jedem Unterricht mit bewältigt werden muß: die Spannung zwischen Hier-und-Jetzt und Einst-und-Dort und Immer-und-Überall, zwischen den Objektivationen der Kultur und der subjektiven Erfahrung, zwischen dem Inhalt und den Formen. Im übrigen Unterricht verschwindet dies leicht in der Eindimensionalität der Fachsystematik.

Ulshöfer nahm uns in seinen Unterricht mit; er verteilte

seine Aufsatzkorrekturen; er ließ uns seine Unterrichtsentwürfe kritisieren, wie er die unseren kritisierte. Er organisierte einen ganzwöchigen Aufenthalt an einer Tagungsstätte mit Turnhalle, wo wir von einem eindrucksvollen Sportdidaktiker elementare Techniken des Sports (z. B. Ballfangen, -halten, -abgeben), Mannschaftsspiele (wie man sie auswählt, ansetzt, ›schiedsrichtert‹), sinnvolle Pausentätigkeiten und Erste Hilfe lernten. Eine begabte junge Gymnastin brachte uns *barn dancing* und Gesellschaftsspiele bei und ließ uns das Orffsche Instrumentarium orffisch entdecken.

Der Sportunterricht hat seitdem nicht aufgehört, meine pädagogische Phantasie zu beschäftigen. Er veranschaulicht das wiederum in allem Lernen mitspielende Verhältnis von physischer, psychischer und intellektueller Wahrnehmung. Ich war entzückt von den Methoden, mit denen heute Kindern das Schwimmen beigebracht wird: Man läßt sie im flachen Becken mit ihren Rücken oder Bäuchen das Wasser ›schieben‹ – und sie nehmen dadurch sinnlich die Widerstandskraft des Wassers wahr; man läßt sie, noch immer im Flachen, alle Anstrengung machen, unterzugehen und unten zu bleiben – und sie merken, daß sie mit Naturgewalt wieder nach oben getrieben werden, sie nehmen psychisch wahr, daß sie sicher sind; man läßt sie sich vom Beckenrand kräftig abstoßen und dahingleiten, bis ihre Füße abzusinken beginnen – und sie erfahren, wie die Bewegung das Getragenwerden unterstützt; man läßt sie in ihren eigenen Worten und Bildern erklären, was da passiert – und sie nehmen wahr, wie verschieden, wie widersprüchlich und also unverläßlich ihre Begründungen sind; man gibt ihnen die physikalische Erklärung – und sie können nun auch der vorgestellten Angst mit der verläßlichen Einsicht begegnen. Erst dann beginnt man, ihnen die Schwimmbewegungen beizubringen.

All dies war vernünftige, den Blick des künftigen Unterrichtsbeamten auf die allgemeine Pädagogik lenkende, an der Praxis orientierte, aber auch sie überschreitende Ausbildung, wie wir sie auch in der reformierten Lehrerausbildung an reformierten Universitäten nicht entfernt zustande gebracht haben.

Ulshöfer ließ die sich in jenen Jahren regende Bildungspolitik nicht aus. Zur Reformbewegung nahm er eine skeptische oder doch zögerliche Distanz ein – vermutlich, weil er selber Reformpläne hatte und auf seinem Gebiet, der Didaktik, den damaligen Reformern voraus war. Viele Erneuerer ertragen willig Widerstand und Beschimpfung – wird doch dadurch ihre Bemühung gerechtfertigt! –, aber sie ertragen nicht, wenn jemand sie überholt. Den Referendar Hartmut von Hentig hat Robert Ulshöfer durch seine Skepsis nicht angesteckt, ihm jedoch rechtzeitig bewußt gemacht, daß eine Veränderung der Organisation und des Inhalts ohne Veränderung der Didaktik nicht taugt. Umgekehrt genügt eine Rationalisierung der Didaktik auch nicht mehr, wenn die Funktion der Schule sich gewandelt hat und die Schule – die Lehrer, die Verwaltung, die Eltern – dies nicht weiß.

Eines Tages forderte Ulshöfer mich auf, ein Referat über das amerikanische Bildungswesen zu halten. Während der kurzen Vorbereitung darauf überraschte und überwältigte mich die Übereinstimmung, in der der gesellschaftliche Zweck der amerikanischen Schule, der Gegenstand ihres Unterrichts und das pädagogisch-didaktische Verfahren zueinander standen. Während meines Vortrags wurde aus der These von der Folgerichtigkeit des amerikanischen Systems fast von allein die Forderung, wir müßten uns in einer offenen Gesellschaft, in einer Demokratie und angesichts der technisch-wissenschaftlichen Entwicklungen ähnlichen Konsequenzen stellen. Ich spürte an Ulshöfers Querfragen und der widersprüchlichen Reaktion, daß etwas Anstößiges geschehen war: Aus einem Lehrstoff war eine politische Bedrohung geworden. – Ich aber hatte das Thema der nächsten zwei Jahrzehnte meines Lebens gefaßt. Indem ich lernte, daß meine wichtigste Berufsaufgabe die Entwicklung einer *pädagogischen* Didaktik war, wurde mir bewußt, daß hierin ein dialektischer Gegenauftrag lag: die Schule selbst zu verändern. Es war ein ›Gegenauftrag‹, weil die bloß berichtigte Didaktik die Schule erhalten helfen sollte, wie sie war. Sie wurde gemeinhin zur ›inneren Reform‹ erklärt, die uns die ›äußere Reform‹ zu großen Teilen ersparen würde. Mein Referendariat und meine folgende Tätigkeit als Lehrer am Uhland-Gymnasium standen unter der sich verdichtenden Einsicht, daß die konsequent pädagogische Didaktik, die auf die Schüler und die für sie veränderte Welt eingeht, auch eine veränderte Schule verlangt.

Der Gymnasialprofessor Gerhard Herrlinger war für die fachdidaktische Ausbildung in Griechisch und Latein zuständig. In seinen Kursen folglich tat sich mir jene neue Dimension meiner Disziplin und meines Berufes auf, von der ich mir bis dahin eine offenkundig allzu harmlose Vorstellung – oder gar keine – gemacht hatte. Da gab es ganze didaktische Imperien mit eigenen Kriegsschauplätzen, Verteidigungsanlagen, logistischen Systemen. Eine jede Didaktik verfügte über ihre eigene Begriffssprache, einen eigenen Aufbau der geistigen Welt und damit des Unterrichts, ein entsprechendes vielbändiges Lehrwerk, die passende Grammatik, die passende Wortkunde, das passende Lesebuch und die passenden Repetitionstabellen. Die einzelnen didaktischen Schulen lagen in einem bedeutenden bildungstheoretischen Streit miteinander, und wir Referendare lernten erst zu unterscheiden, dann zu entscheiden und dann, die Entscheidung den unverrückbaren Gegebenheiten wieder zu opfern: Die Schule hatte sich für die Übungsbücher von Häfer/Siegert/Pfister und Grunsky/Steinhauser, die Grammatiken von Landgraf-Leitschuh und Kaegi und die Wortkunden von Fritz und Stehle entschieden, die sich untereinander gut und mit anderem schlecht vertrugen; es gab Parallelklassen, deren Leistungsstand sich am gemeinsamen Lehrwerk besser kontrollieren ließ; löbliche schwäbische Sparsamkeit verlangte, daß der jüngere Bruder das Lateinbuch des älteren weiterbenutzte; die Lehrer hatten ihre Vorbereitungen, Ergänzungen, Klassenarbeiten darauf abgestellt und akkumuliert... Ein Wechsel zu einem möglicherweise besseren didaktischen System war rundum ›unökonomisch‹. Herrlinger war für den dogmatischen Ernst, die Tüfteleien und aufwendigen theoretischen Begründungen der Grammarchen und Didaskologen unempfänglich. Er berief sich auf seine Erfahrung und seine Erfolge – mit der Reihenfolge a b a c, mit der ›einfachsten Formulierung des grammatischen Problems X‹ (der Ablativus absolutus ist der Casus für die adverbiale Bestimmung), mit der ›immer funktionierenden‹ Regel (jeder A.c.I. ist zuerst einmal mit einem daß-Satz zu übersetzen), mit der ›richtigsten Erklärung‹ (die Tempora bezeichnen 1. Aktionszustände und 2. ein relatives Zeitverhältnis), mit dem kräftigen Einsatz von Realien, mit Bildungsreisen und einem ebenso festen wie freundlichen Umgang mit den Schülern, die er mehr liebte als er sich zugab. – Aber gerade, wenn man nicht so war oder werden wollte wie er, mußte man sich mit den Wilsings, Jäckels, Krackes, Bornemanns, Gieselbuschs, Weinstocks und Hermes', den Programmen des Deutschen Altphilologenverbandes, den im *Altsprachlichen Unterricht* und anderswo gedruckten Textanalysen, Musterinterpretationen, Unterrichtsbeschreibungen, dem Kampf zwischen den Hin- und den Her-Übersetzern, den Entgrammatisierern und Induktionisten, den Vertretern des ›Sprach-Erlebnisses‹ und denen der ›formal bildenden Wirkung‹ beschäftigen.

Herrlinger lehrte eigentlich keine Didaktik, ja, auch keine ›Methodik‹, sondern seine bewährten Methoden. Das einfache Regelwerk, dessen Gebrauch er uns nahelegte, diente nicht so sehr der Wirksamkeit des Lernens, geschweige denn eines bestimmten Lernens – es diente vor allem der Ordnung des Unterrichts. Dem dienten nützliche Ratschläge wie diese: Erst die Frage stellen, dann den Schüler aufrufen; die Schüler nie aus dem Auge verlieren; in jeder Stunde die Tafel benutzen und sich dabei nicht von den Schülern abwenden; das Tafelbild stets vorher vorbereiten; nie etwas Falsches anschreiben und falsch stehenlassen; die Aufgabe rechtzeitig vor Schluß der Stunde stellen und sich vergewissern, daß sie verstanden worden ist; auf die eigene Haltung, Kleidung, Sprache achten... (Er saß in meiner Stunde in der letzten Bank und zählte, wie oft ich in der Stunde »äh« machte: 96mal!)

Den stärksten und bedeutendsten Einfluß hat Erich Haag auf mich genommen. Sein Unterricht hatte ›Zug‹. Er war kaum in der Klasse, da hatte er die erste Frage gestellt und ungeduldig an den nächsten weitergegeben. Keine Trägheit aufkommen, keine Schlamperei durchgehen, keine Unklarheit stehen lassen – das schienen seine Maximen zu sein. Er war ein unermüdlicher Erfinder neuer Formen ›geistvollen Drills‹. Der Umgangston war eher frostig, aber, was er sagte, verriet, wie sehr er mit der Verstehens-Not der einzelnen

Schüler befaßt war: Er durchdachte die falsche Antwort mit der gleichen Sorgfalt wie das, was die Schwierigkeit bereitete. Seine Vorbereitung bestand aus der jahrzehntelangen eingehenden Lektüre der Texte und dem, was er sich auf dem 45minütigen Schulweg von der Waldhäuser Höhe herab zur Neckarinsel, auf der das »UG« liegt, ausdachte. Die Einteilung der Stunde, die philosophische Pointe, auf die es ihm in ihr ankam, die notwendige praktische Übung, das Stellen der Aufgabe, ihre Einforderung und Kritik – das alles gelang ihm ohne jede ›Didaktik‹ und ›Methodik‹. Ich habe mich mit ihm auch nie über dergleichen unterhalten, sondern immer nur über die Sache – die Grammatik, den Text, den Sinn des Textes und was er den heutigen Schülern wodurch bedeuten könne. Ich machte mir klar, daß dies das Gesetz der Oberstufe sei, daß die Didaktik von unten nach oben mit guten Gründen abnehme und in das selbstgesteuerte und selbstverantwortete Lernen einmünde. Haag kam unverhofft in den Unterricht, kritisierte ihn hinterher knapp und klar, gab Rat und gelegentlich ein warmes Lob. Sein Amt als Direktor versah er mit unfaßlicher Genauigkeit und Demut: Jeden Samstag nachmittag sah er sämtliche Klassenbücher durch und vermerkte Lücken, Fehler, Schlampigkeiten. Wenn ich mich entschuldigen oder eine Unregelmäßigkeit erklären wollte, winkte er schnell ab: Dazu mache er das doch nicht –, er müsse sich ohnedies einen Überblick über das verschaffen, was in seiner Schule geschehe, und dann könne er ruhig nebenbei für Ordnung sorgen.

Die Mit-Referendare waren meine erste Begegnung mit meinem (organisierten) Berufsstand. Ich war erschrocken. Was hatte sie just diesen Beruf ergreifen lassen? Wie unterschied sich mein Motiv von dem ihren? Wie würde ich mit ihnen zusammenarbeiten können, wie mit ihnen aushalten? Als einmal ein Beamter vom Kultusministerium kam, um uns über die Rechtsprobleme in unserem Beruf Rede und Antwort zu stehen, fragten meine Kollegen: wer welche Kosten für wie lange trage, wenn sie sich das Bein gebrochen hätten – im Schulgelände, aber außerhalb der Schulzeit, innerhalb der Schulzeit, aber außerhalb des Schulgeländes, auf dem Weg zur Schule, wenn sie nicht von zu Hause kämen, auf dem Weg zum Oberschulamt, wenn sie ohne Anmeldung hingingen; welche Beihilfe sie bei welchen Krankheiten, Versetzungen, Umzügen, Anschaffungen erhielten; welche Pensionsansprüche wann einträten und wann wodurch gemindert würden... Ich hatte das Gefühl, einem Invaliden- und Veteranenverein beigetreten zu sein.

Das war in einer Zeit, in der jeder, der Schulfächer studiert hatte, Referendar wurde, und jeder, der Referendar geworden war, auch eine Lehrerstelle bekam. Damals habe ich uns das gewünscht, was wir heute haben und unbedacht oder böse ›Lehrerschwemme‹ nennen: damit man, um der Schule willen, ungeeignete Kandidaten für das Lehramt zurückweisen könne.

Janpeter Kobs kleine Untersuchung zur Soziologie des Gymnasiallehrers las ich im Hause Klett, wo man sich fragte, ob man so etwas drucken solle. Man lehnte das Manuskript ab – noch unempfindlich für die neue soziologische Dimension der Pädagogik. (Es wurde dann im Werkbund-Verlag gedruckt, wo auch Pichts pädagogische Schriften erschienen.) In der Studie war zu lesen, daß die Hälfte der untersuchten Gymnasiallehrer einen anderen Beruf erstrebt hatte und daß von diesen wiederum vier Fünftel ihm noch immer zu entrinnen suchten. In welchem anderen akademischen und mit gesellschaftlicher Verantwortung beladenen Beruf ist das auch nur ähnlich? – Ja, wenn die Unglücks-Lehrer nun wenigstens ihren Beruf so verändern wollten und würden, daß sie ihn gerne ausüben könnten! In jenen Jahren habe ich nur erlebt, daß sie sich über Belastungen beklagten. Sie waren nicht einmal auf die Chance einer solchen Veränderung neugierig. Als der Kultusminister (im Volksmund: von Baden-Simpfendorff) das Seminar besuchte, forderte er uns auf, ihm Fragen zu stellen und Vorschläge zu machen. Er reiste unbefragt und unbeschieden ab – mit einem Sack voller Lamento.

Im Kollegium des »UG« dagegen fand sich eine beachtliche Zahl eindrucksvoller Lehrer, die sich mit ihrem Beruf identifiziert hatten – ganze Kerle mit einem Lehrauftrag an der Universität und guter Aussicht, Leiter eines anderen Gymnasiums des Landes zu werden, die darum miteinander und zumal mit den Referendaren gelassen umgingen. Neid, Mißtrauen und am Ende offene Feindschaft bekam ich zu spüren, als meine Experimente Schüler und Eltern veranlaßten, von ihnen ähnliche Anstrengungen zu erwarten, und Erich Haag sich vor mich und mein Treiben stellte.

Nicht unwichtig für meine pädagogische Entwicklung waren die Schüler und Eltern. Den Schülern von Tertia an – gescheit und ihrer Gescheitheit bewußt, des Lebens im Widerstand gewohnt, an der Zuwendung eines Erwachsenen interessiert – war ein jüngerer Lehrer gerade recht, der im Unterricht den Streit, das Gespräch, die Freundschaft anlaufen ließ, um diese außerhalb des Unterrichts mit ihnen auszutragen. Der Anfang der auf Herausforderung wie auf Absonderung angelegten Jugendkultur hatte im benachbarten Reutlingen/Neuspul schon eingesetzt. In Tübingen blieb Gerd Gaisers *Schlußball* Literatur. Fast in jeder Stunde mußte ich Wolf Büchtemann auffordern, das Kaugummi aus dem Mund zu nehmen. Das tat er mit entschuldigenden Worten und entwaffnendem Grinsen, klemmte das Kaugummi hinter sein Ohrläppchen und steckte es beim ersten Klingelzeichen wieder in den Mund. Vor der Lehrerkonferenz hatte ich zu erklären, ob ein ›kurvenreiches‹ Bild einer Dame (es war die Lollobrigida) mit meiner Genehmigung in der 11 hänge, deren ›Klaßleiter‹ ich vertrat; ich stellte mich unwissend, teilte der Klasse die Anfrage mit und bekam dieses Bild wie seinen leider ebenfalls anstößigen Ersatz mit frommem Inhalt von der Klasse zur Verschönerung meines Innenlebens gewidmet. Daß eine Karte grundsätzlich von zwei starken Schülern vom und zum Klassenzimmer gebracht werden mußte, war ein mit schlauer Liebenswürdigkeit erworbenes Recht. Die eigentliche Auseinandersetzung suchte man im Unterricht – im Streit um eine Auslegung, um Logik oder Unlogik des pädagogischen Systems, um philosophische Grundpositionen. Das Tübinger »UG« war, als ich 1963 fortging, noch unberührt von der anderswo schon gärenden Jugendrevolte – vermutlich, weil unsere Schüler zu Hause an ihren anspruchsvollen Vätern, sparsamen Müttern and zahlreichen Geschwistern genug Reibung hatten. Einer der Angeklagten – es war obendrein der Sohn eines Kollegen – in dem berüchtigten ›Rotbart-Prozeß‹, in dem es um die Einbruchsserie einer jugendlichen Bande ging, saß in meiner Klasse. Ich hatte nichts gemerkt und war dadurch tiefer verstört als durch den Fall selbst. Auch hier, an der staatlichen Halbtagsschule, hatte die Pädagogik keine Grenzen. Und auch hier schluckte sie mich ganz: Ich erarbeitete mit den Vertretern der Schülermitverantwortung eine neue Verfassung für diese; ich stritt mit Zähigkeit und allen Mitteln der Konferenzordnung für einen Schüler, den man nicht versetzen zu können meinte, und benutzte schließlich mein letztes Mittel, die Aufbesserung der eigenen Note, – um später zugeben zu müssen, daß ich unrecht hatte; ich erteilte Nachhilfeunterricht; ich nahm Schüler auf meine Ferienreise mit; ich war viel bei den Eltern eingeladen, wollte sie beeinflussen und hatte größte Sorge, mich beeinflussen zu lassen... Was von alledem hätte ich unterlassen können? Pädagogik ist – wie die Politik oder die Landwirtschaft oder die Altenpflege – ein totaler Beruf. Die Kraft für all dies mußte aus der Sache selbst kommen – und tat es auch.

Auch meine ganz außerhalb der Schule liegenden Tätigkeiten brachten dieser mehr ein, als sie ihr entzogen. Ich folgte den Einladungen des Amerika-Hauses im weiteren Umkreis von Tübingen rund um das Thema ›Erziehung zur Demokratie‹ – und lernte am wiederholten Gegenstand wirksam und frei reden; ich ließ mich von der SPD als Parteineutralen auf ihre bildungs- und gesellschaftspolitischen Podien holen – und lernte politisch diskutieren; ich fuhr jeden Donnerstag abend nach Ulm, wo ich an Inge Scholls Volkshochschule Kurse über »Literatur – und wie man mit ihr umgeht« oder »Wozu brauchen wir Philosophie?« oder »Die Antike reicht bis zur Gegenwart« abhielt – und lernte die Interessen von Lehrlingen, Berufsschülern, Jungarbeitern kennen und auf sie antworten; ich gehörte dem Unterausschuß Fremdsprachenunterricht des Deutschen Ausschusses für das Erziehungs- und Bildungswesen an – und lernte in jahrelanger Arbeit das schwierige Geschäft der Kooperation von Experten an einem gemeinsamen Text; ich lehrte Griechisch an der Theologischen Fakultät – und lernte, wie man unter widrigen Umständen, nämlich vor einem großen Auditorium, unter Zeitdruck, in Anonymität, gleichwohl Grammatik *und* Geist dieser schwierigen Sprache vermittelt, aber auch, was für ungeheure Leistungen in/durch Freiwilligkeit vollbracht werden können; ich schrieb Aufsätze für *Die Sammlung*, den *Altsprachlichen Unterricht*, *Die Zeit* – und lernte meine Erfahrungen publizistisch ausbeuten.

Das Fazit dieser Jahre, deren Motto hätte lauten können: *non modo docendo sed etiam (magis) experiendo discimus*, läßt sich in vier Prinzipien oder Maximen für den Unterricht fassen:

1. Wissen, wozu – und dies sehr genau.
2. Die Sache so ordnen (›strukturieren‹), daß (a) die Aufnahme der neuen Erkenntnis nicht die Aufgabe der alten, schon erworbenen fordert und daß (b) möglichst nicht mehr gewußt/hinzugelernt werden muß, als man jetzt braucht und verstehen kann.
3. Die Umstände zu Hilfe nehmen – soviel Erfahrung wie möglich an die Stelle von Belehrung setzen.
4. Nur lehren wollen, was einem selber wichtig ist.

Ich bin in meiner Lehrertätigkeit im engeren Sinn mit diesen Maximen ausgekommen. Mehr beachten zu müssen, hätte verwirrt, weniger zu bedenken, wäre fahrlässig gewesen. Die Lernzielbestimmungen, -hierarchisierungen, -dimensionierungen, -operationalisierungen, die interessanten, differenzierten und plausiblen Taxonomien, die *input/output*-, *stimulus/response*- und Sender/Empfänger-Modelle, die Spiel-, Entscheidungs- und kybernetischen Theorien, die Aktions-, Interaktions- und symbolischen Interaktionssysteme, die Unterscheidungen von geschlossenen, offenen und situativen Curricula – sie alle waren für die praktische Unterrichtsarbeit – auch für ihre Planung – entbehrlich. Weder meine (theoretische) Didaktik des altsprachlichen Unterrichts noch das ihr beigefügte Protokoll des 1. Halbjahrs, ein praktisches ›Curriculum‹ des lateinischen Anfangsunterrichts, die ich geschrieben habe, bevor mir die empirischen Lernwissenschaften bekannt wurden, könnte ich heute wesentlich verbessern oder auch nur klarer und knapper abfassen, indem ich das moderne Begriffsinstrumentarium verwende. Das Lippitt-Curriculum, an dessen Adaptation ich Jahre später in einer Crew von jüngeren, im Unterrichten unerfahrenen, dafür aber in der Curriculumtheorie gründlich versierten Wissenschaftlern mitgewirkt habe, haben wir zunächst mit Lernzielbestimmungen und -begründungen, mit Planungshilfen und Lernschrittanalysen, mit Entscheidungsbäumen und Evaluationsmustern kunstgerecht ausgestattet – und haben diese dann alle wieder hinausgeworfen, weil sie hinderlich oder überflüssig waren. Am Ende blieb nur das übrig, was man vernünftigerweise immer in einem Lehrerhandbuch gesagt hätte: was man mit dieser Lektion beabsichtige, mit welchen Mitteln man dies insbesondere zu erreichen hoffe, wo Gefahren lauern und wo Abweichungen nicht nur denkbar, sondern wünschenswert seien – was die Erprobung auch ungefähr bestätigt habe.

Als ich auf einer Tagung der deutschen Universitätspädagogen in Tübingen einen langen Vortrag von Josef Derbolav (und ein Korreferat von Wolfgang Klafki) zur Didaktik hörte, schwindelte mir angesichts der vielen schwierigen Dinge, über die sich deutsche Wissenschaftler Gedanken machen und von denen ich nichts wußte: positive Seinsverhältnisse, Gewissensstrukturen, Normenstrukturen; Sollensgehalte, Motivationsgehalte, Bildungsgehalte; kategoriale, fundamentale, elementare Bildung; didaktische Strukturforschung und wissenschaftstheoretische Grundlegung der Didaktik... Auch nachdem ich diese Gedanken einigermaßen verarbeitet hatte, brauchte ich sie nicht. Sie haben nicht einmal zur philosophischen Nachdenklichkeit und Selbstkritik angeregt, geschweige denn der Objektivierung und damit besseren Verständigung unter den Fachleuten gedient, wie die meisten zuvor genannten Termini und Denkfiguren der empirischen Lernforschung. Von einem Lehrerstudenten würde ich sie deshalb fernzuhalten versuchen.

Wie die vier Maximen meine Unterrichtspraxis bestimmt haben, der sie ihrerseits entstammten, mag die folgende Übersicht veranschaulichen:

1. Wissen, wozu – und dies sehr genau

›Wozu‹ – das meint das Ziel. Daß die Ziele der Menschen eine Hierarchie bilden, ist gemeine Vorstellung: einem letzten Ziel folgen höhere Ziele, zu denen wir wiederum über eine Fülle von mittleren Zielen gelangen, zu deren Erreichung unzählige Einzelziele beitragen. Es gehört zur Logik dieses Bildes, daß die oberen Ziele allgemein formuliert sind und die unteren, je weiter man hinabsteigt, immer präziser. Dies freilich kehrt ihre Funktion um: Die vielen, genauen, unteren Ziele herrschen über die höheren – sie bestimmen nicht nur, was wir tun, sondern auch, wie wir die letzten Ziele verstehen. In der Pyramide: Sinn des Lebens / Zweck des Staates / Aufgabe der öffentlichen Erziehung / Auftrag des Gymnasiums / Rolle der Alten Sprache / Funktion des lateinischen Anfangsunterrichts erfahren die unteren Lagen nicht nur die genauere Festlegung, sondern auch Festigung durch Institutionen, Geschichte und Gewohnheit und haben die größere faktische Macht über das Ganze. Will man diesem Widerspruch entrinnen, genügt es nicht, auch die Ideale mit den feineren Netzen rationaler Begrifflichkeit und Wissenschaftstheorie einzufangen und andererseits die Teilziele in Mittel zu verwandeln oder gar das System umzukehren. Nicht die ›Genauigkeit‹ unten und die ›Allgemeinheit‹ oben sind falsch, sondern daß nicht ständig die Beziehung vom einen zum anderen hergestellt wird. Die entscheidende theoretisch-kritische Aufgabe liegt nicht darin, den Widerspruch zwischen dem Herrschaftsanspruch der Ideale und der faktischen Macht der ihrerseits als ›Ziele‹ getarnten Verhältnisse aufzuheben, sondern ihre Beziehung immer wieder offenzulegen. Dadurch wird der Anspruch der Ideale nicht immer bestätigt, die Wirkung der Verhältnisse nicht immer widerlegt – es wird ihnen die Heuchelei genommen. Dieser Vorgang ist mit dem der philosophischen Menschenbildung kongruent, wenn nicht identisch. Er läßt sich auf das Platonische Höhlengleichnis abbilden: Aufstieg aus der Höhle der lateinischen Schulgrammatik in das Sonnenlicht der Bildungsideale und wieder Abstieg von dort bis in die Erklärung des lateinischen Satzbaus. Dieses habe ich mir damals in Tübingen vorgenommen:

a) festzustellen, was der altsprachliche Unterricht will und wie er sein Wollen begründet (eine analytische Aufgabe);
b) festzustellen, was der altsprachliche Unterricht tatsächlich tut, d. h. unter welchen Bedingungen und Beengungen er arbeitet und mit welchen Folgen und Erfolgen (eine empirische Aufgabe);

c) zu prüfen, wie sich (a) und (b) zueinander verhalten und welcher Spielraum hier noch zu erfüllen bleibt;
d) die hier möglichen Leistungen auf die allgemeinen Anforderungen abzutragen, die heute an die Höhere Schule ergehen.

Diese vier Aufgaben stellen sich nicht in einer bestimmten Reihenfolge, sondern alle zugleich. Wichtig an dieser Gliederung ist, daß sie das Verhältnis der normativen Momente zu den pragmatischen sehen läßt*.

Die Befunde waren schlimm. Ich las Beschwörungsformeln über die Verstand, Gemüt, Geschmack und Gewissen bildende Kraft des altsprachlichen Unterrichts und fand Lehrer und Schüler, die verzweifelt ein Pensum durchpaukten. Ich erwartete, daß man den gesetzten Zielen und ihren Begründungen, so gut es ging, Geltung zu verschaffen versuchte und an den Grenzen dieser Bemühung litt, – und fand, daß die Ziele durch Stundentafeln, Stoffverteilungspläne, das den Jahrgängen zugeordnete Unterrichtswerk, Lektürelisten und Prüfungsanforderungen ersetzt waren: durch das, was man unter den waltenden Bedingungen eben lernen kann. Ich erwartete eine ehrliche Verbindung zwischen dem, was man an den alten Griechen erkennen, sich veranschaulichen und aneignen kann, und dem, was wir zur Bewährung unseres Lebens wissen müssen – und fand Sprüche und Widersprüche, Tautologien und Banalitäten. All die Wörter, die die Theorie zur Erklärung und Rechtfertigung der humanistischen Bildung aufbot – das klassische Menschenbild, die Bildungsgüter, die überzeitlichen Werte, das Geschichtsbewußtsein – bedurften selber der Erklärung und Rechtfertigung.

Diese Probleme bedrängten mich so, daß ich neben meinem 26-Stunden-Deputat erstens das Verhältnis der mittleren Ziele (Wissenschaftspropädeutik, Sprachbewußtsein, Geschichtsbewußtsein, Verstehen der Ursprünge und Motive des abendländischen Denkens, Vorbereitung auf die politische und gesellschaftliche Verantwortung in unserer Demo-

* Hartmut von Hentig: Platonisches Lehren. Probleme der Didaktik, dargestellt am Modell des altsprachlichen Unterrichts. Ernst Klett: Stuttgart 1966, S. 13.

kratie, die Schulung des Denkens) zum höheren Ziel (Wahrung der Kontinuität unserer geistigen Kultur und gleichzeitig Bewältigung der geschichtlichen Gegenwart) systematisch geprüft und behandelt habe und zweitens das Verhältnis der unteren Ziele (die verschiedenen Stufen der Beherrschung und Formen der Erklärung der lateinischen Sprache) zu den schon genannten mittleren einzeln und genau zu bestimmen suchte. Das erste habe ich mit gutem Gewissen eine Bildungstheorie genannt, das zweite mit weniger gutem Gewissen und darum mit umständlicher Begründung eine Didaktik. Eine Bildungstheorie, das hatte ich in Chicago gelernt, konnte nicht geschrieben werden, ohne daß ich auf die Geschichte der Bildungsidee zurückgriff, und diese wiederum war nur äußerlich zu haben, wenn ich nicht in die *great conversation* mit denen eintrat, die sie gedacht und gemacht haben:

Bildungstheorie ist ein Versuch, die unverständlich oder unstimmig gewordene Bildungswirklichkeit gemeinverständlich zu begründen. Gemeinverständlichkeit hat heute im strengen Sinn nur die Wissenschaft. Die Pädagogik (und als ein Teil von ihr die Bildungstheorie) kann jedoch nicht ganz in der Wissenschaft aufgehen, weil sie mit Maßstäben, Werten, Entscheidungen zu tun hat, die sich aus der Wissenschaft nicht ableiten lassen, ja, deren die Wissenschaften heute ihrerseits in besonderem Maß bedürfen. ⟨Sie⟩ ... rufen selbst nach einer Orientierung, nach einer Bestimmung des Menschen, in deren Dienst sie ihre Erkenntnis stellen, auf die hin sie die Auswahl ihrer Probleme treffen können: Sie rufen nach einem ›Humanismus‹. So hat die Geschichte den Versuch benannt, den Menschen von der Erfahrung des Menschen her zu bestimmen ... Der Pädagoge hat es nicht nur mit der jetzt geltenden Wahrheit und den heute zu fällenden Entscheidungen zu tun, sondern auch mit der künftigen Möglichkeit solcher Wahrheiten und Entscheidungen, mit einer jeweils neuen Generation ... Seine Maßstäbe gewinnt er auch hierbei aus einer immer schon vorliegenden, vorgedeuteten Erfahrung der Menschen von sich und ihrer Welt. Wie ist hier wirkliche Kritik möglich? Deduktion, Geschichtlichkeit, Induktion/Empirismus und selbst die existentiellen pädagogischen Anthropologien geraten ihrerseits immer wieder in eine Tautologie, die darin besteht, daß wir so sein wollen, wie wir schon sind ... ›Humanismus als Methode‹ nenne ich ein Verfahren, durch das die Tautologie in der Selbstorientierung sinnvoll wird: Der Mensch kann aus seinem Erfahrungsgehäuse, seinem Kulturzustand (der ihm gerade solche Not bereitet), seinen geschichtlichen Vorstellungen und Einrichtungen nur heraus durch einen Sokratisch-Platonischen Reduktionsvorgang. Zwischen Skepsis und Idealismus, zwischen Positivismus und Existenzphilosophie bleibt ein für die Schule beschreitbarer Weg, der, indem er Zutrauen zur gemeinsamen vorläufigen Erfahrung faßt, auch die Kritik dieser Erfahrung ermöglicht.*

Das Vorbild der so entstehenden dialogischen Abhandlung war Herman Nohls *Einführung in die Philosophie*. Nohl hat sein Buch aus reifer philosophischer und pädagogischer Erfahrung geschrieben und aus der Beherrschung seines Gegenstands. Ich dagegen schrieb mein Buch, um Klarheit erst zu gewinnen, und stolperte dabei ständig in unbekannte Gärten.

Etwas sicherer fühlte ich mich bei der Abfassung der Didaktik, aber auch sie geriet zu einem unablässigen Abenteuer. Sie begann mit einer ungeheuerlichen Hochstapelei:

Platon hat keine ›Didaktik‹ geschrieben. Sein ganzes Werk ist eine ›Mathetik‹ – die Lehre davon, wie man durch Lernen zum philosophischen Menschen wird. Dieses Lernen hat Platon in seiner Weise wissenschaftlich bestimmbar gemacht, indem er Gegenstand, Methoden und Ziele – also die ›Bedingungen‹ dieses Lernens – theoretisch streng miteinander verknüpft hat.

Eine Lehre des Lehrens hat er nicht zuletzt deshalb nicht geschrieben, weil es ihm gegenüber den Lehrern von Beruf, den Sophisten, darauf ankam zu zeigen, daß der Wert (Platon hätte getrost gesagt: der Nutzen) einer Ausbildung nicht in erster Linie aus der Kunst des Lehrens erwächst, sondern aus der Bestimmung des Menschen, von der seine Analyse ihm sagte, sie sei das unermüdliche, methodische Suchen nach Wahrheit.

Die Welt – die Erscheinungen, wie Platon sagen würde – hat sich geändert, und damit haben sich auch die Zugänge zur Wahrheit gewandelt, ja, selbst die Formen des Zweifels an ihr und an ihrem Zugang... Unser Leben ist unter anderem fundamental von der Wissenschaft bestimmt, die Platon seinerseits noch zu bestimmen hatte... Wir sind in unserer Welt genötigt, nicht nur zu lernen, sondern in einem ungeheuren Umfang zu lehren – in Schulen verschiedenster Art ›sophistisches‹ Wissen verschiedenster Art zu vermitteln. Und das muß in geprüfter Übereinstimmung mit den ›Bedingungen‹ des Lehrens vor sich gehen...: Wir brauchen eine Didaktik. Dieses

* Hentig: Platonisches Lehren, a. a. O., S. 9.

Buch stellt gleichsam den Versuch dar, eine Didaktik zu schreiben, die Platon, lebte er unter uns, gebilligt hätte.*

Wird – um des ›Suchens nach Wahrheit‹ willen – in unserer Welt eine ›Wissenschaftspropädeutik‹ nötig und an einer Schule eingerichtet, an der es u. a. Experten für die lateinische Sprache gibt, dann kann man dieses Ziel und dieses Mittel in folgenden Sätzen zur Übereinstimmung bringen:

– Sprache ist ein Instrument *(organon)*, durch das wir die Dinge systematisch auf uns, unsere Zwecke und aufeinander beziehen.
– Sprache ist also die ursprünglichste, allgemeinste Form von Wissenschaft.
– In der Form der Sprache treibt schon das Kind ›Wissenschaft‹.
– An der Sprache läßt sich darum einfach und prinzipiell klarmachen, was Wissenschaft tut: sie prädiziert, sie substantiviert, sie adjektiviert, sie verbalisiert, sie stellt zeitliche und logische Verhältnisse her.
– Dazu muß Sprache bewußt gemacht werden, indem das Kind eine fremde Sprache lernt, die (a) erlaubt und (b) erzwingt, die Funktionsweise von Sprache zu erkennen.
– Das Latein erfüllt, richtig eingerichtet und eingesetzt, diese Forderung: In dieser Sprache wird der sprachliche Ausdruck verfremdet; der Schüler kann nun unabhängig von den eigenen Sprachmustern den Sachverhalt synthetisch nachbauen und dabei die Funktionen erfassen; Latein hat gleichsam die Struktur eines Baukastens: Gliederungen, die im ganzen nicht sehr anders, sondern nur einfacher sind als die der deutschen Sprache. Es zwingt so, auf den Sachverhalt zurückzugehen, und das ist eine Tugend, die es mit der Wissenschaft teilt.

Will man dem gerecht werden, muß man die Sprachphänomene neu anordnen, andere Erklärungsstrategien einsetzen, eine neue Grammatik schreiben, die diese Momente hervorheben und sie weder dem ›leichteren‹ Lernen noch der ›wissenschaftlich richtigeren‹ Darstellung opfern.

Weil die Kinder klein sind, weil nicht alles auf einmal gelei-

* Hentig: Platonisches Lehren, a. a. O., S. 1.

stet werden kann, weil das Prinzip auf immer höheren Stufen der Abstraktion erfaßt werden soll, bedient sich diese Didaktik einer spiralförmigen Anordnung des Curriculums: auf der Unterstufe das Verstehen der Einzelphänomene, auf der Mittelstufe das Verstehen des Systems (nun ist nicht mehr der Konjunktiv des Imperfekts oder Plusquamperfekts dran, sondern ›die Modi im Hauptsatz‹, nicht mehr Gerundium und Gerundiv, sondern die ›Nominalformen des Verbs‹, nicht mehr der *ut*-Satz, sondern ›finale Bestimmungen‹), auf der Oberstufe Sprachtheorie durch Analyse und Sprachvergleich.

2. Die Sache so ordnen (›strukturieren‹), daß (a) die Aufnahme der neuen Erkenntnis nicht die Aufgabe der alten, schon erworbenen fordert und daß (b) möglichst nicht mehr gewußt/hinzugelernt werden muß, als man jetzt braucht und verstehen kann.

Die Sache ordnen – das ist ein fundamentaler, aber eben auch banaler Bestandteil aller Lehren des Lehrens. Wenn ich dieses pädagogische Alltagsgebot in den Rang einer Maxime gehoben habe, dann wohl vor allem, weil es so schwer ist, ihr gerecht zu werden. Warum ist dies eine Daueraufgabe und -anfechtung aller Didaktik? Welcher Täuschung gibt sich derjenige hin, der sie so nicht erfährt? Was lehrt die geforderte Tugend über die Natur der mit ihrer Hilfe zu überwindenden Schwäche? – Die Probleme, die ich mit der lateinischen Grammatik im Anfangsunterricht habe, veranschaulichen mir ein Grundproblem allen Lehrens.

Die moderne Didaktik des Lateinunterrichts verfährt ›induktiv‹ und ›kindgemäß‹. Beides sieht so aus, als gehe es darum, die Methode (das heißt ja ›Zugang‹) zu ändern: an den Erscheinungen das Gesetz selber finden lassen und dies in Handlungen, Figuren, Wörtern, die dem Kind nicht fremd sind. Es müssen nun nicht auch noch die ›Instrumente‹ gelernt werden – zusätzlich zu den mit ihrer Hilfe erfaßten und bewältigten Phänomenen. Didaktiker, die so verfahren, haben dabei drei Schwierigkeiten: (1) Sie geraten dadurch oft sowohl mit der traditionellen als auch mit der (neuen) wissenschaftlichen Grammatik (= Sprachbeschreibung) in Konflikt; sie ›fälschen‹ dann die Sache um des Lernens der Sache willen – und tun dies meist guten Gewissens mit dem Hinweis, daß sie das Falsche später korrigieren werden. (2) Indem sie die Widerständigkeit des Latein bändigen, seine harte Eigenart, die *latinitas* in den weichen Übergängen verschwinden lassen, lassen sie auch das verschwinden, um dessentwillen man Latein überhaupt an Schulen lernt. (3) Viele Erscheinungen der lateinischen Sprache widersetzen sich beidem, der induktiven (das heißt immer auch rationalen) Erklärung und der Umwandlung in kindgemäße Denk- und Anschauungsformen; die modernen Didaktiker müssen dann die komplexe und dunkle Geschichte und die noch komplexere und noch dunklere Psychologie hinzunehmen oder das eigene – unredliche – Verfahren aufdecken. Dies erinnert mich immer an das Rätsel: »Es hängt an der Wand, ist weiß, man kann sich die Hände dran abtrocknen, und es macht kikeriki. Was ist das?« Die Antwort: »Ein Handtuch.« – »Und wieso macht es ›kikeriki‹?« – »Das ist nur, um das Rätsel schwerer zu machen!« Latein ist voller »kikeriki«. Das war es immer schon, aber Wirkung und Folge sind schlimmer, seitdem man dem Kind klargemacht hat, es gehe nicht nur alles logisch zu, sondern geradezu kinder-logisch und kinderleicht. Nun muß es sich einem Katechismus beugen:

»Was ist *Romulum*?« – »Ein Akkusativ.« – »Was ist *aedificavisse*?« – »Ein Infinitiv.« – »Was ist also *Romulum et Remum aedificavisse*?« – »Ein A.c.I.« – »Was ist ein lateinischer A.c.I.?« – »Eine abhängige Aussage.« – »Wie gibst du sie im Deutschen wieder?« – »Zunächst mit einem Daß-Satz...«

Hier werden die Lehrer aus lauter Menschenfreundlichkeit geradezu bösartig!

Was tun? Der Didaktiker muß mit der Sache – hier der Grammatik – beginnen. Er muß feststellen, ob die *plausiblere* Erklärung des A.c.I. nicht auch auf die *richtigere* Deklination des Infinitivs führt: Der Akkusativ des Infinitivs lautet in der reinen Form wie der Nominativ. Es gibt keinen lateinischen Text, der dieser Auslegung widerspricht, aber es gibt den A.c.I., der diese Auslegung fordert: *video pueros* + *video ludere* = *video pueros ludere*.

In diesem Fall habe ich nichts Himmelstürmendes getan.

Ich bin schon kühner, wenn ich, die Erscheinungen ernst nehmend, Gleiches als gleich, Ungleiches als ungleich behandle: Die Konjunktion *ut* ist immer die gleiche und heißt immer »so wie«; es handelt sich nicht, wie unsere Grammatiken und Wortkunden den Kindern weismachen, um vier verschiedene Wörter – »wie«, »sobald als«, »so daß« und »damit«, die im Latein ›dummerweise‹ dieselbe Lautung haben. Die Bedeutungsunterschiede, die sich im Zusammenhang ergeben, sind aus anderen Elementen des Satzes zu erklären – aus den Tempusverhältnissen, den Modi und auch den Wortbedeutungen, die die Grammatiken viel zu selten berücksichtigen.

Nur wer sich bemüht hat, der Sache die ihr eigene Ordnung oder Ratio zu geben, kann hoffen, daß das Lernen der Sache wiederum die Ratio bestärkt und nicht untergräbt. Alle unsere Didaktiken erliegen in der einen oder anderen Weise der Verführung zu Abkürzung und Erleichterung; die lateinischen halten es für sicherer, Wortgleichungen lernen als Konstruktionsprinzipien verstehen zu lassen, und dies obendrein um des gefälligen Ergebnisses willen: *rem cognitam habere* = eine Sache genau kennen, *patre ignaro* = ohne Wissen des Vaters, *clamores indignantium* = Rufe der Entrüstung.

Ich habe mich also daran gemacht, die lateinische Grammatik neu und so aufzubauen, daß sie nach der zweiten Maxime zu lernen ist: ohne unnötiges ›Umlernen‹ und ohne Mystifikationen – und so, daß sie nicht nur ›richtig‹ bleibt, sondern sogar ›richtiger‹ wird, nämlich den vorgefundenen Phänomenen vollständig und einfach entspricht. Ich habe stets nur das Sprachmaterial eingeführt, das die grundlegende Struktur zu entdecken und zu erfassen erlaubte. Ich habe das Satzschema von den notwendigen Teilen her zu den ergänzenden Teilen hin aufgebaut und dabei die lateinischen Denkformen zugrunde gelegt – nämlich solche, die die Elemente und ihre Beziehungen in sich schlüssig, widerspruchsfrei erscheinen lassen und nicht als Abbildungen oder Verballhornungen des Deutschen. Ich konnte darum mit der Induktion viel weiter gehen als meine Vorgänger.

In den Augen meiner Zunft habe ich dabei mit den Kindern gelegentlich ›falsches‹ Latein geredet und geschrieben, z. B.

indem ich die Wortstellung im lateinischen Satz zunächst dem logischen Aufbau unterworfen habe: Subjekt – Prädikat – direktes Objekt – indirektes Objekt. Dies ist nicht falsch, sondern nur untypisch. Meine logische Wortfolge hat das Gesetz der Hervorhebung nicht berücksichtigt. Aber im ersten Vierteljahr berücksichtigen wir ja auch nicht, daß sich z. B. keine Rede ganz in der Gegenwart vollzieht, nur weil wir die Vergangenheitsformen noch nicht gelernt haben! Und handelt es sich bei *nauta navigat; luna et stellae nautas delectant* oder *amicam visito; ibi cantamus et narramus* um richtiges Latein und nicht viel mehr um lateinische Puppenküche, um imbezile Sprach- und Denkformen, die einen Zehnjährigen zum Aufruhr treiben müßten? Führt man, nachdem die Satzstruktur vollständig behandelt worden ist, die psycho-logische Wortfolge ein, hebt man keine alte Erkenntnis auf, macht man nichts ungültig, sondern fügt etwas Neues hinzu.

Was den zweiten Fall der Maxime betrifft: Wenn über einem der ersten Kapitel des lateinischen Übungsbuches steht »Der Indikativ des Präsens-Aktiv der Verben auf -are«, dann droht hinter jeder der 6 Formen, die hier eigentlich gelernt werden, das Gespenst von 20 mal 6 Formen des Flexionssystems mal 4, nämlich für die verschiedenen Konjugationen! Was »Indikativ«, »Präsens«, »Aktiv« sind, muß der Schüler erst wissen, wenn der Konjunktiv, die anderen Tempora, das Passiv auftreten und das Wort bei der Unterscheidung und Einordnung hilft.

Zur gleichen Zeit, als ich dies in Tübingen ausdachte, ausprobierte und aufschrieb, fand in den USA die Woods Hole-Konferenz statt. Auf ihr haben Wissenschaftler aller Disziplinen darüber beraten, wie auf den Sputnik zu reagieren sei – wie man das Lernen in den USA wirksamer gestalte. Die Antwort – in der Zusammenfassung von Jerome Bruner – war just die, die ich mir für meinen Lateinunterricht gegeben hatte: die Sache sachgemäß ordnen. Die wissenschaftlichen Koryphäen haben sich damals den Elementaria ihrer Disziplin zugewandt – nicht aus plötzlicher Lust an der Pädagogik, sondern aus der Einsicht, daß die wahre *structure of the discipline* oft etwas anderes ist und verlangt als die Vermittlungstradition nahelegt. Weil die Lernstruktur (die Formen, in denen wir die Sache aufnehmen) die Wissensstruktur (die Formen, in denen wir über sie verfügen) bestimmt, kommt ihr mehr als nur didaktische Bedeutung zu.

Dies konnte ich zehn Jahre später bei der Gründung der Universität Bielefeld in das Konzept der Fakultät für Pädagogik, Philosophie und Psychologie einbringen, die eine Fakultät für »Wissenschaftswissenschaft« (Friedrich Schleiermacher) werden sollte, und – mit mehr Zuständigkeit und Dauer – in die Anlage des Bielefelder Oberstufen-Kollegs.*

Dieser Auffassung entspricht auch, daß die Laborschule ihre Curricula am sogenannten Spiral-Modell ausrichtet: Zeichnet man den Lernweg eines Schülers raum-zeitlich auf, dann ergibt sich eine spiralförmige Figur, die unten eng beginnt und sich nach oben hin ständig erweitert. Die Sachstruktur ist hier in die ›Bodenplatte‹ eingezeichnet, durch deren Sektoren die Bewegung läuft. Diese ist nicht weniger wichtig als die Figur der sich erweiternden, vom Konkreten zu immer höheren Ebenen der Abstraktion aufsteigenden Spirale des Lernens.

Es beschleicht mich oft die Ahnung, daß ich Ursache und Wirkung verwechsle: daß ich zur Maxime meines Handelns erkläre, was meine schon handelnde und durch meine Lebensgeschichte geformte Person mir vorschreibt. *Ich* brauche Ordnung – möglichst einfache und durch sichtbare Artikulation, Symmetrie, Gleichverteilung bestätigte. Drang und Fülle meiner Gefühle, meine von Assoziation zu Assoziation eilenden Gedanken, die Grenzenlosigkeit der sinnlichen Erfahrung, die wuchernde Form der Rede haben mich bei überschaubar machender Einteilung Zuflucht suchen lassen. Meine Gliederungen sind selten hierarchisch, meist ästhetisch-gefällig und nicht immer so rational, wie ich es mir wünsche. Goethes Selbstbekenntnis aus der *Belagerung von Mainz:* »Es liegt nun einmal in meiner Natur, ich will lieber eine Ungerechtigkeit begehen als Unordnung ertragen«, das anderen anstößig ist, ist mir anrührend. Ich *will* nicht, daß es

* Hartmut von Hentig: Wissenschaftsdidaktik. In: 5. Sonderheft der Neuen Sammlung 1970. Referate und Berichte von einer gleichnamigen Tagung auf Schloß Rheda. Abgedruckt in Hartmut von Hentig: Erkennen durch Handeln. Versuche über das Verhältnis von Pädagogik und Erziehungswissenschaft, Klett-Cotta: Stuttgart 1982, S. 85–120, vgl. vor allem S. 109ff.

für mich gilt, aber wenn ich es abwandle: »Eine willkürliche Ordnung, solange sie keine ungerechte ist, ist mir lieber als gar keine«, dann sagt es doch eine auf mich zutreffende Wahrheit. Weil diese nicht immer schon zutraf, weil sie mir auch nicht ›beigebracht‹ worden ist, sondern in der Bewältigung meines Lebens entstanden ist, spreche ich ihr allgemein eine helfende Kraft zu. Aus dem chaotisch unordentlichen Kind ist ein emsiger Aufräumer geworden. Und wenn ich auch niemanden zu dem letzteren machen will, so will ich doch meine Schüler vor dem ersteren retten. Es mag also sein, daß ich meine Didaktik einem Gesetz unterstelle, das nicht ihr, sondern meinem Leben dient, – dieses Gesetz ist meinem Unterricht gleichwohl gut bekommen und hat niemanden zu einem Ordnungsfanatiker gemacht.

Meinen Studenten habe ich später gesagt: Das Lehren beginne immer mit einem senkrechten Strich an der Tafel – nämlich mit einer Einteilung. Dies gilt für das Lehren *proprement dit* – für den belehrenden Teil des Unterrichts; ihm geht die – ebenfalls meist vom Lehrer herbeizuführende – sinnliche oder geistige Erfahrung voraus; ihm folgt die Übung.

Auf die Ordnungen im mittleren Teil kommt es für die beiden anderen sehr an: ob und wie ich weitere Erfahrungen oder Erlebnisse aufsuche und wie sehr mir an ihrer Sicherung und Übertragung liegt.

Habe ich beispielsweise das Thema ›Benotung‹ (oder ›Staatsverdrossenheit‹ oder ›Das Recht auf Wehrdienstverweigerung‹ oder ›Schutz der Natur‹), stellt sich an irgendeinem Punkt die Frage nach dem Motor menschlichen Handelns ein. Ich scheue mich dann nicht, mit einer relativ simplen Anordnung von Grundmustern zu beginnen. Der Mensch handle entweder

– aufgrund gegebener biologischer Antriebe (Hunger, Sexualität, Brutpflege, Revierverteidigung...) oder
– aufgrund von Zwang (Herrschaft) oder
– aufgrund vernünftiger Einsicht oder
– aufgrund von Pflichtgefühl, Gewissen, Gottes Gebot oder
– aufgrund eines zu erwartenden Vorteils.

Diese einigermaßen grob unterschiedenen Motive oder Motivgruppen kann man mit Beispielen versehen, man kann sie hierarchisieren, differenzieren, miteinander mischen, auf zwei oder drei Grundfiguren zusammenziehen, ergänzen, anderen Phänomenen zuordnen (Staats- und Gesellschaftsformen, Entwicklungsstadien des Menschen, philosophischen Systemen) und sie insbesondere immer wieder zur Klärung des Gegenstandes nutzen, von dem man ausgegangen ist. Die Ordnung macht die Verfügbarkeit aus.

Ich habe dies in meiner Tübinger Zeit meist in platonischen Wendungen ausgedrückt. Das war zwar für mich selbst befriedigend, aber ungeeignet zur Verständigung mit anderen Didaktikern und Pädagogen. Formale Bildung – so weit kam ich ihnen entgegen – bestehe nicht im Vollzug formaler Vorgänge zur ›Entwicklung von Kräften‹, sondern darin, das formale Prinzip selbst zu erlernen. Es sei gleichsam der materiale Gehalt der formalen Bildung, daß Erkenntnis durch *eidos* geschehe. Aufgrund solcher nicht sonderlich komplizierter Sätze und Wörter, die aber nicht auf die Zeitfragen und Streitwörter der Zunft eingingen, blieb *Platonisches Lehren* ein wenn nicht hermetisches, so doch ein solitäres Buch.

3. Die Umstände zu Hilfe nehmen – soviel Erfahrung wie möglich an die Stelle von Belehrung setzen

Die Erfüllung dieser Maxime forderte ganz verschiedene Anstrengungen auf den drei Schulstufen, auf denen ich fast immer zugleich unterrichtet habe.

Wie macht man den Zehnjährigen das Latein zum Erlebnis – in einem unwirtlichen, wesenlosen Klassenraum mit festen Bankreihen, in 45-Minuten-Einheiten, nach einem mehr von der Lehrer-Logistik als von der Rücksicht auf die Schüler bestimmten Stundenplan, mit 35 Schülern, denen eine neugierige, nach konventionellen Methoden unterrichtete Parallelklasse, ungläubige Kollegen und die irritierten Eltern zusetzen, und auf die Benutzung eines Unterrichtswerks angewiesen, mit dem der Nachfolger würde weiterarbeiten wollen? Mein Prinzip war: Das Latein sollte den Schülern als eine andere, aber einleuchtende, ja pfiffige Art erscheinen, die Welt aufzufassen, einzuteilen und abzubilden, und nicht als eine verschrobene Abart des Deutschen. Ich konnte darum, jedenfalls am Anfang, die vorhandenen Unterrichtswerke überhaupt nicht gebrauchen. Ihre Verläßlichkeit vorschützenden Gleichungen, die launischen Abweichungen, die Abweichungen wiederum von den Abweichungen und vor allem die entmutigende Allgegenwart des gesamten unübersehbaren Systems widersprachen meinem Vorsatz diametral: Jeder Schüler müsse schon nach der zweiten Stunde das Gefühl haben, jetzt könne er Latein – oder doch beinahe! Und diese Gewißheit müsse er jeden Samstag mit gleicher Freude nach Hause nehmen, nun freilich in dem Bewußtsein, daß es gottlob weitergehe, nämlich interessanter werde und doch nicht ›immer schwerer‹!

Um dies zu erreichen, habe ich in den ersten Monaten kein Buch ausgegeben, nicht einmal schriftliche Texte; unsere ›Grammatik‹ haben wir am Ende jeder Lektion gemeinsam selber aufgeschrieben; wir haben dabei jede Übersetzung von Wörtern und Sätzen vermieden. Die Verständigung lief über die Sache. Ich machte etwas vor, bildete das Gehandelte in lateinischen Wörtern ab und ließ die Schüler beides, die Handlung und die Lautung, nachmachen. Danach haben wir uns klar gemacht, wie welche Wörter und ihre Abwandlung welche Tatbestände und ihre Abwandlung wiedergeben, ja, wie die Wörter das Handeln steuern. Das antreibende Moment waren Fragen. Die erste Geschichte, das erste ›Drama‹, das aufgeführt wurde, hatte die Lautung: *appropinquat – circumspectat – gustat – avolat.* Ein *amicus surdus* fragte standhaft dazwischen: *quid facit?* – und dies in systematischer Form durch alle ›Beziehungen zum Sprecher‹ (Personen) wie später durch die verschiedenen Tempora und Modi. Von den 45 Minuten des Unterrichts hörte und sprach man 30 Minuten lang ausschließlich Latein. Die Methode hatte der Engländer C. W. E. Peckett an der Priory School in Shrewsbury erfunden; seine skurrilen, lustigen und gänzlich unsystematischen Übungen hatte die Stuttgarter Studienrätin Hanna Sattler ins Deutsche übernommen und gründlich reglementiert; beide schienen mir den wahren didaktischen Wert ihrer hübschen Erfindung nicht erkannt und jedenfalls nicht genutzt zu haben. *Viva vox* war eine damals oft gehörte Parole; aus dem passiven Hinnehmen der lateinischen Sprache wurde eine im Wortsinne ›Aktivität‹; lateinischer Anfangsunterricht hatte einen Hauch von ›Ganzheitlichkeit‹. Aber es lag auch nahe, sich das Bewußtmachen der logischen Beziehungen zu ersparen, weil das Hervorbringen der richtigen, das Entdecken und Korrigieren der falschen Form auch so ›klappt‹. – Auch ich habe mich des Nachahmungstriebs, der Freude am Spiel, der Anschaulichkeit, der gegenseitigen Unterstützung von Gehörtem, Gehandeltem und Gemeintem bedient und vor allem der Lust am schöpferischen Ausdehnen und Verquicken des schon Gelernten. Es gab Schüler, die maulten, wenn das Heft, in dem wir lateinische Redensarten und *curiosa* notierten, einmal in einer Stunde nicht weitergeführt worden war. Ich konnte mir lebhaft vorstellen, wie sie ihre Väter beim Mittagstisch damit terrorisierten. Aber der Sinn der ›mündlichen Methode‹ war doch ein anderer: Wir konnten uns (1) ohne die deutsche Sprache zu Hilfe zu nehmen, mit Hilfe lateinischer Wörter und der ihnen beigegebenen Funktionen über die Sachwelt verständigen und (2) herausfinden, wie Sprache das macht. Das Ergebnis haben wir in einem einfachen Satzschema aufgezeichnet, das meine Schüler noch im 3., 4. und 5. Lateinjahr immer wieder zu Hilfe nehmen, wo andere Schüler Wortbedeutungen oder grammatische Regeln anführen.

Ich habe dies hier so ausführlich geschildert, weil es meine streitbarste Front bezeichnet: Dies ist ein exemplarisches Mittel gegen die Flucht vor dem Denken ins Wissen. Wir haben es allemal in der Schule und leider auch später zuviel mit Stoff und zu wenig mit den Instrumenten des Verstehens zu tun.

Die Erfolge waren überzeugend: (a) Latein machte allen Schülern auch noch nach dem ersten Jahr Spaß, (b) die ›Eierköpfe‹ unter den Schülern lernten Spielen und Handeln, die *squares* näherten sich der Theorie gleichsam mit ihrem Körper; (c) die Gesamtleistung konnte sich im Wortsinn ›sehen lassen‹. Die Parallelklasse war im Unterrichtswerk zwar drei oder vier Kapitel weiter, aber das Buch hatten wir doch nur gleichsam nebenbei absolviert. Am Ende des ersten Halbjahrs führte meine Klasse schon die Weihnachtsgeschichte in freier Rede auf, Kinderlatein gewiß, aber nicht falscher als ihr schwäbisches Deutsch und ebenso krachlebendig.

Der schwierigste ›Umstand‹ in der Erziehung sind immer die Eltern. Hätte ich sie nicht vor Beginn des Unterrichts zusammengerufen und gründlich informiert; hätte ich ihnen nicht selbst eine lateinische Anfangslektion gegeben; ja, hätte ich ihnen nicht – im Einvernehmen mit dem liberalen Chef – erlaubt, buchstäblich jederzeit in den Unterricht zu kommen, die Schüler und ich hätten es viel schwerer gehabt!

Auf der Mittelstufe war etwas anderes gefordert. Die Pubertät macht, wie man schon bei Rousseau lesen kann, die Beschäftigung mit den Gleichaltrigen wichtiger als die Beschäftigung mit Sachen. Ich ließ mir eine Tertia gleich in drei Fächern, in Griechisch, Latein und Deutsch, geben und habe, so oft ich konnte, mit den Schülern die Schule verlassen – zum Landschulaufenthalt auf einer Ski-Hütte z. B., wo wir den Tag mit gemeinsamem Frühstückkochen, Aufräumen des Hauses, Planen unserer Tätigkeit begannen, uns in drei sehr konzentrierten, sehr schulischen Stunden ein gutes Gewissen für den unschulischen Ablauf des weiteren Tages zulegten, über Mittag mit den Skiern in die Berge gingen, am Nachmittag an unserem Generalthema (»Was ist Größe?«) arbeiteten – lasen, diskutierten, Berichte schrieben –, um den Abend schließlich in εὐδαίμονι κοίνονιᾳ (glücklicher Gemeinschaft) zu verbringen. Der Tag endete regelmäßig mit einem Gesang aus der *Ilias,* den ich, als alle im Bett lagen, bei Kerzenlicht und Malzbonbons vorlas.

Das Klassenzimmer wird für die 13- bis 16jährigen ein Erfahrungsraum eigener Art, wenn man sich darum bemüht: eine Schutzzone für heftige wie unklare Emotionen, für Müdigkeit, für erste Selbstbekenntnisse (die man heute *self-concept* nennt), das Wagnis der ersten bewußten und ernst genommenen Rolle. Der Schutz der Individualität der einzelnen lag in der anspruchsvollen Geschlossenheit des Kollektivs. Wir ›gestalteten‹ den Klassenraum: Da hingen ein Jahr lang die Großen, deren Maß wir auf jenem Landschulaufenthalt genommen hatten – Cäsar, Konstantin, die beiden Friedrich II. von Staufen und von Preußen, Lincoln, der Freiherr vom Stein – in sorgfältig ausgesuchten, auf furnierten schweren Holzunterlagen montierten Abbildungen; da hingen im nächsten Jahr in langen Winternachmittagen ausgemalte Projektionen ausgewählter griechischer Vasenbilder in Schwarz und Rotbraun; da hing auf Dauer eine Geschichtskarte, auf der die Zeit in linearer Form abgebildet war: Sie erlaubte, jedes Datum der Vergangenheit, das uns über den Weg kam, an seiner Stelle einzutragen, so daß am Ende wirklich ein ›Bild‹ vom Ablauf und von den Proportionen der Geschichte vor uns hing und sich einprägte; da gab es auch eine Wandzeitung, die ich mit den täglichen Früchten meiner *FAZ*- und *Zeit*-Lektüre bestückte, in der Hoffnung, die Schüler dadurch zum Lesen zu verführen und ihrerseits Aushänge zu machen.

In jener Zeit bin ich vor allem der Freund dieser jungen Leute gewesen – und eben dadurch konnte ich auch ihr Lehrer sein. Ich stellte in meiner Person dar, was man durch Lernen zu werden vermag.*

Auf der Oberstufe habe ich, soweit die Geduld meiner Kollegen dies zuließ, jedes Jahr eine Sophokleische Tragödie auf Griechisch aufgeführt. Die wahre Probe auf das Verständnis eines dramatischen Textes ist, wie man ihn spielt; der einzige lohnende Umgang mit dem fremden Versmaß ist die ›Übersetzung‹ in von uns nachvollziehbare choreographische Figuren, Klangmittel und Rhythmen; die einzige ernste Bestätigung, die man sich selbst für die jahrelange Mühe mit der griechischen Sprache geben kann, ist, daß man jetzt durchhält, bis das Kunstwerk leibhaftig dasteht. Wir haben wenigstens ein halbes Jahr lang drei- bis viermal in der Woche am Nachmittag in der Schule geprobt. Dabei ist aus einem Unterrichtsverband eine Hetärie entstanden – eine Hetärie für diesen Zweck. Die Aufführung fand nicht aus irgendeinem gegebenen öffentlichen Anlaß statt, sie war selbst das Ereignis, das man feierte.

Die dritte Maxime habe ich damals nur innerhalb enger Grenzen erfüllen können; diese Erfüllung ließ sich nicht über den Augenblick und die Aufgabe hinaus sichern; ich habe nicht einmal darum gekämpft. Die meisten Anstrengungen

* Vgl. Vom Verkäufer zum Darsteller. In: Hartmut von Hentig: Aufwachsen in Vernunft. Kommentare zur Dialektik der Bildungsreform. Klett-Cotta: Stuttgart 1981, S. 261. 305.

und Opfer kamen mir selbstverständlich vor und die Erfolge unverdient: Ich war ein Schmarotzer auf einem sehr alten, zerfallenden Stamm. Und doch haben mir die Erfahrungen ein Zutrauen gegeben, das für meine praktische Pädagogik seither wichtiger geworden ist als alle anderen Hilfen: karge Umstände bergen oft reiche Möglichkeiten, und wer die Verhältnisse nutzt und nicht fordert, daß erst einmal ›alles‹ anders werde, erreicht, daß sich doch ›vieles‹ ändert.

4. Nur lehren wollen, was einem selber wichtig ist
Mit dieser Maxime hat es ein Altphilologe leicht und schwer. Einerseits ist die Mehrzahl der überlieferten Texte bedeutend; der Bestand ist überschaubar; auch innerhalb des für die einzelnen Jahre vorgeschriebenen Lektürekanons findet der Lehrer immer etwas, was sich auch für ihn lohnt. Andererseits ist der Weg bis zu dieser Lektüre gnadenlos lang; die Übungstexte im Lehrbuch können noch so gescheit zusammengestellt sein – das Augenmerk liegt für heute eben nicht auf der Sage von Ikarus, sondern auf dem Gerundiv, und morgen nicht auf dem Schiffsverkehr in der Antike, sondern auf dem Supinum; die Beziehung zwischen Homers *Odyssee*, den *Historien* des Herodot, dem *Bellum Gallicum* des Cäsar, den *Annalen* des Tacitus und der Gegenwart liegt nicht auf der Hand, der Lehrer müßte an ihr mehr arbeiten als am Text, und auch dem geht es in der Regel so, wie wir es im *Dörchläuchting* von Fritz Reuter lesen:

⟨...⟩ un Pagel stamerte los:
»Pastores, edera crescentem ornate poëtam,
Arcades, invidia rumpantur ut ilia Codro.«
›Scandir Hei mal‹, säd de Konrekter, ›villicht geiht't denn glatter!‹ – Pagel scandirte also. – Na, wenn en Stamerbuck dat Scandiren kriggt, denn gerött* dat ok man so so; Pagel kamm œwer denn doch mit en beten Angstsweit* dörch mit sine Sak. – ›So, nu œwersett Hei!‹ – Ja, dat was 't man; dor satt 't. – Pagel fung indessen an, un de Anfang was man licht: »Pastores – die Pastoren; edera – edere, essen aßen,« gung dat dörch sinen Kopp; »die Pastoren aßen,« säd hei lud';* de Konrekter kek hoch up un säd: ›Na, man tau! – So man wider!‹ »Crescentem – ih, dat findt sick nahsten,« dachte Pagel; »ornatus – verziert, poëta – der Dichter – bei dem verzierten Dichter,« säd

hei lud'; de Konrekter steg von den Kantheder. – Nu was œwer Pageln sin Latin vullstännig tau Enn', hei reckte sick noch länger achterœwer, un de Racker, de Korl Bentwisch, flusterte em tau: ›die rundliche Wurst,‹ »die rundliche Wurst,« säd Pagel lud'; de Konrekter knep* de Lippen tausam un kek Pageln an, as wir hei en Wunnerdirt*, un hei hadd Intrittsgeld för em betahlt.* – ›Dazu auch die duftende Spickgans,‹ flusterte Korl; »dazu auch die duftende Spickgans,« säd Pagel lud', un as nu Allens üm em 'rümmer heimlich lachte, wüßte hei mit einmal bestimmt, dat hei mit 'ne grote Dummheit tau Platz kamen was, un doch! – Wurt un Spickgans hürten tausam,* un 't was en schön Gericht. – De Konrekter lachte ok, œwer't was ein eigenes Lachen, 't kamm ümmer so stotwis,* ümmer so von unnen up stotwis un treckte em in den rechten Arm, dat sick de tau Höchten böhrte* mit dat Bauk:* ›Nu segg Hei einmal, Musche Hundsvott, wecke Wurt heit hir nu woll Spickgans?‹

Je, wenn 't de Konrekter nich mal wüßt, Pagel wüßt 't gewiß nich . . .

Nein, wem ein Text wichtig ist, wird ihn nur ungern zu solchem Truppenübungsgelände machen; er wird schon gar nicht ertragen, daß man ihn abbricht, bloß weil der Lehrplan in diesem Jahr noch zwei andere Autoren vorsieht, mit denen man dann ebenso freventlich verfahren müßte; er wird hoffentlich nicht damit rechnen, daß, wenn er den Schülern jetzt die Sprache ordentlich beibringt, sie sich später den Catull oder den Pindar von sich aus vornehmen!

Ich habe also die mir wichtigen Texte stets ganz lesen lassen, und das heißt, den Teil, der im Unterricht nicht drankam, zu Hause in der Übersetzung. Ich habe sodann Texte, die ihre Wirkung als ganze tun – z. B. der Abschied des Odysseus von Kalypso oder die Apologie des Sokrates –, den Schülern selber vorübersetzt: eng am Original entlang, mein Deutsch gleichsam dem Griechischen anverwandelnd, die Vokabeln großzügig einfütternd und mich nur gelegentlich versichernd, daß noch alle an der richtigen Stelle in der richtigen Weise folgen. Von den beiden genannten Texten gab es außerdem zufällig bedeutende Interpretationen auf Schall-

* gerät – Angstschweiß – laut – kniff – Wundertier – bezahlt – gehörten zusammen – stoßweise – aufhob – Buch. Aus: Fritz Reuters Sämtliche Werke. Band 7. Hinstorffsche Hofbuchhandlung: Wismar 1902, S. 314 f.

platten: Werner Krauss liest den Sokrates und Wolfgang Schadewaldt sowohl den griechischen Text als auch seine Prosaübertragung. Die lieferten dem Verständnis am Ende auch noch den Genuß – Erheiterung und Erschütterung.

Ich habe vor allem selber für meinen Unterricht gelernt. So hat es mich gestört, daß wir Altphilologen in der Regel die moralphilosophischen, die politischen und die ästhetischen Tatbestände der griechischen und lateinischen Texte mit den Schülern behandeln, die mathematischen und naturwissenschaftlichen aber umgehen – entweder schamvoll-verlegen, weil wir sie nicht verstehen, oder schamvoll-barmherzig, weil sie von der modernen Mathematik und Naturwissenschaft überholt und im halbmythischen Dunkel zurückgelassen worden sind. Aber Platon waren die Beispiele aus der Zahlentheorie, der Geometrie, der Astronomie, der Harmonienlehre und die Auseinandersetzung mit den Lehren der Naturphilosophen wichtig. Wenn wir sie entbehrlich oder unzugänglich finden, verstehen wir Platon nicht. Dies war mir während eines Sommers klar geworden, in dem ich mit Carl Friedrich von Weizsäcker die *Politeia* und Teile aus anderen Platonischen Dialogen, insbesondere dem *Timaios* las – Weizsäcker den Text von der Sache her aufschließend, ich von der Sprache her (und ihm auch darin noch unterlegen!). Ich habe mich daraufhin mit Hilfe von I. L. Heiberg, Andres Wetberg, Otto Toeplitz, Oskar Becker, Kurt von Fritz, Karl Menninger, Benjamin Farrington u. a. in die antiken Quellen eingearbeitet und meine Ergebnisse erst den interessierten Kollegen und später wenigstens in Teilen den Primanern vorgetragen – mich der Anlässe bedienend, die das Pensum ohnedies bot: die Deutung der Götter Homers, die mythologische Auslegung der Welt der Hesiodischen *Theogonie*, die Euklidischen Elemente, die theoretische Rekonstruktion der griechischen Musik, deren Wirkungen Platon beschreibt und die wir in unseren Aufführungen wiederzugeben suchten, die Lehre vom Ganzen, Halben und Doppelten im *Phaidon* und die vielen Stellen in griechischen Abhandlungen, an denen die gleichen und ungleichen Zahlen eine so aufdringliche und solange unverstandene Rolle spielen, bis man einmal mit griechischen ›Ziffern‹ gerechnet hat. Die Griechen kannten keine Dezimalpositionen, so daß sie ein binäres System der Grundrechenarten entwickelt haben.

Mit dem Lernen schwieriger Gegenstände hat es eine tückische Bewandtnis: Weil die Sache Mühe gemacht hat, muß sie auch wichtig sein – oder sie wird gehaßt. Gleichgültig jedenfalls ist sie nicht mehr. Wie auch immer: Damals sind mir die griechische Mathematik und Naturerkenntnis nicht nur wichtig geworden – sie haben mir auch ›unsere‹ Mathematik und Naturwissenschaft auf eine elementare, auf eine Wagenscheinsche Art zugänglich gemacht, und das läßt sie mir auch heute noch wichtig erscheinen. *Platonisches Lehren* Teil II, in dem dies, die Lehre von der Politik (an griechischen Texten) und eine vergleichende Sprachkunde behandelt werden sollten, wird es freilich nicht geben, bis ich alles noch einmal auf einer Oberstufe gelehrt habe. Am Oberstufen-Kolleg geht das nicht.

In den mittleren Klassen habe ich oft die griechische Technik behandelt, nicht nur, weil sie sich konkret darstellen läßt und dem Alter der Schüler ›gemäß‹ ist (an solchen Behauptungen sollte man grundsätzlich zweifeln), sondern weil sie ihrerseits Ausdruck der gleichen Geisteshaltung ist, die wir in der Philosophie, in der Bildenden Kunst, in den staatsrechtlichen Konstruktionen fanden: Der Parthenon ist ein geradezu idealer Gegenstand zur Vergegenständlichung des griechischen Idealismus. Ich habe während der Tübinger Jahre zweimal den Versuch wiederholt: »Baut ein Haus ganz aus Stein (einschließlich des ›Gebälks‹), von den und den Ausmaßen, unter Berücksichtigung der und der Zwecke« – um am gedachten Ergebnis zu zeigen, wie zugleich frei und notwendig die Grundform des griechischen Tempels ist.

Von der Lehrerarbeitsgemeinschaft über die griechische Mathematik und Naturerkenntnis blieb am Ende nur noch Erich Haag übrig. Mit ihm habe ich vornehmlich Platon gelesen und Heideggers Platon-Deutung so lange verhandelt, bis wir uns gegenseitig versichern konnten, nun hätten wir's verstanden. Das philologische Verstehen ›vaterlos‹ gewordener Texte (wie Sokrates all die *logoi* nennt, die ganz auf Schriftzeichen gestellt sind) hat freilich nur ein sicheres Maß: Stimmigkeit und damit meist Zustimmung. Findet man das Argument stimmig, aber falsch – wie kann man sicher sein, daß es nicht doch an der Interpretation liegt? Warum sollte der Autor weniger klug gedacht haben als ich? So haben mich Übersetzung und Textanalyse oft zur Aneignung des Gedankens verführt: Nachdem ich beispielsweise im sechsten und siebenten Buch der *Politeia* die Notwendigkeit der ἰδέα τοῦ ἀγαθοῦ für Platons Denken verstanden hatte, war sie auch mir nicht mehr entbehrlich. Die Schwierigkeit hat sich damit aus dem Verstehen in das Mitteilen verlagert. Ich habe nun Not, die Platonische Sprach- und Denkfigur wieder von außen zu sehen und mir klarzumachen, was den anderen, meinen Schülern etwa, so große Mühe macht, in sie einzudringen.

Ähnlich ist es mir mit W. F. Ottos beglückender Auslegung der griechischen Götter gegangen – wenn ich sein Buch las, nicht, wenn ich ihm zuhörte und auf eine seiner bohrend-ungläubigen Fragen gefaßt sein mußte. Anderen gegenüber – gegen die Religionswissenschaft der Tonscherben-, Opferstätten- und Ortsnamenforscher vom Typ Nilsson – habe ich ihn mit Leidenschaft verteidigt, aber an meiner Erfolglosigkeit, an der Ungerührtheit meiner Gegner auch erkannt, welche Schwierigkeit meine vierte Maxime selber bereitet. Das Gesetz jedenfalls, nach dem sich der Eifer für eine Sache auf andere Personen überträgt, ist noch nicht ergründet.

Mit umgekehrten Fronten habe ich mit meinem Freunde Ernst Klett in der Stuttgarter Privatstudiengesellschaft über Mythos, Myhtologie und naturwissenschaftliche Erklärung der von beidem bezeichneten Wirklichkeit gestritten. In der gleichen Studiengesellschaft lasen wir die Schriften des jungen Marx. Auch bei seiner Lektüre – wie bei der Hegels – beginnt man von einem bestimmten Augenblick an, in den Entfremdungs- und Aneignungsformeln zu reden, sich in den An-sich-, Für-sich-, Bei-sich-Unterscheidungen wohl zu fühlen, die Verdinglichungs-, Vermittlungs- und Entäußerungsprozesse für wirklich zu halten, Abstrakta zu Subjekten von aktiven oder gar reflexiven Verben zu machen (das Gefühl begreift, das Denken weiß sich, die Idee hebt sich auf), das Adjektiv ›wirklich‹ prägnant, gleichsam kursiv gedruckt, zu gebrauchen, und man nimmt erschrocken wahr (hoffentlich), daß der Versuch, dem anderen etwas zu erklären, in die Entschlossenheit umschlägt, ihn zu überzeugen. Wie gut, daß mir zugleich der alte Sokrates im Nacken saß, wenn mir der junge Marx so zusetzte.

All diese Gegenstände und Fragen – nicht zuletzt die, wie man mit ihnen umgeht – waren in jenen Tübinger Jahren für mich so dringlich, daß es mir schwer gefallen wäre, im Unterricht nicht von ihnen zu handeln, meine vierte Maxime nicht zu erfüllen, meine Schüler nicht mit auf den Weg zu nehmen, der sich mir selber so erregend eröffnete. Dazu gehörte auch die Auseinandersetzung mit dem anderen und so anders gewordenen Teil Deutschlands. Ich folgte einer Einladung zu einem internationalen Humanistenkongreß und hielt dort – in Wittenberg – einen Vortrag über *Humanismus als Methode*. Schon mit dem Titel verletzte ich die Vorstellung, die man sich in den sozialistischen Ländern von einem materialen historischen Humanismus gemacht hatte und die von dem aufklärerisch-kritischen Humanismus des jungen Marx so weit entfernt war wie vom idealistischen der Humboldtzeit. Ich wollte meine Sekundaner an dem Aufruhr teilnehmen lassen, den eine bloße Begriffsverschiebung in unserer Welt auslösen kann, und fuhr mit ihnen über West-Berlin nach Ost-Berlin, wo wir in den Ernstfall unserer geistigen und politischen Freiheit gerieten. Ich mußte am Ende in der Publikation unserer Erfahrungen Schutz suchen, um meine ›Beamtung auf Widerruf‹ nicht zu verlieren.

Maxime 4 hat oft zu einer Überforderung der Schüler geführt. Weil mir ein anderer Unterricht nicht möglich war, habe ich mir wohl eingeredet, Überforderung sei ein gutes pädagogisches Prinzip. Gut ist es nur, wenn man es sparsam gebraucht. Man darf gelegentlich zaubern und muß nicht gleich hinterher zeigen, wie man's gemacht hat. In der Regel sollte man hoch greifen, aber nie zu Höherem, als die guten Schüler erreichen und die schwachen für den normalen Fortgang entbehren können.

Im Sommer 1959 war ich am Salzburg-Seminar in American Studies auf Schloß Leopoldskron. Das Thema war »American Education Today – nach dem Sputnik«. Die Teilnehmer kamen aus 15 Ländern Europas und machten daraus zugleich ein Seminar in European Studies. Das amerikanische Bildungswesen diente als Modell, an dem die Erörterung unserer eigenen Probleme eine natürliche Objektivierung und zugleich eine verdeutlichende Überhöhung erfuhr. Wie in unserem Jahrhundert so oft, haben auch hier die amerikanischen Antworten die europäischen Fragen provoziert (nicht umgekehrt). Die zentrale Figur war James B. Conant (neben ihm Julius S. Bixler, Präsident von Colby College, Logan Wilson, Präsident der Texas State University, und Arthur Adams, Vorsitzender des American Council on Education, der Dachorganisation für alle amerikanischen Bildungseinrichtungen). Andere Teilnehmer berichteten später amüsiert, wie Wolfgang Edelstein links und Hartmut von Hentig rechts von Conant saßen und in bleicher Erbitterung miteinander stritten – Edelstein für die ›gerechte Gesellschaft‹ und Hartmut von Hentig für die ›philosophische Wahrheit‹. Das muß sich nun wahrhaftig nicht gegenseitig ausschließen, aber die Dramaturgie des Seminars wollte es so: Mir war eine unmittelbar an gesellschaftlichenZwecken ausgerichtete Schule unheimlich; sie mußte die »pragmatic acquiescence« (Lewis Mumford) hervorbringen, die ich in Elizabethtown erfahren und in Chicago zu durchschauen gelernt hatte. Edelstein war gegen die Behauptung von der kritischen Funktion der Philosophie und der geistigen Überlieferung allergisch und mißtraute vor allem den besonderen Personen, die diese in Deutschland und Amerika propagierten. Ich richtete meine Hoffnung auf *The House of Intellect* (Jacques Barzun) und dessen Pförtnerhaus, das College oder die gymnasiale Oberstufe. Er sah darin nichts als die Herrschaftsbastion des Bildungsbürgertums, *Social Class Influence on Learning* (Allison Davis), und propagierte mit Conants Zustimmung die Einführung der offenen Gesamtschule bis zum 18. Lebensjahr endlich auch in der Bundesrepublik.

In der Verteidigung meiner Position habe ich die ›Wahrheit‹ des Angreifers kennen und schätzen gelernt. Im Salzburg-Seminar begann meine intensive Hinwendung zu den gesellschaftlichen Bedingungen und zum gesellschaftlichen Auftrag der Schule. Ich habe in der dortigen Bibliothek zur Vorbereitung eines Referats über Hutchins und die Chicagoer

Schule (auf die sich Conants politischer Gegner, Admiral Rickover, berief), John Deweys *Democracy and Education* in einem Zug durchgelesen und war überrascht, wie widerspruchslos ich seiner Gesellschaftsphilosophie zustimmen konnte. War ich bisher der Meinung gewesen, das gesamte *progressive movement* sei der unmittelbare Ausdruck der gesellschaftlichen Entwicklungen und Zustände Amerikas, der Pragmatismus ihr erkenntnistheoretisches Abbild, so begann ich jetzt, meine eigenen Erfahrungen im Licht dieser Denkweise zu sehen: die *embryonic society* der Alamo Elementary School; die Entschlossenheit der Directrice, mich nicht der erdrückenden Erwartung meines Vaters auszuliefern; die alltägliche Schmuddligkeit meines Berufs gemessen an den idealen Unterrichtsentwürfen und ›reinen Lehren‹ der Wissenschaft; die abgründige eigene Unsicherheit, was ›Bildung‹, ›Begabung‹, ›Reife‹, ›Mündigkeit‹ und ›sittliche Verantwortung‹ seien. In Elizabethtown hatte ich Henry Steele Commagers große Geschichte Amerikas gelesen, Thomas Wolfes *Look Homeward, Angel,* John Steinbecks *Grapes of Wrath.* Wer oder was sollte sich anmaßen, *das* zu ordnen?

Die Welt, die wir erfahren, . . . ist von unvorstellbarer Vielfalt, verschlungen, verwirrt, schmutzig und schmerzlich. Die Welt, in die uns die Professoren der Philosophie einführen, ist einfach, rein, erhaben.

Und:

Der Gott dieser Welt . . . kann kein gentleman sein! (William James)

Auch philosophisch kam mir der ›Instrumentalismus‹ zu Hilfe – mit nicht mehr, aber auch nicht weniger als einer klaren Wissenschaftslehre. Ich lernte, was mir weder in meinem Göttinger noch in meinem Chicagoer Studium beigebracht worden war, wie man eine Frage verändern muß, um Aussicht auf verläßliche Antwort zu bekommen – und was man dabei opfert; ich wurde auf *diseased questions* in meiner eigenen Denk- und Redeweise aufmerksam; ich faßte ein gesundes Mißtrauen gegen die Deduktion (in William James' Bild: Der absolute Geist ist wie der kranke Löwe in Aesops Fabel – alle Spuren führen in seine Höhle hinein, *sed nulla vestigia retorsum!*); ich nahm mir vor, den Satz von Peirce gut empirisch an meiner Erfahrung zu prüfen: »Our beliefs are but rules of action«; ich gewann sogar Zutrauen zu Georg Pichts dunklem Satz von der Bildung, die eine Gemeinschaftsleistung sei: Eine Kultur ist nur möglich durch die Akkumulation von Erfahrung in der Form von Wissen und von Institutionen, aber nicht das Akkumulierte, sondern die Auswahl dessen, was sie davon lebendig weitergibt, macht die Kultur aus. Erziehung/Bildung/*education* dient nicht nur der Vorbereitung der nächsten Generation auf die von den Alten gemachte und übermachte Welt, sie dient ebensosehr der Reinigung und Kritik der Kultur selbst. – Ich war auf einmal im Besitz einer Schultheorie und nahm vergnügt und erschrocken zugleich wahr, daß ich bisher ohne eine solche ausgekommen war. Die Theorie selber erschreckte mich um so weniger, als sie die Warnung vor sich selbst enthielt:

In dem Maß, in dem sich formale Belehrung und Schulung ausbreiten, wächst die Gefahr, daß die Erfahrung, die wir im Umgang mit Menschen und Sachen machen, und das, was wir in der Schule lernen, auseinanderfallen. Diese Gefahr ist nie größer gewesen als in der Gegenwart – auf Grund der ungeheuren Ausdehnung des Wissens und der Zunahme des technischen Könnens in den letzten Jahrzehnten. (John Dewey: Democracy and Education, 1. Kap.)

Schule ist geradzu durch den Akt der Auswahl definiert, und darum sind alle Versuche, endgültige Kanones aufzustellen, ebenso falsch wie die Auflösung des Unterrichts in beliebige, ›situative‹ Einzelunternehmen (Projekte). Dewey erteilt der Schule drei Aufgaben: (1) In einer vereinfachten, (2) von wertlosen und wertwidrigen Einflüssen gereinigten, (3) sozialen und sozial ausbalancierten Umwelt die Erfahrung der kommenden Generation zu formen. Denn ›mitteilen‹ kann man die Erfahrung nicht.

An dieser Stelle brach der Pragmatismus im Kreuzverhör des Platonismus zusammen. Einen Maßstab für wertvolle und wertlose Einflüsse vermochte Dewey nicht zu geben; das von ihm zum absoluten Wert erklärte ›Wachstum‹ hat er selbst in eben diesen Sätzen als gelegentlich schädlich bezeichnet; das Individuum und seine Erfahrungen, nicht nur seine Wertungen, werden der Gesellschaft unterworfen:

Der ›Geist‹ ... ist genau genommen die Fähigkeit, die Dinge auf den Gebrauch hin zu verstehen, der von ihnen in einer Sachlage gemacht wird, an der mehrere beteiligt sind. Geist bedeutet die Methode der erfolgreichen sozialen Führung. (Dewey: Democracy and Education, 3. Kap.)

Platons Begründung – nicht der Schule, wohl aber der Erziehung, die er dem Wächterstand angedeihen läßt – ist, im Wortsinn, ›konservativ‹: Es geht darum, die Lehre vor Korruption zu bewahren. Die Lehre aber heißt: »daß wir die Wahrheit suchen müssen«, ist also selber ein offener, ein radikal-dialektischer Prozeß. Deweys Begründung der Schule ist, ebenfalls im Wortsinn, ›progressiv‹: Es geht darum, das Fortschreiten zu garantieren, aber das Fortschreiten hat kein Ziel, ist selbst das Ziel und entschlägt sich damit aller anderen Maßstäbe, der qualitativen Kritik, der prinzipiellen Möglichkeit, die größere Bewegung durch die kleinere aufzuhalten.

Ich erinnere mich, wie ich Eduard Spranger meine Empfänglichkeit für die amerikanische Philosophie offenbarte. »Philosophie?« war seine einzige, in tödlicher Trockenheit vorgetragene Reaktion. An dieser Stelle verstand der alte Herr, der so witzig erzählen konnte, keinen Spaß. Hier sollte die Pädagogik von der Philosophie getrennt werden, und das war ein Sündenfall. – So ernst wollte ich dies damals nicht nehmen und versuchte, das Gespräch auf den altsprachlichen Unterricht zu lenken, wo ich mir größerer Übereinstimmung bewußt war. Aber er traute mir von nun an nicht mehr. Er füllte die Zeit mit Scherzen: »... Wie es schon bei Homer heißt: ἔστοψάν τε πιπὰν καὶ ἐσμώχθουν θεῖα ταβάκκα ... (estopsan te pipan kai esmochthoun theia tabakka)«, und schrieb mir halb traurige, halb gestrenge Briefe, die mich heute belehren und beschweren. Damals gaben sie meinem Unmut Nahrung, der mich mit dem Gymnasium ins Gericht gehen und auch die Studienschule des deutschen Ausschusses skeptisch beurteilen ließ. Jetzt wünsche ich mir, es gäbe sie und ich könnte an ihr einfacher Lehrer sein!

Im selben Jahr machte ich mich daran, den Rockefeller Report und Conants Bericht über die amerikanische High School ins Deutsche zu übersetzen. Der Titel, den ich beiden

Schriften gab, drückte damals mehr Hoffnung als Zwiespalt aus: *Die Schule zwischen Bewahrung und Bewährung.*

Professor an der Georgia Augusta. Die Geschichte meiner Berufung an die Göttinger Universität hat wohl auch Maupassant geschrieben. Im Unterschied zu den anderen ist sie mir berichtet worden – ich habe sie nicht selber erlebt.

Im Jahre 1960 war Herman Nohl gestorben, und Erich Weniger hatte seinen Platz eingenommen. Er erreichte, daß die Fakultät neben seinem geisteswissenschaftlich bestimmten Lehrstuhl für Pädagogik einen für empirische Pädagogik einrichtete. Auf diesen berief sie Heinrich Roth. Ein Jahr darauf starb Weniger. Die Berufungskommission, bestehend aus Percy Ernst Schramm, Hermann Heimpel, Walter Killy und dem neuen Fakultätsmitglied, Heinrich Roth, lud mehrere Kandidaten ein, die für Nohls Lehrstuhl in Frage kamen, aber beim ›Vorsingen‹ fand keiner die Gnade der Fakultät. Die Kommission sei ratlos beisammen gesessen, erzählte man, da habe Heimpel zu erkennen gegeben, daß er noch einen Kandidaten wisse, ihn aber wegen mangelnder äußerer Qualifikationen der Fakultät kaum vorzuschlagen wage. Heinrich Roth habe gesagt: So einen kenne er auch, und auch Percy Schramm habe gemeint, wenn es weniger als ein ordentlicher öffentlicher habilitierter Professor sein dürfe, dann könne auch er mit einem aufwarten. Als man sich so gegenseitig ermutigt hatte, deckten die drei ihre Karten auf und siehe da, es war derselbe Joker: Dr. phil. Hartmut von Hentig, Studienassessor am Uhland-Gymnasium zu Tübingen. »Ja, den kenne ich auch!«, soll Killy eingeworfen haben (wahrheitsgemäß, ich hatte ihn wenige Wochen zuvor bei einer Verlagsbesprechung im Hause Fischer kennengelernt). Man beschloß, der Fakultät diesen letzten Kandidaten vorzuschlagen – ohne das Risiko des Vorsingens und für eine *unico loco*-Liste. Ich bekam den Ruf und gleichzeitig einen Brief von Elisabeth Blochmann, *emerita,* die von Marburg aus den vakanten Lehrstuhl von Herman Nohl ›vertreten‹ hatte.

Er ⟨Herman Nohl⟩ wäre mit Ihrer Berufung auf seinen Lehrstuhl gewiß einverstanden gewesen und hätte sich über den Wagemut sei-

ner Fakultät gefreut. Am 1. 8. 1959 schrieb mir Herman Nohl aus Gemünd seine Meinung über verschiedene Kollegen, die ich für meinen Vorschlag zur Liste für meine eigene Nachfolge in Betracht gezogen hatte. Von einem heißt es, er habe allerlei Verdienste, sei aber ›kein Universitätslehrer‹. ›Ein guter Mann wäre Hartmut von Hentig, von dem jetzt wieder in der *Sammlung* ein großer Aufsatz über die Studienschule erscheint. *Der hat* die Qualität eines Universitätslehrers. Er ist zur Zeit wohl Studienrat in Hamburg ⟨Irrtum: Tübingen⟩. Aber Deine Fakultät wird so einen jungen Mann nicht wagen . . . Aber Hentig hat seine Zukunft.‹
Ich wünsche Ihnen noch einmal von Herzen, daß das neue Amt Sie befriedigen und beglücken möge und daß es Ihnen gelingt, das große Ansehen dieses ja damals in Preußen ersten Pädagogischen Lehrstuhls zu erhalten und zu fördern.

Welch Riesengewicht war da schon in die eine Waagschale gefallen! Die Entscheidung war zu treffen zwischen hier meinem mir lieb gewordenen Beruf und da einer zwar damit zusammenhängenden, aber doch ganz anderen Rolle, hier meinem Glück und da meinem Ehrgeiz, hier der Pädagogik und da der Erziehungswissenschaft, hier der unmittelbaren und greifbaren Wirkung, da der über Publizität undeutlich vermittelten Macht, hier der Liebe zu Kindern und da der Liebe zu mir selbst, der Eitelkeit.

Der eindeutige Rat der Freunde, die nicht weniger eindeutige öffentliche Ehre, aber auch eine täglich an Boden gewinnende sachliche Überlegung gaben den Ausschlag: Ich hatte jahrelang die Schule, insbesondere das Gymnasium, in meinen Aufsätzen und Auftritten kritisiert; ein Schlüssel zur Veränderung des Gymnasiums ist die Lehrerbildung, aber auch die Erziehungswissenschaft, die die pädagogischen Institutionen begründet und ihre Wirksamkeit kontrolliert; nun war mir die Möglichkeit eröffnet worden, das Besserwissen in Bessertun zu überführen und ein Stück öffentlicher Verantwortung zu übernehmen. Ich hatte soeben in einem von Hans Werner Richter herausgegebenen Buch *Bestandsaufnahme* (1962) Kritik an der Bildungspolitik seit 1945 geübt und Vorschläge zusammengetragen oder ausgedacht, wie die Fehler zu korrigieren seien; in einer dreiteiligen Folge von Aufsätzen in der *Zeit* hatte ich ernster, als es die Formulierung erkennen läßt, gefragt: *Wie hoch ist die Höhere Schule?;*

ich hatte meine in England gemachten Erfahrungen in einem Büchlein zusammengeschrieben, das nicht nur den altsprachlichen Unterricht betraf, sondern aus seinem Anlaß die Rolle und Struktur von Ausleseschulen überhaupt. Schon griffen die Studenten-Gazetten auf Hentig-Äußerungen zurück. Auf Tagungen der Philologenschaft bildete sich ein Lager der Frondeure, die Hentig zitierten ... Und in alles mischte sich die Sorge: Wie würde ich mit meinem Kollegium am Uhland-Gymnasium weiter in Frieden leben können, nach soviel Kritik und Aufruhr?!

Ich traf mich mit Heinrich Roth zu einer Besprechung in einem Lokal, ich glaube, es war in Reutlingen, ich spürte Erwartung, Vertrauen und Hilfsbereitschaft; ich hörte den akademischen Merksatz (deren gibt es viele, und alle sind von gleicher Simplizität): »Den ersten Ruf muß man annehmen.« Und das tat ich.

Andreas Flitner gewährte mir während des bis zum Amtsantritt verbleibenden Tertials ein ›Seminar durch Assistenten‹, in dem ich erste Erfahrungen machen konnte. Das Thema: »Probleme der humanistischen Bildung«. Es wurde für mich wichtig, weil ich hier Ludwig Huber und Konrad Barthel kennenlernte, die in Tübingen das philologische Studium reformierten und von denen der erste diese Bemühungen später in der Bundesassistentenkonferenz und bei der Gründung der Bielefelder Schulprojekte fortsetzte. Ich lernte auch Diethart Kerbs kennen, den ich als Assistenten mitnahm und der unter den in Göttingen schon vorhandenen einer der wenigen gelernten Pädagogen war; die anderen waren Theologen, Germanisten, bestenfalls Psychologen. Mit ihm zog ich vom ›Oesterberg‹ in meinem roten Volkswagen zum ›Staufenberg‹ um.

In Göttingen habe ich noch eine richtige alte Philosophische Fakultät erlebt – wie in Tübingen ein richtiges altes Gymnasium. Diese Erfahrung ist mir ungewollt und unversehens genauso wichtig geworden wie die Erziehungswissenschaft, die sich damals schneller entfaltete, als man sie lernen konnte, und die sich heftig an dem Gehäuse rieb, in das sie gesperrt war.

Die Fakultät machte einen großen Eindruck auf mich. Alle

Ordinarien waren Mitglieder, vertraten niemanden und nichts als sich selbst, waren absolut gleichberechtigt, wählten jährlich ihren Dekan im Bewußtsein, daß diese Aufgabe des Teufels ist, und mit dem Gebaren einer hohen Ehrung. Man verhandelte wichtige Gegenstände mit Würde, aber ohne Pathos; die Ernst-Nehmer und Spaß-Macher, die Grundsätzler und die Pragmatiker hielten sich gegenseitig in Spannung und Grenzen. Die Sitzungen waren nicht so sehr durch die Materie als durch die Persönlichkeiten immer interessant und die fünf bis sechs Stunden wert, die man alle 14 Tage in ihnen verbrachte.

Muff? Nein, den habe ich nicht kennengelernt (und Talare, unter denen er stecken sollte, nie ärgerlich gefunden; ich habe mir freilich auch keinen angeschafft; den feierlichen Ein- und Umzügen des Lehrkörpers wohnte ich als Publikum bei). Was die Studenten später so bezeichnet haben, war teils harmloser, teils gefährlicher. Die akademische Selbstverwaltung war auf eine komische Weise umständlich: Bei der Wiederwahl des Rektors Zimmerli verlas dieser bei der Auszählung der Stimmen in Anwesenheit sämtlicher rund 400 stimmberechtigter Professoren in der Aula rund 400mal mit zirpender Stimme seinen eigenen Namen – eine Szene für einen Film von Alexander Kluge! Das Protokoll der Fakultätssitzungen wurde handschriftlich geführt und vom Protokollanten am Anfang der folgenden Sitzung verlesen; man genoß sichtlich die sublimen und bedeutenden Dinge, die man gesagt hatte, die wörtliche (und also ironische?) Wiedergabe besonderer Wendungen (». . . bat der Herr Dekan die Hohe Fakultät um Indemnität für seinen ebenso unziemlichen wie leider unter den obwaltenden Umständen notwendig gewordenen Vorgriff auf . . .«) und verbesserte vornehmlich den Stil und selten die Aussagen. Die Gespräche und Interessen kreisten in sich, und das nicht aus mangelndem Interesse an der Welt, sondern weil man sich für die Welt hielt. Man unterwarf sich willig allen möglichen lästigen Ritualen (den Sonntag vormittag habe ich während des ersten Halbjahrs ausschließlich mit Antrittsbesuchen verbracht!) und hatte, wie wir heute wissen, recht damit. Man war nicht undemokratisch, es war einfach praktisch, wenn unser Dekan an der Tür zum Konzil stand und den Mitgliedern seiner Fakultät zuflüsterte: »Herr Kollege, wir wählen heute Hans Lehmann zum Rektor.« – Die Philosophische Fakultät nahm sich altmodisch aus, aber sie war nicht gestrig, ja, das Lob *temporis acti* wurde selten gesungen, man verhielt sich liberal, und das heißt, man war lieber zeitlos als modern.

Schlechter stand es um die Wissenschaftlichkeit. Was die Studenten als ›undemokratisch‹ angriffen, hätten sie in der Regel auch als unwissenschaftlich angreifen können, und das vermutlich mit dauerhafteren Wirkungen. Eines Tages erhielt ich die schriftliche Einladung zu den Doktorprüfungen der Fakultät, die sämtlich an einem Tag abgehalten wurden. Nicht wissend, wie das vor sich ging, erschien ich im Aulagebäude, bekam vom beflissenen Pedell eine Liste von Räumen, in denen die Prüfungen abgehalten wurden, und begab mich, ein wenig in Verlegenheit wegen der Überschneidungen, zunächst zu den Philosophen. Da fand ich in dem Raum XX den schwarz gekleideten Kollegen von der Philosophie und einen schwarz gekleideten Kandidaten – zweisam und höchst erstaunt über den unerwarteten Dritten. Mir wurde ein Stuhl angewiesen, und die Befragung ging weiter. Dann verfaßte der Prüfer sein eigenes Protokoll, erklärte dem Kandidaten, er habe ›cum laude‹ bestanden und wandte sich mir zu, um zu erfahren, was mich hergetrieben habe. So ging es überall, bis ich erkannte, daß ›die Fakultät‹ durch ihren jeweiligen Fachvertreter *allein* prüfte, der ja nicht nur dem Kandidaten, sondern seinem eigenen Lehrbetrieb Erfolg oder Mißerfolg bescheinigte. In den Fakultätssitzungen saß ein einziger Vertreter der Nichtordinarien. Studenten betraten den Raum nie – es sei denn zur Entgegennahme ihres Doktordiploms, wozu sich die Fakultät feierlich erhob.

Die Studenten und Assistenten ›produzierten‹ selber einen Teil des sowohl undemokratischen wie unwissenschaftlichen Gebarens der Universität: durch Unterwürfigkeit und eine *unverhältnismäßige* Angst. In den ersten Wochen begegnete ich in der Stadt vielen jungen Leuten, die offensichtlich an akuten Magenkrämpfen litten: Sie knickten plötzlich in der Hüftgegend ein und blickten mich an wie Patienten, die sich vom Arzt die Erlaubnis wünschen, aufstehen zu dürfen.

Dann ging mir auf, daß es sich nur um Studenten handelte, die mich erkannten und grüßten. – Es mag gute Gründe gegeben haben, sich mit den prüfungsgewaltigen Professoren gutzustellen. Aber war dies ein sinnvolles Mittel dazu, geschweige denn ein würdiges? Unterschätzten die Studenten nicht die Ansprüche ihrer Professoren, wenn sie ihnen mit solchen Mätzchen kamen? Auf jeden Fall hatte dies der Assistent eines meiner Professoren getan, der, als ich 1955–1956 noch einmal in Göttingen studierte, vor dem Oberseminar an mich herantrat und etwas gepeinigt sagte: »Herr Doktor, wir stehen auf, wenn der Herr Professor den Raum betritt!« Ich habe jenen Professor seitdem immer am Fenster stehend (dort *konnte* man nur stehen!) erwartet. Dieser pflegte verspätet zu kommen, sich eilig hinzusetzen und uns zuzurufen: »Aber meine Damen und Herren, nehmen Sie doch Platz!« – Wer machte hier wem etwas vor?

Unbestreitbar ist, daß die Abhängigkeit der Assistenten größer war (und ist) als die der Studenten, was sich unter anderem darin zeigte, daß sie ihren berechtigten ›Aufstand‹ erst sehr viel später wagten. Dann freilich waren sie auch die gründlicheren Erneuerer.

Im Pädagogischen Seminar ging man freier, weniger beflissen mit dem »Herrn Professor« um – aber auch dort wurde er so angesprochen. Ich begreife nicht mehr, warum ich das habe hingehen lassen. Ich mache mir auch keinen Vorwurf. Wer ›fraternisiert‹, reißt damit die bestehenden Schranken nicht ein, er nimmt sich von ihrer Geltung aus. Einige Assistenten habe ich im privaten Kreis mit Vornamen und ›Sie‹ angeredet und mich mit einem geduzt. Öffentlich fielen wir in die schützenden Riten zurück. – Mit Kummer habe ich später erfahren, daß auch ich auf ›meine Leute‹ einschüchternd gewirkt habe. Die Mehrzahl von ihnen hat, als die Göttinger Jahre zu Ende gingen, die Emanzipation durch Trennung gesucht.

Ich fand jedenfalls die Philosophische Fakultät nicht so hochmütig wie isoliert, und wo sie scheinbar harsche Entscheidungen (gegen Anträge einzelner Studenten oder der Studentenschaft) fällte, tat sie es meist aus Angst vor der gegenseitigen Kritik, also aus mangelndem Verständnis. Wo sie es konnte, ging sie sogar extrem weit in der Ausschöpfung ihrer Freiheit. Einem koreanischen Promovenden gestattete sie, seine Dissertation auf englisch einzureichen, weil in der Promotionsordnung nichts darüber stand; auf das Latinum freilich konnte sie nicht verzichten und ließ ihn erst zur Prüfung zu, als ich Herrn Lee nachweisen ließ, daß er das ›klassische Chinesisch‹ beherrsche, was man, entgegen dem Sinn der Forderung, als Äquivalent anerkannte. In einem anderen Fall kam es zum *Spiegel*-reifen Eklat, nicht weil ein Fakultätsmitglied seine Pflicht versäumt, sondern weil er sie ernst genommen hatte: Er hatte eine Dissertation über das Berufsbildungskonzept der deutschen Industrieverbände als ideologisch und also unwissenschaftlich angeprangert und der Fakultät empfohlen, die Arbeit zurückzuweisen. Mein eigenes Gutachten stand dagegen – das längste und sorgfältigste, das ich je in einer solchen Sache geschrieben habe. Der Sinn der Objektivitäts-Forderung kann nicht sein, daß die Wissenschaft politisch kontroverse Tatbestände gar nicht anrührt oder daß Wissenschaftler keine politischen Positionen einnehmen. Sie fordert vielmehr, daß man die Tatbestände vollständig ins Auge faßt, Darstellung und Bewertung säuberlich trennt und die letztere gemeinverständlich begründet. Aber dem Kollegen vorzuwerfen, daß er sein Amt mißbrauche, war auch falsch. Im Gegenteil mußte man jene schlechte Gewohnheit tadeln, derzufolge die Fakultät zu einem gegenseitigen Nichteinmischungsverein geworden war.

Hellwach wurde die Fakultät jedesmal, wenn es um die Bedrohung oder Verletzung der akademischen Freiheit ging. Ich hatte meine große Stunde, als ich eines Tages einen Erlaß des Kurators (also der Regierung) vor die Fakultät brachte, der uns anhielt, bei Reisen in die DDR erstens vorher eine Erlaubnis einzuholen und zweitens nach Rückkehr über ›besondere Vorkommnisse‹ zu berichten. Diesen Erlaß hatten zwar auch andere Fakultätsmitglieder bekommen, aber wohl wegen des sie nichts weiter angehenden ›Betreffs‹ beiseite gelegt. In dramatischen Sitzungen wurden Protestbriefe an den Minister verfaßt und Antworten eingeklagt – bis eines Tages der Erlaß kassiert wurde.

Bei dieser Gelegenheit habe ich den Kurator als Person und

als Einrichtung kennen und schätzengelernt. James B. Conant hat in einer kleinen Denkschrift über die deutsche Universität in ihm das preußisch-deutsche Äquivalent zum *Board of Trustees* gesehen. Es bekommt einer Universität gut, wenn Studentenschaft, sich selbst verwaltende Professorenschaft und der Träger der Einrichtung (der das Geld gibt) sich auf einer Ebene gegenüberstehen und nicht in einer Hierarchie untereinander. Die Gruppenuniversität hat *dieses* Ideal nicht erfüllt, weil sie es auch nicht erstrebt hat. Was als Vorstoß zur Veränderung der Lehre begonnen hatte, steigerte sich am Widerstand der Mehrheit der Professoren (nicht schlechthin ›der Ordinarien‹) zum Kampf um Entscheidungsmacht, um ›Mitbestimmung‹. Alles nahm einen anderen, für niemanden wirklich erfreulichen Verlauf. Als ich zehn Jahre später vorschlug, einen Kurator für die Schulprojekte einzuführen, waren alle Beteiligten dafür – außer der Regierung! »In der Politik ist alles eine Frage des Zeitpunkts«, soll Talleyrand gesagt haben.

Bevor ich in diese Arena stieg, war ich vollauf damit beschäftigt, meinen neuen Beruf zu lernen. Ich hatte als erste Vorlesung angekündigt »Progressive education in der Kritik« und war dabei, ganze Bibliotheken zu diesem Gegenstand in mich hineinzufressen, immer in der Sorge, der ›Stoff‹ könne für die vielen Stunden nicht reichen. (Hermann Heimpel tröstete mit der Geschichte von dem Sanskritologen, der nach vier Wochen Vorlesung verschwand, in der fünften durch ein Telegramm des Dekans energisch zur Wiederaufnahme seiner Pflichten aufgefordert wurde und zurückdrahtete: »Sanskrit ist nicht länger!«)

Ich mußte gleichzeitig meine Antrittsvorlesung vorbereiten – das wohl am sorgfältigsten vorbereitete Stück Prosa aus meiner Feder. Ich hatte aus Tübingen das fertig–unfertige Manuskript von *Platonisches Lehren* mitgebracht, das meine Habilitationsschrift hatte sein sollen und nun druckfertig gemacht werden wollte. Ich hielt zwei Seminare ab, ein Proseminar (was sonst ›durch Assistenten‹ geschah) und ein sogenanntes Oberseminar. Es gab wöchentlich zwei Sprechstunden, die meist über sechs Stunden dauerten und in denen die etwa 70 Prüflinge pro Semester ihre Vorgespräche führten und Angst abluden. Es gab jede Woche eine Institutsbesprechung mit Herrn Roth und unserer beider Assistenten, von meiner Sekretärin ›Kindergottesdienst‹ genannt ... Und in die Herausgeberschaft der nach Herman Nohls Tod als *Neue Sammlung* wiedergegründeten *Sammlung* war ich auch eingetreten! Da blieb zunächst für Politik kein Atem.

Die Vorlesung war zweistündig. Mit dem Stoff wäre ich besser hingekommen, wenn ich sie dreistündig abgehalten hätte, aber das hätte in das Stundenkontingent der Studenten nicht gepaßt. Für die sogenannte A-Prüfung waren zwölf Semesterwochenstunden vorgesehen: sechs für Philosophie und sechs für Pädagogik. Das lief auf eine zweistündige Vorlesung und zwei zweistündige Seminare hinaus. Bei so wenig Stunden konnte sich wenigstens niemand einbilden, er sei hiermit auf den Lehrerberuf vorbereitet! Meine Vorlesung fand in der alten Aula statt, hinter mir standen in Purpur und Hermelin die Könige von Hannover und setzten mir gleichsam ihren linken Fuß in den Nacken. Vor mir saßen anfangs zwei- bis dreihundert Studenten, die im Laufe des Semesters auf die Hälfte zusammenschrumpften, um dann beim Testat wiederzuerscheinen. Um den bedeutenden Kollegen keine Konkurrenz zu machen, las ich von 8 bis 9, und das hieß, daß ich morgens um 4 Uhr aufstand. Ich hielt meine Vorlesung frei nach Notizen. Ich verteilte – ein Novum in jenen Jahren – Texte zum Mitnehmen und Mitlesen. Im Anschluß an die Vorlesung gab es eine Frage- und Antwortstunde im zwölf Minuten entfernt gelegenen Pädagogischen Seminar.

Meine wichtigste Bemühung bei der Aufbereitung des angelernten Stoffs war: eine Beziehung zur gegenwärtigen Lage des deutschen Bildungswesens, insbesondere des Gymnasiums, und zum künftigen Beruf der Studenten herzustellen. Vorbild solcher Bemühung war das Buch von Lawrence E. Cremin: *The Transformation of the American School.* An der Vorlesung über die Geschichte der Bildungseinrichtungen in Deutschland vom Mittelalter bis zur Gegenwart (sie hat ein ganzes Jahr beansprucht) und an der Vorbereitung auf die Prüfungen meiner Studenten habe ich die Theorie der Pädagogik gelernt. Für die Prüfungen habe ich mit den Studenten stets drei Themen vereinbart, die sie aus einer langen, sich ständig verlängernden und verbessernden Liste von Sachfragen, Autoren und Büchern aussuchen konnten. Das erste Thema sollte von einem pädagogischen Problem handeln (einem Problem, das man nur mit Pädagogik beantworten kann und nicht mit Nationalökonomie oder Bildender Kunst oder Jurisprudenz), das zweite von einem pädagogischen Mittel und das dritte von einer pädagogischen Theorie (meist eines bedeutenden Pädagogen).

Meine Proseminare versuchten eine Einführung in die Pädagogik an einem geeignet gewählten Sonderthema zu geben: ›Das Spiel‹, ›Die Strafe‹, ›Die Gemeinschaft in der Erziehung‹, ›Kindheit‹, ›Schule‹ . . . Die anderen Seminare bemühten sich um Einführung auch in die Erziehungswissenschaft, und doch blieben auch hier die Themen bunt und unsystematisch – im Gegensatz zu den Seminaren meines Kollegen Roth, in dessen Themen sich die Kapitel seiner großen Anthropologie spiegelten, die er in diesen Jahren gerade schrieb.

Schon äußerlich mußte mir hieran klarwerden, wie wenig ich auf diesem Wege für mein Ziel tun konnte: die Schule zu verändern, indem ich die Lehrerbildung ändere. Sie fand zum größten Teil gar nicht bei den Pädagogen statt, sondern in den Fachdisziplinen, wo ihnen die Gliederung des Gegenstandes *(the structure of the discipline)* nicht in den Blick kam, weil auch der Professor sich dafür nicht interessierte – er arbeitete an seiner Forschungsfront –, und die Assistenten interessierten sich erst recht nicht dafür, denn sie wollten Professoren werden. Die Beherrschung der Methode hatte Vorrang vor dem nur beispielhaften Inhalt. Die Berufswirklichkeit wurde nicht nur nicht bedacht, sie wurde als verderblich für das wissenschaftliche Ethos bewußt verbannt. Politische, philosophische und pädagogische Fragen, die der Student selber zur Ordnung und Auswahl der Studieninhalte hätte einsetzen können, wurden auch in der Vorbereitung auf die A-Prüfung gemieden – das ergab ja keine Prüfungskenntnisse. Was ich selber über die Hamburger Unesco-Konferenz »Das erste Studienjahr an der Universität« protokolliert und veröffentlicht hatte – eine Fülle wichtiger internationaler Anregungen –, war in die aus Sicherheitsgründen festgeschraubten Stuhlreihen des Seminars nicht einzubringen. Ein geselliges *warming-up*, ein systematischer Aufbau des Gegenstands, ein früher Kontakt zur Praxis – wie sollte das statthaben, wenn der Professor und der Student sich das erstemal zu Beginn des letzten Studienjahres trafen, um die Prüfung zu besprechen! Die Verfahren der Universität waren festgeschraubt wie die Stühle, die Inhalte zufällig wie die Interessen der Professoren – die beides nicht anders haben wollten.

Im ›Kindergottesdienst‹ nahmen wir uns vor, einen Studienplan für die Studenten zu machen. Der Entwurf von Heinrich Roth und der von Hartmut von Hentig unterschieden sich durch den Grad der Verbindlichkeit und Umständlichkeit, aber nicht in der Sache. In beiden sollte die Prüfung allenfalls Leistungsanreiz, nicht Leistungsnachweis sein. Am Pädagogischen Seminar hätte es, so meinte ich, einen Studentenaufstand nicht mehr geben müssen. Er fand doch statt: um die Benutzung der Vervielfältigungsmittel, von denen ich hartnäckig meinte, die habe der Staat mir und nicht einer beliebigen gewählten Fachschaft anvertraut.

Die von Erich Weniger beabsichtigte ›Polarität‹ zwischen der empirischen und der geisteswissenschaftlichen Pädagogik erfüllte sich in den beiden Lehrstühlen mit ihrem jeweiligen Anhang. Heinrich Roth hielt allwöchentlich eine Sitzung der sogenannten ›Arbeitsgruppe für Unterrichtsforschung‹ ab. Hier wurden empirische Methoden und Vorhaben besprochen. Die Umgangssprache war ALGOL oder FORTRAN – Deutsch war es nicht. Zwei meiner Doktoranden untersuchten in Anlehnung an diese »AGU« mit empirischen Methoden Sinn und Unsinn des Latinums (die proklamierten Erwartungen, die privaten Vorstellungen der Lehrenden, die tatsächlichen Lateinkenntnisse der Prüflinge und die Verwendung von Latein in den Studien); sie verbrauchten Unmengen Papier, Rechenzeiten, Hilfskräfte und Porto und lösten in ganz Deutschland Ärger durch ihre Bloßstellungen aus. Ich habe damals gelernt, daß auch die gründlich belegte ›Entlarvung‹ nicht befriedigt und nicht die gewollten Früchte trägt: Selbstkritik der Wissenschaft wäre der richtigere Weg. Die Untersuchung hätte nicht von uns, sondern vom Fakultätentag initiiert und durchgeführt werden müssen.

Meine ›Gegenveranstaltung‹ zu der von Heinrich Roth so

kräftig belebten Empirie war das sogenannte Fischer-Buch. Es ist das Exempel dessen, was ich mir unter einem guten Mittel des Unterrichts, ganz gleich welcher Schulstufe, vorstelle: Der Fischer-Verlag wollte parallel zum literarischen Lesebuch von Walther Killy ein ebenfalls mehrbändiges Lesebuch zur Politik herausbringen, das, wie sein Vorbild, auch in den Schulen benutzt werden könnte und sollte. Ich hatte mir dazu für vier Bände je elf, also insgesamt 44 Textgruppen oder – von der Sache her gesehen – ›Problemnester‹ ausgedacht. Jeder Band sollte für sich gelesen werden können, aber keiner für sich ›befriedigen‹ – ein Prinzip, das noch einmal für jede Textgruppe und für jeden einzelnen Text galt. Die vier Bände hatten also keine Grenzen gegeneinander, wohl aber so etwas wie ihre jeweiligen Schwerpunkte: I. Der Staat, II. Die Moral, III. Die Verfahren und IV. Die Teilsysteme.

Will ich hiervon eine Anschauung geben, muß ich wohl oder übel die Titel aller ›Problemnester‹ aufführen – oder auf die Darstellung überhaupt verzichten. Alle Zwischenlösungen müssen notwendig Mißverständnisse erzeugen:

I. Der Staat

1. Säkularisierung
2. Recht / Gesetz / Gerechtigkeit
3. Verfassung / Verfassungen / Verfassungswirklichkeit
4. Staat / Überstaat
5. Reform / Revolution / Anarchie
6. Demokratie
7. Öffentliche Meinung
8. Partei / Parlament / Verbände
9. Gleichheit / Ungleichheit
10. Herrschaft / Macht / Gewalt
11. Größe / Führer / Personenkult

II. Die Moral

1. Gut und Böse
2. Verantwortung / Entscheidung
3. Pazifismus
4. Militär / Militarismus
5. Autorität
6. Widerstand / Gehorsam / Anpassung

7. Schuld / Scham / Richten
8. Propaganda / Ideologie / Vorurteil
9. Minderheiten / Rasse / (Deutsch sein?)
10. Volk / Nation / Heimat
11. Auschwitz / Hiroshima / Vietnam

III. Die Verfahren

1. Freiheit
2. Offene Gesellschaft
3. Geschlossene Gesellschaft
4. Der Mensch im Plural / Gemeinschaft / Masse
5. Der Mensch im Singular / Apolitie / Grenzen der Politik
6. Verfahren
7. Kategorien (Ordnungen)
8. Not / Ausnahme
9. Zwischen Krieg und Frieden
10. Krieg
11. Gewalt

IV. Die Teilsysteme

1. Fortschritt / Wandel / Generationen
2. Familie / Geschlecht
3. Planung / Utopie
4. Wissenschaft / Technik / Bildung
5. Die Stadt / Der Verkehr
6. Arbeit / Beruf
7. Geld / Preise / Eigentum
8. Konsum und Produktion / Überfluß und Armut
9. Imperialismus / Kolonialismus / Entwicklungsländer
10. Weltinnenpolitik
11. System und Systeme

Jede der 44 Textgruppen führt den Leser gleichsam in eine politische Entscheidungssituation. Ein erster Text legt das Problem schmerzlich offen. Ihm folgen theoretische und geschichtlich-praktische Antworten, Antworten auf diese Antworten, Erweiterungen und Verschiebungen der Frage. Am Ende finden sich Verweise auf andere Themen, andere Textgruppen oder andere einzelne Texte in diesen. Denn alles hängt mit allem zusammen; keine der politischen Lagen und Fragen ist in sich abschließbar; jede Systematik macht aus Politik eine Wissenschaft oder Technik, was sie nicht ist, und jede endgültige Lösung macht aus ihr Geschichte, von der sie sich durch die Offenheit des Problems unterscheidet.

Ein Problemnest enthält zwischen 15 und 20 Texten von nie weniger als einer und möglichst nicht mehr als fünf Seiten. Sie sollen möglichst unseren drei K-Kriterien genügen: *k*onkret (anschaulich) sein, *k*urz und *k*lassisch, das heißt, auch ein Stück der geistigen Tradition repräsentieren, in der wir leben und denken. Schlechte Texte – törichte oder gemeine – sind durch diese Forderung nicht ausgeschlossen – das sind nur banale! Die Überschriften bestehen aus einem dem Text selbst entnommenen Satz und lassen sich gleichsam hintereinander lesen. Der Autor und die Fundstelle finden sich am Schluß des Textes: man soll ihn, wenn man will, ganz und gar unvoreingenommen lesen können.

Ich gebe hier das Inhaltsverzeichnis von zwei Problemnestern unterschiedlicher Art wieder, von ›Demokratie‹ und ›Krieg‹. Die Ziffern hinter den Titeln bezeichnen die Seitenzahl, die Seite zu 30 Zeilen mit 40 Anschlägen.

Demokratie

1. Platon: Man lebt angenehm wie ein Gott in der Demokratie (7)
2. J. J. Rousseau: Wenn es ein Volk von Göttern gäbe, würde es sich demokratisch regieren (3,5)
3. J. A. Schumpeter: . . . daß das Volk als solches niemals tatsächlich herrschen und regieren kann (8)
4. KPdSU: . . . immer breitere Massen zum Gebrauch der Freiheiten veranlassen (8)
5. R. Maurach: . . . was der Bolschewismus unter materieller Demokratie versteht (4)
6. DDR-Wahl: Es kommt vor allem darauf an, die Werktätigen zum aktiven Handeln zu führen (5,5)
7. J. L. Talmon: . . . die Freiheit mit der Idee eines absoluten Zieles verbinden (4)
8. J. A. Schumpeter: . . . gedeiht in gewissen sozialen Systemen, die gewisse Charakteristika aufweisen (7,5)
9. Thukydides: Dreimal radikale athenische Demokratie (Peloponnesischer Krieg) (9)
10. C. Fuentes: Demokratie ist nicht möglich bei leerem Magen, leerem Kopf, leeren Häusern (2,5)
11. J. Habermas: . . . alles für das Volk, aber nichts durch das Volk (9)

12. DDR-Wahl: Es gibt keine Klassen, die an der Aufstellung einer Oppositionsliste interessiert wären (3,5)
12. J. J. Rousseau: Wenn bei Beratungen die Staatsbürger keine Verbindung untereinander hätten (1,5)
14. J. A. Schumpeter: Die Demokratie ist eine politische Methode (9)
15. C. Schmitt: ... etwas anderes als ein Registriersystem geheimer Abstimmungen (2,5)
16. H. v. Treitschke: ... die Gefahr einer sozialen Tyrannei der Mehrheit (2,5)
17. H. D. F. Kitto: Der Ostrakismus (1)
18. A. de Tocqueville: Die demokratischen Völker hassen häufig die Organe der Zentralgewalt; die Gewalt selbst lieben sie immer (5)
19. J. Hersch: ... ein Beitrag zur Gesundheit, wenn die Gegner der demokratischen Rechte selber diese Rechte genießen (1,5)

Krieg

1. M. Claudius: 's ist leider Krieg – und ich begehre, nicht schuld daran zu sein! (1)
2. J. Goebbels: Wollt ihr den totalen Krieg? (3,5)
3. W. Hofer: Die deutsche Volkssubstanz büßte im Zweiten Weltkrieg mehr als 6500000 Menschen ein (3)
4. Th. Hobbes: ... daß der natürliche Zustand der Menschen der Krieg schlechthin gewesen ist (4)
5. E. Reves: ... daß die Annahme, Krieg sei der menschlichen Natur angeboren, seicht und irrig ist (XX)
6. C. v. Clausewitz: Krieg ist eine Fortsetzung des politischen Verkehrs mit Einmischung anderer Mittel (5,5)
7. I. Kant: ... ein Versuch, die Einheit eines moralisch begründeten Systems vorzubereiten (1,5)
8. S. Freud: ... daß es keine Aussicht hat, die aggressiven Neigungen der Menschen abschaffen zu wollen (XX)
9. E. Jünger: ... denn der Krieg ist größer als sie (7,5)
10. B. Brecht: ... behaftet mit dem entsetzlichen Aussatz der Geduld (3)
11. W. Lenin: In solchen Fällen wäre ein Krieg legitim und gerecht (5)
12. Hans v. Hentig: Jeder verlorene Krieg ist Strafe (7,5)
13. H. v. Moltke: ... bleibt uns nur übrig, die Verheerung des Krieges in immer größerer Ausdehnung zu verbreiten (2,5)
13a. H. v. Treitschke: ... es wäre geradezu eine Verstümmelung der menschlichen Natur, wenn man den Krieg aus der Welt schaffen wollte (1)

14. H. Guderian: . . . denn das Volk hätte sich als das schwächere erwiesen (0,5)
15. A. Hitler: . . . zwingt zur Ausnutzung aller Mittel (1,5)
16. A. Hitler: . . . im Alter von 16–20 Jahren (2,5)
17. E. Kroneberg: . . . und schaffen Sie doch die Kinder hier weg, Sie! (9,5)
18. Ch. Geißler: . . . durchdachte, wohlerwogene Absurdität (4,5)
19. H. Jacoby: Das Gefechtsfeld von morgen (4)
20. W. Graf Baudissin: Plötzlichkeit, Unabsehbarkeit, Unkorrigierbarkeit sind die Kennzeichen (6)
21. Strauß-Hupé/Kintner/Possony: . . . nicht einfach nach Megatonnen und prozentualen Bevölkerungsverlusten (5)
22. Teller/Brown: Atomwaffen geben uns eine Chance, Kriege zu gewinnen, die wir sonst verlieren würden (10)

Wie kein anderes Produkt aus meiner Feder stellt dieses Buch meine Auffassung von Unterricht – seiner Prinzipien und Verfahren – dar:

- Es sollte gleichermaßen in der Schule und außerhalb der Schule gelesen werden und dadurch eine Verbindung zwischen beiden stiften – zwischen dem Sohn, der sonst nur ein Schulbuch, und dem Vater, der nur die Zeitung oder seine Fachliteratur kennt;
- es sollte die Eigenart des Gegenstands in sich – in seiner Anlage und in dem dadurch vorgezeichneten Modus seiner Benutzung – abbilden, in diesem Fall die Politik, deren Offenheit und Dialektik; (die Schule übersieht, daß sie der ›Sache‹ schuldet, die Mittel, die sie zur Ordnung und Erleichterung des Lernens eingesetzt hat, wieder zurückzunehmen: die unanfechtbare Klarheit der theoretischen Modelle, die Geradlinigkeit der Chronologie, die saubere Fächereinteilung, die erdrückende Lehrmeinung X oder die symmetrische Konfiguration X Y Z; sie sind das wirksamste ›hidden curriculum‹!);
- es sollte Politik als Geschehen und Theorie, d. h. vor allem ihr Verhältnis erkennbar und erfahrbar machen: man liest, man erinnert sich, man diskutiert, man streitet, man sucht die klärende oder bestätigende Information auf, man kommt zu einer Entscheidung oder zu einer Veränderung des Problems . . .;
- es sollte aus der unmittelbaren Auseinandersetzung von

kompetenten Personen gleichsam empirisch entstehen – in einer interdisziplinär zusammengesetzten Gruppe, in der alle politischen Temperamente und Richtungen vertreten sind;

– es sollte am Ende jedoch von einem verantwortet sein: Nur wenn das Buch, nur wenn die Zusammenstellung der Texte sich weder dem Zufall noch der Willkür verdankt, sondern einer erkennbaren Überzeugung, kann der Leser selber zu einem Urteil kommen, kann er die Grenzen des Angebots erkennen, entgeht er der Einbildung, er schöpfe aus einem unendlichen oder gar aus *dem* Reservoir der Möglichkeiten.

Die Gruppe war mein Oberseminar, das in der genannten Zusammenstellung drei oder vier Semester förmlich geblüht und mich in der Vorstellung bestätigt hat, daß man *so* Studenten zu Lehrern ausbilde. In diesem Seminar hat sich eine Form von ›Politisch-werden‹ eingestellt, die sich wohltuend von der oberflächlichen ›Politisierung‹ unterschied, die damals aufkam. – Das Buch ist nicht zustande gekommen: in dieser Arbeitsweise war es buchstäblich nicht ›abschließbar‹.

Auch der Verlag verlor, als er sah, worauf das Ganze hinauslief, sein Interesse daran, hatte er doch die Schulverwaltung, die Richtlinien und die auf die Erfüllung von Lehrplänen abgerichteten Lehrer im Sinn. Zudem wurde mein Professorenleben mehr und mehr durch eben die Politik verschlungen, die ich hier pädagogisch zu bändigen suchte. Gerade ›endlose Geschichten‹ brauchen einen auf sie konzentrierten Autor, dem zwei – nicht mehr – dienstbare und kritische Geister zuarbeiten. Die Texte liegen – ein guter Zentner Papier – noch heute bei mir auf dem Boden in Juris-Mappen wohlgeordnet.

Eine Parallel-Unternehmung habe ich zusammen mit amerikanischen Mitherausgebern immerhin zu einer englischen Ausgabe gebracht: eine Zusammenstellung von 12 bis 15 internationalen Konflikten, die je einen anderen Streittypus darstellen und eine andere Lösung erfahren haben (oder keine). Die Darstellung der Fälle bediente sich einer Mischung aus Dramatisierung und Dokumentation. Der Leser wußte nie mehr als die Akteure im Konflikt, bis das neue ›Dokument‹ eingeführt war. Verwandt damit war ein längeres Seminar über *simulation games*, die wir ausgedacht und ausprobiert haben: an langen erregten Spielnachmittagen im Nohlhaus in Lippoldsberg. Die Anregungen kamen zum großen Teil aus Amerika, wo ich im Sommer 1966 mit Gerold Becker einen sechswöchigen Fischzug durch die verschiedenen Curriculumwerkstätten gemacht hatte. Unfaßlich, was Amerika damals an Ideen hervorbrachte – herausgelockt durch Gelder des Bundesstaates. Fanden die Curricula keinen Verleger/Abnehmer, war der staatliche Einsatz verloren; fanden sie einen, ließ sich das große Geld damit machen. Ähnlichen Mut, auch diese Chancen durch den Markt regulieren zu lassen, haben wir in Deutschland nie gehabt!

Neben der Rothschen Empirie und der Hentigschen Ideenbastelei gab es noch einen dritten Schwerpunkt: die Sozialpädagogik, angeführt von Martin Bonhoeffer und Hans Thiersch und einem von Frau Heimpel matronisierten Haus Auf der Hufe. Die zotteligen Fürsorgezöglinge arbeiteten im Seminar, räumten auf, registrierten Bücher und machten Abzüge. Daß die Sozialpädagogik der Modellfall aller Pädagogik ist, habe ich damals, nicht ohne Neid auf meine jungen Kollegen, erfahren.

Die Politik hielt ihren Einzug in meine Pädagogik erstens über die Beteiligung an Lehrplankommissionen (in diesem Fall zur politischen Bildung) und zweitens über die ersten Unruhen in den Hörsälen, in denen Studenten die Professoren aufforderten, ›zur Sache‹ zu kommen – zu der ihnen geschuldeten Ausbildung. Das erstere machte viel Arbeit und gab Einblick in die Verflechtung des akademischen wie des Verwaltungssystems. Es war den ebenso höflichen wie kompetenten Ministerialbeamten in der Regel immer möglich, die Akademiker gegeneinander auszuspielen und widerspruchslos das zu beschließen, was sie ohnedies vorhatten.

Das zweite war wirklich Politik. Die Studie von Habermas, v. Friedeburg, Oehler, Weltz, *Student und Politik* (1961), hatte die politische Passivität der Studenten aufgedeckt. Welchen Mut das Aufstehen im Hörsaal kostete, lange bevor der Aufstand passierte, ist heute kaum mehr zu ermessen. Die Studenten verfügten weder über die Argumente noch die seither geläufigen Verfahren des offenen Widerstandes. Als Habermas, von der Studentenschaft eingeladen, in Göttingen einen Vortrag hielt und seine Wissenschaftstypologie vorgetragen hatte: hie das alle Wertfragen ausgrenzende positivistische System, da purer Dezisionismus und dort der »Diskurs im herrschaftsfreien Raum«, wären bei einer Abstimmung wohl je 40 % der Studenten für die erste und zweite Position und allenfalls 10 % für die dritte gewesen. Im Saal befehdeten sich die technisch-wissenschaftlichen Modernisten und die Politisierer, und beide setzten sich bewußt von angeblich faschistischen Grundtendenzen der alten, der überlebenden Universität ab. Diskurs aber im herrschaftsfreien Raum, das versprach keine der beiden möglichen Formen von Macht, der stillen technokratischen oder der lauten politischen. Die Spaltung ging mitten durch die Pädagogen, die dadurch, daß sie eine schwache, eine Nicht-Fach-Wissenschaft vertraten, unschuldigerweise zu den Fortschrittlern gezählt wurden. In Bad Harzburg hatte die Stiftung Volkswagenwerk ein großes Förderungsprogramm in Gegenwart der einschlägigen Experten in die Welt gesetzt. Es ging um den Einsatz moderner Medien, wozu man Sprachlabore, programmierten Unterricht, Unterrichtsfernsehen und die sie unterstützende Unterrichtsforschung zählte. Hiermit hat sich die politisch ›progressive‹ Pädagogik verbündet und offenbar nicht geahnt, was sich dahinter aufbaute: das Imperium einer Unterrichtsindustrie, die mit ihren Apparaten Dummheit unkenntlich, Abhängigkeit annehmlich und Kritik unmöglich machen würde.

In meinem Büchlein *Die Schule im Regelkreis* habe ich die kybernetische Pädagogik frontal angegriffen und zugleich die Denkfigur auf die Schule als Ganzes angewendet: Die Schule *ist* Bestandteil eines gesellschaftlichen Regulierungsprozesses. Sie kann weder hoffen, die bessere Gesellschaft zu machen, noch darf sie sich einfach in die schlechtere Gesellschaft ergeben. *Die Angepaßtheit der Schule an sich selbst* lautete eine Kapitelüberschrift in diesem Büchlein – und die Mittel zu ihrer Aufhebung waren ihre alten, nur neu gedeutet: die Wissenschaft als offenes System, die Kunst als Modell des Möglichen, die Individualität als Motor. Sechs Jahre vor meinem

Besuch in Cuernavaca habe ich vor der Gefahr einer totalen Pädagogisierung gewarnt. Ich konnte es, weil sie drohend vor der Tür stand.

Im Jahre 1966 wurde ich in einen Unterausschuß der Kommission des Bildungsrats berufen, die Empfehlungen für Versuche mit Gesamtschulen ausarbeiten sollte. Ein an mich persönlich ergangener Auftrag, ›allgemeine Lernziele für die Gesamtschule‹ aufzuschreiben, hat mich zum gründlichen Nachdenken und Nachforschen über die Bedingungen der öffentlichen Schule in der Industriegesellschaft veranlaßt. Ein Leitgedanke dazu stand im Rockefeller-Report:

So paradox es auch scheinen mag, die ganze Gesellschaft muß heute dem einzelnen zu Hilfe kommen, indem sie seine Unersetzbarkeit erweist und ihn unter seine Mitmenschen eingliedert in einer Weise, die seine Individualität nicht zerstört und nicht behindert.

Einfacher: Individuation kann heute gegen die Umstände nicht mehr durch das Individuum allein durchgesetzt werden. Es braucht eine systematische und *rechtzeitige* Hilfe gegen die sich automatisch vollziehende Unterordnung unter den Apparat und das Kollektiv. Und die Gesellschaft muß diese Hilfe sichern – im eigenen Interesse.

Ein zweiter Leitgedanke war: Das dreigliedrige System ist nicht genügend gegliedert. Nur eine Schule, die sich nicht schon durch ihre Unterscheidung von anderen für berechtigt hält, einheitlich zu verfahren, wird im notwendigen Maß differenzieren und individualisieren.

Ich deute hiermit nur an: Die Gesamtschule war mir nicht Vorwand, aber Anlaß zu derjenigen Veränderung der Schule, die sie in diesem Bemühen hilfreich machen würde. Dazu *mußte* man weiter ausholen – über die Schulreform, die Didaktik, die Lehrerbildung hinausgreifen. Die Entwicklungen, die die Funktion der Schule verändern, ließen sich so oder auch anders zusammenfassen. In der Abfolge: gesteigerte Produktivität, ein gesteigerter Bedarf an Dienstleistungen, eine gesteigerte Interdependenz aller gesellschaftlichen Tätigkeiten, eine zunehmende Indirektheit und Abstraktion unseres Lebens, die *growing rate of change*, die ich damals schlecht mit ›zunehmende Veränderlichkeit‹ übersetzt habe, erlaubten sie mir, die geforderten allgemeinen Lernziele aufzustellen. Ich habe diese, von ihren Begründungen getrennt, der Kommission übergeben – eine dreiste ›Setzung‹, weder deduziert noch empirisch ermittelt, ein Produkt des *common sense,* der geistigen und politischen Empfindsamkeit, der knappen Formulierung. Es ist vermutlich mein konzentriertester und wichtigster Beitrag zur Pädagogik und eine ungewollt harsche Absage an die Erziehungswissenschaft, die ich dazu nicht gebraucht habe. Meine Empirie sah anders aus: Schülerhefte, Lehreräußerungen, Zeitungsartikel, Richtlinien, Schulbücher – eine *Negative Dokumentation,* wie ich sie im Anhang zu *Systemzwang und Selbstbestimmung* abgedruckt habe.

John Dewey hätte seine Freude an mir gehabt, aber Platon hätte wieder streng nach dem ›Maßstab‹ gefragt. Was ich in der Einleitung über das ›Selbst‹ geschrieben habe, das sich hier bestimmen soll, ist ganz meinen Erfahrungen, meiner Person, der offenkundig von vielen Menschen geteilten ›Überzeugung‹ entnommen, aber philosophisch ungesichert. Das war im Augenblick nicht schlimm. Die Wirkungen der Schrift lenkten von diesem Makel ab. Ich konnte mit dem auf gesellschaftlicher Analyse beruhenden Buch meine politischen Forderungen decken, die schon 1965 zum Entwurf eines Oberstufen-Kollegs, 1966 zum Plan für eine Laborschule und 1967 zu dem Gutachten *Universität und Höhere Schule,* nämlich dem Einbau beider in eine neue in Bielefeld zu gründende Universität, geführt hatten. Ich hatte die Hoffnung, in die Praxis zurückzukehren – in eine von mir selbst bestimmte, die den Systemzwängen gewachsen ist.

Reformer in Bielefeld. Meine Hinwendung zur Gesellschaft und zu den Gesellschaftswissenschaften hatte Folgen. Im Jahre 1964 schrieb ich einen Aufsatz für den *Merkur* mit dem Titel *Planung entwickelt eine neue Mentalität.* Der Aufsatz fand einen für mein weiteres Schicksal bedeutenden Leser, Helmut Schelsky, der schon damals das Gebaren und die Folgen seiner eigenen Wissenschaft mit Unbehagen beobachtete. Sätze wie »Wenn die Planung zu einer Termitenmentalität führt, dann hebt sie ihre eigenen Bedingungen auf: Termiten können nicht ›planen‹ ...« oder »Mehr Offenheit ist nur durch *bewußtere* Ordnung zu erreichen« oder »Eine Mentalität bringt das Planen hervor und nicht umgekehrt. Mentalität heißt dabei: eine von der eigenen Rationalität nicht mehr zu kritisierende Bewußtseinslage« schmeckten dem Kritiker des automatisch gewordenen Fortschritts in Münster. Er schrieb mir einen anerkennenden Brief und bat in diesem gleichzeitig, ich möge für ihn aufzeichnen, wieviel meiner Tages- und Wochen-Zeit ich für die von ihm vorgegebenen Tätigkeiten verwende. Diese Bitte hatte er auch an andere befreundete oder bekannte Kollegen gerichtet. Die gesammelten Antworten (sie ergaben, daß der Ordinarius der Philosophischen wie der Rechts- und Wirtschaftswissenschaftlichen Fakultät rund 68 Stunden in der Woche beruflich tätig sei, davon freilich nur 7½ Stunden für die Forschung) lieferten wichtige Argumente für die Gründung einer neuen Universität, die dem Professor wieder erlauben würde zu sein, wozu er in erster Linie bestellt ist: ein Gelehrter, der wichtiges neues Wissen hervorbringt. Dies sollte nicht auf Kosten der Lehre gehen, im Gegenteil: gut geforscht ist halb gelehrt, und zu ›gut geforscht‹ gehörten nach Schelsky *grosso modo* folgende Momente:

(1) Der Gelehrte arbeitet ausgeruht, stetig, mit klarer Aussicht, sie abzuschließen, an einer wichtigen größeren Sache, wird nicht von Geschäften, Prüfungen, Sitzungen und Fernsehauftritten unterbrochen und hastet auch nicht von einer Kleinpublikation zur anderen; die Antwort der neuen Universität: Der Professor widmet sich ein Jahr ganz der Forschung und das nächste ganz der Lehre und Selbstverwaltung.

(2) Der Gelehrte arbeitet in einem regen kritischen Austausch von Gedanken und Erkenntnissen mit seinen Kollegen, also nicht in Ein-Mann-Instituten, deren Leiter zu Groß-Fakultäten zusammengefaßt sind, wo sie nicht einmal mehr über gemeinsame Forschungsmittel entscheiden, geschweige denn über gemeinsame Forschungsgegenstände, sondern nur noch ihre Riten abhalten; die Antwort der neuen Universität: Erweiterung der Institute auf ein Kollegium von acht bis vierzehn Ordina-

rien; dafür sind nicht mehr an jeder Universität alle Disziplinen vertreten; Forschung und Lehre verteilen sich auf die Landesuniversitäten nach einem unter ihnen vereinbarten Plan.

(3) Es widerspricht dem arbeitsteiligen Grundgesetz der modernen Wissenschaft, aber auch ihren hohen Kosten für Personal, Apparate und Bibliotheksdienste, daß der Forschungsgegenstand des einzelnen Professors privat und beliebig ist; die Antwort der neuen Universität: Die neuen Einheiten, mögen sie Fachbereiche oder wieder Fakultäten heißen, verfügen über gemeinsame Mittel und müssen schon deshalb zu einer gemeinsamen Forschungsplanung kommen; sie orientieren sich an gemeinsamen und realen Schwerpunkten.

(4) Moderne Forschung ist interdisziplinär und international; die Antwort der neuen Universität: Sie schafft zunächst ein ›Zentrum für interdisziplinäre Forschung‹ und gibt damit interdisziplinärer Forschung Anreiz und Status; gut ausgestattet lockt es auch Ausländer an.

Die neue Universität hatte nach Schelskys Plan, lange bevor der Studentenandrang dies anderwärts nötig machte, einen Numerus clausus: Auf einen Lehrenden kamen 30 Studenten – aus gutem pädagogischen Grund. Der Umgang zwischen Lehrenden und Lernenden sollte sich nicht auf die Vermittlung von Wissenschaft beschränken. – Diesen gewollten NC nannte man im Unterschied zum erzwungenen ›strukturell‹.

Der Kultusminister des Landes Nordrhein-Westfalen, Professor Paul Mikat, und der Landtag stimmten Schelskys Plänen zu. Es kam innerhalb von zwei Jahren zur Gründung der neuen Universität in Bielefeld – anders als in der übrigen Bundesrepublik: nicht als ›Entlastungsuniversität‹, sondern ausdrücklich als ›Reform-Universität‹. Dabei sollte es nicht nur um Rationalisierung und Intensivierung der akademischen Ausbildung gehen, um Verkürzung der Studienzeiten und bessere Nutzung der Kapazitäten, und auch nicht um veränderte Formen der Selbstverwaltung. Es ging um eine ›Reform der Wissenschaft‹, von der man ebensogut hätte sagen können, sie sei deren ›Restauration‹ – die Wiederherstellung des liberalen Humboldtschen Ideals.

Die Idee der Wiederherstellung war fruchtbar: Nicht nur die verlorengegangene Verbindung zwischen den Disziplinen, auch die zwischen den Wissenschaften und den von ihnen bedienten akademischen Berufen war neu zu stiften, ja, als ich auf die Kluft zwischen Universität und Höherer Schule hinwies, begriffen die Gründer schnell, daß auch hier eine Verbindung wiederherzustellen war.

In seinem Buch *Einsamkeit und Freiheit* hatte Schelsky – nach Humboldts Vorbild – den Modus einer solchen Gründung beschrieben. Die Universität entsteht »aus einer gründenden geistigen und wissenschaftlichen Zusammenarbeit und Einheit« von Gelehrten und nicht in den Planungsstuben der Ministerien, die den Standort und die Größe bestimmen, die Gebäude bauen und ausstatten lassen, die Verwaltung einrichten und alles ordnen – bis, als letztes, die Professoren berufen werden.

Ich wurde gefragt, ob ich dem Wissenschaftlichen Beirat angehören wolle, wobei die Erwartung ausgesprochen wurde, daß die Mehrzahl der in diesem Gründungsgremium vereinigten Personen auch Mitglieder der neuen Universität würden. Mein Entschluß war schnell gefaßt und in die Antwort gekleidet: »Ja, *wenn* die neue Universität bereit ist, erstens ein Oberstufen-Kolleg und zweitens eine Laborschule in sich aufzunehmen.« Die Regierung beauftragte mich, hierüber ein Gutachten auszuarbeiten. In diesem wurden die beiden Schulen als Forschungsprojekte der Universität ausgewiesen, genauer der Fakultät für Pädagogik, Philosophie, Psychologie und Theologie, die ihrerseits eine ›Fakultät für Wissenschaftswissenschaft‹ werden sollte (und nicht nur eine ›Restfakultät‹). Von den fünfzehn Lehrstühlen sollten der Pädagogik sieben zukommen; sie sollten sich auf Fragen der Schule konzentrieren und ihre Kraft nicht, wie das anderwärts der Fall war, auf Berufspädagogik, Heilpädagogik, Erwachsenenpädagogik, Freizeitpädagogik, allgemeine Pädagogik und anderes verteilen. Die Laborschule sollte ihr gemeinsames Beobachtungs- und Experimentalfeld sein. Die in Deutschland allenthalben unter gesellschaftspolitischen Vorzeichen anlaufende, durch gesetzgeberische und Verwaltungs-Akte verwirklichte Reform sollte hier auf praktische

Erprobung und Erfahrung gegründet werden: Aus administrativer sollte empirische Reform werden. Den Lehrstühlen hatte ich absichtlich Bezeichnungen gegeben, die in die herkömmlichen nicht ohne Nachdenken und Prüfung einzuordnen waren:

- Pädagogik, die sich auf die körperlichen und seelischen Entwicklungsvorgänge konzentriert *(physis)*;
- Pädagogik, die sich auf die sogenannten Sozialisierungsprozesse, insbesondere die außerschulischen Einflüsse auf Kinder und Jugendliche, konzentriert *(polis)*;
- Pädagogik, die sich auf die Erkenntnisprozesse konzentriert *(logos)*;
- Pädagogik, die sich auf die Wahrnehmungsprozesse konzentriert *(aisthesis)*;
- Pädagogik, die sich auf die Fragen der beruflichen Vorbildung konzentriert *(praxis)*;
- Pädagogik, die sich auf die pädagogischen Institutionen und ihre gesellschaftlichen Bedingungen und Werte konzentriert *(nomos)*;
- Pädagogik, die sich auf die Lehrmittel, die Umstände und Bedingungen des formalisierten Lernens konzentriert *(organon)*.

Die Abteilung Pädagogik folgte damit der Schwerpunkts-Forderung, die Schelsky für die gesamte Universität aufgestellt hatte. Die Forschung dieser sieben Professoren und die an ihr ausgerichtete Lehre sollte sich weitgehend, wenn auch nicht ausschließlich, an dem vorläufig nach Deweys Vorbild ›Laborschule‹ genannten Projekt vollziehen. Die schöne Vorstellung hat sich nicht erfüllt, der häßliche und miß- oder unverständliche Name ist geblieben.

Die Grundzüge meines Entwurfs für ein neues Verhältnis von Universität und Schule, das ein neues Verhältnis von Erziehungswissenschaft und Pädagogik einschloß, habe ich im großen Saal des Bielefelder Rathauses dem Gründungsausschuß und geladenen Gästen vorgetragen. Er wurde gutgeheißen – auch von der Regierung, vertreten durch Freiherrn von Medem (der am Ende unserer Sitzungen mit einem schwarzen Köfferchen herumging und jedem Mitglied des Gründungsausschusses und des Wissenschaftlichen Beirats einen blauen Schein, einen Hunderter, als Diät übergab). Ich erhielt eine Berufung, nun schon von dem Nachfolger von Paul Mikat, Minister Fritz Holthoff, und nahm allen Einreden von Freunden zum Trotz (Göttingen verläßt man nicht – allenfalls um nach Berlin oder München zu gehen, aber doch nicht in die Provinz, auf die grüne Wiese, zu einem windigen Reformunternehmen!) an, erhielt am 9. 10. 1968 meine Ernennungsurkunde in Düsseldorf und war damit der zweite Bielefelder Professor. Niklas Luhmann hatte seine Urkunde, zu meinem Ärger, einen Tag vor mir erhalten. In Göttingen wurde eine ›Außenstelle der Universität Bielefeld‹ eröffnet. Wir sollten Vorschläge für die ersten Buchanschaffungen und für eine Systematik der in Bielefeld aufzubauenden erziehungswissenschaftlichen Bibliothek machen, mußten unseren Personalbedarf errechnen und angeben, wie viele ›Mannstunden‹ das gedachte Bielefelder Institut auf wieviel Fläche mit welcher Ausstattung brauchen würde. Meine Assistenten waren schon mit dem Umrechnen der archaischen Göttinger Idylle auf die modernen Maßstäbe in Bielefeld voll beschäftigt, während ich noch an den Korrekturen für die zweite Auflage von *Systemzwang und Selbstbestimmung* arbeitete und daran litt, daß die ersten Entscheidungen für Bielefeld Scheidungen waren: Die begabten jungen Leute des Pädagogischen Seminars, für die ich meinte die Bielefelder Schule ausgedacht zu haben, wollten entweder noch in Göttingen ihre Examen abschließen (und womöglich ihre Referendarzeit absolvieren), oder sie gingen fort, um eigene Schulen zu leiten oder eigene Ressorts in der öffentlichen Fürsorgeerziehung zu übernehmen. Die ersten ›Planungen‹ für die Laborschule und das Oberstufen-Kolleg habe ich tatsächlich in ›Einsamkeit und Freiheit‹ vorgenommen.

Die wichtigsten Merkmale standen schon in dem wegen seines Umschlags so genannten *Blauen Gutachten* von 1967. Die Laborschule (LS) sollte keine Musterschule, nicht die beste aller denkbaren Schulen sein, sondern ein Ort, an dem man wichtige wechselnde Probleme ausmachen, untersuchen und Lösungen erproben kann. In der Sprache der Verwaltung heißt dies: Anders als die gleichzeitig vom Bildungsrat empfohlenen Gesamtschulen war die Laborschule von vornherein als eine Versuchsschule und nicht als ein Schulversuch gedacht. Sie sollte »ein Höchstmaß an Aufklärung mit einem Höchstmaß an Wohlbefinden vereinigen – d. h. also: das Glück nicht der Erkenntnis und die Erkenntnis nicht dem Glück zum Opfer bringen.« Sie würde schon darum nicht alles verwirklichen wollen, was pädagogische und politische Einsicht vorschreibt. Sie würde z. B.

– nicht die ›optimale‹ Größe (für die vollkommene Differenzierung)
– nicht alle möglichen, zu allem verpflichtenden Einrichtungen
– nicht die typische Schülerschaft, nicht die typischen Lehrer und nicht die typischen juristischen und finanziellen Beschränkungen haben. (Blaues Gutachten, S. 86)

Mit den möglichen und verpflichtenden Einrichtungen waren Sprachlabore und die uns von der Firma Nixdorf mit großer Dringlichkeit angetragenen Kleincomputer und Apparate zur programmierten Instruktion gemeint. Die Größenvorstellung war: »höchstens 30 Lehrer ⟨d. i. soviel ihrer um einen Tisch passen und ohne Moderator miteinander reden können⟩ und nicht mehr als 300 Schüler ⟨d. i. nicht mehr, als man mit Namen kennen kann, wenn jährlich etwa 30 neue dazukommen⟩«!

Die Gefahr, daß die Laborschule durch ihre Lage, ihren Auftrag und ihre Klientel eine ›Pädagogische Provinz‹ werde, war ernst zu nehmen. In ihr würden sich auf die Dauer weder Lehrer noch Schüler wohlfühlen, sie würden Angst vor dem Leben haben, ›wie es ist‹, oder ein unruhiges Verlangen danach. Die Laborschule sollte darum einige der wichtigsten Grundbedingungen einer allgemeinbildenden Schule im 20. Jahrhundert teilen: zu einer größeren Stadt gehören, der staatlichen Schulaufsicht unterliegen, selbstverständlich koedukativ sein. Ja, anfangs war ich der Meinung: Sie solle auf der örtlichen Grundschule aufbauen. Diesen Gedanken habe ich nach einer Studienreise in die USA aufgegeben: Dort war mir klargeworden, daß wir die wichtigste Aussicht, eine andere Einstellung der Schüler zur Schule zu ermöglichen, dadurch verspielen würden. Die Laborschule sollte die Lehrerbildung verändern, aber sie durfte nicht zum Tummelplatz für Hunderte, womöglich Tausende von Pädagogikstudenten während ihrer Ausbildung werden. Die Idee war: Die Kollegen von der Fakultät, die die Lehrer ausbilden, richten ihre Lehre an dem aus, was sie an der Laborschule erfahren und erforschen. Sie würden also ihrerseits an der Laborschule lehren oder wenigstens laufend und systematisch hospitieren, um ihren Lehrerstudenten von wirklichen Kindern, wirklichen Lehrern, wirklichen Schulsituationen berichten zu können. Daß die Laborschule eine ›Mitschau-Anlage‹ haben werde, schien uns damals selbstverständlich – d. h. ebenso notwendig wie unproblematisch.

Der wichtigste Auftrag war freilich, Unterrichtsgegenstände und -verfahren, ja, ganze didaktische Systeme, die man ›Curricula‹ zu nennen sich gewöhnt hatte, für andere Schulen zu entwickeln. Beide Einrichtungen, Laborschule und Oberstufen-Kolleg, wurden von uns ›Curriculum-Werkstätten‹ genannt. Darin steckt ein Bild: Wir produzieren Prototypen, sagen wir von bestimmten ›Möbeln‹, die wir an andere Einrichtungen ›verkaufen‹; diese schaffen sich – immer im Bilde gesprochen – ein Sofa und zwei Sessel an, merken, daß sie einen dazu passenden Tisch und eine andere Beleuchtung brauchen usf., bis sie eines Tages das Zimmer, das Haus umbauen, weil es die innere Ausstattung und die daran entfalteten Lebensgewohnheiten beengt. Dies war wieder ›innere Reform‹, genauer ›Reform von innen‹, die in der nun anbrechenden bildungspolitischen Phase (unter der sozialliberalen Koalition) neben die ›äußere‹ treten konnte, ohne verdächtigt zu werden, sie solle diese ersetzen und also verhindern.

Das Problem war damit sehr genau gestellt: Welche Rahmenbedingungen gehören mit zum Curriculum? Oder umgekehrt: Von welchen Bedingungen muß das Curriculum unabhängig funktionieren? Wir haben zwar mit den staatlich ausgebildeten Lehrern (nach eigener Wahl) vorliebgenommen; wir haben einen Aufnahmeschlüssel verfügt, demzufolge die soziale Struktur der Schülerschaft der einer Gesamtschule in einer größeren Stadt im Ruhrgebiet entspricht; wir haben die in den Schulbaurichtlinien vorgesehenen Flächenmaße je Schüler eingehalten (und leiden unter der Beengung, denn hier sollte ja gerade keine Stillsitz-Schule entstehen, sondern ein Lebens- und Erfahrungsraum, der notwendig größer sein muß!); ja, wir haben uns eine gestufte Übertragung (›Dissemination‹) unserer Arbeit auf andere Schulen ausgedacht – aber wir müssen inzwischen zugeben, daß das, was die Laborschule pädagogisch vor anderen wirklich auszeichnet, nicht in Curricula abgepackt und an andere weitergegeben werden kann: Es entsteht aus dem Zusammenwirken vieler nicht isolierbarer Faktoren.

Wir haben es gleichsam vom ersten Tag an mit diesem Problem zu tun gehabt. Die Erwartung der Regierung, der Öffentlichkeit, der Universität war und ist: Hier wird eine pädagogische Ware produziert, und solange die nicht kommt, ist die Schule wohl noch unfertig – oder unfähig. Unsere Vorstellung, vielleicht sollte ich hier vorsichtiger sein und sagen: meine Vorstellung ist von vornherein anders gewesen und mit dem ›Möbel‹-Bild nicht zu fassen, obwohl es auch von den ›Lebensgewohnheiten‹ spricht, die mit den Möbeln verbunden sind. Die ›allgemeinen Aufgaben‹ der Schule beginnen – wie alle dreizehn allgemeinen Lernziele in *Systemzwang und Selbstbestimmung* – mit den Wörtern: ›erfahren lassen, daß ...‹ oder wie (oder in welchem Maß) X oder Y geschieht, gilt oder nicht sein soll etc.

Für diese Aufgabe sind unsere Lehrer normalerweise nicht ausgebildet. Wenn es gelänge, die richtigen Personen auszuwählen, würden sie ihr Training *on the job* bekommen. Gleichwohl brauchten sie eine allgemeine Vorbereitung. Wie Schelskys Universität, so sollten auch die Schulprojekte von denen ausgedacht und ausgestaltet werden, die später in ihnen arbeiten würden. Der Plan, die Schule – das Gebäude, die Personalstruktur, den Haushalt, die Formen der Selbstverwaltung und Selbstrekrutierung, den Standort, die Unterrichtsordnung, das pädagogische und wissenschaftliche Gesamtkonzept – von den Lehrern in einem dreijährigen gestuften Verfahren (im ersten Jahr 15, im zweiten Jahr 30, im dritten Jahr so viele Lehrer, wie für beide Schulprojekte bei der Eröffnung nötig sind: rund 60) ausarbeiten zu lassen, faszinierte die Stiftung Volkswagenwerk, die darin ein neues Entwicklungsmodell sah, so, daß sie sich zur Finanzierung bereitfand. Im gleichen Zug verpflichtete sich die Regierung zur vollen Übernahme des Projekts nach den drei Jahren.

Die Risiken des Unternehmens, sein wissenschaftlicher, pädagogischer und politischer Ehrgeiz waren mir bewußt. Ich war also besorgt, ob wir hierfür genügend und geeignete Lehrer finden würden. Sie meldeten sich gleichwohl – in einer Zeit allgemeiner Lehrerknappheit – zu Hunderten. Es waren fast nur interessante Leute, darunter Schulleiter und Professoren, Genies und Käuze, Utopisten und tatenhungrige ›Techniker‹. Die geistvollen mehrtägigen Veranstaltungen, auf denen die schon vorhandenen die benötigten künftigen Kollegen auswählten, gehören zu Festen meines Berufslebens! Es war auch deutlich, daß alle diese Personen in einem hohen Maß daran interessiert waren, die Schule mitzugestalten: sie haben schnell verstanden, daß im Windschatten der Wissenschaft ein ungewöhnlich hohes Maß an pädagogischer Freiheit lag. Sollten sie mit dieser richtig umgehen, mußten sie Mitverantwortung übernehmen. Der erste Satz im *Blauen Gutachten* über die Laborschule lautet: »Die Laborschule ist ein Gemeinschaftswerk aller, die in ihr leben und arbeiten.« Sie sollte darum eine Kollegialverfassung haben und nicht nur in der Planung, sondern im harten, banalen Alltagsgeschäft alle Lehrer, Eltern und Schüler durch das Bewußtsein binden: »Dies ist meine/unsere Schule; nichts, was hier geschieht, kann ich auf andere, auf die Obrigkeit, die Gesetze, die Wissenschaft schieben; ich bin nicht Benutzer einer Anstalt, nicht Funktionär eines Systems.«

Auf diese Weise konnten beide Schulen Modelle für das wichtigste Lernpensum unserer Gesellschaft werden: für das Leben in der Demokratie. Als mir im Jahre 1970 der Schillerpreis der Stadt Mannheim verliehen wurde, habe ich in meiner Dankrede über das Verhältnis von Sachverstand und Laienentscheidung gesprochen unter dem Titel *Die Sache und die Demokratie*. Ich habe mir in dieser Rede auf die Frage, warum den Menschen die Demokratie so schwerfalle, selbst geantwortet: weil man sie nicht deutlich, nicht anhaltend und nicht früh genug erfahren hat. Was auch immer man von Alexander Neills Pädagogik halten mag, hierin war er ungewöhnlich konsequent. Sein Schulparlament ist nicht die Vorschule für die Demokratie, sie *ist* die Demokratie: ein Verband, in dem man nicht aufhört, den anderen zuzusetzen, weil man sie für belehrbar hält, und in dem man gern den Preis einer Niederlage für das Bewußtsein von der fortgesetzten gegenseitigen Lernbereitschaft zahlt.

Wenn die Kindheit nicht von dieser Erfahrung bestimmt ist, wird die Demokratie der Erwachsenen bestenfalls aus Mehrheitsbeschlüssen bestehen – und dann eines Tages von verzweifelten und ihrerseits harthörig gewordenen Minderheiten zerschlagen werden.*

Hier in Bielefeld hatte ich eine Chance, den Lehrern und Schülern diese Erfahrung zu ermöglichen. Wir hatten eine ungewöhnlich weit gehende Autonomie und eine deutliche gemeinsame Sache als Maßstab für das *bonum commune*.

An diesem Gedanken habe ich viel herumgedacht und -gearbeitet und ihm neben den in dem Büchlein *Die Sache und die Demokratie* abgedruckten Vorträgen ein ganzes Buch gewidmet: *Die Wiederherstellung der Politik*, in dem sich die hartnäckig falsch verstandene sogenannte ›Konsenstheorie‹ findet.

Die Konsenstheorie besagt: Wenn die Schule ernstzunehmende Experimente mit neuen Inhalten und Verfahren machen soll, muß sie von den allgemeinen Schulgesetzen teilweise und zeitweise ausgenommen werden. Wer trägt die Verantwortung für das, was dann dort gemacht wird, und welches ist der Maßstab? Die Verantwortung sollte die verfaßte Wissenschaftliche Einrichtung der Universität tragen, d. h. die jeweils durch die Satzung beauftragten Organe und Gremien sind der Regierung gegenüber rechenschaftspflichtig. Der Maßstab kann weder durch die Regierung (die ja an das Gesetz gebunden ist) noch durch das Parlament (das für diese Art von Anweisung sachlich nicht kompetent ist) noch von der Wissenschaft (die in dieser Sache selber noch die richtige Erkenntnis sucht) gesetzt werden. Die Schulprojekte bieten der Öffentlichkeit statt der genannten Sicherheiten ihren Konsens an: Wenn die Lehrerschaft dieser Schule – sorgfältig ausgewählt, pluralistisch zusammengesetzt, fachkundig,

* Hartmut von Hentig: Die Sache und die Demokratie. Drei Abhandlungen zum Verhältnis von Einsicht und Herrschaft. Suhrkamp: Frankfurt 1975, S. 77.

vom Staat ausgebildet und examiniert – für eine Maßnahme Übereinstimmung erreicht, möge der Gesellschaft dies zur Legitimierung der Handlung dienen, bis eine wissenschaftliche Erkenntnis vorliegt und eine rechtliche Bestätigung möglich ist. Dies verlangt eine besondere Auswahlprozedur und, wie ich meine, eine qualifizierte Mehrheit: Die bloße Mehrheit genügt nicht, und die volle Übereinstimmung wird nicht immer zu haben sein. Für diese spezielle Regelung vor allem war ein Konsens vorausgesetzt. Er bildete gleichsam den *contrat social* der Schulprojekte. Mit Hilfe dieses Reglements sollte dann jeweiliger Konsens für die täglichen Entscheidungen hervorgebracht werden. – Ich werfe mir heute vor, daß ich nicht strenger geprüft habe, ob dieser Konsens vorliegt, und nicht eindeutiger reagiert habe, wenn ich Anzeichen sah, daß er verlassen wurde.

Dies alles hatte zwar auch mit der Wissenschaft und der Mischform aus Wissenschaft und Praxis zu tun, die wir uns vorgenommen hatten, und gewiß sollte dem Bedürfnis nach ›Demokratisierung‹ stattgegeben werden, das die einzelnen und die sogenannten Statusgruppen einbrachten. Der wichtigere Grund hierfür war ein anderer:

> Ich bin überzeugt, daß die Weise, in der eine Institution entsteht – durch Einsetzung von oben oder spontan oder durch einen fortschreitenden Konsolidierungsprozeß einer sich selbst regulierenden Gruppe – für die Funktionsfähigkeit, Dauerhaftigkeit, Sparsamkeit und gesellschaftliche Bedeutung dieser Institution zunehmend wichtiger sein wird als die Möglichkeit, sie verläßlich zu planen oder ihre Ergebnisse verläßlich vorherzusagen und zu bewerten. Ich bin ebenso überzeugt, daß Gruppendynamik in ihrer geläufigen Form hierzu nicht beiträgt, weil ein großer Teil des Gelingens geradezu davon abhängt, daß nicht jeder alles weiß, was hinter- und untergründig in jeder anderen Person und ihren gegenseitigen Beziehungen vor sich geht.*

Nicht die Konsenstheorie war falsch, wohl aber meine Einschätzung, daß wir eine gemeinsame, als festen Maßstab heranzuziehende ›Sache‹ besäßen. Man kann nicht eine deutliche

* Hartmut von Hentig: Die Wiederherstellung der Politik. Cuernavaca revisited. Klett/Kösel: Stuttgart/München 1973, S. 179.

Vorstellung von der Aufgabe und Gestalt einer Schule haben und seinen Mitarbeitern zugleich sagen: Ihr könnt alles und zu jeder Zeit mitbestimmen. Beides, die Idee der Schule und das Demokratie-Modell, war gut begründet; gut begründet war vor allem ihre Beziehung: Wer nicht mitbestimmen kann, wird weder die Strapazen und Risiken dieser Schule auf sich nehmen noch das pädagogische Gesetz, das komplexe Regelwerk verstehen, nach dem sie abläuft. Und doch bleibt es ein Widerspruch. An ihm haben sich die Konflikte entzündet, die uns erschöpft, von der wichtigen Reformarbeit abgehalten und die Obrigkeit geradezu genötigt haben, einzugreifen (was sie im übrigen nur mit großer Zögerlichkeit und Vorsicht getan hat). Aber dies kann und muß hier nicht dargestellt werden.

Das Oberstufen-Kolleg (OS) hat denselben Erfinder wie die »LS« und ist vom gleichen aufklärerischen und demokratischen Geist durchweht; es ist wie sie eine Versuchsschule und ein wissenschaftliches Projekt der Universität; es hat sich – mit einem zur Hälfte aus Wissenschaftlern, also nicht nur aus Lehrern, bestehenden Kollegium und stärker an ›der Sache‹ als an den Vermittlungskünsten interessiert – strenger als die Laborschule an den Auftrag ›Curriculum-Werkstatt‹ gehalten, obwohl es in Deutschland überhaupt keine vergleichbaren Einrichtungen gibt, denen seine Ergebnisse dienstbar gemacht werden könnten.

Es wird niemanden kränken, wenn ich hier zugebe, daß die Laborschule meinem Herzen näher steht: Sie ist – nicht nur durch die Kinder, sondern durch ihre Absicht – die pädagogischere Einrichtung von den beiden. Auch die Mitglieder des Oberstufen-Kollegs, schon gar Außenstehende, vergessen oft, daß das Urmotiv des Oberstufen-Kollegs die Reform des vom Wissenschaftsrat so genannten Grundstudiums war. In den mittsechziger Jahren beschäftigten uns die Ergebnisse der Studie *Student im Studium* von Jenne/Krüger/Müller-Plantenberg am Max-Planck-Institut für Bildungsforschung Berlin. Sie offenbarte erschreckende Studienverläufe, eine überlange durchschnittliche Verweildauer in einzelnen Disziplinen und die Gründe für viel Verstopfung, Ungemach, Irrationalität. Die eigene Wahrnehmung sagte mir, daß die zwei entscheidenden Schwachstellen des Systems die harte Zäsur zwischen Allgemeinbildung und Spezialisierung (ohne irgendeine Hilfe bei der Studien- und Berufswahl) und die Handhabung des Grundstudiums seien. Seit den Tübinger und Tutzinger Gesprächen waren anderthalb Jahrzehnte vergangen; wesentliche Korrekturen hatte man nicht vorgenommen; Reformen waren aus der Universität heraus – so wie ich sie kennengelernt hatte – nicht zu erwarten.

Es war deutlich, daß die Professoren die von ihnen geforderte Anstrengung ›nach unten‹, zu den Anfangssemestern hin, nicht machen würden (und auch die Assistenten nicht, die sie mit den Proseminaren beauftragen und denen Ruhm und Fortkommen nur an der hochspezialisierten Forschungsfront winkten). Wohl aber bestand Hoffnung, daß die ja wissenschaftlich ausgebildeten Studienräte eine Anstrengung ›nach oben‹ machen würden. Die Reform mußte also von der Oberstufe des Gymnasiums ausgehen und in die Hochschule hineinwirken. So wurde das Oberstufen-Kolleg geboren, das die letzten drei Jahre des Gymnasiums mit den ersten zwei Jahren der Universität in einer Einrichtung verbindet und, statt die Spezialisierung der allgemeinen Bildung folgen zu lassen, diese beide vom ersten Tag an nebeneinander und aufeinander bezogen betreibt. Sowohl der Gründungsausschuß als auch die Minister Mikat und Holthoff gingen auf diesen Entwurf ein. Daß ich etwas Unmögliches ausgedacht hatte, muß den Verwaltungen klar gewesen sein, aber der politische Wille war stärker. Es war soviel Kritik und Unmut über die Höhere Schule und die Hochschule laut geworden; einer hatte eine einleuchtende Idee; er wollte sie sogar selber verwirklichen; Geld war auch da; wenn die Einrichtung einmal stünde, so sagten sich die Sachbearbeiter, würde sich auch eine Rechtsform für sie einfinden. Einstweilen blieb die Tatsache, daß die Schulen als weisungsgebundene Anstalten und die Wissenschaftliche Einrichtung als freie Teilkörperschaft des öffentlichen Rechts verschiedenen Rechtsbereichen angehörten, unberücksichtigt – und es gibt gute Gründe zu meinen, daß die Laborschule und das Oberstufen-Kolleg nie zustande gekommen wären, hätte man die Juristen gleich damit befaßt.

Eines ist sicher: Vor dem Jahr 1965 und nach dem Jahr 1970

hatten die Schulprojekte keine Aussicht auf Verwirklichung – dies hatte Paul Mikat in seiner Eröffnungsrede vor dem Gründungsausschuß am 11. November 1965, ohne die Schulprojekte zu erwähnen, allgemein vorhergesagt.

Der Anfang ließ sich glücklich an. In einer Villa am Hang des Teutoburger Waldes arbeiteten die Aufbaukommissionen gescheit, gespannt, einträchtig, erfindungsreich. Die *polis*, als die ich mir die Schulen vorstellte, war auf eine ganz unerwartete Weise wahr geworden, eine Gemeinschaft von Gründern, wie sie Schelsky für die Universität gewünscht hatte. Wolfgang Harder hat das in seinem Buch *Drei Jahre Curriculum-Werkstätten* anschaulich und lebhaft geschildert.

Die – mit einem professionellen Berater-Team erstellten – Pläne für die Architektenausschreibung waren kaum fertig, da erlag ich einem Kreislaufkollaps, jenem dunklen Monster, das den Gründungsrektor, Joachim Mestmäcker, am Tage seines Amtsantrittes ganz aus dem Dienst gerissen hatte. Ich mußte für ein halbes Jahr ausscheiden, wurde zu ›viel Ruhe und viel Bewegung‹ verurteilt und versuchte, dies auf einer Burg im Siegerland auszutragen, wo ich mich mit den Schulprojekten ausdrücklich nicht befassen sollte. Ich schrieb gleichwohl die beiden Programmschriften *Das Bielefelder Oberstufenkolleg* und *Die Bielefelder Laborschule* und widmete mich im übrigen Rousseau. Es sollte ein Buch entstehen, in dem Jean Jacques in wörtlichen Zitaten auf die Fragen unserer Zeit antwortet. Jetzt aber verlangte der Arzt, daß ich in ein südliches Klima gehe – und so folgte ich einer Einladung von Ivan Illich nach Cuernavaca.

Ich kam mit der These von der notwendigen ›Entschulung der Schule‹ zurück. Dies war keine neue Theorie und schon gar kein Bruch mit meiner alten; es war eine entschiedene Gegenformel zu Illichs ›Entschulung der Gesellschaft‹. Dennoch waren meine Kollegen irritiert. Aber hatten sie nicht gelesen, was ich in *Schule im Regelkreis* und in *Systemzwang und Selbstbestimmung* über die ›Grenzen der Lerngesellschaft‹ geschrieben hatte? Das volle Ausmaß der Verschulungsgefahr konnte man bei uns in der Tat nur ahnen; in Amerika konnte man es sehen; und in den Entwicklungsländern waren die verheerenden politischen Folgen mit Händen zu greifen.

Cuernavaca bedeutete für mich im Gegenteil eine glückliche Lösung von den Problemen, die ich in *Magier oder Magister?* mit mehr Ingrimm als lustvollem Eifer behandelt hatte; ich hatte in Cuernavaca Paul Goodman, Edgar z. Friedenberg, Everett Reimer und John Holt kennengelernt; ich las die Bücher von Kozol, Kohl und Herndon und ließ mich von ihrer pädagogischen Leidenschaft anhauchen. Die redeten und handelten nicht aus allgemeinem Schulhaß, sondern aus Parteinahme für die Kinder.

Mit dem Büchlein *Cuernavaca oder: Alternativen zur Schule?* wollte ich die dialektische Figur deutlich machen, die in der Pädagogik wie in der Aufklärung waltet:

Die ursprüngliche Aufgabe der Pädagogik ist es, dem Kind beim Aufwachsen zu helfen und ihm dabei eine Chance zu geben, es selbst zu werden, weil das ohne Hilfe nicht mehr geht. Darum muß es Schule geben, weil die Welt, wie sie ist, das Selbst-Werden immer wieder zunichte machen würde. Aber durch das, was die Pädagogik heute kann und weiß, ist das ›Helfen‹ selbst problematisch geworden . . . (S. 124)

Nicht nur die alte schwarze Pädagogik, nein, erst recht die moderne menschenfreundliche ›macht‹ den Menschen: sie begabt ihn, motiviert ihn, verändert seine Einstellungen, seinen IQ, seine Rollen und seine Identität. Sie kann das alles, wenn sie nur früh genug damit beginnt. Die Pädagogen

. . . müßten darum in erster Linie bereit sein, auf einen Teil ihrer Klugheit und Sicherheit zu verzichten; sie müßten wieder mit der grundsätzlichen Schmuddeligkeit – der Unordnung, Individuation, Geschichtlichkeit – des Lebens rechnen lernen; sie müßten dem Selbst oder Ich oder Jemand eine Chance geben, Selbst, Ich oder Jemand zu werden . . .

Bei James Herndon finde ich folgende Geschichte: Einige Indianerstämme in Nordamerika lebten von der Elchjagd. Sie folgten den Tieren auf ihren Wechseln und erlegten sie, wie man das mit ihren Waffen tun kann. Aber oft genug trafen sie die Elche nicht auf den gewohnten Pfaden, und dann wandten sie einen Zauber an: Sie warteten, bis ein Elch irgendwo austrat, nahmen einige Elchknochen aus einem Lederbeutel und warfen sie auf den Boden; sie folgten dann – nicht dem Elch – sondern der Richtung, die die Knochen zeigten, und kamen unfehlbar mit einer reichen Jagdbeute zurück. Anthropologen, die die Indianer beobachteten, versuchten, der Sache auf den Grund zu kommen. Nach langem Nachdenken – denn zu sehen gab es nicht mehr als berichtet – kamen sie zu folgender Lösung: Die Elche waren nicht dumm, und wenn sie auf ihren gewohnten Wechseln regelmäßig überfallen wurden, mieden sie diese eben und stöberten in anderen Gegenden herum. Wenn nun die Knochen geworfen wurden, fielen diese in beliebige Richtungen und jedenfalls selten in die Richtung der Elchpfade. So vermieden denn die Elche die regulären Pfade, die Knochen vermieden die regulären Pfade und die Indianer vermieden die regulären Pfade, mit dem Ergebnis, daß sich Jäger und Wild trafen – *at random.*

Viel mehr Erziehung sollte *at random* geschehen. *At random* wäre sie in unserer Welt ohne Schule so wenig wie mit Schule. Pädagogik müßte die Freiheit, die zum Lernen gehört, wieder möglich machen, und das heißt

– selbst ein institutionelles Modell für ein befreites Lernen schaffen,
– der Gesellschaft zumuten, sich so zu ändern, daß *in ihr* wieder gelernt werden kann.

Eine solche ›Ent-Schulung‹ ist so wenig Zauberei wie die Elchknochen der Indianer, sondern ein ableitbares Rational.« (S. 125f.)

Die nächsten Jahre waren Kampf – auch über die Eröffnung der Schulen im Herbst 1974 hinaus: mit dem Finanzminister, dem damals noch existierenden Bauminister, dem Wissenschaftsminister und dem Kultusminister, den Fakultäten, der Baugesellschaft, den Architekten – um Kosten, Stellenpläne, den Bau, das Konzept, die Satzung, die Anerkennung unserer Abschlüsse und unseres Prüfungsverfahrens. Die Eröffnung der Schule aber ließ uns allen Kummer vergessen; der ›Grauschleier‹ der Theorie wurde von uns genommen, die Bangnis und Unwirklichkeit des Planens wich der Arbeit und dem Spiel mit den Kindern; viele Probleme waren über Nacht verschwunden, und ganz andere waren neu und überwältigend aufgetreten. Über Schulorganisation und Curricula, über Rechtsformen und Zeitdeputate hatten wir uns viele richtige Gedanken gemacht – falsch hatten wir die Kinder und uns selbst eingeschätzt. Die Kinder kamen im Alter von 5, 10 und 12 (in die Jahrgangsstufen 0, 5 und 7) zu uns, und das heißt, die letzteren beiden aus anderen Schulen, in denen sie Schwierigkeiten mit sich oder den Lehrern oder der Einrichtung gehabt und akkumuliert hatten. Nahm man den Druck von ihnen, zeigten sich ihre Lebensnöte in dramatischem Fehlverhalten. Ich habe dieses in einem Vortrag vor Ärzten dargestellt und unter dem Titel *Sozialpathologie der Schule* im *Merkur* veröffentlicht. Ich habe auch geschildert, mit welchen Maßnahmen wir auf dieses Verhalten reagiert haben – unter peinlicher Vermeidung von Gegengewalt. Man hat alsbald daraus gelesen: Solche Ungeheuer bringt die freundlich-freiheitliche Erziehung der Bielefelder Laborschule hervor (nach wenigen Monaten!). Man hat nicht sehen wollen, was da stand: Dies sind die sonst nur verdeckten Folgen einer mit Strafen, Drohungen, Noten, Konkurrenz arbeitenden Pädagogik – jedenfalls bei einem Teil der Kinder.

Nach außen mußten wir Stärke, Selbstbewußtsein, Erfolge zeigen – nach innen brauchten wir unerbittlich Wahrheit, gegenseitige Hilfe und Kritik, die Zurücknahme von zu weit gesteckten Erwartungen an uns wie an die Einrichtung. Gleichzeitig mußte ich der regierenden und mit ihren Gesamtschulen in Schwierigkeiten geratenen Koalition sagen: Die Reform sei nicht radikal genug, nämlich nicht pädagogisch gewesen. – Jahre des Zweifelns und der Ungeduld, des Streits und der Ermüdung, der vorgespielten Zuversicht, der schmerzlichen Desillusionierung hatten begonnen. Sie sind noch nicht zu Ende.

Von meinen drei Berufen – Lehrer, Professor, Reformer – hat mich der erste am meisten beglückt, war der zweite mir am wenigsten angemessen und am wenigsten wichtig und scheint der dritte der schwerste und am wenigsten erfolgreiche zu sein. Aber er hat mir in einer unumkehrbaren Laufbahn eines wenigstens wiedergegeben – den Umgang mit den Kindern. Meine Freude daran ist doch der wahre Grund und die regelnde Kraft meiner Pädagogik.

Kühlerfigur, Blitzableiter, Chronist. Der Wissenschaftliche Leiter war in der bis 1980 vorläufig geltenden Satzung dadurch definiert, daß er die Schulen ›wissenschaftlich leitet‹. Befugnisse und Funktionsbeschreibung fehlten – mit der Folge, daß schon jedes Husten des »WL« als ein Herrschaftsakt ausgelegt werden konnte. Zugleich wurde der Erfinder, der ›renommierte Pädagoge‹, der H-4 Professor für die Sicherung und Fortführung der Schulen gebraucht. Was konnte, was durfte, was mußte ich tun? – Ich habe Konflikte ausgehalten – den schwersten in den Jahren 1976 und 1977. Dieser sogenannte ›Buchkonflikt‹ muß später einmal *sine ira et cum studio* verarbeitet werden.

Die Auseinandersetzungen über die Laborschule und an der Laborschule haben sich gelegt – und hätten doch allen Grund, heftig weiterzuwüten. Das Oberstufen-Kolleg dagegen hat – seit seiner Eröffnung – im Jahr 1982 sein erstes ›normales‹ Jahr erlebt: Es arbeitet nun nach einer mit der Regierung abgestimmten und vom Landtag verabschiedeten ›gültigen‹ Ausbildungs- und Prüfungsordnung! Am heftigsten tobte dort der Aufstand 1976, als der Minister der Einrichtung eine abiturähnliche Prüfung oktroyierte, um den abgehenden Kollegiaten auch nur irgendeinen (geschweige den vorgesehenen) Übergang an die Hochschule zu ermöglichen. 1978 bat er mich, eine Prüfung zu entwerfen, die der Rechtslage, den öffentlichen Belangen und den Intentionen des Oberstufen-Kollegs gleichermaßen gerecht würde. Ich habe – anders als die Mehrzahl der Kollegen und Kollegiaten – dies stets für möglich gehalten. In einem Jahr entstand ein Entwurf von 22 Druckseiten mit 360 Seiten Begründung (d. h. Kritik der herrschenden Auffassung von Allgemeinbildung, Wissenschaftspropädeutik und Hochschulreife und Darstellung einer rationalen Alternative), 162 Seiten Dokumentation und 274 Seiten Prüfungsbeispielen. In 16 ganztägigen, über 18 Monate verstreuten Beratungen (die wir ›Gespräche‹ nennen mußten und an denen das Schulkollegium Münster mit vier, das Kultusministerium mit drei, das Wissenschaftsministerium mit zwei und das Oberstufen-Kolleg mit sieben Personen teilnahmen) wurde die heute geltende Ordnung fabriziert und die Institution damit gerettet. Ein Kenner der Lage kommentierte meine Rettungstat: »*Das* ist die wahre Krise des OS!«. In der Tat: An diesem Maßstab würde es fortan gemessen werden. Und: Zum ersten Mal mußte es sein Heil darin suchen, daß es sich erfolgreich an etwas hält, und nicht darin, daß es etwas erfolgreich abwehrt.

Was ich so für das Oberstufen-Kolleg geleistet habe, steht für die Laborschule noch aus: eine zusammenfassende Darstellung ihrer Idee und Aufgabe an dem, was sie bis jetzt schon ist und tut.

Im Jahre 1981 erhielt ich eine Berufung an das Wissenschaftskolleg zu Berlin, eine den amerikanischen Institutes for Advanced Study nachgebildete Einrichtung. Man ist dort ein Jahr von allen Verpflichtungen befreit und kann in anregender Umgebung das treiben, was einem wichtig ist. Ich bekam Urlaub von Bielefeld, um mein Buch über die Laborschule zu schreiben. Dieses Buch ist noch lange nicht abgeschlossen. Ihm bleibt vorbehalten, die *quinta essentia* aus den Erfahrungen des Reformers zu ziehen, der dann hoffentlich wieder das werden kann, was er immer hat sein wollen: ein guter, weil freier Lehrer. Frei wiederum kann er nur in einem geeinten, kritischen, die Bedingungen seiner Arbeit erforschenden und bestimmenden Kollegium sein. Es muß ihm dann nichts ausmachen, daß er ›Wissenschaftlicher Leiter der Schulprojekte‹ heißt und Verantwortung für sie trägt. – Heute freilich quält ihn beides.

Hinter dieser persönlichen Not steht ein allgemeines Lebensproblem: Muß man, was man erfindet, auch selber austragen? Hätte es nicht genügt, wenn ich, wie viele andere – darunter meine großen Meister – die Idee dargestellt und durch Begründung, Selbstkritik und politisch-publizistische Hilfe so gut wie möglich gesichert hätte? – Das überzeugte »ja, auf jeden Fall«, mit dem ich ursprünglich geantwortet habe, weicht abwechselnd einem ebenso überzeugten »keineswegs«, dem Zweifel, ob die Frage richtig gestellt ist, und einem weniger überzeugten, einem pragmatischen »wohl doch«: um der Sache wie um des eigenen Seelenfriedens willen. Auch wenn ich seit der Eröffnung der Schulen von Jahr zu Jahr immer weniger mit der Pädagogik und immer mehr mit den Status-, Selbstbewußtseins-, Politik- und Gruppenproblemen meiner Kollegen verbracht und verbraucht habe – in der Öffentlichkeit bringt mir die bloße Tatsache, daß ich ›in der Praxis stehe‹, ein Stück Autorität ein. Wer will mich widerlegen, wenn ich sage: »Unsere Laborschüler verhalten sich anders« und auf entsprechende Rückfragen antworte: »Das sehe ich doch täglich«? Man mag, was ich schreibe, für Feuilleton halten oder schlicht für Märchen, aber was ich tue, kann man schlecht wegleugnen. Die Theorien meiner Zunft dagegen lenken die Praxis nicht, ja, sie überleben oft nur, weil sie so wenig mit ihr zu tun haben.

Was aber ist meine Theorie?

Eine Theorie?

Ich habe bisher so systematisch, wie es meine These von den biographischen Ursachen zuläßt, dargestellt, was mich zum Pädagogen gemacht hat. Dies kann man meine ›Theorie‹ von meinem Beruf nennen. Eine ›Theorie‹ ist auch, was ich über die Schulprojekte gesagt habe. Wie lautet, so möchte mein Leser fragen, die ›Theorie‹ meiner Pädagogik? Sie ist in dem bisher Gesagten impliziert. Man kann sie da herausholen – aber sie ändert sich dadurch: Sie verliert nicht nur ihre Vielseitigkeit, Geschichtlichkeit, Anschaulichkeit, sondern auch ihre Widersprüche, ihre Dialektik, ja die ›Schmuddeligkeit‹, die der Schmuddeligkeit ihres Gegenstands, der pädagogischen Wirklichkeit, entspricht.

Da der professionelle Leser dieser ›pädagogischen Autobiographie‹ sich durch solche Überlegungen nicht davon abhalten lassen wird, die pädagogische ›Theorie‹ aus meiner Darstellung herauszuziehen, will ich immerhin selber die Konturen vorzeichnen – Linien, die ihn zwingen, wenigstens die unbequeme Dialektik einzuhalten. Ich tue dies mit Hilfe einer vereinfachenden Konfiguration von bekannten Theorien, denen ich meine eigene zuspitzende Deutung gebe:

Bei Platon, dem Philosophen der wahren Erkenntnis, habe ich paradoxerweise vor allem das Verhältnis von Gesellschaft und Erziehung verstehen gelernt. In seiner *Politeia,* deren richtiger Titel wohl *Über die Gerechtigkeit* (genauer: Über die richtige Ordnung) lautet, schildert er die Entstehung der Gesellschaft aus der natürlichen Ungleichheit der Menschen und aus der ihr folgenden Arbeitsteilung – bis zu dem Punkt, wo man es mit der Macht der Wächter zu tun hat. In dieser *polis* tut jeder das Seine. Aber wenn der Stand der Wächter, der für den Kampf spezialisiert ist, das Seine wirksam leistet, nämlich die Feinde abschreckt, wird er funktionslos: Er wird nichts zu tun haben und folglich verführt sein, seine Spezialisierung (das Kämpfenkönnen) gegen die eigenen prosperierenden Bürger zu richten. Die Wächter sind damit der Ernstfall aller öffentlichen Pädagogik: Sie müssen nicht nur ›philosophisch‹ sein und zwischen Freund und Feind (Gut und Übel) unterscheiden können, sie müssen nicht nur wissen, was das Gemeinwohl ist und fordert, sie müssen entschlossen sein und bleiben, ihm und nur ihm zu dienen. Wie kein anderer zeigt Sokrates in diesem Dialog, wie hoch der Preis ist, den wir für das so leichtfertig von allen Politikern reklamierte ›Gemeinwohl‹ zahlen müssen: Wer über dieses wacht (und in der Demokratie sind wir alle ›Wächter‹!), darf kein üppiges Leben leben, keinen Besitz und keine Frauen haben, seine leiblichen Kinder nicht kennen. Das aber wird nur auf sich nehmen, dieser Lehre wird nur treu bleiben, wer entschlossen ist, sich nicht mit Scheingütern zufriedenzugeben, wer das wahrhaft für die Gemeinschaft und also auch für ihn selbst Gute will, wer gelernt hat, das Leben zu prüfen. »Das nichtgeprüfte Leben aber ist nicht lebenswert.« (*Apologie*, 38a 5)

Wie Menschen zu solchen Liebhabern der Wahrheit (das ist immer auch: Kritiker des bloßen Scheins) werden, steht am Anfang des Siebenten Buches, im sogenannten Höhlengleichnis. »Und jetzt versuche dir an diesem Gleichnis eine Vorstellung davon zu machen, was wahre Erziehung des Menschen ist und was nicht.«

Das dort folgende Bild veranschaulicht eindringlich, wie wir die Erscheinungen durch ihre Idee und die Idee durch ihre Erscheinung erfassen: durch eine Denk*bewegung* – hinaus aus der Höhle zum Licht und von diesem wieder zurück zu den Schatten. Nur durch einen solchen unablässigen dialektischen Prozeß wird der Wächter-Philosoph davor bewahrt, sich von der Macht der sinnlichen Erfahrung oder von der Macht der Begriffe überwältigen zu lassen. Nur so ist er dem ›Untier‹ der öffentlichen Meinung gewachsen, kann er den Geräuschen der Politik (um der wahren Politik willen) widerstehen. Nur so verfällt er nicht dem Selbstbetrug der idealistischen Deduktion: Niemand weiß, was das gute Leben, die gute *polis*, der gute Mensch sind. Nicht einmal das Gesetz sagt dies zuverläßlich, ja, seine ›Verläßlichkeit‹ ist unsere ärgste Betörung. Wahrheit ist nur im Aushalten der Vorläufigkeit, in der Suche nach Wahrheit, in der s.v.v. methodischen Wahrhaftigkeit.

Dieser Überzeugung setzt JOHN DEWEY – ich möchte sagen: ›sokratisch‹ – zu. Ob es *die* Gerechtigkeit irgendwo in einem Ideenhimmel gibt, ist eine eitle Frage. Der Pragmatist bejaht die idealistische – platonisch-sokratische Erziehung bis zu diesem Punkt: Wir brauchen eine Geistesbildung, die uns erlaubt, gegenüber den Erscheinungen einen freien Standpunkt zu fassen – und das geschieht heute in der Wissenschaft. *Scientism* war gleichsam, was Platon wollte, aber noch nicht konnte: der objektivierende Umgang mit der Geschichte und der Natur.

Diesen Umgang kann und muß man lernen – und dies ist ein gesellschaftlicher, kein bloß individueller Akt. Platons Schule ist zweifach gefährlich: (1) Sie läßt keine Entwicklung der Menschen/der Menschheit zu, ist vor-darwinistisch starr und negativ – allein auf die Abwehr von Täuschung bedacht; (2) sie konstituiert damit ein prinzipiell unaufhebbares Gefälle von denen, die sich an die Lehre halten und dies (nämlich, daß sie es tun) wiederum allein durch die Lehre wissen, zu denen, die anders leben und denken. Das konstituiert eine gleichsam strukturelle Intoleranz unter den Menschen. Philosophen – das sind Experten für das Gemeinwohl – herrschen über Laien, und nur die Experten haben ein Urteil darüber, wer ein Experte ist. Die Erkenntnistheorie Platons steht der Demokratie im Wege, nicht bloß seine erklärbare und ablegbare persönliche Einstellung. Die Theorie der Demokratie aber ist nicht: »Wir sind alle gleich«, sondern »Wir nehmen an gemeinsamen Angelegenheiten unter gleichen Bedingungen teil, die für alle zugänglich sind: in gemeinsamen Formen des Erkennens und gemeinsamen Regeln des Handelns.« Die Aufgabe der Schule ist es, diese Bedingungen herzustellen: die natürliche Ungleichheit für diesen Zweck auszugleichen, mag sie auch für andere Zwecke bejaht und genutzt werden. Die Schule organisiert also die frühe Erfahrung so, daß die Menschen sich frei – ohne Angst – dem Erforschen, Verstehen und Steuern der sie schon bestimmenden Umwelt widmen, Freude an beidem – der schöpferischen Gestaltung wie der notwendigen Anpassung (nicht Angepaßtheit) – haben und sich gegen *diseased questions,* gegen eine sich verselbständigende Theorie, eine sich verabsolutierende Moral, eine Herrschaft über das Leben beanspruchende Wahrheit wehren. Es ist ein philosophisches Vorurteil, daß wir die Kriterien für die Auswahl der nützlichen Erfahrung schon in den Erfahrungsprozeß einbringen: Wir haben sie in vorheriger Erfahrung gewonnen und gewinnen neue Kriterien bei der Anwendung der alten.

Hiergegen kann sich der Platoniker mit guten Argumenten zur Wehr setzen. Dem selbstbewußten Satz eines modernen Human- und Gesellschaftswissenschaftlers »Geist ist ein völlig unbrauchbarer Begriff« (Norbert Elias) darf er sich gewachsen fühlen – aber ignorieren darf er ihn nicht!

Ich habe ganze Strecken meines geistigen und beruflichen Lebens in der Überzeugung durchlaufen, daß Idealismus die schwerste Versündigung an der Menschlichkeit ist. Idealismus heißt ja, die Erscheinungen an ihrer Idee messen und dann das Urteil sprechen. »Du aber sollst dir kein Bildnis machen!« Was Gott für sich fordert, gilt auch für den Menschen – keiner hat uns das so eindringlich in immer neuen Geschichten vorgeführt wie Max Frisch. Der Wohl-Täter und Besser-Wisser in mir muß sich irritieren lassen, wenn ein Kind das ihm zugedachte Gute nicht annimmt – daß es weint oder sich langweilt, sich verkrampft und verkriecht oder mich verlacht und verläßt. Erfahrung – das ist ›gesellschaftlich‹ angehäufte und durch Gesetzmäßigkeit verfügbar gehaltene Empirie. Die dadurch entstehende Offenheit der Kultur halten wir aus durch *nomos*: durch Übereinkunft, von der wir *wissen,* daß sie nur dieses ist.

Hier wendet – wieder sokratisch-dialektisch – JEAN JACQUES ROUSSEAU ein: Die Gesellschaft ist zwar der Ort, an dem sich Erfahrung gegen Erfahrung durchsetzt, aber ihre sich als Kultur bestätigende Organisation macht einerseits die Menschen unglücklich und andererseits das Kollektiv kopflos. Was wir als unsere Zivilisation preisen, ist in Wahrheit ein unvermeidlicher Ersatz und ein leidvoller Zwang. Daß wir dies möglichst nicht wahrnehmen, darauf verwendet die Gesellschaft die allergrößte Mühe. Sie nennt es Erziehung.

Solange der Mensch klein und wehrlos ist, wird er darauf abgerichtet, nicht nur die gesellschaftlichen Konventionen hinzunehmen, sondern ihre trügerischen Kompensationen für Glücksgüter zu halten. Nichts ist in dieser Welt so gefährdet und nichts von sich aus so zerbrechlich wie unser Selbst – unsere Person, unser alleiniges Eigentum. Was das ist, davon geben die *Confessions* eine überwältigende Anschauung – das Beispiel der bewußten und auch im Leid beglückenden Ich-Erfahrung. Das Ich ist nicht nur auch in seinen Schwächen liebenswert und lebenswürdig – seine Schwächen sind die Reibungsstellen mit der oktroyierten Ordnung, der Verallgemeinerung, der *culture*, den *sciences*, den *mœurs*. Einfach ablegen können wir sie nicht.

Wir leben nicht im Zustand der Natur – »frei, faul und einsam« –, sondern im Zustand der Gesellschaft, deren Zustande-Kommen Rousseau im Zweiten Discours rekonstruiert, d. h. logisch verständlich macht, nicht kausal erklärt, und dem er durch die Fiktion des *Contrat Social* eine erträgliche, mögliche und würdige Rechtfertigung gibt. Der *Emile* schließlich ist die Darstellung davon, wie der einzelne von dem einen hier (vom Selbst) zum anderen dort (der Gesellschaft) gelangt – wie man also den *contrat social*, der in Wirklichkeit nie geschlossen worden ist, für sich nachholen kann. Wer *so* erzogen wird wie Emile, rettet sein Selbst dahin, wo er von sich aus tut, was er der Gesellschaft schuldet, und wo er erkennt, was er nie – unter keinen Umständen – preisgeben darf!

In einer solchen dialektischen Bewegung befindet sich meine Pädagogik: zwischen der sokratischen Verunsicherung, der pragmatischen – historisch und empirisch beobachtenden – Versicherung und der Rousseauschen Fiktion vom Vertragscharakter der Gesellschaft, in der wir unsere Individualität durch Erziehung wahren können. »Hör' nicht auf, die Wahrheit zu suchen« und »Nimm wahr, daß du ein Geschöpf deiner Kultur bist« und »Bleib dir selbst treu« – diese Sätze widersprechen einander nicht, sie stehen nicht einfach nebeneinander, sie sind alle drei unentbehrlich.

Ivan Illich belehrt mich, daß man auch daraus keine Pädagogik und jedenfalls keine Schule machen darf. Pädagogik ist ein König Midas – sie verwandelt alles, was sie anfaßt, in totes Gold; und Schule bleibt ein Ersatz, erzieht für den Ersatz, lehrt notwendig die Bedeutung von Schule, auch wenn ihre Veranstalter, wie der Hentig, etwas anderes wollen. Sie bleibt vor allem eine Veranstaltung der sich verwaltenden mehr als der sich entwickelnden Gesellschaft.

Systemzwang ist schlimmer als Despotenzwang. Dieser ist unangenehm, jener ist süß: Er enthält schon die Entschuldigung dafür, daß man sich nicht gegen ihn auflehnt; er beschädigt uns nicht so sehr durch die Gewalt, die er uns antut, als durch die Anerkennung, die wir ihm bereitwillig zollen, er gilt gleichmäßig für alle, und so fühlt sich keiner aufgerufen, ihn zu brechen. – Illichs harte These, der Mensch sei immer, in jeder Lage, in jedem Zustand verantwortlich (Illich spart sich – weil diese Wahrheit gilt – die philosophische Vorsicht, zu sagen: der Mensch sei immer ... als verantwortlich anzusehen), bringt ihm unausbleiblich die Entgegnung ein: Wie – auch Kinder, die nicht wissen, was ihnen geschieht? auch Kranke, die nicht über sich verfügen? auch Opfer böser Gewalt – die Juden in Auschwitz? Illichs Antwort ist ein emphatisches Ja. Gerade um ihretwillen müsse es so sein!

Einem Menschen die Fähigkeit absprechen, er könne schuldig werden, heißt oft, ihn seiner letzten Würde berauben, heißt eine Person zur Sache, das Subjekt zum Objekt machen. Die Verwaltung ist eine grobe und in praktischer Absicht allgemein hingenommene Entpersönlichung. Die Therapie ist eine subtile und aus Schwäche vorübergehend bejahte Entmündigung. Die Pädagogik ist ständig in Gefahr, sich entweder dieser oder jener oder beiden gleichzumachen. Wo sie es tut, verkehrt sie ihren Auftrag in sein Gegenteil: Sie soll dem unterlegenen, schwächeren, unerfahrenen Kind Hilfen gegen die Umstände und großen Menschen geben, denen es nicht gewachsen ist – bis es ihnen gewachsen ist; sie soll das zu jeder Zeit höchste Maß an Mündigkeit ermöglichen; bei einem kleinen Menschen geschieht dies oft durch kunstvolle Einschränkung seines Wirkungs- und Erfahrungskreises – so daß seine Verantwortung im Verantwortbaren aufgehen kann. Wehe ihr, wenn sie diesen Kreis aus Bequemlichkeit,

Phantasielosigkeit und unkritischer Verallgemeinerung zu eng zieht!

Freilich, eine Pädagogik, die darum nur mit schlechtem Gewissen handelt, kann auch nicht gut sein. Ich denke, um sie nicht in der Klemme zwischen philosophischer Wahrheit, dem hier möglichen und notwendigen Gemeinwohl, dem Dienst an der Individualität und dem Ethos der Verantwortung sitzenzulassen, hat uns der liebe Gott eine besondere Liebe zu Kindern eingegeben. Die hebt den Zwist der Prinzipien mühelos in sich auf und sorgt dafür, daß wir weiter erziehen, auch wo es theoretisch eigentlich gar nicht mehr geht.

Meine Gegner sind einerseits die unangefochtenen Idealisten, die ›Platonisten‹ (wie man sie im Unterschied zu den Platonikern nennen sollte), die vom Sonnenlicht Behexten, und andererseits die unangefochtenen Sophisten, die Pragmatisten (die man ohnehin von den Pragmatikern unterscheidet), die von den Schatten Behexten. Weil uns heute die Sophisten beherrschen, leiste ich vor allem ihnen Widerstand. Wenn ich darum für einen Idealisten gehalten werde oder gar für einen Romantiker (wenn denn Romantik der Idealismus des Gefühls ist), dann will ich das gern ertragen.

Die Zukunft

Jenseits dieser alten tun sich neue Fronten, nein, Abgründe auf. Können Menschen, die an ihrer Zukunft zweifeln, überhaupt noch erziehen? Welchen Sinn hat es, auf eine Welt vorzubereiten, an deren Bestand (»sie wird in einer Katastrophe untergehen«) oder Berechtigung (»sie kann nur unter unwürdigen Zwängen überleben«) man zweifelt? Ist Luthers Vorsatz, er werde heute einen Apfelbaum pflanzen, wenn er wisse (!), daß morgen die Welt untergeht, nicht das Eingeständnis, die willige Hinnahme der Ohnmacht?

In meinem Kopf spielen sich ungeheure Dinge ab.

Müßte ich nicht, statt an einem Latein-Curriculum für die Laborschule herumzubasteln, meine ganze Kraft im Kampf gegen die bevorstehende Telematik, ihre kurzsichtigen Begründungen und ihre weitreichenden Folgen einsetzen? Wäre es nicht sinnvoller umzulernen, nach Afrika zu gehen und Brunnen zu bauen, als vor dem Haushaltsausschuß um einen Schlauch für den alternativen Schulgarten oder einen Pingpong-Tisch oder gar den nächsten Freizeit-Pädagogen zu streiten? Müßte ich mich nicht weigern, für einen Staat zu erziehen, der meint, seine Bürger nur noch durch atomare Abschreckung schützen zu können, also durch die glaubhafte Bereitschaft, Massenvernichtungsmittel gegen andere Menschen einzusetzen?

Wenn ich den Kindern meine Zweifel mitteile, entmutige, beuge, schädige ich sie fürs Leben. Wenn ich ihnen meine Zweifel verschweige und ›zuversichtlich‹ weiter unterrichte, als genüge das, täusche, hintergehe, schwäche ich sie fürs Leben.

Ich bin nicht sicher, wie lange ich diese Unentschiedenheit aushalte. Noch antworte ich mir: Nein, nicht Brunnen in Afrika bauen – das kannst du nicht! Die Verkabelung bekämpfen – aber nicht verzagen, wenn du sie nicht verhinderst! Die einfache Unmoral der Kernwaffenrüstung aufzeigen – aber keinen Augenblick vergessen, wie kompliziert die Auflösung der tödlichen Logik und Psycho-Logik des internationalen Kriegssystems ist! – Vielmehr den Kindern das, was Menschen ohnehin tun, verständlich machen; sie ihre Vernunft gebrauchen lassen und dadurch ihren Glauben an die Möglichkeit der Vernunft stärken; sie empfindlich machen für die Widersprüche und Ungerechtigkeiten, die sie selbst in die Welt bringen; ihnen hier und da einen Ausblick auf etwas eröffnen, um dessentwillen es sich zu leben, ja, zu kämpfen und zu arbeiten lohnt.

Ich kann nicht hoffen, daß sie einer Belehrung folgen, die ihrer Erfahrung widerspricht. Solange das Leben die Wahrnehmung von Automatik und Kollektivität bestätigt und die von Menschlichkeit und Verantwortung drosselt, sind die Chancen der Aufklärung schlecht. Ich kann auch nicht hoffen, daß die Menschen aus der Katastrophe lernen, wie meine Generation vielleicht aus den Folgen des Nazismus. Die nächste Katastrophe dürfte die Menschheit nicht überleben.

So haben uns die Entwicklungen selbst über die Alternative hinausgehoben: *Hier* die konservative Überzeugung, daß nur der einzelne belehrbar und verantwortlich ist; *da* die progressive Überzeugung, daß dies allein nichts nützt – daß die Gesellschaft aufgeklärt sein müsse. Vermutlich ist auch das nicht neu, aber nun vermag ich es klar zu sehen: Ich muß zu beidem bereit sein. Ich kann es, weil ich, gottlob, nicht *weiß*, ob oder wann die Welt untergeht.

Dieser Text ist durch Rainer Winkel angeregt worden, der eine dreißig Seiten lange Selbstdarstellung für ein von ihm herauszugebendes Buch erbat. Dieses wird *Deutsche Pädagogen der Gegenwart. Ihre Erziehungs-, Schul- und Bildungskonzeptionen* heißen und im Schwann-Verlag, Düsseldorf, voraussichtlich im Frühjahr 1984 erscheinen und Auszüge aus diesem Text im genannten Umfang enthalten.

4. Leben und Vorleben

Eine Rede auf den Vater zu seinem 75. Geburtstag (1961)

Er, der nicht immer frei war, machte die
Kinder frei.
Zeigte ihnen am Beispiel, nicht durch
Geschwätz, Einfachheit
Größe und Tapferkeit.
Und das gesunde Gesetz des ehrlichen
Kampfs.
Vorsichtig und kühn, der eigenen Kraft
bewußt
Kämpfte er rastlos und klug um das
Mögliche
Und das Errungene nutzte er dankbar
und vornehm.
Nie bekämpfte er je das Natürliche
Sondern nützte es aus für sich und für
andere.
Seinem Einfluß gehorchten schweigend
wir alle –
Aber die Macht ließ er fühlen uns nie.

Bertolt Brecht
(Zum 50. Geburtstag seines Vaters)

Lieber Vater, liebe Familie Hentig.
Daß der erwachsene Sohn den Vater zu loben weiß, das könnte der gute Sinn einer Feier sein, wie wir sie hier begehen, dafür lohnt es sich, so alt zu werden – und darin liegt auch zugleich das ganze Risiko des Alters. Denn wenn der Sohn es nicht tut, oder es nicht vermag, oder (und das wäre das Schlimmere) es falsch macht, dann können viele Jahre umsonst gelebt, wichtige Mühen umsonst aufgewendet, die schwierigste und notwendigste Liebe umsonst gehabt erscheinen.

Daß eine so stattliche, vielfältige, mehr durch Eigenwillen als durch Gemeinwillen ausgezeichnete Familie sich einfindet, um dieses Lob zu hören, vollendet die Prüfung: Sie wird dafür sorgen, daß das Lob nicht wohlfeil gespendet wird, und zugleich erlaubt sie, von Dingen zu sprechen, die im inneren Bezirk liegen und sich nur von innen her verstehen lassen.

Daß Du selbst schließlich Nachsicht haben mögest, lieber Vater, mit den seltsamen Akzenten, die ich meiner *laudatio* gebe, darum muß ich Dich ausdrücklich bitten: Du wirst vielleicht manches vermissen, Auszeichnung an Stellen, die Dir selbst besonders wichtig sind, Zurückhaltung an Stellen, an die Du selbst nur mit Kritik, ja mit Unbehagen denkst. Aber ich glaube fest, daß die Liebe des anderen besser lobt als die Eigenliebe, und so scheint mir gerade für Dich reizvoll, daß Du eben das siehst, was die Selbstbetrachtung oder der leidige Kampf mit sich selbst dem Menschen zu sehen versagt.

Das fängt mit dem Beruf an, von dem Du selbst oft gesagt hast, er mache die Hälfte des Mannes aus. Das war kühn untertrieben in Deinem Fall. – Nun, Vater ist ›Diplomat‹, und das ist auch ein *Beruf,* wiewohl Vater selbst es bestreitet und das Diplomatsein für eine *Eigenschaft* zu halten geneigt ist. Über diesen Beruf läßt sich viel Tiefsinniges, Boshaftes und Schmeichelhaftes sagen. Jedenfalls ist er ein Urberuf, der wie alle Urberufe (vom Bauern und Handwerker über den Soldaten, den Arzt, den Priester bis hin zum Richter) in den Niederungen des Lebens ausgeübt wird: in der Not, die sich der Mensch selbst bereitet, seit er aus dem Paradies ausgestoßen wurde. Zugleich aber ist er ein Beruf, der nur auf den Höhen der Kultur erblüht, dort wo die Künstler, die Forscher und die Lehrer aufkommen – Leute, die das Dasein nicht so sehr nur ordnen, verwalten, ernähren, schützen, über die realen Schwierigkeiten hinwegheben, sondern ihm eine gefällige Form und einen hoffnungsvollen Ausblick auf eine bessere Zukunft geben. Die Schwierigkeiten, die im Leben der Völker jetzt entstehen, jetzt und tatkräftig zu meistern, zugleich aber die Mittel so leicht und anmutig zu gebrauchen, daß sie sich nicht verbrauchen, sondern Zuversicht auch für die Lösung kommender Probleme erwecken – das scheint mir die Feinheit dieses Berufes zu sein und, wenn man will, seine Gefahr, ja seine Tücke. Diplomaten schaffen nichts für die Ewigkeit – aber was sie schaffen, muß doch immer so tun!

Umstände mehr als seine Natur oder sein eigentliches Temperament haben Vater für diesen Beruf begabt. Ich will nicht sagen, ihn für diesen Beruf ›bestimmt‹ oder gar auf ihn festgelegt; er hätte ebensogut ein bedeutender Richter werden können mit all der Leidenschaft und zugleich Unabhängigkeit, die zu diesem Beruf gehören; hätten es die Vorurteile seiner Zeit zugelassen, er wäre vielleicht Lehrer geworden – ein vorzüglicher, meine ich, mit Liebe und Sinn für Kinder, mit Phantasie und Geduld im Erfinden von hilfreichen Lernerfahrungen und -aufgaben und mit unmittelbarer Freude am Vorleben; er habe sich stets besonders gut auf Wirtschaft verstanden, hat mir meine Mutter einmal erzählt, und in nichts habe ich selbst ihn so heftig bestaunt wie in seinen Wirtschaftsanalysen, die er in den Jahren 1949 bis 1953 schrieb – Artikel, die sogar mir die Regeln dieser Geheimwissenschaft für Augenblicke durchsichtig machen konnten; und er ist Zeit seines Lebens ein Schreiber von Aufsätzen, Kritiken, Berichten gewesen, die allein ihren Mann ernährt hätten und haben – und seine Familie noch dazu; ja, er *ist* Soldat gewesen – nicht nur im Kriege –, ein besserer als die meisten Berufssoldaten, und hätte diesem Beruf eine Freiheit und Geistigkeit verliehen, die er gemeinhin entbehrt.

In seinen Memoiren hat er selbst geschildert, welche Überlegungen, Ratschläge und Zufälle ihn zu seinem Beruf bestimmt haben; aber wie ihm der Glanz, den Jugend, Schönheit, Wohlstand, Intelligenz, Weltläufigkeit, eine früh im Orient erlernte Gastlichkeit um ihn legten, erspart hat, die Widersprüche und Konventionalität dieses Berufes früh genug zu erkennen, davon steht dort nichts. Dieser Glanz und der damit verbundene sachliche und persönliche Erfolg haben ihn an der Einsicht geradezu gehindert, daß ihm die zweite Eigenschaft, die man meist für die eigentliche ›Diplomatie‹ hält, ursprünglich fehlte. Als er es schließlich hätte merken können und müssen, hatte ihm der Beruf schon als Künste zugelegt, was ihm als Eigenschaft abging, und so ist ihm, glaube ich, bis heute verborgen geblieben, daß er im Grunde kein ›Diplomat‹ ist, jedenfalls keiner, wie ihn die Welt versteht. Mit den Gaben des Schicksals und seinen frühen Erfolgen im diplomatischen Beruf mochte er dafür gelten. In Wirklichkeit war und blieb er etwas anderes; er blieb der Mann, der im Ersten Weltkrieg zu Fuß den Pamir überschritt, der sich auf seinem Posten in Bogotá drei Totschlägern entgegenstellte und fast den dabei erlittenen schweren

Verletzungen erlag, der im Zweiten Weltkrieg lieber an der Front war als in Ribbentrops AA und es vorzog, den Bonzen direkt entgegenzutreten, als mit den ihm befreundeten Verschwörern ›dilettantische‹ Strategien, Manifeste und Ministerlisten aufzustellen; ein Mann, der in der Politik nie gespielt und schon gar nicht ›finassiert‹ hat (ein Wort, mit dem er eine von ihm besonders verachtete Tätigkeit anderer Diplomaten zu bezeichnen pflegte); ein Mann, für den Theorien ohne Entscheidungen wertlos, ja uninteressant waren und für den es Entscheidungen ohne persönlichen Anteil überhaupt nicht gab; ein Mann, der sich ganz undiplomatisch direkt auf die Völker einließ, zu denen er geschickt wurde, der ihre Probleme so ernst nahm wie die des eigenen Landes, ihre Verhältnisse, Geschichte, Sprache und Lebensgewohnheiten gründlich studierte und sie selbst nach kurzer Zeit – jedenfalls in ihren kultiviertesten wie in ihren einfachsten Vertretern – vorurteilslos liebte; ein Mann, der seine persönlichen Überzeugungen nicht verbergen konnte und sie gleichsam ›im Dienst‹ kühn und hartnäckig verfocht, weil er sie sich an der Sache gebildet hatte. Er war *nicht* der Mann, der vorgegebene Positionen vertritt, unglaubhafte Versöhnungen um ihrer selbst willen stiftet, ausgedachte Komplikationen anzettelt, nur weil der diplomatische Auftrag so lautet. Auch er konnte schlau sein – bis zur Raffinesse –, aber selbst das nicht ohne Überzeugung. Vollends war er nicht der Mann, der sich in einer Welt von Zaghaften, halben oder ganzen Intriganten, Dummköpfen, Neidern, Verführten und Schleimern so verhalten konnte, daß sie sich geändert hätten und ihm gefolgt wären. Er hat seine Feinde nicht versöhnt; er hat ›diplomatische‹ Erfolge immer nur bei Freunden gehabt, denen er seine reiche Liebenswürdigkeit, seine mitreißenden Fähigkeiten und vielseitigen Kenntnisse geradezu verschwenderisch zuwendete. – Ich habe Vater zugesehen, wie er in dienstlichen, politischen Verhandlungen auf allen Registern der Menschenbestrickung gespielt hat – unbewußt und ohne Berechnung – und wie er in anderen Fällen alle Entschlossenheit, Geistesgegenwart, Tatkraft aufbrachte, um einer bedrohlichen, ja schlimmen Lage zu begegnen. Den schlechthin ›diplomatischen‹ Ausgleich zwischen zwei streitenden Parteien hat er dagegen nur dann (und dann meisterhaft) zustande gebracht, wenn sein Herz nicht an der einen oder anderen Seite beteiligt war. – Aber wann war es das nicht!

Man kann sagen: Kompromisse lagen und liegen ihm fern, und darum – bei aller ehrlichen Bejahung der Demokratie – ist er mit ›demokratischer‹ Politik notwendig immer unzufrieden. Kompromisse mit der eigenen Behörde oder Regierung scheinen ihm geradezu unmoralisch. Daß der Diplomat um seines eigenen Geschäftes willen auch mit ihr spielen, sie beschwichtigen oder umschmeicheln, ihr weniger als die ganze Wahrheit sagen und weniger als die halbe abfordern könne, paßt nicht in seine Vorstellung von ›Auswärtigem *Dienst*‹. Für ihn ging es nicht um einen Ausgleich von Interessen (möglichst zugunsten des eigenen Landes), sondern um die richtige, vernünftige, beständige – die *sachliche* – Lösung; für *sie* hatte man Partei zu nehmen!

Und so habe ich oft gefunden: *Vater ist eigentlich gar kein ›Diplomat‹*, und war für meinen Teil recht froh über diese Erkenntnis, wiewohl sie mich für ihn betrüben mußte. Es hätte ihn doch glücklicher gemacht, wenn er hier weniger Skrupel, mehr konventionellen Erfolg und d. h. mehr öffentliche Anerkennung gehabt hätte, so wenig er sie gesucht hat! Aber dann hätte er ein anderer Mensch sein müssen – ein Burckhardt, ein Weizsäcker, ein Quaroni oder, um auf die klassischen Vorbilder zurückzugreifen, eben ein Metternich oder Talleyrand. In einer Welt, die weniger harmlos und die moralisch soviel gefährdeter ist als die des Biedermeier – in einer Welt, in der ein diplomatisches Glanzstück eine Höllenfahrt der Seele sein kann – ist Vaters Los, scheint mir, bei weitem das bessere.

Du bist, lieber Vater, auch ›Beamter‹ gewesen, ja Du besitzt – was mich immer besonders beschäftigt hat, wohl weil es sich in meiner eigenen bisherigen Berufserfahrung als ›Beamter‹ so gar nicht eingestellt hat – in einem hohen Maße das, was man ›Beamtentreue‹ nennt. Vielleicht gehört es zu ihrem Wesen, daß man sie gegenüber vier verschiedenen Regierungsformen – der Monarchie, der Weimarer Republik, dem nationalsozialistischen Regime und der bundesrepublikanischen Demokratie – bewahren kann, wenn es sich nur um den gleichen Staat handelt. Aber wie Du mit allen diesen vieren gerade in der Eigenschaft als Beamter (der den Staat *vertritt* und nicht der Staat *ist* oder den Staat *macht*) in Konflikt geraten, Prozesse geführt und an seiner Autoritätsstruktur gerüttelt hast (nicht nur an der jeweiligen Politik); wie Du nicht aufgehört hast, den Dienst auch außerhalb des Dienstes auszuüben; wie Du ihn nicht nur ›ausgeübt‹ hast, sondern, wo Du nur konntest, auch verändert; wie Du auf alle Sicherungen verzichtet und ohne Zaudern jede sich Dir antragende Verantwortung übernommen, um nicht zu sagen usurpiert hast; und nicht zuletzt die Form, in der Du Deinen Dienst quittiert hast (ohne darum bis heute von ihm zu lassen!) – dies alles legt nahe, daß auch der Beamte (wie der Diplomat) in Dir ein angenommener, nicht ein ursprünglicher Charakter ist. Was wie ›Beamter‹ aussah, war vielmehr der ›Preuße‹, der dem (allzeit armen) Staat bis zur Selbstaufopferung mit seiner Zeit, seiner Arbeitskraft, seiner Diskretion, seinem Hab und Gut und auch seinem Widerstand dient und Rechenschaft gibt, ob beamtet oder nicht! Ein Beamter oder besser ein ›Beamter‹ mit Eid und Dienstweg, Bürozeit und Pensionsanspruch warst Du nicht. Du hast, glaube ich, bis zum Ende Deiner Laufbahn nie gewußt, welcher Gehaltsstufe Du angehörst.

In beidem, im Diplomaten wie im Beamten, hat sich, scheint mir, auf eine besondere, aber nur abgeleitete Weise ein Ethos konkretisiert, das nach anderer Erfüllung strebte. Beide meinen etwas anderes, als sie vorgeben. Beide wollen die um ihrer selbst willen verfochtene *Sache* – und das hätte Dich zum *Politiker* bestimmt. *Cum ira et studio* hätte Dein Leben verlaufen müssen, um Deinem Wesen zu entsprechen. *Sine ira et studio* ist sowohl der Beamte wie der Diplomat gemeint: Der eine verbirgt sie, Zorn und Eifer, vor sich selbst, der andere verbirgt sie vor den anderen. Und so hast Du ein langes Berufsleben in einem doppelten Zwiespalt verbracht – zwischen zwei Widersprüchen *in sich* und *zueinander:* dem ›treuen Politiker‹ und dem ›beamteten Diplomaten‹. Daß Du diese Spannung nicht nur ausgehalten hast, sondern sie Dir eine Quelle ständig neuer Ideen und unkonventioneller Verhaltensweisen war, erfüllt den Zensor Deiner Taten mit

Bewunderung und Befriedigung, den Zensor Deiner Selbsterfüllung freilich mit Wehmut.

Wärst Du Politiker geworden – und Politiker-Sein soll hier heißen: noch offene Entscheidungen mit Mitteln der Macht in seinem Sinne treffen oder beeinflussen und insofern ständig um Macht kämpfen –, Du hättest Deine Kampfbereitschaft und -kraft uneingeschränkt einsetzen können, ohne daß Dir daraus der Vorwurf des ›Abenteurers‹ und ›Streithahns‹ hätte erwachsen können; Deine Offenheit für immer neue Erfahrung, Dein Pragmatismus, Dein Freimut, die Heftigkeit Deiner Überzeugungen – sie alle hätten frei und wirksam mitgespielt. Und die Sache hätte immer schon eine ›Sache‹ sein dürfen – eine ›cause juste‹! Die deutsche Wiedervereinigung, die Neutralität Deutschlands zwischen den Blöcken, die Frage der Wiederaufrüstung, Deine Pläne für einen deutschen Friedensvertrag trotz deutscher Teilung, Deine praktischen Vorschläge für eine Aussöhnung im Nahen Osten, Dein Eintreten für eine andere Deutung Rot-Chinas und damit für ein anderes Verhältnis von uns zu ihm – mit all dem bist Du auch nach dem Austritt aus dem aktiven Dienst, als Dir auf einmal selbständige Politik offenstand, ja, nahegelegt wurde, nicht mehr zum Zuge gekommen, weil solche Politik eben nicht über den Vortrag, den Zeitungsartikel (schon gar nicht in der braven *Neuen Politik*), über Korrespondenz und Gespräch allein betrieben werden kann, sondern nur *aus einer Position der Macht* und mit dem Willen, diese Macht auch zu gebrauchen. Eine solche Position hast Du als Diplomat und Beamter weder gehabt, noch angestrebt, noch vorbereitet. Und so befällt Dich heute oft Enttäuschung darüber, daß die Politiker nicht oder zu spät den von Dir längst erkannten und vorgezeichneten richtigen Weg gehen – eine Tatsache, die nur zu ertragen ist, wenn Du hinnimmst, daß die richtige Erkenntnis in der Politik eine Chance erst dann hat, wenn sie sich mit einer Macht verbindet. Diese Verbindung mit einer Macht bist Du nicht eingegangen – weder mit einer Partei, noch mit dem Geld, noch mit einzelnen Mächtigen. Als Du Berater eines unumschränkten Herrschers, des Königs Saud, warst, hast Du alles getan, die Verbindung nicht zu fest werden zu lassen: Sie hätte eine Fessel werden können.

Du hast Dich in den letzten Jahren und vor allem in den Memoiren darum bemüht, dem Ruf des ›Abenteurers‹ zu entrinnen, auch dem eines ›Michael Kohlhaas‹ und schon gar dem eines Querulanten, eines Neinsagers aus Prinzip oder aus Freude am Streit. Du hast nicht sehr viel Erfolg damit gehabt: Aus dem ›Kampf mit Mensch und Meile‹ wird nun einmal nicht so leicht eine ›Dienstreise‹, und wenn einer mehr als einmal protestiert, kann man es so leicht seinem Charakter zuschreiben und wird so reagieren, daß der nächste Protest fällig wird und damit die Charakter-Theorie vollends bestätigt.

Nein, lieber Vater, ich meine, Du solltest in einer Welt der Halbheit und Schwachherzigkeit den Ruf des Streiters und Draufgängers gar nicht fliehen. Wichtiger scheint es, ihm die richtige Deutung zu geben: daß in Deinem Verhalten eine Leidenschaft für die *Sache* steckt, das Vergessen der eigenen Person, eine Rücksichtslosigkeit gegenüber den außerhalb der Sache liegenden Folgen. Ganz früh hast Du uns Kinder Storms Verse gelehrt:

> Der eine fragt: was kommt danach?
> Der andere fragt nur: ist es recht?
> Und also unterscheidet sich
> Der Freie von dem Knecht.

Die Rücksichtslosigkeit gegenüber den Folgen wurde dabei oft auch zu einer Rücksichtslosigkeit gegenüber anderen Menschen, denen Du um der Sache willen nicht weniger zumuten konntest als Dir selbst. Und diese unbequemen Anforderungen hat man Dir als ›Nörgelei‹ ausgelegt, und in der Tat sind sie das eigentlich Unpragmatische an Deiner Sachlichkeit: Du hast in jedem Fall Anstrengungen gefordert, die weit über das hinausgehen, was der Mensch von sich aus – um seines Vorteils willen zum Beispiel – zu leisten bereit ist, geschweige denn für eine Abstraktion wie den Staat oder die Nation oder die Gerechtigkeit. ›*Für* den Staat‹ hat dem Beamten Werner Otto von Hentig also oft heißen müssen: ›*gegen* die Vertreter des Staates‹. Und wer einmal eine Monographie über Wesen und Geschichte der deutschen Diplomatie schreibt, darf nicht vergessen, ihr Züge auch dieses untypischen Typs einzuzeichnen: eines Diplomaten, der seine Berufsgesinnung nicht aus einer bestimmten Philosophie, einer Tradition oder einer Lehre oder einer ›Idee‹ von der richtigen Diplomatie bezieht, sondern fast ausschließlich aus der eigenen Erfahrung, aus der ›Sache‹, aus den Eigenarten und den täglichen Aufgaben des Berufes selbst, und der unbekümmert ›undiplomatisch‹ reagiert, wenn diese Sache verkannt oder entstellt wird. Denn dies soll doch das allzeit dunkle Wort ›Gesinnung‹ hier heißen: ein Antrieb, der stärker ist als der Vorteil, als gedankliche Konsequenz und als bloße Überlieferung.

Nur unter diesen Voraussetzungen war das möglich, was ich für das größte Ruhmesblatt meines Vaters halte: seine Haltung unter den Nazis. Daß die wohlwollenden Artikel aus Anlaß seines 75. Geburtstags das nicht oder nicht gebührend erwähnt haben, hat mir weh getan, aber ich habe eingesehen, daß – mit wenigen Ausnahmen – davon deshalb nicht zu reden war, weil dieser Kampf der ganzen Lage und seiner Natur nach isoliert, im kleinen, unspektakulär vor sich gegangen war. Was spektakulär wurde, war damit auch schon zu Ende – gescheitert. Im Grunde gehört Vater zu den Männern, die sich nicht verzeihen können, daß die Nazis sie nicht an die Wand gestellt haben. Wie durfte er überleben! Wieso konnten sie diesen offenen Feind und Verächter schonen? Bei seinem unerschrockenen Einsatz, seiner bedenkenlosen Verantwortungsbereitschaft bleibt das bis heute ein Wunder. Ich kann dieses Wunder – die Augenblicke, in denen das Schicksal hätte zuschlagen *müssen* – nur andeuten: Da war der ›Tod‹ des Freundes Morsbach unmittelbar nach seiner Haft 1934; die Bespitzelung in Bogotá und die mutige Antwort, die Vater ihr hat zuteil werden lassen; der Tag, an dem die Nazis Polen überfielen und Vater sich mittags stumm zu Tisch setzte, um die Mahlzeit plötzlich abzubrechen – ich höre noch den Löffel auf den Teller fallen – mit dem Satz, der uns die folgenden Jahre hindurch begleiten und sie uns doppelt furchtbar machen sollte: »Es kann Deutschland nichts Schlimmeres geschehen, als daß Hitler diesen Krieg gewinnt«; die Bravourstücke in Amsterdam, die so vielen Juden das Leben, ihren Lebensmut und ›uns Deutschen‹ einige Sympathien gerettet haben; die häufigen Besuche bei den Juden Löwenstein in der Haydnstraße oder Blumenfeld am Alexanderplatz oder Riesser in der Lichtensteinallee; die vielen notvollen und einsamen Kämpfe in der eigenen Behörde zumal mit Leuten, denen man die bessere Einsicht zutrauen mußte; die Nacht, in der der Hauswart Langner Vater im Treppenhaus auflauerte, als er einen jüdischen Schützling hinausließ; die Verhöre in den Tagen nach dem 20. Juli; die vielen erregten geheimen Gespräche mit den Freunden; die Einsätze für Freunde und Fremde, die in die Klauen der GeStaPo gefallen waren (wovon Joachim Schoeps in seinem Buch *Die letzten dreißig Jahre* ein Beispiel unter Dutzenden gibt) und am Ende für seine Kinder, die inzwischen ihre eigenen politischen Abenteuer wagten.

Es gibt Zeiten, in denen ein Kreon für den Staat der rechte Mann ist; es sind nicht die schwersten Zeiten, und Kreons gibt es viele. Aber wir haben Zeiten erlebt, in denen die Tat der Antigone nötig war; und die sie tun können, deren gibt es immer nur wenige. Du hast uns, Vater, gezeigt, wie sie ohne Pathos und ohne Anerkennung getan wird.

Erst später habe ich noch etwas anderes verstanden: Du hast gegen die Nazis gekämpft und ausgehalten ohne den Ansporn und ohne die Deckung einer besonderen Weltanschauung oder eines Glaubens – ohne z. B. eine Theorie davon, daß wir nur in einer Demokratie oder nur unter einer Monarchie vernünftig und würdig leben könnten, oder daß die abendländische Kultur, wenn sie das Christentum preisgibt, in der Barbarei enden müsse, oder daß eine Gesellschaft ohne Bewußtsein ihrer Klassenstruktur hoffnungslos dem Untergang geweiht sei. Solche Überzeugungen, die einen gleichsam in den Dienst der Geschichte nehmen, können die Tat sehr erleichtern. Aber Dogmen hast Du nie gehabt, was sich schon darin ausdrückte, daß Du Deine Reden stets frei hieltest, für Deine Diktate nie ein Konzept brauchtest und Deine Gedanken am überzeugendsten wirkten, wenn Du sie in der Diskussion mit anderen entfalten konntest.

Weil Du keine Dogmen hattest, warst Du gleichsam ›von Natur‹ tolerant. Der kleine Lehrer Kappelmeier, der trunksüchtige Maler Malitz, die Soldaten und Unteroffiziere Deiner Schwadron, die Menschen aller Rassen und Hautfarben, Schuldner und Dienstboten, Homosexuelle und Verrückte – Du hast sie alle gleich höflich, gleich unbefangen, ohne irgendein Zeichen von ›Schonung‹ oder gar Leutseligkeit behandelt. Kein Individuum hast Du gemieden, weil es einer gezeichneten Gattung angehörte. Nur die Raucher waren Dir insgesamt eine Anfechtung, und wer die deutsche Sprache verhunzte – Radioansager, Politiker und Journalisten zumeist – und in späteren Jahren auch sogenannte ›Politikwissenschaftler‹, was Du für eine *contradictio in adiecto* hieltest.

Dein ›Empirismus‹, wie man Deine Unvoreingenommenheit gegenüber allen Erscheinungen auch nennen kann (bedenkenlos probiertest Du Speisen in orientalischen Küchen, folgtest den Fellachen in ihre Hütten und kauftest avantgardistische Bilder) – dieser Empirismus machte Dich zu einem modernen, in den Augen vieler zu einem revolutionären Menschen. Aber man sollte dabei nicht übersehen, daß Empirismus auch ein Grund für Konservativismus ist, weil er die Achtung vor dem, was ist und wie es geworden ist, einschließt. An dieser Stelle ist der Jurist in Dir zu erkennen, den Du – anders als andere Juristen – sonst nicht herausstelltest: Richtige Veränderungen können nicht beliebige Veränderungen sein – sie müssen sich unter schon Gegebenes subsumieren lassen.

Vaters politische Vorschläge sind von seinen Freunden wie seinen Gegnern oft als utopisch abgelehnt worden. Utopisch waren sie meines Erachtens nicht. Im Gegenteil, sie verlangten zu viel *mögliches* Umdenken und Umwandeln des Gewohnten. Wirkliche Utopien, etwas, was in der Tat (noch) ›keinen Ort‹ hat, werden von den Menschen eher hingenommen als Forderungen und Vorstellungen, auf die man unmittelbar reagieren kann und muß. Vaters Alternativen zur sogenannten Deutschlandpolitik nach dem Zweiten Weltkrieg haben genau darum so wenig Gegenliebe gefunden, weil sie zum Handeln hier und jetzt aufforderten: Da ließ sich nichts mehr verschieben und verschleiern. Man müßte geradezu sagen: Vaters Plänen fehlte die Utopie – die Gedankenbrücke von *hier* nach *da*; es fehlte die Chance des Umlernens, der Veränderung des herrschenden Bewußtseins. Was Vater selbst keine (Denk-)Schwierigkeit bereitete – wie sollte das anderen schwerfallen, es sei denn, sie wären von vornherein bösen Willens! Daran hat er dann in den letzten Jahren auch immer mehr geglaubt; dem politischen Realisten mangelte es an der Skepsis und Geduld des Pädagogen, um der Wirklichkeit gerecht zu werden: Er hatte einfach nie das Gruseln gelernt.

Diese Figur kehrt immer wieder: Er hat auf viele – vor allem auf jüngere Leute, aber nicht nur sie! – wie ein Führer gewirkt, nicht weil er führen wollte, sondern weil er furchtlos in einer Richtung voranging, in der die *anderen* Gefahren sahen und *er* keine sehen *konnte*. Dabei hat es ihn wenig gekümmert, wer ihm gerade folgte, wer applaudierte, wer ihn schnitt. Er hatte ein so festes Selbstbewußtsein, daß er gar nicht auf den Gedanken kam (ja – warum rede ich eigentlich in der Vergangenheit!?), eine Partei oder Gruppe könne ihn und seine Absichten mißbrauchen. Den ›Herrenklub‹ hat er für so harmlos gehalten wie die Freimaurer, die sich um ihn bemühenden National-Kommunisten für so honorig wie den Verein Deutsche Nationalversammlung; keine dieser Organisationen hielt er für fähig, ihn als ihr Werkzeug zu benutzen – für ihn war es immer umgekehrt.

Schon seine Vorstellung von ›Führen‹ war eine ganz andere als die seiner Umwelt. Führen hieß nicht: bestimmen, was der andere tun solle, das Ziel und den Weg vorschreiben. Führen war wie Reiten. (Aus gutem Grund haben Pferde in seiner Biographie eine so große Rolle gespielt und prägen sich dem Leser und Hörer seiner Geschichten so ein, nicht nur, wenn sie gerade ›Aufsichtsrat‹ oder ›Max Hase‹ hießen.) Einem Pferd kann man zwar auch seinen Willen aufzwingen, aber Spaß macht das dann nicht mehr: Zum Beherrschen eines Pferdes gehört dessen Widerstand, das ›Spiel‹, das Einverständnis über dieses Spiel, die ›Hilfen‹, die immer neuen Versuche – es gehört dazu, daß der Reiter sich selbst nie weniger zumutet als dem Pferd. Von den abertausend Meilen, die Vater ›zu Pferd‹ unterwegs war, ist er wenigstens die Hälfte neben dem Pferd hergegangen.

Nach allem, was ich bisher über Deinen Beruf gesagt habe, lieber Vater, erklärt es sich von selbst, daß Du eine deutliche

Unterscheidung zwischen dem Beruf und den anderen Lebensbereichen nie gemacht hast. Die *Familie* wurde in den Dienst des Berufes genommen – und alle Deine Liebhabereien auch: Eine Vorführung Deiner Teppichsammlung wurde zum gesellschaftlichen Ereignis; unsere Wohnung war ein Museum, und ein Teil der Unterhaltung, die den meist dienstlichen Gästen zuteil wurde, bestand darin, daß ihnen Gegenstände erklärt und ein originales Stück Hentigscher Pädagogik vorgeführt wurde; der Mufti von Jerusalem, wie so mancher andere Würdenträger, mußte auf dem ›Großen Weg‹ hinter der Kaiser-Friedrich-Gedächtniskirche Medizinball spielen. Die Freunde waren immer auch Dienstfreunde – aber davon später. Sogar Religion war ein Kapitel der politischen Ethik in ihrem weitesten Sinne und kam gleichsam nur aus dienstlichem Anlaß zur Sprache.

Die Familie hat Dir in dieser Objektivierung des persönlichen Bereichs oft schmerzlich, aber nicht genug Widerstand geleistet, und wären wir Kinder in den harten Berliner Jahren zwischen 1938 und 1944 älter gewesen, ich versichere Dir, wir wären Deiner allzeit überforderten und unsäglich tapferen Frau energisch zu Hilfe gekommen. Nach spätem und unregelmäßigem Dienstschluß brachtest Du Gäste nach Haus und das auch in Zeiten, in denen man einen geteilten Teller Suppe als ein Opfer zu empfinden geneigt war, das die Freuden der Gastlichkeit kaum aufwiegen konnten. Von diesem Teil der Wirtschaft jedenfalls schienst Du wenig zu verstehen. Bei solchen Gelegenheiten hatten wir Kinder die *honneurs* zu machen, vor allem, wenn ein Gast, von Dir bestellt, der Hausfrau nicht gemeldet und uns allen unbekannt, *vor* Dir eintraf; und die Mutter mußte meist auch auf den einzigen Trost verzichten, der der Hausfrau in solchen Fällen bleibt: das Gefühl, etwas *Besonderes* geleistet zu haben; denn Du kamst mit Deinen Gästen nicht nur überraschend, sondern bestandest auch auf dem gänzlich *Unbesonderen* – auf dem Kohlrübeneintopf, den es gerade gab, oder auf der bei uns sprichwörtlich gewordenen ›Suppe mit dem kräftigen Lorbeerblatt‹. Wenn dann schließlich der Gast fort war, mußte die Mutter die Korrespondenz schreiben, die der Dienst übriggelassen hatte.

Gleichwohl gibt es auch in Deinem Leben den Bereich der Familie, in dem die *laudatio* nun für einen Augenblick weilen will.

Das Loblied auf den Ehemann freilich kann ich nicht singen. Du bist als Ehemann liebend, aber nicht eigentlich liebevoll gewesen, und auch die gemeinte Liebe hat sich mehr in der Höhe der Anforderungen ausgedrückt als in Rücksicht oder Hilfe. Die besonderen Empfindlichkeiten und Bedürfnisse der Frauen hast Du selten erkannt – aber gerade durch Deine Zumutungen scheinst Du sie angezogen zu haben. Ja, Deine Arglosigkeit ihnen gegenüber hat Dich oft zu ihrer Beute gemacht, ohne daß Du es gemerkt hättest.

Uns Kindern dagegen hast Du viel mehr Aufmerksamkeit zugewendet, als ich je bei einem vielbeschäftigten Vater erlebt habe: Verständnis, pädagogischen Eifer und sogar die in Deinem Leben sonst so beschnittene Möglichkeit des Spiels. Du hast etwas fertiggebracht, was uns jeder Psychologe entweder bestreiten oder als bedenkliche Anomalie auslegen würde: Wir haben Dich bis zum Erwachsenwerden uneingeschränkt für den idealen Menschen gehalten. Das hast Du nie beansprucht, und wahrscheinlich ist es Dir eben darum gelungen. Ja, das war nur zu leisten durch eine bis an die Unmenschlichkeit grenzende Härte gegen Dich selbst. Ihr zürnen wir heute, weil sie – wie es scheint – Dich an einem zufriedenen Alter hindert.

Aber hier wende ich mich lieber wieder den anderen zu. Als Pädagoge weiß ich, wie wenig es dem Produkt der Erziehung zusteht, den Erzieher ins Gesicht zu loben.

Auch in der Pädagogik war und ist unser Vater besessen von einer Sachgerechtheit, die einen Rousseau entzückt hätte und die nur diejenigen, die sie am eigenen Leibe erfahren haben, richtig verstehen können: vom ausgiebigen Zähneputzen bis zum Umblättern von Büchern, vom sorgfältigen Kofferpacken bis zur anmutigen Verbeugung, von ausgefallenen Etymologien und richtigem Sprachgebrauch bis zum Fällen von Bäumen oder zum waidgerechten Ausnehmen eines Rehbocks, vom stets leicht ironisierten Probieren von neuen Weinen bis zur pedantischen Zubereitung eines guten Tees.

Soll ich seine Pädagogik ›auf den Begriff‹ bringen, was bei dem Fehlen jeglicher pädagogischer Theorie in Vaters Verhältnis zu seinen Kindern ebenso riskant wie reizvoll ist, dann kommen mir vor allem vier – sehr heterogene – Stichwörter in den Sinn: Vorleben, Achtung vor dem Kind, aufgeklärte Beteiligung und das Erzählen von Geschichten.

Jedes dieser Wörter hat in der Pädagogik seinen angestammten Ort, keine der damit bezeichneten Möglichkeiten ist neu, keine ganz unbestritten, aber ihre Kombination in Vaters Person und Handlungen war außerordentlich – und außerordentlich wirksam.

Das erste Element oder Prinzip habe ich absichtlich mit dem Verbum ›vorleben‹ statt mit dem Nomen ›Vorbild‹ bezeichnet. Vater verlangte nicht nur nichts, was er nicht selber in weit höherem Maße leistete, er vermittelte eine Fülle von Freuden, Einsichten, nützlichen Gewohnheiten und nicht zuletzt ›Tugenden‹ (wie Selbstüberwindung, Sparsamkeit, Gastlichkeit, Selbständigkeit), indem er sie selber brauchte oder genoß. Weil sie für ihn so sichtbaren Sinn hatten, konnten sie ohne viel ›pädagogischen‹ Aufwand direkt auf uns übergehen; des gelegentlichen Drängens, ihm den Kopfsprung vom Fünfmeterbrett nachzutun, hätte es gar nicht bedurft, wenn er noch etwas – ein Jahr oder zwei – gewartet hätte; so hat es seiner Absicht eher geschadet. Am erfolgreichsten war er da, wo er uns das gewünschte Verhalten nicht vormachte, sondern es uns überließ, es an ihm für uns zu entdecken. Die Klimmzüge und der Bauchaufschwung, die schöne Schrift und der mühelose Sitz zu Pferde, die stupende Teppichkennerschaft und die Abfolge der chinesischen Dynastien waren in der Mühelosigkeit, mit der Vater sie ›vortrug‹, für mich so entmutigend, daß ich mich gar nicht erst auf sie einließ: Ich zog vor, nicht zu *wollen*, was ich doch nicht *konnte*. Aber das gemeinsame Basteln an schwierigen Konstruktionen im Thukydides, die ›Natürlichkeit‹, mit der er sich den Schwierigkeiten unserer Besinnungs-Aufsätze unterzog, die selbstverständliche Freude am Wasser, an Bewegung, an der Körperpflege, am Holzhacken (vor allem am Auseinanderkeilen verwachsener Stümpfe), an langen Wanderungen, an Gästen und Gesprächen, an Kaminfeuer und

Kameraderie, an Geschicklichkeit, Gefahr und Eigenart – das reichte von der ›Hexe aus dem Schornstein‹ (einem brennend durch den Kamin gejagten Zeitungsbogen, der noch lange bedrohlich über den Dächern der Nachbarhäuser schwebte) über das meist nackte Baden im November in der lebensgefährlichen Brandung von Scheveningen bis zum gewagten Zeugma im deutschen Satz oder zum Herstellen von ›Schloßgeruch‹, bevor die Gäste kamen (er tropfte Eau de Cologne auf eine erhitzte kleine Kohlenschaufel und trug sie durchs Haus) – dies alles hat uns unmittelbar mitgerissen; in solchen Dingen wollte Vater gar nicht erziehen, hier ging es ihm um die *Sache,* und die machte ihm selber soviel Spaß, daß er uns mühe- und hoffnungslos zu ihr und zu einem ganzen Lebens- und Denkstil verführte, dessen vereinzelter Ausdruck sie war.

Hierher gehört auch seine Ökonomie. Es ist ›sachgerecht‹, dritter Klasse zu fahren, einen *ab*getragenen Rock vollends *auf*zutragen, von seinen Kindern Abrechnungen zu fordern und die Schuhe mit dem Finger einzucremen – so wie es auch sachgerecht ist, verschwenderisch gastlich zu sein und beinahe uneingeschränkt jungen Leuten mit Stipendien und armen Leuten mit Darlehen und Gaben zu helfen. Er kaufte Hemden, Teppiche und Bilder genialer Unbekannter gleich im Dutzend – unser Taschengeld dagegen war immer zu knapp und unsere Ausstattung in den Augen der Verwandten und Freunde immer ungenügend. Aber sie war sachgerecht: Vater trug die graue Windjacke, Helga Stiftskleidung und ich Bleylehosen, und die Eitelkeit, die er für seine Person in diesen Dingen nicht kannte, wurde uns gar nicht erst unterstellt. Sachgerecht ist auch die Askese, die er an sich übt – ohne Moralität, ohne das Gefühl, ein besserer Mensch zu sein, wenn er jeden Morgen in die kalte Badewanne steigt. Er tut es, weil er sich in dieser Abhärtung wohl, sicher, jung, gesund fühlt und weil es seiner sich so selbst fortzeugenden Erfahrung entspricht. Mehr zu essen beschwert; zu trinken (das gilt nicht nur vom Alkohol) ist so gut wie überflüssig, und andere Genüsse sind womöglich schädlich, unsportlich, unappetitlich – Zeichen mangelnder Beherrschung. Und hier kommt nun doch ein Zug von Unduldsamkeit herein. Ich bin – pädagogische ›Transfer‹-Theorie hin oder her – zur Genüge sein Sohn, um zunächst einmal anzunehmen, daß einen der *hier* geübte Wille hindert, *dort* gänzlich hemmungslos zu sein, oder, um zu wissen, wie man sich das gute Gewissen im Bereich des Menschlichen durch Leistungen im Bereich des Physischen oder Geistigen erkauft. Aber welche Nachgiebigkeit ist verwerflicher: die gegenüber dem Zorn oder die gegenüber dem Genuß? An welchem Maßstab ließe sich das messen? Als Lehrer und Erzieher erfahre ich täglich, wie sehr man die eigenen Anfechtungen braucht, um nicht unduldsam und ungerecht gegen andere zu werden. Die Menschen gegen den Terror der Tugenden zu verteidigen hat sich in unserem Jahrhundert Bertolt Brecht vorgenommen. Wenn Vater einsehen würde, daß wir, seine Kinder, nicht halb so klug, tüchtig, aufrichtig, vielseitig oder stark begabt sind, wie er sich das gerne vorstellt, dann gäbe er sich und uns mehr Ruhe. Und mit anderen Menschen könnte er's auch so halten!

›Nie eine Mühe scheuen‹ war die Devise, die er, ich glaube, vom allzuverehrten Großvater übernommen hat und an uns Kinder weitergab. Wir haben sie ernst genommen, aber wir haben sie nicht so fleißig erfüllt wie er, der auch die unbequeme Idealisierung seiner Kinder nicht gescheut und bis heute aufrechterhalten hat.

Das zweite Element oder Prinzip war die schon erwähnte Achtung vor uns Kindern. Das ist kein leicht verständliches Wort in diesem Zusammenhang. *Wie* achtet man ein Kind? und: *Warum* achtet man es? – Indem man ganz offen, ohne jede Verstellung mit ihm spricht, und weil man es liebt. Lieben kann man freilich auf so verschiedene und so falsche Weise, daß diese Begründung noch nichts taugt. Eine Liebe, die ›Achtung‹ erzeugt und nicht Unterwerfung oder Verhätschelung, schließt das belastende Bewußtsein ein, daß das Kind sich selbst noch nicht achtet, daß es sich zum Beispiel widerstandslos unterwirft oder willig verwöhnen läßt: daß es korrumpierbar ist. Es sucht noch seine Identität, es hat noch zuwenig verläßliche Selbstbehauptung – und dieses Suchen, diese Unsicherheit auch im Widerstehen darf die Liebe nicht ausnutzen. ›Achtung für das Kind‹ meint also: die Selbstbehauptung, die Vernunft und die sittliche Kraft, die es noch nicht hat und mit denen es sich also gegen uns nicht wehren kann, unterstellen, *ohne das Kind zu überfordern.* Man sieht auf den ersten Blick, wie schwer das ist. Welche Hilfe hier die richtige ist, wechselt obendrein von Kind zu Kind, von Alter zu Alter, von Situation zu Situation: Zärtlichkeit, Ablenkung im Spiel, die Grammatik der gesellschaftlichen Moral, der Widerstand oder das Freigeben der fraglichen Handlung – sie kommen alle in Frage. Vater hat sich aller bedient und in der Mehrzahl der Fälle nicht nur richtig, sondern geradezu genial. Aber mir sind auch andere Szenen in Erinnerung: wenn Helga nach zwei Stunden immer noch am abgedeckten Tisch saß, weil sie ihren Teller nicht leergegessen hatte; wenn Vater sie zwang, irgendwelche fremden Gäste ›freundlich‹ zu begrüßen oder vor Dritten (ohne weiteren Grund) ihr Französisch vorzuführen; oder wenn er von mir in qualvollen Unterredungen die Wahrheit verlangte, genauer: die ausdrückliche Preisgabe der längst entlarvten Lüge – einer Lüge, die ich aus Angst vor seinem Kummer, also aus Liebe zu ihm, gelogen hatte, denn er strafte ja nicht! In solchen Fällen war Vaters Achtung vor dem sittlichen Menschen, die wir doch erst werden sollten, zu groß; eine einfache Strafe aus Einsicht in unsere Schwäche und noch unbedarfte Liebesfähigkeit hätte uns mehr geholfen. Weil es nichts gab, womit man etwas ›abgelten‹ konnte, weil Vater schlechthin traurig war, weil Vater von meinen Taten auf meinen Charakter und von meinem Charakter auf mein Schicksal schloß, blieb mir oft nichts anderes übrig als zu lügen.

›Glühende Kohlen auf jemandes Haupt sammeln‹ – ich weiß noch, wie ich diesen Ausdruck von ihm lernte; die Sache, nämlich die Beschämung, war mir längst bekannt. Diese biblische Devise reimte sich gut mit ›Nie eine Mühe scheuen‹ und hat nicht nur uns Kindern Schwierigkeiten bereitet. Beschämung aber widerspricht der Achtung nicht; sie ist ihrerseits ein extremes Gegenteil eines extremen Gegenteils von Achtung: der Gewalt. Vater hat uns nie geschlagen, nie auch die leiseste Gewalt angewendet – Vater, den viele Erwachsene für zornmütig halten und über dessen brachiale Lösungen von Konflikten es so manche Legende gibt!

Teil jener Achtung war das uneingeschränkte Vertrauen,

das er uns schenkte, auch dann noch, wenn wir es einmal gebrochen hatten: Er verschloß nichts, ließ uns an allen Gesprächen teilnehmen oder zuhören, soweit es der andere Partner zuließ, und glaubte immer aufs Wort, ohne nachzufragen. In den Nazi-Kriegsjahren vertraute er mir die im AA aufgenommenen und den Ressortchefs ›streng geheim‹ zugänglich gemachten Auslandsnachrichten an. Er ließ uns – auf unsere Fragen! nicht redselig – wissen, was er zu den politischen Ereignissen dachte, und das war schlechterdings immer lebensgefährlich. Natürlich konnte ihm nicht in den Sinn kommen, wir Kinder würden ihn verraten (das taten Kinder ihren Eltern in der Nazizeit häufig genug an!), aber es kam ihm auch nicht in den Sinn, daß wir das uns Anvertraute aus Leichtsinn oder Wichtigtuerei ausplaudern könnten. – Was andere Eltern ihren Kindern in weiß Gott harmloseren Zeiten mit-teilen, was sie ihnen vormachen und vorschreiben, wie wenig sie ihnen vertrauen und wieviel weniger noch sie ihr Vertrauen haben, das zeigt mir mein Beruf täglich. Vater vertraute uns total, und das heißt: oft zu sehr. Er behandelte uns als seinesgleichen oder gab uns doch das sichere Gefühl davon. Wie tief mußte es ihn enttäuschen, wenn wir dem – weil wir eben doch noch Kinder oder unerfahrene Jugendliche waren – nicht immer entsprechen konnten! In meinem Verhältnis zu meinem Vater bin ich gleichsam erst nach meinem zwanzigsten Lebensjahr ›Kind‹ geworden – erst dann habe ich gemerkt, daß eine Generation zwischen uns liegt.

Auf der anderen Seite gab uns dieses absolute Vertrauen, das uns z. B. zu Mitwissern und Mitbelasteten seiner hochverräterischen Gedanken machte, die Gewißheit, er habe mit uns über alles gesprochen, was ihn ernstlich bewege, ihm wirklich wichtig sei; über das uns Mitgeteilte hinaus sei da nichts: kein Glaube an Gott, keine Erschütterungen der Liebe, keine Sexualität, keine Selbstzweifel, keine Gedanken an den Tod und – wovon später die Rede sein wird – keine Freundschaft um ihrer selbst willen. Es gab uns, die Politik, die Scheidung, eine drängende Fülle sehr genauer und bunter Erinnerungen und nicht weniger bunte Pläne: für ein ideales Haus, eine perfekte Lebensordnung, eine originelle literarische Aufgabe.

Für sein Verhältnis zu uns ist in einem gewissen Grad das seine zu seinem Vater bestimmend gewesen. Er hat ihn ungeheuer *verehrt* – und so sehr er ihn auch *geliebt* hat: Die Verehrung war doch die im Sinne des Wortes maß-gebende Beziehung. Denn auch in Vaters mit starker Rührung vorgetragenen Geschichten über den Großvater erschien dieser mir immer ›fern‹, ein Bild mehr als ein Mensch, ein Regent mehr als ein Vater, einer, der auf die Seinen mehr durch Witz, Weisheit und Würde gewirkt hat als durch Nähe und direkte Zuwendung. In den *Jugenderinnerungen* steht die Geschichte, wie der Großvater seinem Sohn durch ›unfehlbar wirksame Gedankenübertragung‹ für das kommende Extemporale hilft. Diese Geschichte zeigt nicht nur die pädagogische Genialität des Großvaters, sondern gibt auch einen Schlüssel zu dem Verhältnis, das er zu seinem Ältesten wenigstens gehabt hat: Es war ein magisches. Unser Vater hat, gottlob, Weisheit und Würde nicht gehabt, aber er wollte doch verehrungswürdig sein: Das meinte er uns zu schulden. Er hat also auch uns gegenüber stets einen gewissen Ernst eingehalten, der mir von des Großvaters Feierlichkeit abzustammen schien. Ja, auch die Großmutter hat ihren Ältesten für alle Zeit etwas auf den Parsival festgelegt, den sie in ihm sehen wollte.

Daß uns Kindern dadurch manchmal die Unmittelbarkeit schwerfiel, die Du, lieber Vater, zugleich von uns erwartetest, hat Dich oft betrübt. Deine Sachgerechtheit, Dein unermüdliches Im-Dienst-Sein, die immer umfassendere Beanspruchung durch die Tagespolitik, die mit dem Jahre 1933 endgültig aufhörte, bloß interessant zu sein, das Fehlen von Schwächen und die Verbannung aller Läßlichkeit haben es uns schwergemacht, zu Dir zu kommen, wenn uns Schwierigkeiten bedrängten, die unseren eigenen Schwächen entstammten. Wie hätten wir sie vor Dir bekennen können, ohne zugleich zu bekennen, daß wir die uns anfallenden Probleme nicht durch schiere Entschlossenheit zu lösen bereit waren, wie Du es allzeit getan hast!

Das dritte Element von Vaters Pädagogik – unsere Beteiligung an ihr – ist mit dem zweiten ganz eng verbunden. Ich hebe es davon ab und hervor, weil es so selten und so kostbar ist. Wie wichtig und wie richtig ist es, daß Eltern ihre Kinder verstehen lassen, was sie mit ihnen tun, wenn sie sie ›erziehen‹! Vater wirkte, wie gesagt, am pädagogischsten, gerade wo es ihm nicht bewußt war. War es ihm aber bewußt, dann hat er es uns auch mitgeteilt. Er war wie ein guter Zahnarzt, der sagt, was er jetzt tut und gleich tun wird, was das bewirken soll und was es leider auch bewirken kann. Dazu gehört, daß er uns auch klarmachte, was er unterließ, also z. B. wie es in dieser Hinsicht in anderen Familien zugeht. Die Geschichte von Herrn Kloppes Züchtigungsanstalt in Keilhau oder der Berliner Witz von dem heimtückisch-gewalttätigen Vater (»Kick mal, wie Vadda de Nudeln um de Fresse baumeln!«) waren der übertreibende, ironische Teil davon. Der ernste lag bei den Spartanern, bei Friedrich Wilhelm I., überhaupt in Preußens und Deutschlands Geschichte und nicht zuletzt in der eigenen Biographie: Das Erbarmen, das er mit dem jungen Werner Otto in der Erinnerung haben *muß*, hat er nie zugegeben; uns hat er immerhin so davon erzählt, daß wir dadurch gleichsam pädagogisch aufgeklärt, entzaubert worden sind: Man lebt also nicht nur, man ist nicht nur dieses bestimmte eine Ich, man wird nicht nur älter und macht seine Erfahrungen – Identität, Schicksal, Erfahrungen werden einem von anderen zugedacht und angetan! Als ich später Sigmund Freuds Lehren las, war der Grund gut vorbereitet. Vater dagegen hat sich, trotz vieler Empfehlungen und Anlässe, jener Aufklärung über die Aufklärung nicht ausgesetzt.

Das vierte, weiseste Element seiner Pädagogik – und das einfachste – war, daß er uns Geschichten erzählte: am Kamin, im Bett vor dem Einschlafen, auf Autofahrten und Spaziergängen, im Zelt oder im Sta-Ba-Sa-Bad (das, wenn ich mich recht erinnere, eine Abkürzung für Staßfurther Badesalz war) am Samstag abend, wenn er mit allen fünf Kindern in die heiße Lauge stieg – für eine ganze Stunde bei 45 Grad! In diesen Geschichten kam das ganze Leben vor – Natur und Historie, menschliche Tragik und technisches Detail, wir selbst und natürlich er – in wochenlangen Fortsetzungen, spannend, anspruchsvoll, aufklärend. Ihren Ausgang nahmen sie oft bei einer zufälligen Frage von uns Kindern, z. B.: Was ist ein ›Heiratsschwindler‹? Die Antwort dauerte einen ganzen Sommer lang in Heringsdorf im Jahre 1936 und entfaltete das komplette Lebensschicksal eines solchen Mannes und seiner Opfer, durchsetzt mit einer psychologischen und sozialen Ätiologie seines Charakters und seines Verbrechens und mit allen Künsten, die er und die Polizei dabei ins Spiel brachten. Was Ehe, Staat, Gesetz, Schuld, menschliches Versagen, Unterwelt, alternde einsame Mädchen sind – das wußte ich aus solchen Geschichten schon mit elf Jahren recht genau in einer mir zugänglichen und von mir selbst leicht weiterzudenkenden Weise. In diese improvisierten Erzählungen waren natürlich Vaters reiche und vielfältige Berufserfahrungen eingegangen; denn in einer Gesandtschaft werden eben nicht nur hohe diplomatische Geschäfte abgewickelt, sondern unzählige Einzelschicksale von Schutzbefohlenen geflickt, die da täglich antreiben. Die Geschichten von Eskimos oder Wilddieben, von der Titanic oder der Odyssee, von Landsknechten, dem Ersten Weltkrieg, dem Zeppelin und immer wieder von den Ländern, in die Vater gereist war, schufen eine Vorstellung von der Welt, die glaubhaft, befragbar und durch den Erzähler in unmittelbare Beziehung zu uns gebracht war, wie es später kein Unterricht wieder vermocht hat und keine noch so kunstvolle Dia-Serie, die er heute den Enkeln vorführt.

Wenn die Pädagogen dies doch lernten: daß alle Information schwach oder unnütz ist, wenn sie nicht von ›jemandem‹ kommt und ›jemanden‹ meint, und daß verabsolutierter programmierter Unterricht schon deshalb ein Irrtum sein muß!

Nehmen wir Bücher: Es ist ein großer Glücksfall, wenn wir sie allein entdecken. Auch Empfehlungen nützen da wenig. Wir müssen zum Lesen verlockt werden durch einen, der mit uns zusammen ein Stück darin liest, dann mit uns darüber spricht und selbst davon ergriffen oder aufgeregt ist. Vaters Bibliothek enthielt in einem genauen Sinn ›alles‹ – vom Fachbuch über die klassische Literatur bis zum Trivialroman –, aber das hätte wenig bedeutet, hätte er nicht abends ins Regal gegriffen und vorgelesen – ein Kapitel aus *Quo Vadis,* den *Cornet, Reinecke Fuchs,* Herodot, Goethes Gedichte, Gustav Freytags *Bilder aus der deutschen Vergangenheit,* die *Wanderungen durch die Mark* (und in ihnen vor allem die Geschichten von Mathilde von Rohr und des Herrn von der Marwitz) – kein Pathos scheuend, uns Kinder immer ein wenig überfordernd, unauffällig seine Erklärungen und Hilfen einstreuend.

Gemessen an dem uns so vermittelten Reichtum der Empfindung und Vorstellungskraft kam in dieser Pädagogik etwas zu kurz, was ihm selbst ungeheuer wichtig war: Anmut, Gelassenheit, die Freude am bloß Schönen. Zwar haben Kostbarkeiten aus aller Welt und von aller Art – Dinge, die der Ästhetik des Daseins und keiner ›Sache‹ dienen – in seinem Leben und in seiner Einwirkung auf uns eine große Rolle gespielt. Aber er ist z. B. selbst ›unmusisch‹ geblieben (trotz ›Millionenstimme‹, die wir nur Weihnachten zu hören bekamen, kraftvoll im Klang und in der Erfindung neuer – weil nie beherrschter – Kadenzen und Texte), er hat seine Anlagen dafür verschütten lassen durch zweckhafte Arbeit und hat auch uns Kindern das zwecklose, sich selbst gehörende, schwerelose Dasein nicht nahegelegt. Eleganz hat er sich an uns immer gewünscht, und nur der Sohn, der am längsten und weitesten von ihm getrennt war, hat sie annähernd verwirklicht. Als Sokrates im Gefängnis saß, kam ihm im Traum eine Aufforderung zu: »Sokrates, treibe Musik!« Wir wissen so wenig wie Sokrates, was damit gemeint ist, aber wir spüren zugleich doch, was dem Leben des Sokrates gefehlt hat: das Überflüssige, in dem der Sinn sich von allein und wider alles Erwarten schenkt. Bezeichnend ist das ›Spiel‹, das Vater sich ausgesucht hat: die Jagd – eine abenteuerliche Kunst, zwar ohne rechten Zweck, aber mit der Möglichkeit, sich jeden Zweck einzubilden: Bekämpfung von Wildschäden, Beobachtung der Natur, Abhärtung, Sport, Ausbildung der eigenen Geschicklichkeit, zivilisationsfernen Aufenthalt in Blockhütten und eine Leber vom Bock, die den Wert der verschossenen Patrone reichlich wieder einbringt.

Du hast, lieber Vater, gerne ›gesammelt‹, snuff-bottles, Stiche, chinesische Gewänder, antike Autoren in schönen Ausgaben, Stichblätter, Porzellane (und Schuhe) – aber Du hast Dich an den Dingen nur erfreut, wenn sie beim Umzug wieder einmal in die Hand genommen, wieder ein- und ausgepackt werden mußten. Die schönsten unter ihnen haben *wir* nie zu sehen bekommen, bevor sie von den Flammen verschlungen wurden. – Du hast nicht genießen wollen wie andere, und wir Kinder schulden Dir, nun unsererseits endlich einzusehen, daß wir Dich dazu nicht bringen können; daß Du den Genuß nicht genießen würdest, es sei denn als Zugabe zu einer erfüllten Pflicht.

Wohltuend ›unmusisch‹ war unsere ästhetische Erziehung. Wir gingen an Sonntagen mit Vater in die Berliner Galerien, wir haben uns immer wieder freudig vor dieselben Bilder führen lassen und gelernt, daß Kunst allemal eine hohe Anforderung an den Betrachter stellt: sie ›schenkt‹ uns nichts ohne eigene Bemühung. Dabei hat Vater nicht darüber theoretisiert, wie ich das mit meinen Schülern tue, er hat sich meist damit begnügt, die Wirkungen, die das Kunstwerk auf ihn machte, eindrücklich zu beschreiben. Resonanz des Kunstwerks zu sein und es dadurch zu interpretieren, eben das gelang ihm auch beim Vorlesen – lebendig, einfühlend, ganze Dramen in eigner Person. Wie man ein Haus einrichtet, ein Fest ausstattet, eine gefällige Rede hält, das konnte man von ihm lernen, und man konnte auch lernen, daß die schönste Wohnung durch Aktenstöße entstellt wird und die Rede durch die allzu große Fülle der Erfahrungen und Kenntnisse leidet.

Er hat es fertiggebracht, unseren Geschmack zu bilden, ohne ihn zu vergewaltigen: indem er sich mutig zu dem bekannte, was ihm gefiel; und er hatte in der Welt genug wirklich Schönes gesehen, um sich von bloß hübschen oder anmaßenden Gegenständen nichts vormachen zu lassen. Dabei ist er nie der Originalitätssucht verfallen, und sehr exotische Dinge und Bräuche fielen bei ihm nicht auf, weil sie ebenso originellen Bedürfnissen entsprachen. Zehenstrümpfe und -schuhe zu tragen war schließlich nicht merkwürdiger als ein Gesandter zu sein, der nicht der Partei angehörte, oder sein Dienstzimmer in der Nazizeit mit einem Bild von Bebel zu schmücken.

Ich verlasse den Bereich der Familie und der Pädagogik und dringe in den vor, den der Mensch nur mit sich selbst teilt.

Du bist kein glücklicher Mensch gewesen. Dieses schwere Wort kommt mir so leicht über die Lippen, weil ich im Nachdenken darüber eigentlich auf keinen Menschen gestoßen bin, von dem ich zu sagen vermöchte, daß er glücklich gewesen sei. – Aber mit dieser Auslegung will ich dem nicht ausweichen, was der Satz sagt. Du bist, meine ich, in vielem unglücklicher gewesen als andere – etwa als Deine Kinder. Wenn ich sagen wollte warum, dann müßte ich zunächst eine Definition vom Glück geben. Ich kann dem Solon nicht zustimmen, der dem Kroisos einen Mann namens Tellos als den glücklichsten Menschen pries: »Tellos lebte in einer wohlregierten Polis, hatte gute und tapfere Söhne, erlebte die Geburt von gesunden Enkelsöhnen und, nachdem er so zufrieden gelebt hatte, wie es die menschliche Natur erlaubt, war er im ruhmreichen Kampf für sein Vaterland gefallen, wurde auf Staatskosten begraben und in dankbarem Gedächtnis bewahrt.« Als die ›Nächstglücklichen‹ nannte Solon die Brüder Kleobis und Biton, die als Jünglinge nach einer guten Tat sanft im Tempel des Apoll entschliefen – denn am besten ist es – sagt Solon –, nie geboren zu werden. Tiefer geht es uns an, was Tanja Blixen in einer ihrer Geschichten einen Grafen X über das Glück sagen läßt: »Glück ist das Gefühl unerschöpflicher Kraft, das Bewußtsein, Gottes Willen zu tun, das Aufhören von Schmerzen.« Legt man einen solchen Maßstab an, dann kennt jeder Mensch nur sein eignes Glück. Will ich hier Dein Glück ermessen, lieber Vater, dann kann ich es nur an den Stellen tun, an denen sich mir selber das Glück zeigt: Es sind die Freunde, die mein Leben glücklich oder doch glücksfähig machen.

Der Plural in diesem Satz trügt; der ›Freund‹, den ich meine, ist immer nur *einer*; und auf ihn kommt es an. Du hast in Deinem Leben unzählige Freunde gehabt, aber nicht den Freund. Ich habe unter all den vielen Menschen, die zu Dir kamen, unter all den vielen, die Du auf Deinen Reisen nicht ausließest, unter denen, von denen Du mit Bewegung sprachest, keinen gefunden, um dessentwillen Dir Beruf, Politik, Kunstschätze, Grundsätze, Familie hätten unwichtig werden können, keinen, an dessen Schweigen oder Ausbleiben Du hättest verzweifeln können und dessen Kommen und Dasein darum auch Glück bedeuten konnte. Enttäuscht, gekränkt, herausgefordert hast Du Dich durch Nicht-Freunde gefühlt, und manche Feindschaft hat bei Dir titanische Ausmaße gehabt. An der Intensität des Gefühls hat es also nicht gefehlt. – Davon, wie es hiermit in Deiner Kindheit und Jugend ausgesehen hat, weiß ich nicht mehr, als in Deinen Erinnerungen steht, und in denen kommen solche Freundschaften nicht vor, wie ich sie meine. Später gibt es Röhr und Morsbach. Aber auch über diese beiden hast Du nie anders gesprochen als wie über gute Kameraden. Was Deine Rede über sie anders machte, war ihr früher Tod. Du hast von Euren gemeinsamen Erlebnissen berichtet und ihre Stärken und Tugenden gelobt, aber von nichts gesprochen, was man an ihnen ›trotzdem‹ liebt – oder überhaupt *liebt* und nicht nur bewundert. Vielleicht war Eure Generation – trotz Weltkrieg, trotz Walter Flex, trotz Jugendbewegung oder gerade wegen ihrer – insgesamt nicht fähig, die Wörter ›Freundschaft‹ und ›lieben‹ miteinander zu verbinden. Aber *Du* selbst wärst, meine ich, dazu fähig gewesen, und daß Du es nicht getan hast, deutet für mich darauf hin, daß diese liebende Freundschaft fehlte. Wie gesagt, in Deinem Leben hat es viel Befreundetsein, viel Bewundert- und Geliebtwerden, viel helfende Zuwendung und langes Ausdauern beim anderen gegeben, aber Deinen Freundschaften scheint mir Not und Notwendigkeit, Irrationalität und Bewußtheit in gleichem Maß gefehlt zu haben: Es fehlte ihnen die ›Musik‹.

Es mag sein, daß Du zu scheu, zu keusch warst, darüber mit uns zu sprechen. Ich wäre doppelt froh darüber: einmal, weil Dein Leben dann auch diese Kostbarkeit gekannt hätte, zum anderen, weil Du dann verstehen wirst, daß auch wir über unsere Freundschaften nicht ohne Not und Schwierigkeit reden – daß selbst Vater und Sohn, Sohn und Vater sich an diesem Punkt Fremde bleiben – und bleiben dürfen.

Das ist der Preis, den Du für Deine hochherzigen Grundsätze, Dein bis heute jugendliches Temperament, Deine stolze Sachlichkeit zu zahlen hattest: Du hast nicht und in nichts klein sein wollen – und Freundschaft ist zum Teil darauf angewiesen: auf Abhängigkeit, gegenseitige Zumutung, Ungeschütztheit – auf preisgegebenes Elend. Dabei besitzt Du die eine Gabe, von der die Freundschaft eigentlich lebt, die Treue, in einem ganz ungekannten Maß. Ich hätte Dein Freund werden wollen, wenn ich nicht Dein Sohn wäre. Das scheint mir ein schönes Los und – wieviel Hilfe wäre da gegenseitig möglich gewesen!

Den fraglosen Beistand des Freundes und die menschliche Erfüllung, die darin liegt, das haben Dir andere Dinge ersetzen müssen: Aufgaben, Pflichten, Grundsätze. Um Gerechtigkeit hast Du mit jeder Faser Deines Wesens, mit äußerster Anstrengung gekämpft – und hättest mit demselben Aufwand an Kraft und Gaben wirkliche Menschen wirklich glücklich machen können; Du hast Dich großen Aufgaben und kleinen Aufgaben mit gleicher Zähigkeit gewidmet, wenn Dir das Prinzip wichtig schien: den Opfern des Shanghai-Prozesses wie den ungerechten Entscheidungen des Bundesrechnungshofes – Kämpfe, die in dieser Welt nicht zu gewinnen sind, jedenfalls nicht von Einzelnen – und Du hättest mit ungleich geringerem Einsatz den Frieden in der Familie herstellen können; Du hast die noble Attacke auf Bürokratie, Untertanengeist, Inkompetenz geritten, wo Du nur konntest – und das alles hat, ich will nicht sagen an Deinem Glück, wohl aber an den Kräften gerissen, die Du ihm hättest widmen müssen. Dazu gehört nicht zuletzt die Tatsache, daß Du Dir für Dein Alter nichts bereitgestellt hast, was Dich von der Welt, von den gewohnten Beziehungen und Wirkungen unabhängig macht: keinen Hund und keine Gartenkunst, keine Briefmarkensammlung, keinen Skat und keine Musik. Noch immer schreibst Du Artikel und Leserbriefe und bedenkst und erleidest die hohe Politik. Wie gut, daß es wenigstens den großen Wald hinter Eurem Haus für lange Spaziergänge gibt, die Wildfährten, die den Gedanken unterbrechen, die Enkel, mit denen Du die Äste aus dem Weg räumen kannst. Für Deinen Tatendrang und Deine Urteilskraft ist das zu wenig.

Und doch: Wohl uns, daß es solche Menschen gibt, die ihr Glück zum Opfer bringen, weil sie die Welt jetzt, ganz, ungestüm und unerbittlich so wollen, wie es ihre Überzeugung ihnen vorschreibt. Nur wer sein Leben lang solche Härte gegen sich geübt und so die Einsamkeit gelernt hat, ist dazu legitimiert. Nur er kann gegen die ›Nazis‹ in dieser Welt bestehen, wie immer sie aussehen: ihnen nicht ausweichen und ihnen zugleich nicht erliegen. Einen Vater zu haben, der jene schreckliche, für die Gefährdung unseres Lebens so kennzeichnende Zeit ungebrochen und ohne Makel durchlebt hat, das ist für uns Kinder Kostbarkeit und hohe Verpflichtung.

Mögen wir uns auch selbst zu anderen Auffassungen bekennen als er, mögen wir z. B. der Meinung sein, daß diese Welt eine bessere wäre, wenn mehr Menschen in ihr mehr ihr Glück suchten und fänden als das fragwürdige Heil des Gewissens, die Selbstbeherrschung und Selbstvervollkommnung; mögen wir auch dem Lob des Leids mißtrauen, der Behauptung, daß es den Menschen läutere, wo es ihn nur schindet; meinen wir auch, daß sich der Mensch erst im Glück voll entfaltet – so bleibt doch nicht weniger wichtig, wie er sich in der Krise, im Chaos, im Unglück bewährt: Wer Vaters Schicksal, wer seine Zeit *so* durchlebt hat, mag an der Weisheit unserer Philosophie zweifeln und uns die Frage zurückgeben: Meint Ihr Kinder wirklich, es gehe besser mit Freiheit und Freud als mit Prinzip und Preußentum? – Wenn er aber seinen anderen eigenen Maßstäben nicht standhalten konnte, dann war es nicht seine, sondern die Not seiner Generation, die ihn schwächte: die Folge einer gänzlich ungeheuren moralischen Überanstrengung.

Ein Freund hat mich einmal gefragt, als ich ihm von meinem Vater erzählte, ob dieser ideale Mann mir gegenüber je eine Schwäche zugegeben habe – dann wolle auch er ihn bewundern. Ich konnte nicht antworten, weil die Schwächen, die Vater uns eingestand, in meinen Augen keine waren: Er habe von seinem Vater nichts annehmen wollen; er habe in allzu großer ›Unschuld‹, ›Schüchternheit‹, ›Weltfremdheit‹ die Frauen falsch behandelt; er habe lange Zeit die Vorurteile der Welt zu erfüllen gesucht, sich z. B. bemüht, Tizian schön zu finden und dem Comment seines Regiments zu entsprechen; er sei auch immer schlecht in Mathematik gewesen. Unter den ›Schwächen‹, zu denen er sich so bekannte, war nie eine Feigheit, nie eine Lüge, nie eine Ungerechtigkeit oder böse Härte. Es waren immer Schwächen, die der Betroffene selbst nicht erkennen und abwehren kann – nicht während sie ihn befallen. Die anderen aber hat er, sobald er sie auch nur soupçonnierte, angegriffen und besiegt.

Ein Held hast Du, lieber Vater, nicht sein wollen, ein Abenteurer, ein Don Quijote, ein Cato, ein *tragischer* Held erst recht nicht. Aber Du bist doch dies alles auch und zu seiner Zeit gewesen. Du mußt Dir gefallen lassen: daß wir Dich auch darin lieben, und das heißt, daß wir nichts davon unterschlagen. Vielleicht ist auch dies der größte Tribut, den ich Dir hier leiste: daß ich weiß, daß ich Dich nur mit der vollen ungeschminkten, undiplomatischen Wahrheit loben kann.

Diese am 22. 5. 1961 in Heidelberg gehaltene Rede ist zusammen mit anderen Beiträgen von und über meinen Vater in einem vom Langewiesche-Brandt-Verlag besorgten Privatdruck *Werner Otto von Hentig – Zeugnisse und Selbstzeugnisse* unter dem Titel *Undiplomatisches und Pädagogisches* (1971) gedruckt worden.

5. Altwerden

Eine Rede auf den Vater zu seinem 95. Geburtstag (1981)

Meine Rede zu Deinem 75. Geburtstag, lieber Vater, zog eine Summe – die Summe einer Beziehung zwischen diesem Vater und diesem Sohn. Sie war an einen Mann gerichtet, dessen Leben zwar durch seine Länge und Fülle, ja Überfülle, aber nicht durch Alter geprägt war. Heute, mit 95, bist Du nicht nur nach dem Urteil der Zeitgenossen (die sich gar nicht genug erstaunen können über die Tiefe der Geschichte, in die Deine lebendige Erinnerung zurückreicht) – Du bist auch vor Deinem eigenen Bewußtsein alt. Deine Körperkräfte haben – für Dich schmerzlich – nachgelassen. Du bewahrst zwar Deine Selbständigkeit, Du stehst auf, wenn ein Gast den Raum betritt, du begleitest ihn (wer es auch sei) zur Tür, wenn er geht. Du räumst den Schnee fort, aber Du kämpfst nicht mehr gegen das Unvermeidbare an, Du erklärst Dich und läßt Dir helfen. So ist auch für uns der Augenblick gekommen, mit Dir über das Alter zu sprechen.

Als ich begann, meine Gedanken hierfür zu sammeln, war mir klar: Eine zweite Heidelberger Rede wird es nicht geben; Analyse und Huldigung zugleich wie damals – das geht, wenn überhaupt, nur einmal, sonst war es nicht die Wahrheit. Aber zwanzig Jahre sind ja nicht nichts, bloßes Fortschwingen und Ausklingen des bis dahin gelebten Lebens. Zwanzig Jahre sind mehr als das Doppelte des Lebens, das Dein jüngster Enkel Roger gelebt hat, und das volle Maß des ganzen Lebens Deiner meisten anderen Enkel. Sie sind Euer ganzer Aufenthalt in Seibersbach. Sie sind die ganze Zeit, in der die Bundesrepublik Mitglied der NATO ist. Sie übertreffen das Bestehen der Mauer von Walter Ulbricht.

In diesen zwei Jahrzehnten hat sich das abgespielt, was wir Dein Alter nennen können. Was das ist, ›Alter‹, darüber möchte ich ein wenig mit Dir philosophieren, das tun, was Du Dir hartnäckig versagt hast: das ›interesselose‹, an keinen Zweck, keine Tat, keine Folgen gebundene Nachdenken.

Dem *Zeit*-Reporter Rudolph hast Du gesagt, den Wandel habest Du bewältigen können durch Deine Entschlossenheit, »den Forderungen des Tages gerecht zu werden«. Du hast fortwährend das Notwendige getan, hast fortwährend an Dir gearbeitet, hast fortwährend gelernt. Der Philosoph ›lernt‹ nicht, er ordnet, bewertet, wirft das als zu leicht Befundene ab. Sein Reichtum ist zunehmende Einfachheit der Form, Kargheit der Vorstellungen, Verzicht auf Wirkungen.

›Weniger Diplomat als Politiker‹ lautete 1961 eines meiner Urteile. Ich will nicht recht haben, aber an dem zweiten Teil dieses Urteils, an dem ›Politiker‹, etwas weiterarbeiten, mit dem damaligen Ergebnis wuchern: Der Politiker *muß* Wirkungen tun – wie auch der Pädagoge. Du hast nicht aufgehört zu schreiben, hast Dich und Deine Auffassungen Deinen Gästen, Deinen Kindern, Deinen Nachbarn mitgeteilt, hast die Nachrichten gewissenhaft dreimal am Tage (morgens im Radio, mittags in den Zeitungen, abends im Fernsehen) in Dich aufgenommen und Deiner innerlich fortgesetzten Politik einverleibt. Gewissenhafter und konsequenter kann man in Deinem von Dir nie beendeten Beruf nicht sein.

Dies hatte zwei Folgen: (1) Da diese, Deine ›Politik‹ sich abseits von den eigentlichen Ereignissen vollzog, wurde sie immer unabhängiger, kühner, unannehmbarer für die, die an der Macht sind (oder an einem Teil der Macht, denn die ganze hat heute keiner mehr). Gerne hätte ich gesagt ›anstößiger‹, denn Anstoß wolltest Du ja geben – aber dem sind die anderen ausgewichen. (2) Dir selbst hast Du dadurch versagt, philosophisch zu werden. Die besondere Möglichkeit des ›weisen Alters‹ – eben jenes interesselose Nachdenken über die Welt – wurde von Dir immer weiter aufgeschoben, fand neben Deiner Sorge um den richtigen Lauf der Politik keinen Platz.

Noch einmal: Was ist Alter(n)? Habe ich recht, wenn ich es so eng mit der Philosophie verbinde? Hören wir uns bei den Dichtern und Denkern um.

Max Frisch hat Hunderte von Seiten mit der Wahrnehmung des Alters gefüllt: mit schwierigen Gefühlen, die sich den kaltschnäuzigen Gedanken widersetzen, mit der Angst und dem Ernst und der Preisgabe des Lächerlichen. Er hat sich – in seinem zweiten Tagebuch – eine Gesellschaft zur Förderung des Freitods ausgedacht. Die Mitglieder dieser Gesellschaft verpflichten sich, den Widerwärtigkeiten des (hohen?) Alters würdig zuvorzukommen, indem sie sich rechtzeitig entleiben. Aber wann beginnt das Alter? Wann fängt es an, widerwärtig zu werden? Ein Mitglied gibt den Vereinsgenossen eine ausführliche Liste von Merkmalen des vom nahen Alter ›Gezeichneten‹. Ich wähle einige, eher harmlose, aus:

Der Gezeichnete ertappt sich auf einem neuen Spiel-Ehrgeiz: Ein Sieg in einem körperlichen Spiel (Pingpong, Federball usw.) befriedigt ihn mehr als ein Schach-Sieg.

Sein Bedürfnis, Ratschläge zu geben.

Hat er Anlaß zur Freude, so weiß der Gezeichnete, wie er sich bei solchem Anlaß früher gefreut hätte.

Der Gezeichnete klagt gern über sein schlechtes Gedächtnis – in Fällen, wo es erstaunlich wäre, wenn überhaupt ein menschliches Hirn, auch ein siebzehnjähriges, nicht versagen würde. (Koketterie überhaupt in den frühen Stadien der Senilität.) Das Gedächtnis läßt nicht nach; nur ist es besetzt. Der Gezeichnete erinnert sich wortgenau an ein Gespräch im Zweiten Weltkrieg, hingegen schon schlechter an ein Gespräch von gestern abend.

Daß er an einem Donnerstag meint, es sei Mittwoch, ist schon immer einmal vorgekommen; jetzt aber erschrickt er, wenn es vorkommt.

Der Gezeichnete erwacht immer öfter schon vor Tagesanbruch – zur Stunde der Hinrichtungen – er erwacht daran, daß er überhaupt nicht müde ist. Er wird Frühaufsteher – wozu?

Der Gezeichnete hat ein erstaunliches Gedächtnis. So scheint es ⟨...⟩ Sein Repertoir ist groß genug, um ihn noch gesellschaftsfähig zu erhalten: er überrascht die Zuhörer immer wieder, aber sich selbst fast nie.

Der Gezeichnete ist verwundert, wie wenig Energie die Jungen haben. Sobald sie zu etwas keine Lust haben, ist von jungen Leuten wenig zu erwarten; zum vollen Einsatz bringt sie immer nur die Erwartung von Lust. Meint der Gezeichnete, daß er an Energie die meisten Jungen übertreffe, so täuscht er sich nicht. Mehr und mehr Dinge, die einfach getan werden müssen, damit man lebt, tut der Gezeichnete nicht nur ohne Lust, sondern auch ohne Erwartung von Lust; dadurch wird ihm seine Energie bewußt (die er für Vitalität hält). ⟨...⟩ Wie könnt Ihr, denkt er mit Vorwurf, tagelang so herumlungern! Das könnte der Gezeichnete nicht: Nur dem Genuß nachgehen – dazu reicht seine Genußfähigkeit nicht mehr.

Wer genau hinsieht, wird nicht hoch vom Alter denken können, und dabei macht es wenig aus, ob er der Angst der anderen nachgeht oder der eigenen. So jedenfalls sieht es der Vereinsgenosse:

Niemand will wissen, was ihm im Alter bevorsteht. Wir sehen es zwar aus nächster Nähe täglich, aber um uns selbst zu schonen, machen wir aus dem Altern ein Tabu: Der Gezeichnete selber soll verschweigen, wie widerlich das Alter ist.

Das Gebot, das Alter zu ehren, stammt aus Epochen, als hohes Alter eine Ausnahme darstellte (siehe Statistik). Wird heute ein alter Mensch gepriesen, so immer durch Attest, daß er verhältnismäßig noch jung sei, geradezu noch jugendlich. Unser Respekt beruht immer auf einem *Noch* (›noch unermüdlich‹, ›noch heute eine Erscheinung‹, ›durchaus noch beweglich in seinem Geist‹, ›noch immer imstande‹ usw.). Unser Respekt gilt in Wahrheit nie dem Alter, sondern ausdrücklich dem Gegenteil: daß jemand trotz seiner Jahre noch nicht senil sei.

Weil Altern in unserer Gesellschaft ein Tabu ist, daher als innere Erfahrung kaum zur Sprache kommt, hingegen mit allen körperlichen Anzeichen öffentlich in Erscheinung tritt, neigen wir dazu, in erster Linie die körperlichen Anzeichen zu fürchten – die bekannten Alters-Erscheinungen: Ausfall der Zähne, Glatze, Säcke unter den Augen, Runzeln, Gebrechen usw., eben was der Umwelt sichtbar wird trotz Tabu.

Eine Zeitlang ist Selbsttäuschung möglich. Merken die anderen nach und nach den Zerfall einer Person, so zeigen sie es der Person meistens nicht, im Gegenteil: Sie ermuntern zur Selbsttäuschung auf alle Arten (Reden zum Geburtstag, Wahl zum Ehren-Präsidenten usw.).

Max Frisch philosophiert nicht über das Alter, sondern über das Alter*n*. Er philosophiert als der noch junge Geist über den schon gebrechlich werdenden Körper. Bald wird auch der Geist nicht mehr auf sich selbst gespannt sein, wird korrumpiert, wehleidig, seltsam und durch all dies unphilosophisch werden. Gutes sieht Max Frisch nicht voraus.

Vielleicht ist dies seine Weisheit: Der Mensch blicke seiner Schwäche ins Auge; er täusche sich nicht! – Dich, lieber Vater, den Preußen und Asketen, den, der alle Genossen des

Vereins für den rechtzeitigen Freitod an Alter und Verachtung für dieses weit übertrifft, belehrt Max Frisch nicht mehr.

Gibt es bei anderen bessere – auch Dir nützliche – Belehrung?

Ich weiß nicht, ob es ein Volk gibt, das das Alter wirklich ehrt – so nämlich, daß es allen als die erstrebte, die kostbarste Zeit ihres Lebens erscheint. Mein Verdacht ist, daß beispielsweise die Chinesen zwar *das* Alter ehren, aber *die* Alten in erster Linie fürchten oder gefürchtet haben – und diese Furcht haben sie in Achtung verwandelt, um sie besser auszuhalten. Die *senectus* und die γηραιότης (samt Gerusie) hat man ebenfalls ›respektiert‹. Alter war für die Griechen und Römer Voraussetzung für Erfahrung, für Erfahren-Sein. Wer lange gelebt hat, kennt die Welt, wie sie ist – Jahrtausende hindurch ein Gemeinplatz, heute fraglich, weil das Leben sich schneller ändert, als Menschen lernen können. Alt geworden sein hieß einst auch ›Geprüft-sein‹. Ödipus auf Kolonos ist ein Leidensmann wie King Lear, und was sie beide über die anderen hinaushebt, ist die am Leid erworbene Unerschrockenheit gegenüber dem Leid. (Cicero sagt freilich auch: »senectus ipsa morbus est«!)

Alter war für alle Menschen immer auch Hoffnung auf Muße. Die Dichter und Denker der Antike haben nicht aufgehört, uns *diese* zu preisen.

Sehen wir uns das an: ›Erfahren-Sein‹, »Sich-in-der-Prüfung-Bewähren‹, ›Weise-Werden‹ – das liegt ja nicht in unserer Hand. Aber das *carpe diem,* um ihn, den flüchtigen Tag, so oder so zu nutzen, darüber verfügen wir selbst: bis zum letzten Tag unseres Lebens. In Senecas Briefen an Lucilius lesen wir:

Die Mehrzahl der Sterblichen klagt über die Ungunst der Natur, weil wir nur für eine kurze Lebensdauer geboren würden. ⟨...⟩ Auch berühmten Männern hat dieser Zustand Klagen entlockt. So ruft der größte der Ärzte (Hippokrates) aus: »Das Leben ist kurz, die Kunst lang.« Und Aristoteles, mit der Natur hadernd, tut die einem Weisen sehr wenig angemessene Äußerung: Die Natur habe die Tiere so sehr begünstigt, daß sie es bis zu fünf oder zehn Jahrhunderten brächten, dem Menschen aber, zu so vielem und Großem geboren, sei ein so viel näheres Ziel gesteckt. Wir haben nicht zu wenig

Zeit, aber wir verschwenden zu viel davon. Auch zur Vollbringung der größten Dinge ist das Leben lang genug, wenn es nur gut angewendet wird. ›Das heißt: wenn man es nutzt.‹

Ihr lebt, als würdet ihr immer leben: niemals kommt euch in den Sinn, wie karg ihr ›mit Zeit‹ bedacht seid.

Man kann die meisten sagen hören: »Vom fünfzigsten Jahre an will ich mich in den Ruhestand zurückziehen« oder: »Das sechzigste Jahr soll mich von allen Geschäften losmachen.«

Aber:

Wieviel zu spät ist es doch, dann erst zu leben anzufangen, wenn man aufhören soll! Welch törichtes Vergessen der Sterblichkeit ist es, vernünftige Vorsätze auf das fünfzigste oder sechzigste Jahr hinauszuschieben und das Leben erst da beginnen zu wollen, wohin es nur wenige bringen!

Der göttliche Augustus, dem die Götter mehr als irgendeinem gewährten, hörte nie auf, sich Ruhe zu erflehen und um Befreiung von der Staatsverwaltung zu bitten. Seine Rede kam stets darauf zurück, daß er sich Muße erhoffe. Mit diesem, wenn auch irrigen, so doch süßen Trost, daß er einst sich selbst leben werde, erleichterte er sich seine Mühen.

Cicero, der sich mit Leuten wie Catilina und Clodius, Pompejus und Crassus abgab, teils offenbaren Feinden, teils zweifelhaften Freunden, ⟨. . .⟩ wie oft verwünschte er gerade sein Konsulat, das zwar nicht ohne Grund, aber ohne Maß gepriesen wird?

Es ist überflüssig, noch weitere Personen zu erwähnen, die, während sie andern überaus glücklich erschienen, gegen sich selbst ein wahreres Zeugnis ausgestellt haben: daß ihnen der ganze Verlauf ihrer Jahre verhaßt war. Doch durch solche Klagen haben sie weder andere geändert, noch sich selbst.

Und Seneca endet:

Schande über den, dem der Atem ausgeht, während er hochbejahrt vor Gericht als Anwalt gänzlich unbekannter Prozeßgegner den Beifall des unverständigen Publikums sucht; schändlich der Mann, der eher des Lebens, als seines mühevollen Treibens satt, mitten in seiner Dienstgeschäftigkeit zusammensinkt; schändlich der, den, wenn er mitten in seinen Abrechnungen stirbt, der lange hingehaltene Erbe verlacht! Hier kann ich ein Beispiel, das mir eben einfällt, nicht übergehen. Turannius war ein Greis vom pünktlichsten Fleiß. Als er über neunzig Jahre alt war, erhielt er von Cäsar ohne sein Ersuchen die Entlassung von seinem Verwaltungsposten; da ließ er sich auf das

Bett legen und von der umherstehenden Dienerschaft wie einen Verstorbenen bejammern. Sein ganzes Haus betrauerte die dem greisen Gebieter gewordene Muße und endete seine Trauer nicht eher, als bis ihm sein mühevolles Amt zurückgegeben war. Macht es denn eine so große Freude, mitten in Geschäften zu sterben?

Mag sein, daß man ein Verächter der Geschäftigkeit wird, wenn man sich von Kindheit an mit solcher Philosophie genährt hat. Ich freilich glaube das nicht. Man wird so nur denken, wenn man so denken *will* – in Zeiten, in denen Politik, Entscheidung, Tat nichts mehr ausrichten. Seneca hat in einer kaputten Welt ein kaputtes Leben gelebt. Er konnte nur noch schöne Gedanken aufschreiben und mit bedeutender Geste sterben – und auch das ist ihm fast mißlungen. Ich bin froh, daß Du, lieber Vater, nicht aufhörst, an die Möglichkeit der Politik zu glauben, an die Notwendigkeit, Unsinn und Unrecht zu bekämpfen, an die Pflicht, den Tag für die Tat zu nutzen. Aber darin hat Seneca wohl doch recht: daß es wirkungslose Tat gibt, leere Betriebsamkeit, einen tönenden Selbstbetrug – Briefe an Redaktionen schreiben, die nicht lesen; Prozesse führen, in denen man sein Kostbarstes verliert – Zeit und Seelenruhe –, um Plunder und Prinzipien zu retten; Menschen in der Macht belehren wollen, die diese ihrer Unbelehrbarkeit verdanken; ja auch seinen Ruhm mehren, der, wenn er einmal groß war, doch nur unbeschädigt bleiben muß, nicht aber wirklich vermehrt werden kann – der höchste Sprung wird nicht höher dadurch, daß ich ihn ständig wiederhole.

Das ganze Gegenteil tut *Die unwürdige Greisin*. So hat Bertolt Brecht die Geschichte von den letzten zwei Lebensjahren seiner Großmutter überschrieben. Es ist ein ebenso dichter wie lichter Bericht, und es ist sträflich, sich, wie ich das jetzt tue, mit der Pointe zu begnügen (und einigen wenigen Sätzen, über die man zu ihr gelangt) – man sollte ihn hier ganz lesen.

Sie war zweiundsiebzig Jahre alt, als Brechts Großvater starb, eine kleine Person mit lebhaften Eidechsenaugen, die im Dienst an ihrem Mann und ihren fünf Kindern immer kleiner geworden war. Sie blieb allein in dem geräumigen Haus, nahm niemanden zu sich auf und weder Hilfe noch

Ratschläge an, ließ sich aber gefallen – weil der Verkauf der lithographischen Werkstatt ihres Mannes wenig erbrachte – daß die Kinder ihr Geld für ihren Unterhalt schickten. Nun begab sie sich jeden zweiten Tag ins Gasthaus zum Essen, sie besuchte das Kino (wo sonst nur Halbwüchsige hingingen und, des Dunkels wegen, Liebespaare); sie mied die geselligen Ereignisse des Städtchens; man sah sie statt dessen in der Werkstatt eines Flickschusters, von dem es hieß, er trinke, und bei dem allerlei nicht besonders respektable Leute herumsaßen – stellungslose Kellnerinnen und Handwerksburschen. Dort hatte sie ihre Flasche Rotwein, aus der sie ein Gläschen zu sich nahm, den anderen brachte sie mitunter stärkere Getränke mit. Der Flickschuster war in der Welt herumgekommen. »Er hat etwas gesehen«, antwortete sie kühl auf die Vorhaltung ihrer Kinder. Eines Tages soll sie eine große Kutsche bestellt haben; sie sei mit dem halb schwachsinnigen Küchenmädchen des Gastwirts in die nächste größere Stadt gefahren – zwei Eisenbahnstunden entfernt – und habe sich das Pferderennen angesehen. Dem armen debilen Mädchen kaufte sie einen Hut mit Rosen. Gern ging sie in den Frühstunden durch die Straßen, wenn sie diese für sich allein hatte. Sie schien sich wohl zu fühlen.

Sie starb ganz plötzlich eines Nachmittags auf ihrem Stuhl in ihrem wie immer wohlaufgeräumten Haus. Brechts letzte Sätze beim Betrachten ihrer Photographie lauten:

> Man sieht ein winziges Gesichtchen mit vielen Falten und einen schmallippigen, aber breiten Mund. Viel Kleines, aber nichts Kleinliches. Sie hatte die langen Jahre der Knechtschaft und die kurzen Jahre der Freiheit ausgekostet und das Brot des Lebens aufgezehrt bis auf den letzten Brosamen.

Was Brecht uns mit der Geschichte sagen will, beginnt man schon auf der ersten Seite zu ahnen: Das Alter, der Tod des Mannes, das Aufhören der Pflichten, das Bewußtsein, ihr Teil getan zu haben, die selbstverständliche Inanspruchnahme der Unterstützung durch ihre Kinder – sie haben Frau B. befreit. Sie hat fortan getan, was ihr Freude machte. Das war wenig und genügte doch, die anderen zu empören. Was diese am Leben der alten Frau ›unwürdig‹ fanden, war die

Wahrnehmung der Fesseln des eigenen. Solange wir für eine Familie zu sorgen haben, solange ›unsere Anna‹ noch kein Kommunionskleid hat, solange wir für unser Geschäft bangen, müssen wir uns zusammennehmen – unsere Mittel, unsere Wünsche, unsere Zuwendung. Ein Geschenk an jemanden, dem wir nicht verpflichtet sind, ein Besuch im Kino, eine Fahrt mit der Kutsche – das ist ›hinausgeworfenes Geld‹, und hinausgeworfenes Geld ist der Inbegriff von Unverantwortlichkeit.

Brechts Großmutter war großmütig geworden auch sich selbst gegenüber. Daß sie es nicht übertrieb, macht die Geschichte für uns alle lehrreich. Ein paar Extravaganzen und Launen mehr, und Frau B. würde aus einer unwürdigen, und das heißt Anstoß erregenden, zu einer irren, und das heißt allenfalls bemitleidenswerten, Greisin. So, wie sie es treibt, scheint sie uns zu sagen: »Vielleicht könnt ihr jetzt noch nicht sein, wie ihr sein wollt; es gibt zuviel zwingende Gewohnheit, zuviel Erwartung, zuviel Notwendigkeit, die euch hindern. Aber, wenn ihr alt seid, verwitwet, allein, dann kommt die Zeit, wo ihr aus der Verantwortung für die anderen und ihre Ordnungen entlassen seid und nur noch vor euch selbst bestehen müßt. Seht zu, daß ihr euch dafür noch ein Stückchen Selbst bewahrt!«

Ich denke, daß die meisten Menschen sich die Lust auf diese Freiheit nicht bewahrt haben: Sie halten ihre Dinge ohne Not und Zweck weiter zusammen, und das macht sie zu den sprichwörtlichen geizigen Alten.

Ich habe gesagt: Die Geschichte sei für uns alle lehrreich. Auch für Dich? Du hast Dich schon in jungen Jahren und vollends im Mannesalter nicht um die Erwartungen der anderen gekümmert. Am Materiellen wurde in Deinem Haus immer gespart, aber die Geschenke an andere waren ärgerlich großzügig und ›unverantwortlich‹: an hoffnungslose Hungerleider, an Sonderlinge, an verkommene, gar versoffene Genies, und dies ohne Rücksicht auf die Bedürfnisse, die die Familie zu haben behauptete. Ein Heim für arabische Waisenkinder in Israel, einen afghanischen Schneidersohn, der in Deutschland Medizin studieren sollte, die widerständige, ganz und gar inopportune Zeitschrift *Neue Politik* hast Du unterstützt, als seist Du Krösus oder Krupp. Deine Ideen über die Notwendigkeit eines Friedensabschlusses oder zur Palästinenserfrage oder zur Abrüstung richteten sich ausschließlich an Deinen begründeten Überzeugungen aus; sie suchten bei niemandem Anlehnung und Anschluß; weil die anderen abhängig dachten, gelangen ihnen keine dauerhaften Lösungen – weil Du unabhängig dachtest, hatten Deine Lösungen keine Chance, verwirklicht zu werden. Du warst Deiner selbst unbeirrbar sicher – ob Du nun kleine, mit unangemessenem Eifer verfolgte Nazis verteidigtest oder Deine sonst unnütze Leiche der Anatomie vermachtest (ohne Schonung der Gefühle der Hinterbliebenen und mit dem Hintergedanken: Dann werde es, ätsch, keine Beerdigungsfeier geben, bei der das Auswärtige Amt einen Kranz und gedankenlose Worte ablegt; es solle gefälligst in Deiner Schuld bleiben!)

Warst Du also schon immer so unabhängig wie die Brechtsche Greisin, so daß das Alter Dir jedenfalls diese Freiheiten nicht mehr schenken kann? Wenn aber nicht diese, welche anderen? Ich denke, Du hast Deine Rolle auch geliebt, hast einer Vorstellung von Dir selbst ›gedient‹ – der des freigebigen Gönners, des nibelungentreuen Kampfgefährten, des unbequemen Beamten, des in jeder Lage Unerschrockenen. *Si fractus illabatur orbis / impavidum ferient ruinae* (»Wenn die Welt zusammenstürzt, werden ihre Trümmer einen Unerschütterlichen erschlagen«) – diese Zeilen von Horaz hast Du gerne, wenn auch falsch, zitiert: *ferent* »sie werden tragen = übrig lassen« statt *ferient* »sie werden schlagen«. Du wolltest stark sein, und daß man es ist, beweist man sich daran, wie sehr man den anderen trotzt. Vielleicht aber steckt unter diesem Panzer noch ein anderer Werner Otto von Hentig, sind andere Wünsche zu erlösen, kann auch der Zwang zur Unabhängigkeit abgeschüttelt werden und ein mit sich freundliches, ein zu nichts verpflichtetes, heiteres, beruhigtes, unverantwortliches Selbst hervortreten?!

Ich sehe mich noch einmal nach Hilfe um. Max Frisch schätzt das Alter nicht, und das gerät ihm zur Menschenverachtung. Seneca schätzt das Alter hoch, und auch das gerät ihm zur Menschenverachtung. Von ihnen kann auch ich in dieser Frage nicht gut lernen. Bertolt Brecht gibt dem Menschen im Alter eine Chance, gerade wenn sein voraufgehendes Leben unfrei war, und wenn er weiß, wozu er sich befreien will. Wenn man aber schon ›frei‹ gelebt hat – woher nimmt man dann den entbindenden Zweifel, den Verdacht gegen die eigene ›Rolle‹, das Wissen von einer geheimen, jetzt endlich zu vollziehenden Möglichkeit? Was ist das Alter dann?

Ein anderer Dichter unserer Zeit hat das Alter noch einmal ganz anders wahrgenommen – Gottfried Benn. In einem schillernden, zwischen Schwermut und Leichtsinn wechselnden, nein spielenden Vortrag über *Altern als Problem für Künstler* mustert er etliche Vermutungen über das Verhältnis zwischen dem Geniestreich der Jugend und dem Alterswerk und liefert am Ende die Theorie all seiner Probanden dem Spott aus – seinem eigenen Spott, dem Spott eines anders Altgewordenen. Wie sie sich da alle widersprechen, die klugen Leute, die wissen, daß sie im Laufe ihres Lebens immer bessere Künstler geworden seien, und die, die in ihrer Jugend »ein betäubendes Ereignis waren« und dann immer nur weiterschrieben! Für Goethe war Altwerden selbst »ein neues Geschäft«: »Alle Verhältnisse ändern sich, und man muß entweder zu handeln ganz aufhören oder mit Willen und Bewußtsein das neue Rollenfach übernehmen.« Und gar am Ende des Lebens, da »gehen dem gefaßten Geist Gedanken auf, bisher undenkbare, sie sind wie selige Dämonen, die sich auf den Gipfeln der Vergangenheit glänzend niederlassen«. Man versteht sofort, daß Benn solche Sprache eher einleuchtet, auch wenn er dem Gedanken mißtraut. Mit der medizinischen Formel, »Alter sei kein Abnutzungsvorgang, sondern ein Anpassungsvorgang«, kann er nichts anfangen – und schon gar nicht mit dem Befund der Kunst- und Literaturgeschichtler: von »Heiterkeit« und »Milde« über »Durchseeltheit« und »Vergeistigung« zu »Versteinerung« und am Ende »Klassizität«.

Vom Inneren des Künstlers her sieht das ganz anders aus: allerlei peinliche und peinigende Leiden, Eifer und Eifersucht, Geiz und Gram, Hochmut und Sentimentalität. Und daneben rasende Verliebtheit, rasender Selbstzweifel, rasende Selbstzerstörung. Dies sind nicht Benns Worte; es sind die Abdrücke, die seine Berichte in meinem Gemüt hinterlassen – Berichte über das, was er in den Briefen und Beichten der Künstler findet – von Flaubert, von Leonardo, von Gide.

Selber irritiert, besteigt der prüfende Poet schließlich einen imaginären giftgrünen Hubschrauber, »um herunterzusehen auf das, was nicht mitgenommen werden kann von den Menschen, von der Erde«. Und schon beim Abheben sieht er: »Sehr viel Liebe zu den Menschen kommt nicht mit herauf.« Dagegen viel Anlaß, sich über sie lustig zu machen oder sich ihrer zu schämen. Je höher er gelangt, um so weniger lohnt sich mitzunehmen, nicht jedenfalls die großen Imperative, die *virtutes*, die Gebärden der Kunst, die Ansprüche der Philosophie, der Sprache, des Stils.

Im Hubschrauber ist ein Radio einmontiert. Es spielt gerade einen Schlager aus dem Film *Moulin Rouge*, ich zittere bei dieser Melodie: Ein Schlager von Klasse enthält unter Umständen mehr Jahrhundert als eine Motette, und ein Wort wiegt schwerer als ein Sieg.

Schließlich gelangt er bei sich an, stellt sich selbst auf die Probe:

Der Alte betritt sein Atelier, kahler Raum, großer Tisch, bedeckt mit Zetteln und Notizen. Er tritt heran: Wie soll ich das verwenden – Essay, Lyrik, Dialog – daß die Form in dem Inhalt geboren wird, ist auch eine kunstphilosophische Illusion, ich kann dies dort verwenden oder hier, ich färbe, ich verstricke, ich installiere, es geschieht alles, wie ich es will, ich durchschritt meinen Anfang, und ich durchschreite mein Ende, *Moira*, den mir zugemessenen Teil – nur eins steht fest: Wenn etwas fertig ist, muß es vollendet sein – allerdings: Was dann?

Die Frage wird nicht beantwortet; sie wird auch nicht verbannt; sie kehrt wieder – und sie bleibt immer so leicht wie eben: aufgehängt an einem ›allerdings‹. Zur Bestätigung nimmt er sich die berühmtesten Alterswerke vor, die *Novelle*, den zweiten Teil des *Faust*:

... alle diese Chöre, Greifen, Lamien, Pulcinellen, Imsen, Kraniche und Empusen, alles summt und brummelt vor sich hin und flötet in die Elfenkreise und Sternenkränze und selige Knaben. Wo kommt das alles eigentlich her, das schwebt doch völlig im Imaginären, das ist ja Tischrücken, Telepathie, Schrulligkeiten, da steht einer auf einem Balkon, irreal und unbeweglich, und bläst hell oder dunkel gefärbte Seifenblasen, immer neue Tonpfeifen und Strohhalme zaubert er hervor, die bunten Kugeln abzublasen – ein großartiger Balkongott, Antike und Barock noch implantiert, Wunder und Geheimnisse um seine Schöße. ... Wie viele Stunden meines Lebens habe ich vor dem Satz des Balkongotts verbracht, ihn gedreht und gewendet, hören Sie den Satz: »Auf ihrem höchsten Gipfel scheint die Poesie ganz äußerlich. Je mehr sie sich ins Innere zurückzieht, ist sie auf dem Wege zu sinken.« – Was soll das heißen? Ich muß also mein Inneres verleugnen, düpieren, Farcen mit ihm treiben, dies ist die Voraussetzung für Poesie, was ist diese dann eigentlich noch? Zaubern, Seiltrick, Nichts und darüber Glasur?

Ein wirkliches Ende haben diese Gedanken nicht. Sie können irgendwo aufhören, sind keine Gedanken über etwas, sondern Ausdruck von etwas.

⟨...⟩ wahrscheinlich bin ich zu alt, um das noch zu entwirren, Müdigkeit, Melancholie, Marasmus umwölkt mein Haupt.

Dies ist weder Klage noch Anklage noch Selbstmitleid. Es ist die Annahme seiner selbst:

»Sich irren und doch seinem Inneren weiter Glauben schenken müssen, das ist der Mensch und jenseits von Sieg und Niederlage beginnt sein Ruhm« – ja, er würde diesen Satz noch einmal schreiben, wenn er noch einmal begönne – selbst wenn er verführte, selbst wenn er verfälschte – welcher Satz der Erkenntnis wäre ohne Schuld? Ich habe gearbeitet, wie ich das Abendland mir gegenüber sah, ich lebte, als ob der Tag da wäre, mein Tag. Ich war, der ich sein werde.

Altern ist für Benn ein Zerfall, aber ein köstlicher: Schwebe, Unberechenbarkeit, Selbst- und Nur-ich-selbst-Sein bis zum Egoismus – und diesen genießen, Abwegigkeit wagen ohne Angst und jenseits von Reue, Geborgenheit weder haben noch brauchen. Im Zerfall zeigt sich, was der Kampf um das Leben verdrängt: Wahrheit. Sie ist nicht immer schön, aber darauf kommt es nicht mehr an. Dekadenz, das heißt: *sich* fallen *lassen* in das heimlich Ersehnte, dem man zeitlebens hat Gewalt antun müssen: etwas mehr Süße, etwas mehr Trivialität, etwas längerer Schlaf, etwas mehr Güte mit sich selbst – das hat man sich ›in Wahrheit‹ doch immer gewünscht. Alt werden *und* dies wissen ermöglicht Gelassenheit – Gelassenheit gegenüber dem schlechten Gewissen und dem guten Geschmack und der unerbittlichen, mißgelaunten Gerechtigkeit.

Nicht: Das Alter macht philosophisch. Es ist selber ein philosophischer, nämlich offener, befreiter Zustand. Man ist der Bewährung, des Rechthabens, der Verantwortung enthoben und kann darum Wahrheit aushalten. ›Kann‹, wenn man nicht den Ehrgeiz, die Prinzipien, die pädagogischen Gebärden aus den Zeiten davor mitgenommen hat. Das Alter ähnelt der Kindheit; während diese ausgreifend philosophiert, philosophiert das Alter sammelnd und verdichtend.

Du spürst, lieber Vater, daß ich es mit Benn halte. Ich wünsche mir jedenfalls, daß ich selber dereinst wenigstens seiner Haltung fähig sein werde – die leichte Melancholie eingeschlossen, denn sie bewahrt vor Bitterkeit. – Ob ich dies auch Dir wünschen kann?

Daß Du nicht philosophierst, sondern die handelnde und irrende Welt an die Kandare Deines Denkens, Deiner Überzeugungen, Deines Wissens nimmst, war meine Prämisse. Sie mag Dir mißfallen haben. Aber jetzt kannst Du sehen, daß es auf ihre Richtigkeit nicht ankommt. Nicht, ob Du philosophierst, ist wichtig, sondern, ob Dein Lebensalter dies zuläßt/zuließe – und wenn ja, ob Du Dich ihm hingeben willst: dem Zustand, in dem nichts als die Wahrheit zählt und in dem die Wahrheit nicht aufreizt, nicht herausfordert, nicht beschämt, das Gewissen nicht quält. Sie tut nur noch eines: Sie interessiert und stillt zugleich das Interesse.

Die Wahrheit kann selber sehr vielgestaltig sein. Ist sie nicht stets der Gegensatz zu dem, was schon enthüllt vor einem steht? – ein verschleiertes Bild, eine ἀλήθεια, ›Unvergessenheit‹, wie die Griechen selber diesen Ausdruck etymologisierten: das, was man erkennt, wenn man den Schutt abgeräumt, die »Entbergung« (wie Heidegger übersetzt) vorgenommen hat.

Für Dich stelle ich mir vor:

1. die Wahrheit, daß die Deinen Dich lieben, daß dies wohltuend und Dir wichtig ist, daß nach Streit Versöhnung möglich ist;

2. die Wahrheit, daß die Deinen alle gesund, Deine Enkel wohlgeraten, Deine große Familie mit Dir im Frieden ist;
3. die Wahrheit, daß es für Deine liebe Frau lebensnotwendig ist, daß Du an ihrer Seite bist und daß Ihr Euch gegenseitig braucht und Sinn gebt;
4. die Wahrheit, daß die Sonne angenehm scheint und für den Augenblick etwas Bedeutenderes nicht geschieht;
5. die Wahrheit, daß es nicht darauf ankommt, wer jetzt gerade im Besitz wovon ist, wer jetzt was bestimmt, jetzt worüber verfügt, jetzt woran Schuld sein könnte;
6. die Wahrheit, daß Nicht-mehr-alles-genau-sehen-können ein Schutz vor Belästigung, eine Beruhigung sein kann;
7. die Wahrheit, daß dies ein schönes Haus ist, ein Zeugnis Deiner Lebenskultur, Deines Geschmacks, Deiner Umsicht und Ökonomie (wenigstens in dem Maß, in dem Du sie Deinen Kindern vererbt hast);
8. die Wahrheit, daß Dein Leben Widerhall findet bis in seine späten Stunden, auch wenn dieser Widerhall ein anderer ist als der, den Du Dir gewünscht, an dem Du gearbeitet hast;
9. die Wahrheit, daß man Dir die Wahrheit zumuten kann – Dir noch heute solche Reden halten darf, die nicht nur erbaulich sind;
10. die Wahrheit, daß das Leben währt, solange es währt, daß man den Tod nicht fürchten muß, wenn man, wie Du, auch sonst nichts gefürchtet und dem Augenblick stets ganz das Seine gegeben hat – wie hoffentlich von nun an dem Alter: die Chance seines Friedens.

Welche Fülle unbestreitbarer, wohltuender, rettender Wahrheit!

Ein bisher unveröffentlichter Text.

6. Fast ein Gelehrter

Eine Selbstdarstellung vor der Philosophischen Fakultät in Göttingen (1963)

Spectabilis, meine verehrten Herrn Kollegen,
die Studienvita eines Pädagogen wird wohl allemal auf seine eigene Schulzeit zurückgehen, als er noch Objekt der Pädagogik und noch nicht Subjekt ihres Studiums war. Aber mag sonst in diesem beharrlichen Rückgang auf die ungewollten, un-studierten Anfänge ein gewisser dogmatischer Eigensinn, mitunter eine handfeste Romantik liegen: In meinem Fall ist er notwendig, denn ein ordentliches Studium der Pädagogik habe ich nicht durchgemacht. – Da ich jedoch auch meine Person und nicht nur den Ordinarius vorstellen soll, den Sie aus mir gemacht haben, bleibe ich innerhalb meines Auftrags, wenn ich von dem rede, was mich im anderen Sinn zum Pädagogen gemacht hat.

Da ist zunächst mein Erbteil: Der Großvater mütterlicherseits, von Kügelgen, Nachfahre des Onkels des berühmten ›Alten Mannes‹, war Nervenarzt und Anstaltsleiter in Reval; die eigene Mutter ist noch heute Leiterin eines Heims für mongoloide Kinder; eine Schwester unterhält und leitet eine private Internatsschule auf der Insel Wörth im Staffelsee; ein Bruder leitet das große von dem Anthroposophen König gegründete Heim für geistesgestörte Kinder in Irland; ich selbst bin nach einer Schwester der älteste unter meinen zehn Geschwistern . . .

Auf der väterlichen Seite sieht es weniger ›pathologisch‹ aus. Mein Vater ist Preuße und Diplomat, was er beides in erster Linie für *Eigenschaften* – ja – und beides für eine pädagogische Verpflichtung hielt. Die Landschaft meiner Kindheit liegt irgendwo zwischen Sparta und Kosmopolis.

Amerika und manches andere Land kam hinzu. Ich habe dreizehn verschiedene Schulen besucht, von denen nur drei in Deutschland lagen:

– eine Dorfschule mit 28 Kindern und einem Lehrer in Landin über Rathenow im Havelland;

– ein Progymnasium in Garmisch-Partenkirchen mit schwarz geölten Fußböden und schwarzberockten priesterlichen Lateinlehrern;
– und das Staatliche Französische Gymnasium in Berlin, an dem ich im Frühjahr 1943 mit dem Rest unserer Klasse Abitur machte: mit zwei Söhnen von ausländischen Diplomaten, einem Mädchen und zwei ›Halbjuden‹.

Am Tag darauf, um 5 Uhr früh, folgte ich der Einberufung, und zwei Jahre später – wenige Wochen vor dem Zusammenbruch – wurde ich Leutnant ›meines Führers‹.

Mein Studium in des Wortes unmittelbarster Bedeutung begann im amerikanischen Gefangenenlager, erst Böhl-Iggelheim, dann Heilbronn. Die Wahl meines Faches danke ich dem tiefen Eindruck, den ein Offizier im Lager auf mich machte; er las mit einer Gruppe von Freunden Platons *Symposion*, später den *Phaidon* aus einer Feldpostausgabe – in Schleiermachers Übersetzung. Was da stand und was jener Mann daraus machte, mehr noch, was es aus ihm machte, erschien mir als eine äußerste und gleichwohl auch mir erreichbare Möglichkeit des Menschen. Als ich 12 Jahre später meinen ersten Posten als Studienassessor am Uhland-Gymnasium in Tübingen antrat, da war es, um die Stelle zu füllen, die eben jener Mann verließ, um Rektor eines Stuttgarter Gymnasiums zu werden! So schloß sich ein erster Kreis.

Der zweite war etwas weiter gezogen. – Die väterliche Tradition bestimmte mich eigentlich zum Juristen und zum mindesten zu einem politischen Beruf. Aber gerade an meinem Vater konnte ich lernen, daß Politik als Beruf in dieser Zeit nicht mehr bedeuten konnte: das Durchsetzen von heilsamen, vernünftigen Ordnungen mit den Mitteln der Diplomatie. Sie fällt vielmehr zunehmend auseinander in Verwaltung einerseits und *politics* andererseits. Zu beidem fühlte ich mich weder begabt noch hingezogen. – Zugleich aber begann ich mich während meines inzwischen in Göttingen begonnenen Studiums der Alten Sprachen mit anderen Formen politischen Wirkens vertraut zu machen: mit dem Gespräch und dem Schreiben. Und die Möglichkeit, gerade auch darin einen politischen *Beruf* zu finden, ging mir auf, als ich in einem Seminar von Herman Nohl den Erzieherstaat Platons kennenlernte. Wenn ich im nächsten Semester ein Seminar über »Erziehung und Politik bei Platon« abhalten werde – zu Füßen von Herman Nohls Bild, an eben der Stelle, an der er selber gesessen hat – dann wird sich der zweite Kreis geschlossen haben.

Mein Studium gelang mir zunächst schlecht. Ich hatte nicht genug Griechisch gelernt, hatte das wenige in den Kriegsjahren wieder vergessen, und wurde nicht dazu angehalten, diesen Mangel zu erkennen, geschweige denn, ihn zu beseitigen. (Hier läge der biographische Ansatz für mein Interesse an Hochschulreform!) – Ich wich erst in die Töpferei, dann nach Amerika aus.

Ein Stipendium, das ich buchstäblich (anhalternd) auf der Straße auflas, führte mich – nach sechs Semestern reichen, aber wirren Studiums – an ein kleineres Liberal Arts College in Pennsylvania. Es stand in der Obhut einer tapferen, politisch und sozial aufgeschlossenen Pazifistensekte. Dort lernte ich im wesentlichen ›Americana‹ (Amerikanische Geschichte, Literatur, Sprache, *debating*) auf eine schulisch-strapazierende Weise, dazu alles, was ich glaubte, hier geschmeidiger, pädagogischer geboten zu bekommen als in Europa: *social sciences* von US-Government und *international affairs* über Soziologie, Psychologie, Ökonomie und Ökologie bis hin zur Pädagogik.

Werner Jaeger bemühte sich derweil um ein Stipendium für mich an der Harvard University.

Auf der großen Feier zu Goethes 200. Geburtstag in Aspen, lernte ich die Matadoren der University of Chicago kennen und war so beeindruckt, daß ich beschloß, nach meinem *Baccalaureus Artium* dort weiter zu studieren. Ich erschrieb mir ein Stipendium, kehrte damit zu den Alten Sprachen zurück, deren Sinn in einer neuen Welt mir an ihrem Fehlen aufgegangen war, und blieb in ständiger *competition* um das Stipendium drei Jahre dort. Im Sommer 1953 legte ich die Prüfung für den *Philosophiae Doctor* ab mit einer Dissertation über *Werturteile bei Thukydides*.

Zu meinem Thema hatten mich in einem der ersten Kurse der demokratische Hochmut meiner Kommilitonen und ein Aufsatz von Paul Shorey über *Implicit Ethics and Psychology of Thucydides* provoziert: Mir war es ganz gewiß, daß die vordergründige Kritik an dem ›verkappten Oligarchen‹ und der Vorwurf eines *ethical positivism* gründlicherer Prüfung nicht standhalten würden.

Nach meiner Rückkehr wurde ich Lehrer am Landerziehungsheim Birklehof. Picht und Platon übernahmen für eine Zeit die Führung. Ich habe dort die Liebe zu meinem Beruf gefaßt. Aber ich habe ihn – der ja auch ein Handwerk ist – dort nicht ›lernen‹ können. Zum Lernen gehört geordnete Wiederholung, Kontrolle, Zeit, sich über die eigenen Fehler Gedanken zu machen. Statt dessen hing ich mit Rettungsgürtel in höchster Seenot in den Rahen.

Und so beschloß ich, den geregelten Ausbildungsgang noch nachzuholen. Ich legte hier in Göttingen mein erstes Staatsexamen ab – bei Kurt Latte, Wolf-Hartmut Friedrich und Erich Weniger. Mein Brot verdiente ich durch Übersetzungen, u. a. durch die von Kittos *Griechen*.

Am Tübinger Uhland-Gymnasium wurde ich Referendar und Assessor. Was es am Birklehof zuviel gab, gab es hier an der Staatsschule zu wenig: Spielraum für Experiment. Daran konnte auch der liberale und hohe Geist des Chefs, Erich Haag, nichts ändern. Nach wenigen Jahren herrschte bei mir die Angst vor, ich möchte, bevor ich richtig darüber nachgedacht habe, mir alles mögliche Falsche angewöhnt haben und es nicht einmal wissen!

Ich formulierte meine Anstände und bekam einen Forschungsauftrag der Deutschen Forschungsgemeinschaft, die so aufgezeigten didaktischen Probleme – vornehmlich des altsprachlichen Unterrichts – systematisch zu untersuchen. An dieser Untersuchung habe ich dreieinhalb Jahre teils theoretisch, teils praktisch (in sogenannten Modellunterrichten) gearbeitet. Als Ergebnis wird in diesem Herbst der erste Teil eines umfänglicheren Buches erscheinen – voraussichtlich mit dem Titel: *Platonisches Lehren. Probleme der Didaktik dargestellt am Modell des altsprachlichen Unterrichts.*

Wie der Titel sagt, geht es mir darum, dem Gymnasium wieder verständlich zu machen, was es bedeutet, wenn es sich, wie es das doch tut, auf Platon beruft. Die Schule ist genötigt, in unserer Welt viel *sophistisches* Wissen zu vermitteln; das schlechte Gewissen, das sie dabei packt, läßt sie in den *Platonismus*, die Zweckfreiheit und höheren Werte ausweichen. *Platon* dagegen hat die Erscheinungen ganz ernst genommen. Was er den Sophisten vorwarf, war nicht ihr Empirismus und ihr erkenntnistheoretischer Skeptizismus, sondern daß sie beides nicht weit genug getrieben haben: bis dahin, wo sie ihre eigenen Grenzen erweisen und die Frage nach der Wahrheit sich gebieterisch wieder erhebt. Gegenüber den Aufgaben, die meiner hier in Göttingen warten, geziemt mir Bescheidenheit. Ich muß noch viel lernen – und darf es auch nach dem, was ich selbst zu lehren habe.

Ich muß vor allem lernen, das richtige Maß zu halten zwischen eigener forschender Arbeit und täglicher Lehre – oder anders gesagt: zwischen Wissenschaft und Politik. Denn an beidem hat die Pädagogik Anteil. Aus meiner klassischen Philologie bringe ich dazu eine wertvolle Einsicht mit: Es ist die große Leistung der Griechen, Religion, Politik, Philosophie und Wissenschaft voneinander getrennt zu haben; das ist es, was dem Abendland seither erlaubt, diese Dinge in der richtigen Weise wieder miteinander zu verbinden. In der Pädagogik fällt diese Aufgabe der richtigen διαίρεσις und συναγωγή täglich an.

Ich danke Ihnen für die ehrende Zuversicht, mit der Sie mich in Ihren Kreis aufgenommen, und für die Geduld, mit der Sie mich angehört haben.

Beim Amtsantritt als Professor für Pädagogik an der Göttinger Philosophischen Fakultät habe ich – einem dort herrschenden Brauch folgend – meine sogenannte ›Studienvita‹ vorgetragen. Den Text habe ich nach dem freien Vortrag aufgezeichnet.

7. Fast ein Poet

Eine Selbstdarstellung vor der Deutschen Akademie für Sprache und Dichtung in Darmstadt (1983)

Wenn eine Biographie gebraucht wird, legt mir meine Sekretärin ein halbes Dutzend alter Muster vor. Ich wähle unter ihnen eine aus – nach geforderter Länge und Art – und bringe sie auf den neuesten Stand; ich trage zum Beispiel nach: »Am 14. 10. 1982 in die Deutsche Akademie für Sprache und Dichtung aufgenommen.« Jede der Darstellungen ist wohlüberlegt. Mehr kann und mehr muß auf dem jeweiligen Raum nicht gesagt werden. Nur wenn der Zweck ein gänzlich anderer ist, ließe sich mit Recht auch etwas anderes berichten.

Der heutige Zweck ist in meinem Leben neu. Die Erfahrungen, Taten und Ereignisse, an denen sich erkennen läßt, was für ein Pädagoge ich bin, oder wodurch angeregt und berechtigt, ein Buch über Platon zu schreiben, oder inwiefern würdig, mit dem akademischen Amt X, der politischen Aufgabe Y betraut zu werden, taugen fast alle nicht, wenn ich mich den hier Versammelten als neues Mitglied vorstelle – als einen, der dabei nützlich sein kann, »das deutsche Schrifttum vor dem In- und Ausland zu vertreten und auf die pflegliche Behandlung der deutschen Sprache in Kunst und Wissenschaft, im öffentlichen und privaten Gebrauch hinzuwirken«. Was für Mitteilungen könnten das sein, und wie trage ich sie vor? – Die Auswahl ist selber schon Auskunft, und vollends ist's die gewählte Form! Der *Kürschner* und *Who's Who* räumen hier nichts dem freien Ermessen ein, erlauben schon gar keinen eigenen Stil! Alles, was diese zu drucken bereit wären, kann ich hier getrost beiseite lassen.

In den meisten Fällen beantworten wir die Frage, wer und was einer sei, mit einer Auskunft darüber, woher er komme und was er tue. Was einer will und denkt und erst recht, was er über sich selbst denkt, möge das objektive Bild, das wir uns von ihm meinen machen zu müssen – bitte – nicht stören. Hat, was hier interessiert – mein Umgang mit Sprache und Dichtung –, einen objektiven Ursprung? Gewiß: daß der

Großvater, obwohl in Coburg-Gothaschen und später Fürstenbergschen Diensten, sich als Preuße verstand und die Hentigs ein von allen Keimen des Dialekts freies Hochdeutsch sprachen, daß Vater und Mutter aus großbürgerlichem Hause stammen, daß ich in einer von ›den Wörtern‹ zwar weder beherrschten noch behexten, aber doch selbstverständlich durchwalteten Welt aufgewachsen bin, sind feste Daten in der Entwicklung meiner geistigen Person. Die vielen Schulen, die ich besucht habe, und in denen immer etwas anderes wichtig und schwierig war, ließen stetigen Fortschritt allein in der deutschen Sprache (und allenfalls in der Mathematik) zu und bewußt werden. Daß ich als Kind mehrfach tief in andere Sprachen eingetaucht bin – Englisch habe ich zeitweise besser gekonnt und jedenfalls lieber gesprochen als Deutsch –, daß ich bis zum Abschluß meines Studiums fast immer zweisprachig gelebt habe, hat mich früh und gründlich dem naiven Sprachrealismus entrissen: Ein Pferd heißt nicht Pferd, weil es fährt, und *canis neque a canendo neque a non canendo canis appellatur.* Am Staatlichen Französischen Gymnasium zu Berlin schließlich, in dem ich die letzten Schuljahre verbrachte, lernte ich während der Nazi-Zeit Sprache – nicht nur die dort gesprochene französische – als Tarnkappe und Waffe zugleich verwenden.

Aber all diese ›objektiven‹ Tatsachen haben mich weniger determiniert als befreit. Beinahe jede Entwicklung war möglich. *Ich* hatte selber zu entscheiden, ob meine Sprache fortan wie die Rilkes oder Hegels oder eines *Spiegel*-Redakteurs sein sollte, ob ich mich als ihr Schöpfer oder ihr Geschöpf verstehe, ob ich ein Linguist oder ein Rhetor oder ein Dichter, ob ich ein Analogist (wie Cäsar) oder ein Anomalist (wie Cicero), ob ich ein Lehrer der Alten Sprachen oder ein »Kommunikationspartner in einem vom symbolischen Interaktionismus bestimmten Lernprozeß« sein wollte. *Ich* habe folglich meine Vergangenheit zu erklären – nicht sie mich. *Ich* muß meine ›Heimat‹ unter meinen Kinderparadiesen selber auswählen – entscheiden, ob sie in Landin über Rathenow im Havelland, in »märkischer Heide, märkischem Sand« liegt oder in Ostpreußen, wo die Freunde waren, deren Lebensart der eigenen Maß gab, oder in der ›Reichshauptstadt‹ Berlin, von den Heimaten in der Fremde nicht zu reden, in denen die Seele sich nicht minder tief eingewurzelt hat: in Californiens trockener, von Eukalyptus und *sagebrush* gewürzter Wärme oder in der Savanne von Bogotá oder in den Dünen von Zandvoort.

Wenn ich heute auf die Frage: Wo stammen Sie her? mit fester Stimme antworte: Aus Berlin, dann, weil ich dort zu Hause sein will und die komplizierte Erklärung scheue, weshalb die Frage nicht zutrifft. Eines freilich spricht ›objektiv‹ für die Wahrheit dieser Aussage: Berlinisch ist der einzige deutsche Dialekt, den ich aus sich heraus sprechen kann. Das Baltische der Mutter zum Beispiel mache ich nur geschickt nach.

Mein Verhältnis zur Aufgabe der Akademie würde sich nicht einmal mir selber verläßlich erschließen, geschweige denn anderen, die mich nicht kennen, wenn ich es durch sachliche Daten und historische Umstände beschriebe. Ich habe mich also – als mir dies bei der Vorbereitung meiner kleinen Rede klargeworden war – kurzerhand zu einem anderen Verfahren entschlossen: Ich lasse Sie zusehen, wie ich mit der Sprache umgehe, meiner eigenen und der meiner Schüler, Studenten und Kollegen. Über beides verfüge ich nicht immer, aber wo ich es tue, zum Beispiel, wenn ich einen Vortrag vorher aufschreibe und an dem Geschriebenen arbeite oder den Text eines Doktoranden nebenbei auch sprachlich durchputze, werden meine Grundsätze, mein Wille, meine gerade auch gegen die eigene Gewohnheit und Läßlichkeit gerichteten Ansprüche deutlich. Ich werde aus einer Privatperson zu einem Akademie-Mitglied.

Nicht immer ist dieses geheime Akademie-Mitglied ein Zensor. Meist ist es einfach neugierig, es entdeckt, sammelt, ordnet, genießt, denkt nach. Ich gebe Proben von dieser Beobachtungstätigkeit:

Meine gesprochene Sprache

Es klingt paradox: Am wenigsten frei verfüge ich über meine Sprache, wenn ich frei rede. Ich spreche lebhaft oder gebrochen, selten ruhig. Habe ich den Wortlaut meiner Äußerung nicht vorbereitet, sage ich nicht, was ich sagen will, sondern was mir zu sagen gelingt. Manchmal gefällt mir das tatsächlich Gesagte dann besser als das ursprünglich Gewollte. Gelegentlich, wenn ich ausgeruht bin, wenn mich die Sache fortträgt oder wenn meine Rede eine sichtbar starke Wirkung tut, kommen mir originelle Wendungen und kraftvolle Bilder – Ausdrucksweisen, die sich bei noch so gesammeltem Nachdenken und noch so lockerem Probieren nicht eingestellt hätten. In dem Augenblick scheint die Sprache das Denken zu übernehmen.

Wem fiele hier nicht Kleist ein! Wie Sie sich erinnern, heißt es bei ihm, die »allmähliche Verfertigung der Gedanken beim Reden« komme »aus einem in der Not hingesetzten Anfang«. Ich gehöre wohl zu den Menschen, die diesen Anfang mutwillig, auch ohne Not setzen, um – die Kleistsche Sprechpsychologie nutzend – dadurch produktiv zu werden. Gelingt diese List, ist die Wirkung doppelt: Man sagt etwas Überraschendes, etwas, was die anderen kaum gedacht haben können, *und* man erweckt den Eindruck, dies sei das Ergebnis einer besonders zügigen Denkart – man verwischt die Spuren des nötigenden Zufalls, indem man ihn nutzt. Gelingt die List nicht, ist die Wirkung ebenfalls doppelt: Man enttäuscht eine willkürlich hochgesetzte Erwartung, *und* man steht als Scharlatan da.

Als junger Mensch habe ich oft wortreich und tiefsinnig von Dingen geredet, die ich selber nicht verstand. Ich war dann, je nach der Reaktion meiner Gesprächspartner, entweder verzagt oder überheblich oder glücklich belehrt: verzagt, wenn mein kluger Partner nichts verstand und meine fahrlässige Redeweise dadurch zur schieren Dummheit wurde; arrogant, wenn mein unterlegener Partner staunend davor in die Knie ging; glücklich belehrt, wenn ein überlegener Partner in meinen Wortwolken ein brauchbares Gedankenmuster entdeckte, vielleicht sogar das, was ich hatte denken wollen. Diese Erfahrung habe ich mir zu Herzen genommen, sie hat mich zu einem hilfreichen Lehrer gemacht. Ja, nun beobachte ich an meinen Kollegiaten und jüngeren Freunden nicht nur, daß die Verfertigung der Gedanken beim Reden eine recht natürliche Angelegenheit ist, ich nehme wahr, daß das ›Verfertigen der Rede beim Denken‹ ein geradezu unnatürlicher, ein bewußte Anstrengung und systematische Übung voraussetzender Vorgang ist. Wo dieser nicht anstrengt, verfallen wir der Topik: Wir denken in fertigen Figuren, für die sich die Worte gewohnheitsmäßig einstellen.

Je älter man wird, um so weniger ist man auf jene ›beine-‹ oder ›flügelmachende‹ Not angewiesen, um so widerwilliger setzt man sich ihr aus. Man verfügt über genügend Sachkenntnis und sprachlich wohleingespielte Denkmuster – und hört vielleicht darum auf, schöpferisch zu sein. Aber noch immer ist jedes ›öffentliche‹ Gespräch für mich ein Abenteuer. Interviews vor einem laufenden Aufnahmegerät versetzen mich unfehlbar in Panik. Ihr entgehe ich entweder durch die Flucht nach vorn oder ich beginne zu stammeln. Das ruhige öffentliche Reden bleibt mir versagt, weil schon das Bewußtsein vom Kleistschen Risiko mein Reden entweder hinreißt oder zerreißt.

Die frei gesprochene Sprache hat ihre eigenen Gesetze. Nichts deprimiert mich so sehr wie das Leben eines Transkripts meines Parts in einem Streitgespräch, zumal wenn ich ihn als gelungen, klar, gedankenreich in Erinnerung habe. Wie schändlich ungenau, wie schlecht gefügt, wie sowohl unlogisch wie unschön und wiederholsam obendrein ist das nun! ›Kotze fressen‹ nenne ich diese Lektüre – und muß das leider oft tun!

Was ich geschildert habe, folgt keinem unentrinnbaren Gesetz. Ich spreche hier davon, weil ich dagegen ankämpfe. Ein kluger Freund – ich nenne ihn, weil Sie sich dann gleich vorstellen können, was ich meine –, Carl Friedrich von Weizsäcker, hält im Gespräch inne und sagt: »Darüber habe ich noch nicht (genug) nachgedacht.« Er ersetzt die gemachte Rede-Not durch die gegebene Denk-Not. Sie erlaubt nicht nur, sie gebietet, daß man sich Zeit läßt. Warum lasse ich mir die Zeit nicht?

Ich erkenne verschiedene Gründe für verschiedene Lagen:

– Tritt in einem öffentlichen Gespräch Stille ein, ertrage ich sie nur für begrenzte Zeit ohne Pein; wenn sie aber mir peinlich ist, könnte sie auch anderen peinlich sein; ich springe also ›freiwillig‹ in die Bresche, wie es meine Erziehung für solche Fälle fordert.

- Ich ›habe‹ den Gedanken zwar, es fehlt ihm aber die Syntax; solange ich dem anderen zuhöre, kann ich mich dieser nicht widmen; ich muß zu reden beginnen.
- Ich habe ein sehr schlechtes Gedächtnis; ich muß den Gedanken jetzt äußern, wenn er mir wichtig ist; nachher ist er weg.
- Ich weiß von vielen Dingen, zu denen ich heftige Überzeugungen habe, nicht genug – jedenfalls nicht soviel, wie meine Gesprächspartner für ›genug‹ halten; hat sich jedoch das Gespräch erst einmal in die Niederungen des Expertenwissens begeben, ist es für mich verloren. Das ließe sich aushalten, hätte ich es in meinem Beruf – in dem des Lehrers wie des Wissenschaftlers – nicht mit einer epidemischen Flucht der Menschen aus dem Denken ins Wissen zu tun. Dies ängstigt mich. Ich bekämpfe es also, wo ich kann. Darum spiele ich willig die Rolle des Fürwitzigen, des *meddlers,* des Unsicherheit verbreitenden Unsicheren. – Das geht zwar auf meine Kosten, aber ich lerne mit der eigenen Unvollkommenheit, zumal mit der Wirkung der eigenen Unvollkommenheit, zu leben.

Und auch dies gehört zu meinem Kleist-Syndrom: Wenn ich einen Text ablese, wie im Augenblick, verlese ich mich oft. Das muß man nicht meiner Schulbildung anlasten und auch nicht meiner Fahrlässigkeit und ungenügenden Konzentration. Ich verspreche mich in dieser Lage, glaube ich, weil ich Wohlbedachtes nach-sprechen soll und nicht das Natürliche und Gewohnte tun: beim Sprechen und an der Sprache denken.

Meine geschriebene Sprache

Philologen erklären das Werk eines Autors, indem sie Verwandtschaften und Deszendenzen feststellen. Es könnte einer – wissend, daß ich meine Doktorarbeit über Thukydides geschrieben habe – die Eigenart und Schwierigkeit meines Stils von diesem herleiten: die Perioden, die Parenthesen, die

Gedrungenheit, die rhetorischen Figuren, die Reihungen, die kunstvollen Symmetrien. In der Tat haben mich während meines altsprachlichen Studiums die *flores rhetorici* stark angezogen, aber doch wohl, weil sie mir erklärten, was ich aus anderen Gründen selber schon tat: die äußeren Ordnungen zur Herstellung von inneren benutzen, die wildwüchsigen Gedanken durch ästhetische Muster bändigen, den Fluß der Wahrnehmung zu faßbarer Erkenntnis, zur Pointe bringen.

Darum also finden sich in meinen Texten, wie bei den alten Griechen, polarisierende Begriffspaare, Antithesen und Alternativen – bis zum Ärgernis nicht durch ihren Formalismus

> Und, oh mein Sohn, sei einesteils ein Guter
> und nimmermehr sei andrenteils ein Schlechter
> dies nämlich ist der Pläne sicherster bei weitem

(wie A. E. Housman die griechische Tragödie – *callide* – karikiert), wohl aber durch die Häufigkeit. Ja, weil ich selber dialektische Gegensätze zur Klärung von Sachverhalten brauche*: ›Spielraum und Ernstfall‹, ›Systemzwang und Selbstbestimmung‹, ›Erfahrung statt Belehrung‹, ›Einspruch und Einstand‹, ›Erkennen durch Handeln‹ oder indem ich eine einzige Sache zum Dialog mit sich selbst zwinge, in der *figura etymologica:* ›Das Verstehen des Verstehens‹ und ›Konflikt um den Konflikt‹ oder in einer figura *pseudo-etymologica (annominatio)*: ›Magier oder Magister?‹, ›Die Schule zwischen Bewahrung und Bewährung‹, ›Das häßliche Hessen-Forum‹, ich sage, weil ich diese Paare und Pole brauche, ist mir die Funktion der Thukydideischen Dyaden unmittelbar verständlich: νόμος und φύσις, λόγος und ἔργον, τὰ δέοντα und τὰ γενόμενα ... Ohne die ›einerseits/andererseits‹-, ›nicht nur/sondern auch‹-, ›zwar/aber‹-, ›sei es/sei es‹-, ›nicht/geschweige denn‹- und ›je/umso‹-Figuren verlören sich meine assoziativen Gedanken in ihrer eigenen Vielzahl. Sie brauchen die deutschen Äquivalente zum μέν/δέ, zum τέ/καί, zum οὔτε/οὔτε, den Verkehrszeichen in der griechischen Rede.

* Mit meinen Beispielen halte ich mich, um die Überprüfung zu erleichtern, an Titel, die ich meinen Büchern, Aufsätzen, Vorträgen gegeben habe. Die Titel sind ihrerseits oft den Texten nachträglich entnommen.

Nicht weniger verführerisch sind die Triaden, womöglich solche, in denen die Lautung mitwirkt: ›Vereinheitlichung, Verrechnung, Verrechtlichung‹, ›Öffentliche Meinung, öffentliche Erregung, öffentliche Neugier‹, ›Gemeinverständlichkeit, Alleinverständlichkeit, Unverständlichkeit‹, ›Mitbestimmung, Selbstbestimmung, Übereinstimmung‹. Die Sache schreibt's nicht vor! Es geht um die Befriedigung, die die ›begrenzte Fülle‹ der Dreiheit gewährt – vollends, wenn sie unter dem Gesetz der wachsenden Glieder steht.

Schon die bloße Reihung *(percursio)* macht das Vielerlei übersichtlich: Alle diese Einzelposten – durch Anapher oder durch Spiegel-Strich, das neuzeitliche *item,* auch optisch vereinheitlicht – sind nun auf einen Blick summierbar, abschätzbar, im doppelten Sinn überschlagbar.

Bei alledem ist – so mag einer vermuten – Hegelei im Spiel. Wenn, dann freilich eine ursprüngliche, denn ich habe wenig Hegel gelesen. Eher handelt es sich um eine Berufskrankheit: das Bedürfnis, zu vereinfachen, alles und jedes für das leichtere Behalten zu gruppieren, ständig Eselsbrücken zu bauen. Letztlich waltet hier wohl ein Ordnungssinn, den zu erklären ich dem weisen alten Freud überließe, wenn es ihn noch gäbe. Die Sprache räumt die Erfahrung auf und hält die auseinanderfallenden Phänomene zusammen. Ich habe es lange für eine Tugend, nämlich eine Höflichkeit gegenüber dem Hörer und Leser gehalten, meine Darlegungen im voraus zu gliedern und die Gliederungsziffer an ihrer Stelle mit abzurufen. Heute glaube ich, daß ich damit einer aus Kindertagen stammenden Angst vor dem Chaos Rechnung trage.

Einem ganz anderen Motiv – oder mehreren – entspringen die vielen Parenthesen. Keine Seite Hentig-Prosa ohne mehrere Gedankenstriche! Da fällt mir etwas ein, was nicht weniger wichtig oder hübsch ist als der Gedanke, den ich gerade vortrage; ich unterdrücke es nicht, weil es ja dazu gehört; ich baue es aber auch nicht in den Satz ein, weil dieser gerade so seine Richtigkeit hat. Oder: Mir kommt ein Einwand, und ich widerlege ihn mir; eigentlich ist er dumm, aber wenn er mir gekommen ist, kann/wird er auch anderen kommen; wird ihnen auch die Widerlegung einfallen? Einen großen Aufwand ist der Gedanke nicht wert, ein kleiner Aufwand stört, also der kleinste Aufwand: ein Zwischenruf *caveat lector* – und weiter! Oder: Beim Wiederlesen eines Textes stocke ich, weiß selber nicht gleich, worauf das Wort ›solcher‹ oder ›jener‹ sich bezieht; will ich verständlich sein, muß ich helfen – helfen, möglichst ohne den schon stehenden Satz zu verändern.

Die Parenthese verrät Unentschiedenheit; sie zeigt mich in einem Widerstreit, den es nicht geben sollte: zwischen dem Bemühen um den besten und dem Bemühen um den verständlichsten Text. Eigentlich ergreife ich für die mir geglückt erscheinende Formulierung Partei gegen die Bequemlichkeit des Lesers, und weil Autorenklugheit mir sagt, daß das falsch ist, halte ich diesem schnell ein Geländer hin. Zu meiner Brücke gehört dieses nicht. – Ich opfere ungern die gedrungene, originelle, Aufmerksamkeit fordernde Wendung der auch möglichen ausgefalteten, geläufigen, gar repetierenden Lösung.

Dafür komme ich dem Leser mit der Interpunktion geradezu schamlos zu Hilfe: mit dem prädizierenden Doppelpunkt, mit einer ihm folgenden von keiner Sekretärin zu erahnenden Groß-oder-klein-Schreibung, mit Unterstreichungen und Absätzen – solange ich nur meinen Satz nicht ändern, keine Füll- und Übergangssätze schreiben muß: »In diesem Sinne ...«, »Hierbei gilt ...«, »Was X betrifft ...«, »Halten wir fest ...«, »Wie wir heute wissen ...«, »Es muß betont werden, daß ...«.

Mit solcher Eitelkeit (die ich jedem Schriftsteller wünsche, wird sie ihn doch davon abhalten, sie durchblicken zu lassen!) verbindet sich bei mir eine an Geiz grenzende Ökonomie. Es fällt mir schwer, einen Wort gewordenen Gedanken wegzuwerfen: Eben weil es diesen Gedanken nur in diesen Sätzen und Wörtern gibt.

Ich habe vorhin gesagt: Die Sprache scheine bei mir gelegentlich das Denken zu übernehmen. Diese den eigenen Ruf schädigende Äußerung muß ich natürlich vor Beendigung dieser Rede nachdrücklich zurücknehmen. Unbeschadet des ›scheine‹ und des ›gelegentlich‹ wär's ein für einen Wissenschaftler und akademischen Lehrer tödliches Geständnis – auch wenn sich alle Hörer gemerkt haben, daß es nur für die mündliche Rede galt. Richtiger, würdiger und hiermit zum Zitieren freigegeben sind die Sätze: Die Sprache ist mein Erkenntnisinstrument (nicht nur ὄργανον διαλεκτικὸν καὶ διακριτικόν, wie es im *Kratylos* heißt, sondern auch εὑρετικὸν καὶ ἀναγνωριστικόν). Und: Erst wenn ich beim Schreiben das Gedachte buchstäblich ›vor mich‹ bringe, kann ich dafür einstehen.

In der Sprache stecken die Hypothesen für meine Gedanken, Beobachtungen, Erfahrungen, und in ihr finden sie ihre Gewißheit oder doch ihr ›Zwischenlager‹ – bis andere ebenfalls aus ihr kommende Hypothesen diese wieder aufheben.

Ich nehme hieran mit Staunen wahr, daß ich vermutlich philosophisch als ›Idealist‹ einzustufen bin, was ich selber philosophisch ablehne. Ich glaube an die erfahrbare Realität, aber was ich nicht mit den Sinnen erfassen kann, was der Einbildungskraft bedarf, erkenne ich nur in der Sprache: Ich, Selbst, Bewußtsein, Wissen, Gemüt, Seele, Geist – in eine späte Kultur geboren, wie ich bin, habe ich sie nur in Wörtern. Deren Bedeutung kann ich durch das, was mir andere Sprachen nahelegen, variieren: Τὸ ἐγώ, αὐτότης, αἴσθησις, φρόνησις, σύνεσις, ψυχή, θυμός, λόγος, διάνοια, νοῦς, γνώμη . . . Ich kann sie mir sinnlich veranschaulichen. Aber das, was ich veranschauliche, bleibt ein durch diese Lautungen symbolisierter Begriff.

Ungewöhnlich ist diese Einstellung nicht. Insofern ist es nicht besonders erhellend, aber auch nicht falsch, wenn ich ihr meinen Hang zur Bloßlegung des Etymon, zum Zeugma, zur (Wieder)Belebung der transitiven Kraft des Verbums, zur analogistischen Fortentwicklung von Sprache, zum Oxymoron zuschreibe:

– Ich nutze freudig die Möglichkeit, durch einen eingeschobenen Entbindungs-Strich aus dem gedanken- und gewichtlosen Wort ›Entschuldigung‹ die Entledigung von Schuld herauszuholen oder ein Schlagwort zu einem Schlag-Wort, zu einem schlagenden Wort zu machen, oder die Maßnahme wieder in den ursprünglichen, anschaulichen Vorgang zu verwandeln, indem ich sie neben die Maßgabe stelle.

– »Die vielen Schulen ließen den Fortschritt allein in der deutschen Sprache zu und bewußt werden« – dieses oben verwendete Zeugma behauptet einigermaßen kühn, daß ›lassen‹ immer ›lassen‹ bedeutet und daß nur ›zu‹ oder ›ver‹ oder der folgende Infinitiv den Unterschied machen*.
– ›Ich erinnere dieses Erlebnis‹ ist nicht nur stärker, als ›ich mich an dieses Erlebnis‹ – ich tue in beiden Fällen etwas Verschiedenes; so *erinnere* ich mich *an* ein Beispiel von Friedrich Gundolf: »In meiner Zeit sanken die Türkenkasernen (in München) den Mietpreis im Umkreis von einem Kilometer um drei Taler herunter«.
– Ich schreibe »Die Republik tut dem Bürger das Recht an, neben seiner Arbeit Politik zu treiben« und stelle den Wortlaut mit Genuß wieder her, wenn der Lektor ihn – unfehlbar – als fehlerhaft korrigiert hat; ich will sagen, daß das Recht so lästig sein kann wie Unrecht – und die Sprache erlaubt mir dabei, was der Deutschlehrer kleinlich verbietet; bei mir gibt es – nicht immer nur spaßeshalber – Geziefer, Getüm, Flat, flätiges und wirsches Verhalten, den Großgläubigen neben dem Kleingläubigen, den Hold neben dem Unhold, die Abheiterung neben der Aufheiterung, die Ausbrunst neben der Inbrunst (Fritz Muliar setzt in einem seiner jüdischen Witze gar eine ›Wasserbrunst‹ ein)**.
– Das Oxymoron ›Heimat in der Fremde‹, das ich oben gebraucht habe, zwingt zu einem ungewohnten, aber alles andere als uneigentlichen Verständnis des Wortes.

Überall vertraue ich mich der von mir wahrgenommenen Grundbedeutung des Wortes an.

Mein Sprachfundamentalismus geht so weit, daß ich häßliche Wörter für häßliche Sachen richtig finde, und so meide ich, wo es denn so etwas gibt, die Bezeichnung ›Sozialisie-

* Dieses Prinzip: Gleiches gleich und Ungleiches ungleich zu behandeln, halte ich in meinem Lateinunterricht streng ein! Vgl. oben 143.

** In meinem Kinderbuch *Röll, der Seehund,* das von dessen Leiden an einer inkongruenten Freundschaft mit einem Landhund handelt, beanspruchen auch andere Tiere – wie die beiden genannten – gegenseitig Verwandtschaft auf Grund der Namen: Hauskatze und Meerkatze, Walroß und Seepferd und Droschkengaul (und die, die diese Beziehung bestreiten, haben die zuhörenden Kinder gegen sich!).

rungsagenten‹ oder ›Freizeitanimateure‹ oder ›Alphabetisatoren‹ nicht immer, obwohl ich mir nach Gebrauch den Mund spülen oder die Hände waschen möchte.

Es war von Ökonomie die Rede: Ihr widerspricht eine unverkennbare Lust am auslegenden oder eingrenzenden und sicher auch schmückenden *(vide hic!)* Adjektiv. Man kennt die Anekdote, die Gottfried Benn folgendermaßen erzählt:

Clémenceau hatte einen neuen Privatsekretär engagiert und wies ihn am ersten Tage in seine Aufgaben ein. Einige Briefe, sagte Clémenceau, werden Sie allein verfassen müssen. Hören Sie zu: »Ein Satz besteht aus einem Hauptwort und einem Verbum – wenn Sie ein Adjektiv verwenden wollen, fragen Sie mich vorher.«

Einen Privatsekretär habe ich nicht, (und nur gelegentlich einen Assistenten). Hätte ich einen, er dürfte oder müßte alles mögliche in der Welt tun, nur nicht an meine Sprache rühren. Die Adjektive sind im übrigen zu Unrecht verpönt. Der Schwulst, die Redundanz, die Gedehntheit eines Textes können ebenso sehr von den Substantiven, von unnötigen Umstandsbestimmungen und allzu eifriger Hypotaxe herrühren. An der Unverständlichkeit von Sätzen sind die Adjektive selten schuld. Jedes Substantiv hat neben seiner Bedeutung auch eine Funktion im Satz; die durch den Casus oder die Stellung oder eine Präposition ausgedrückte Beziehung muß immer mitgedacht, manchmal erschlossen werden. Adjektive haben dagegen in der Regel keine syntaktische Aufgabe; sie beanspruchen den Gedanken allein durch ihren Inhalt. Eine Rede, die ganz auf sie verzichtete, wäre sehr ermüdend. Unerträglich sind mir die inhaltslosen, automatisch mitgelieferten Adjektive: ›eine gezielte Hilfe‹, ›eine klare Stellungnahme‹, ›eine wissenschaftliche Untersuchung des MPI‹. Ein typischer Hentig-Text ist der folgende Buchanfang:

Von einer ›humanen‹ Schule zu sprechen, wäre mir von alleine nicht in den Sinn gekommen. Ich hätte freilich auch nicht das Bedürfnis gehabt zu fragen, was das heiße oder sei. Ich hätte – bevor die ›humane‹ Schule in aller Leute Munde war – gefunden, daß man das doch wisse und jedenfalls keinen Professor bemühen müsse, dies zu beantworten. ›Human‹ – so hätte ich vor einem Jahr gedacht – ist ein Wort für einen Affekt, für etwas, das im anderen nicht das Gleiche, sondern etwas Entsprechendes auslösen soll. Von humaner Schule spricht man – so hätte ich behauptet – wie man von ›gemütlicher‹ Stube, ›zünftiger‹ Jägerei, ›realistischer‹ Wirtschaftspolitik, ›fortschrittlicher‹ Technik, ›freiheitlicher‹ und ›sozialer‹ Gesellschaft spricht. Man will stets damit sagen: Ich meine das, was man hier zu meinen hat und was man weder definieren muß noch kann.*

Abgesehen von Kritik und Rechtfertigung des Adjektivs ist es in Ordnung, wenn mein ›Geiz‹ hier durch meine Vorliebe für Epitheta mildernd in Frage gestellt wird. Das tut auch – nur eben nicht mildernd – die Tatsache, daß meine Aufsätze und Vorträge stets länger geraten als bestellt oder von mir selber veranschlagt. Aber das liegt endgültig daran, daß ich einen vielgliedrigen Gedanken erst beim Schreiben vollständig denke.

Offenbar ist das bei den einzelnen Menschen verschieden. Hannah Arendt wurde in einem Fernseh-Interview gefragt, ob ihr das Schreiben Mühe mache. Ich erinnere mich, wie die sonst so strenge alte Dame halb überrascht, halb nachsichtig lächelte: »Aber nein«, sagte sie, »wenn ich schreibe, schreibe ich nur ab, was ich vorher gedacht habe.« Und der schon erwähnte Freund macht einen einsamen Spaziergang und kommt mit einem fertigen Aufsatz im Kopf zurück. Auch sie denken in Wörtern und Sätzen, aber im Unterschied zu mir können sie diese im Kopf ordnen, korrigieren, streichen, neufassen und so aufbewahren. Ich brauche dazu Papier. Ich muß zu allem, was ich schreibe, eine Disposition machen. Diese werfe ich oft um; nie bleibt sie gänzlich die gleiche. Aber sie hat immer die Aufgabe, das Gedächtnis zu entlasten.

Vielleicht macht dies meinen Stil so persönlich und meine Texte, wie diejenigen versichern, die es versucht haben, so schwer in andere Sprachen übersetzbar: Sie sind einer sehr individuellen Schwäche abgerungen; noch haften die Zeichen des Kampfes an ihnen; es ist nie ganz sicher, ob eine anstößige Redefigur so gemeint ist oder mir nur nicht besser gelingen wollte.

Wohl darum habe ich nach dem ersten, noch im Namen

*Hartmut von Hentig: Was ist eine humane Schule? Drei Vorträge. Hanser: München, Wien 1976, S. 5.

eines verallgemeinernden ›Wir-Autors‹ verfaßten Buch fortan nur als ›ich‹ geschrieben. Gutachten schreibe ich – Zeitnot oder mangelnde Unterlagen vorschützend – am liebsten in der Form eines Briefes. Berichte über meine Schüler sind von ›mir‹ an ›dich‹ gerichtet. Es hat bei meiner Schreib–Denk-Weise keinen Sinn, Objektivität zu behaupten.

Ich habe mich, nachdem ich Albrecht Schönes Buch über den Konjunktiv bei Lichtenberg gelesen hatte* gefragt, ob meine unzeitgemäße Treue zu diesem Modus etwa eine besonders experimentierfreudige, hypothesenmutige, ›infrage-stellende‹, heuristische und am Ende gar ironische Denkweise ausdrücke. Ich sage schon nach kurzer Prüfung: Nein. Ich benutze den Konjunktiv eher intensiv als extensiv, insbesondere nach den *verba dicendi, putandi, sentiendi* (er sagt, meint, wünscht, er könne ...), und ich werde fuchsteufelswild, wenn eine Sekretärin sich verhört und ›gäbe‹ schreibt, wo ›gebe‹ diktiert und gefordert ist. Hier schlägt aber doch wohl nur der Altphilologe durch, der die Unterschiede von *potentialis, eventualis, conditionalis* und *irrealis* weiß und der als Lehrer einen konservativen, zur Pedanterie neigenden Beruf ausübt.

Dem Lehrer in mir möchte ich dagegen nicht anlasten, daß ich gern rhetorische Fragen stelle (kann er denn das Abfragen nicht sein lassen?), und auch nicht *(saepe stylum vertas!)*, daß ich viel und in fremden Sprachen zitiere. Wozu wäre die rhetorische Frage gut? – Zum Beispiel diese?! Sie läßt den Leser am Anlaß der folgenden Äußerung teilnehmen; sie fingiert zumindest Rücksicht; sie lockert dadurch den Text und gliedert ihn zugleich. Mit ihr biedert sich der Autor auch an – aber in harmloser Absicht. Die Zitate dagegen sind nicht harmlos, sind unverhohlene Akte der Verschwörung, eine offenkundige Geheimsprache. »Aber abseits, wer ist's« – nur, wer diese Zeile kennt, erkennt auch den Wink, spürt, wie er heran- und hereingeholt wird, gerade, weil *nicht alle* es verstehen. Ein solches Zitat ist nicht nur ›ökonomisch‹, indem es

* Albrecht Schöne: Aufklärung aus dem Geist der Experimentalphysik Lichtenbergscher Konjunktive. Beck: München 1982.

Erklärungen erspart, die denen, denen man sie geben müßte, doch nicht hülfen. Es ist ein undemokratischer, ein elitärer Genuß dabei, wenn ich einen Menschen als einen Rhett Butler bezeichne und den anderen als einen Ashley, wenn ich beglückt über die Sanseverina spreche oder über den Bezirkshauptmann (den ›Helden von Solferino‹) oder Gieshübler oder Franz Biberkopf oder Philine oder Cordelia. Wenn ich von Platons *Politeia* rede, schließe ich viele Leser aus. Natürlich werde ich ihnen sagen, daß ich jenen berühmten Dialog meine, der im Deutschen mit *Der Staat* überschrieben ist. Aber wären sie dadurch schon einbezogen? Die Übersetzung des Wortes *polis* gibt es nicht, es gibt nur eine mehr oder weniger treffende, eine mehr oder weniger umständliche Umschreibung der Sache. Es ist besser, den Leser wissen zu lassen, dies sei ohne die erforderliche Sachkenntnis nicht zu verstehen, als seine Vorstellung durch die falsche Präzision der Erklärung ›Stadtstaat‹ oder die falsche Beliebigkeit der Erklärung ›Gemeinwesen‹ irrezuleiten. Beim Schreiben wie beim Sprechen sucht man sich seinen Adressaten aus. Er ist nie jedermann.

Mein Umgang mit der Sprache anderer

An meiner Sprache kann man eines nicht ablesen: das, was ich an ihr vermeide und was ich an den Texten anderer kritisiere.

Ich will zehn Ärgernisse aufzählen, die ich mit besonderer Inständigkeit aufsuche:

1. Feind Nr. 1 sind die pompösen Zusammensetzungen, wo ein einfaches Wort genügt: Fragestellung statt Frage, Zielsetzung statt Ziel, Preisgestaltung statt Preis – Wörter, die vorgeben, der Sprecher warte mit einem komplexen Gedanken, ja mit einem ganzen Gedankensystem auf: mit einem ›gesamtgesellschaftlichen Ursachen- und Begründungszusammenhang‹.
2. Für die mühelose Herstellung solcher Wirkung gibt es allgemein verwendbare Versatzstücke. Die Wörter -aspekt, -charakter, -prozeß, -struktur, -potential, -orientierung kann man an fast jedes Nomen anhängen

und gewinnt damit die gewünschten *sesquipedalia verba:* Wissenschaftscharakter, Gesetzescharakter, Warencharakter, Aufforderungscharakter, aber auch Wissenschaftsprozeß, Wissenschaftspotential, Wissenschaftsstruktur, Wissenschaftsorientierung usf.

3. Im Fußvolk der Adverbien sind ihnen die von mir so genannten Staucherfett-Wörter verwandt: ansatzweise, tendenziell, erheblich, gravierend . . .
4. Wo diese auftreten, gibt es fast immer auch die aus der englisch-amerikanischen Wissenschaft übernommenen Kunstwörter, die, weil sie sich vorne und hinten – durch die einheitlichen Suffixe und Präfixe – reimen, eine Art metaphysischer Ordnung unter den benannten Phänomenen vortäuschen: punitiv und permissiv/kommunikativ, kompetitiv, kooperativ/Performanz und Kompetenz/Allokation und Distribution.
5. Die ideologischen Übertreibungen ärgern nicht, weil sie übertreiben, sondern weil sie ihre Wirkung so hartnäckig zu überdauern suchen: Konsumterror und Warenfetischismus, Beschwörungsformel und Systemveränderung, Kolonialisierung der Frau und Demontage des Sozialstaates.
6. Die modischen Übertragungen halten das ebenso: ›Wir fahren eine dynamische Preispolitik‹ (und zwar ›voll durch‹); gelernt wird nicht mehr in der Schule, sondern am ›Lernort Schule‹, und der Lehrer hat keine Aufgaben mehr, sondern eine ›Arbeitsplatzbeschreibung‹; kritisch fragen heißt durchgängig ›hinterfragen‹ – ein Wort, das einen anspruchsvollen Sinn haben könnte, nämlich: die Fragen stellen, die der Befragte sich in der Regel nicht stellt, vielleicht auch nicht stellen kann, z. B. nach den Gründen für seine Gründe; seit Günter Grass' *Plebejern* gibt es keinen Aufstand mehr, weder im Betrieb, noch an der Parteibasis, noch in Polen – überall ›probt man den Aufstand‹.
7. Die gruppendynamische Sprache stört mich vermutlich, weil mich die Gruppendynamik stört; ich wehre mich gegen die Zumutung, ›mich einzubringen‹, und ich sehe meine Kritik unwürdig umgangen, wenn einer mir ant-

wortet, mit einer solchen Äußerung müsse er ›noch umgehen lernen‹. ·

8. Unbewußte Anglizismen sind verzeihlich, aber da sie weder originell noch notwendig noch sachrichtig sind, verraten sie in erster Linie, wie gedankenlos wir nachreden, was man uns vorredet: ›einmal mehr‹ *(once more)*, ›es macht keinen Sinn‹ *(it makes no sense)* und all überall die ›Technologie‹ *(technology)*, wo – in wenigstens 90 % der Fälle – die Technik gemeint ist.
9. Daß ich an den falschen Pluralia, Singularia und Genera Anstoß nehme, offenbart vermutlich nur meine Besserwisserei: die ›Gereiztheiten‹ in den Koalitionsverhandlungen, die ›Zuwächse‹ im Rentenhaushalt, ja, schon die ›Inhalte‹ des Deutschunterrichts wurmen mich, obwohl vermutlich parallele Erscheinungen (die ›Ängste‹, die ›Schärfen‹, die ›Naturen‹*) schon bei unseren Klassikern stehen; daß aus ein Paar Hosen ›die Hose‹ geworden sind, daran hat sich schon der Duden gewöhnt; das Wort ›die Mythe‹ dagegen muß keiner benutzen, der nicht auch wissen könnte, daß sie eine falsche Rückbildung aus ›die Mythen‹, Plural zu ›Mythos‹ oder ›Mythus‹ ist; ich werde jedem Autor, der in der von mir mitverantworteten *Neuen Sammlung* ›die Hommage‹ und ›die Malaise‹ schreibt, wenigstens anbieten, sie in ›das Hommage‹ und ›das Malaise‹ zu ändern; aus ›die Documenta wurde er-

* Mit der Pluralform eines *singulare tantum* ändert sich die Bedeutung des Wortes: die Zeit – Zeiten (Zeiträume, -abschnitte), die Arbeit – Arbeiten (Arbeitsprodukte oder Tätigkeiten). Es gibt absolute Singulare: das Heil, das Sein, das Leben, und das hängt nicht mit ihrer s.v.v. ›Einmaligkeit‹ zusammen, sondern mit ihrer völligen Unbekümmertheit um Zahl und Vielfalt der Erscheinungsform. Dies wird bestätigt durch die Tatsache, daß es neben dem Krieg (die) Kriege, aber neben dem Frieden nicht (die) Frieden gibt. Frieden ist eine postulierte Qualität, Krieg ein (historisches) Ereignis. Der hier behaupteten Regel zufolge (»nicht ob etwas nur einmal existiert, sondern ob etwas nur einmal vorzustellen ist, entscheidet«) fehlt der Plural bei den Wörtern Atem, Hunger, Durst, Sicht, Gehör / Ruhe, Stille, Lärm, Schmutz, Sauberkeit, Hitze, Kälte / Haß, Zorn, Trauer / Schlamm, Gold, Sand, Laub . . . Man mache selber die Gegenprobe! Wenn es anders als bei »Haß« einen Plural zu »Liebe« zu geben scheint, dann beruht dies auf einer Täuschung: die Lieben / *les amours* sind der Plural zu Liebesgeschichte, Liebesabenteuer, Liebschaft. So steht es mit den meisten »Ausnahmen«.

öffnet‹ werde ich allerdings eigenmächtig ›die Documenta wurden eröffnet‹ machen – und behaupten, es sei sonst nicht verständlich.

10. Schließlich: Was macht man mit einem Kalauer, den die Leute ernst nehmen? Feuilletonisten, Politiker, Professoren, Fernsehansager verwenden, ohne mit der Miene zu zucken, das Wort ›ansonsten‹, nicht, weil sie nicht mehr lachen können, sondern weil sie nicht merken, daß dies eine Nachäffung der Schalter-, Verwalter- und Juristensprache ist wie ›in keinster Weise‹, ›in baribus‹, ›klamm(= clam)-heimlich‹ und ›kasus knacktus‹?! Und daß ›schlußendlich‹ und ›in etwa‹ auch dazugehören, ist jedenfalls mir gewiß!

Ich lehre Sprache und Sprachen. Ich spiele mit meinen Schülern Theater; ich lese und ich höre zu; ich schreibe beruflich und privat; ich verarbeite Texte anderer – Hausarbeiten, Klausuren, Forschungsberichte –, ich muß sie beurteilen, ›in Ordnung bringen‹, verantworten. Unter meinen beruflichen Tätigkeiten ist die letzte Aufgabe die schwierigste, die unerfreulichste, die am wenigsten förderliche, und sie umfaßt den größten Teil meines Umgangs mit der Sprache anderer. Erklärt dies den Mißmut, der über diesem Abschnitt hängt wie ein schlechter Geruch? Ist die Sprache der anderen vornehmlich Last und Ärgernis? Werde ich ein sauertöpfisches Akademiemitglied sein?

Neben der Musik hat nichts, was Menschen hervorbringen, so große Gewalt über meine Seele wie die Dichtung. Eine wirksame Rede, eine klare, auf eine Erkenntnis zugespitzte Beschreibung, ein wohlbegründetes, zur Anschauung treibendes Argument – das sind große Freuden. Darüber wäre jedes weitere Wort zuviel. Aber daß ich ein Genießer von Wortspielen, ein Sammler von Schüttelreimen, *limericks* und *nonsense-verse,* ein für Sprachwitz äußerst anfälliger Zeitgenosse bin, mag diese Versicherung wert sein. Ich bin bis in die letzte Falte meines Gemüts erheitert, wenn ich lese, daß Erich Kästner *A Streetcar Named Desire* mit ›Ein Triebwagen‹ übersetzt hat; ich konnte im Kriege mit dem mißlichen Sachverhalt, daß ein ›Holzvergaser‹ in der Regel ein ›Holzversager‹ war, allein schon deshalb besser fertig werden, weil der Sprachverhalt so trefflich dazu paßt; ich gratuliere den Amerikanern zu dem Hintersinn, den ihre Sprache schon vor aller Bildungsreform offenbar mit den Wörtern *quality* und *equality* angelegt hat; ich habe wochenlang immer wieder vor mich hinlachen müssen, wenn mir der Satz einfiel, den ich in einer Jugendzeitschrift las: »Eine Kuh macht muh, Kühe machen Mühe.« Ich kann mit Kollegen lange Konversationen in Lübke-Englisch führen und – *if already, then already* – auch in der Umkehrung, die Lübke-Deutsch zu nennen, wohl nicht fair wäre. Mit einem amerikanischen Bruder verständige ich mich gelegentlich durch Namen und dazugehörige Vornamen: Wir fahren im Auto, an der Kreuzung sagt der eine: »Christopher«, und der andere weiß, die Kreuzung ist frei/Fry; einer gießt dem anderen Schnaps ein, dieser sagt ›Boris‹, und der andere versteht: good enough/Gudonow; es muß etwas bezahlt werden, der eine holt das Scheckbuch heraus, der andere sagt: ›Nein, Egon‹! und der erste zahlt bar/Bahr.

Und jetzt können auch Sie mich verstehen, wenn ich einfach sage: ›Michael‹!

Ich danke für die mir von Ihnen angetane Ehre.

Von den neu in die Akademie für Sprache und Dichtung in Darmstadt berufenen Mitgliedern wird erwartet, daß sie sich bei der ersten darauffolgenden Jahresversammlung kurz vorstellen. Der hier wiedergegebene Text war für diesen Zweck vorgesehen, geriet aber zu lang. Die knapp zwei Druckseiten umfassende tatsächlich im Mai 1983 in Trier gehaltene Rede wird im *Jahrbuch der Akademie* abgedruckt.

8. Die Gewißheit des Kindes

Ein Brief an einen Kollegen (1981)

1 In jenen Tagen befahl Kaiser Augustus
allen Einwohnern des Reichs,
sich in Steuerlisten eintragen zu lassen.
2 Es war die erste Volkszählung;
sie wurde durchgeführt,
als Quirinius Statthalter in Syrien war –
3 und alle brachen auf,
um sich eintragen zu lassen:
jeder ging in seine Heimatstadt.
4 Auch Joseph zog von Galiläa,
aus der Stadt Nazareth,
nach Judäa hinauf,
in die Stadt Davids, die Betlehem heißt;
denn er stammte aus Davids Haus
5 und wollte sich eintragen lassen:
zusammen mit Maria,
die seine Braut war
und ein Kind erwartete.
6 Als sie in Betlehem waren,
kam für sie die Zeit der Niederkunft,
7 und sie gebar ihren ersten Sohn,
wickelte ihn in Windeln
und legte ihn in eine Krippe im Stall.
Denn im Haus war keine Bleibe für sie.
8 In ihrer Nähe aber waren in dieser Nacht
Hirten auf dem Feld
und hielten Wache bei ihren Herden:
9 Da stand auf einmal
ein Engel des Herrn neben ihnen,
und die Hirten ängstigten sich sehr.
10 Aber der Engel sagte zu ihnen:
»Habt keine Furcht!
Seht, ich verkündige euch,
daß eine große Freude
bald das ganze Volk ergreifen wird;
11 denn heute wurde euch
in der Stadt Davids

der Retter geboren:
euer Herr, der Messias.
12 Und dies ist das Zeichen für euch:
Ihr werdet ein Kind finden,
das in Windeln gewickelt
in einer Krippe liegt.«
13 Plötzlich standen neben dem Engel
die Scharen des himmlischen Heers;
sie priesen Gott und riefen:
14 »In den Himmeln: Gottes Macht!
Licht! Und Herrlichkeit!
Auf der Erde: Gottes Frieden!
Frieden allen, die er liebt!«

Lukas 2, 1–14, übersetzt von Walter Jens

Lieber Walter Jens,
ich habe Ihnen zugesagt, meine Überlegungen zur Weihnachtsgeschichte aufzuzeichnen. Diese Zusage fiel mir nicht schwer. Der erste Satz meiner Aufzeichnung stand fest, war längst geschrieben, bevor Sie anfragten: »An dieser Geschichte hat es für mich nie einen Zweifel gegeben; wenn irgendeine Geschichte wahr ist, dann diese – diese und die von Golgatha.« Ich wollte solche Gewißheit einmal laut vor mich hinsagen, als Protest gegen die wuchernde Trübsal, den nüchternen Kleinmut, die begründete Hoffnungslosigkeit, die streitbare Gereiztheit, in die nicht nur mein Leben abgleitet. Die wahren Hoffnungen liegen nicht in der Zukunft, sondern in der Vergangenheit – so wollte ich bekennen: im Kinderglauben, der kein bloßer ›Glaube‹, sondern Stoff und Sprache der Erfahrung ist. Die notwendende Botschaft hat uns erreicht, bevor wir über sie nachdenken können.

Ich weiß, keiner kann Jahrzehnte danach genau sagen, welchen Anteil die vierzehn Verse des Lukas-Evangeliums (und etliche aus dem Evangelium des Matthäus dazu) an der Erfahrung ›Weihnachten‹ gehabt haben. Der ›moderne‹ und nachdenkliche Pädagoge in mir hat freilich auch kein Bedürfnis, die archaisierenden Stimmungen, in die die eigene bürgerliche Familie zwischen Advent und Neujahr eintauchte, davon zu trennen: Winterkälte und häusliche Geborgenheit, Dunkelheit und Kerzenlicht, geheimnisvolle Vorbereitungen und wissen, daß sie liebevoll sind, seltene und doch wohlbekannte Gerüche – das alles steht in glücklicher Übereinstimmung mit der einfachen Erzählung davon, wie das Heil in unsere, in meine Welt kommt, und was es uns bringt. Luthers Sprache, der unverrückliche Wortlaut, vertraute Unverständlichkeit je an ihrem Ort, die unauswechselbare Bestimmtheit des »Es begab sich aber zu der Zeit, daß ein Gebot von dem Kaiser Augustus ausging, daß alle Welt geschätzet würde« – das alles gab jener Übereinstimmung Autorität und half den Eltern bei dem, was sie zu Weihnachten mit uns Kindern wohl unbewußt und doch nachdrücklich vollzogen. Hätten sie es benennen müssen, sie hätten in ihrer Bildungssprache vielleicht gesagt: sinnliche Transzendenz, und sie hätten damit die feierliche Verankerung ihrer alltäglichen Bemühungen gemeint – des Dankgebets vor und nach der Mahlzeit, des Schutzgebets vor dem Einschlafen, der Entlastung der Seele von Kummer und Schuld, des Lobs für Wohltat, der Erhellung unserer Vorstellung durch Vorbild, Güte, Ermutigung.

Ich erinnere mich an kein ›erstes Mal‹; das Bild vom Stall zu Bethlehem war immer schon da, gleichsam vom Evangelisten für die Maler und Holzschnitzer entworfen und von ihnen in vielfältiger Eintracht untereinander und mit meiner Phantasie ausgetragen. Widerspruch, der sich gegen allzu wohlgenährte, strahlende, selbstbewußte Christusknaben und üppig gewandete Madonnen regte, war Zeichen, daß ich das Gemeinte verstanden hatte: die Verheißung von Friede und Freude im Unscheinbaren, im Schwachen, in der Armut. So *wollte* ich es instinktiv.

In Südamerika sah ich als Zehnjähriger die indianische Version des Stalls: eine Lehmhütte, Maria mit einem langen Zopf und Josef in der Ruana. Sie lösten die gleiche Seelenregung aus. Warum, wodurch, mit welchem Recht? – genau, daß ich dies nicht fragen und beantworten mußte, machte und macht die Wahrheit der Geschichte aus: Theologie der Seele, die durch Bilder zu uns spricht.

Zu ergründen und zu schildern, wie diese Wahrheit in meine Seele gelangt ist und sich in ihr eingenistet hat, wäre eine schwierige und würdige Aufgabe. ›Auf Bestellung‹ kann man das nicht; das Ergebnis wäre selber nicht wahr. Wahr sind einstweilen die Schwierigkeiten:

- die Schwierigkeit, die der Philologe mit dem Text hat und die Sie mit Ihrer neuen Übersetzung neu beleben;
- die Schwierigkeit, die der Lehrer hat, der die eigene am Text gemachte Erfahrung nicht wie eine Staffette weitergeben kann: In der Schule ist es dafür schon zu spät; er kann dort Vorstellungen wecken, hat es alsbald mit Gedanken zu tun und muß hoffen, daß diese die Gefühle nicht aufzehren, die mit den Vorstellungen aufgekommen sind;
- die Schwierigkeiten, die der Bürger hat, der die abgründig friedlose Welt sieht und *weiß*, daß die Weihnachtsbotschaft ihm nicht hilft, der Welt zu helfen ...

Jede der drei Schwierigkeiten wäre wert, ausgetragen und ausgeschrieben zu werden. Jede betrifft zugleich die beiden anderen. Jede verlangt eine andere Art von Gründlichkeit und eine andere Sprache.

Ich gebe es darum auf, den versprochenen ›Beitrag‹ zu schreiben – ich schreibe statt dessen diesen Brief, den Sie abdrucken oder abheften mögen, wie Sie wollen. Ich schreibe Ihnen, weil ich meiner eigenen Unruhe nicht ausweichen darf. Seinen Sinn hat der Brief für mich erfüllt, wenn ich der Unruhe standhalte, in die mich die Wahrnehmung versetzt: daß die Gewißheit der Kindheit unbezweifelt neben den Zweifeln meiner Gegenwart fortbesteht. Was für Wesen sind wir!

Zur ersten Schwierigkeit

Ich spreche hier nicht von dem Unbehagen, das der Wandel der gewohnten Sprache für das gewohnte Verständnis bringt. Durch ihre Übersetzung ist überdies vieles vereinfacht, veranschaulicht, uns nähergebracht worden. Ich spreche vielmehr von Deutungsmöglichkeiten, die Sie erst aufgedeckt haben.

Ihr Vers 10 läßt den Engel nicht dem Hirtenvolk eine große Freude verkündigen – eine Freude, die bald allen Menschen zuteil werde (Objekt plus attributiver Relativsatz); der Engel prophezeit vielmehr, daß dem ganzen Volk eine große Freude bevorstehe – und dies mag dann auch die Hirten erfreuen (prädikativer Relativsatz).

Ihr Vers 14 hebt die Zweiteilung der Preisung kräftig hervor; die übliche Ergänzung ›sei‹ weicht einer Aussage; an die Stelle einer Verheißung tritt eine Art Gebiets- oder Zustandsteilung: Droben ist Gottes Macht, sein Licht, seine Herrlichkeit (wie Sie das Wort *doxa* auseinanderlegen) – drunten wiederum *sein* Friede, der ein Friede des Herzens ist, wie wir wissen, ja, wie Sie nun nahelegen, ein Friede in den Herzen einiger: derer, die Gott liebt.

Wissen die Philologen, warum Luther sich an die Vulgata gehalten und sie gelesen hat, als stünde hinter *pax* ein Komma und *bonae voluntates* statt *bonae voluntatis?* Die Folgen sind ungeheuerlich: statt eines die Gewährung des Friedens einschränkenden Relativsatzes eine Zusicherung von Gottes Wohlwollen an alle Menschen!

Daß Cyrenius zu Quirinius geworden ist, braucht niemanden zu beunruhigen. Eher, daß der Engel ›Engel‹ bleibt und die Heerscharen gar zum ›Heer‹ werden. Wer oder was diese sind, hätte mir vermutlich schon mein Religionslehrer sagen können. Ich habe ihn nicht gefragt – ich habe nie etwas mit den Engeln anfangen können. Wohl mit dem *angelos,* dem Boten. Daß Gott solche hat, daß ihm jeder Mensch dazu dienen kann, ließ sich hinnehmen und hätte genügt. Wenn der *angelos* freilich nicht mehr nur vermeldet, daß und wo der Messias geboren und zu finden ist und daß Menschen nun auf Frieden hoffen dürfen, sondern ihnen einen neuen Zustand der Welt zeigt, muß – indem man *angelos* nicht übersetzt, sondern verdeutscht – ein neues Wesen erfunden werden, das vermag, was von uns keiner mehr erfährt: leibhaftige Offenbarung.

Zur zweiten Schwierigkeit

Wie gibt man die übriggebliebene Gewißheit dieser Geschichte an heutige Kinder weiter? Genügt es, sie ihnen in der Schule vorzutragen? Wenn ich sie mit Zwölfjährigen im Lateinunterricht übersetze, merke ich, wie wenig bekannt sie ist. Wie können sie, die zwölfmal in ihrem Leben versäumt haben, die Geschichte zu ›erfahren‹, mehr empfangen als einen auslegungsbedürftigen oder banalen oder märchenhaften Text?

An einer Internatsschule, in der ich tätig war, wurde jahraus, jahrein das Oberuferer Weihnachtsspiel aufgeführt. Es stammt aus Mähren, wo es etwa im 13. Jahrhundert entstanden sein mag – eine Abfolge von höchst anschaulichen und zugleich liturgisch gebauten Szenen.

Die Oberuferer haben eine *tragoedia hominis* gedichtet: Sie beginnt mit dem Paradeis-Spiel, es folgt das Christgeburts- und Hirtenspiel, und es endet mit dem Dreikönigs- und Herodes-Spiel. Sie gehören zusammen, denn es geht um den sündigen, gefallenen, erlösungsbedürftigen Menschen, und wie er auf das Heil, das zu ihm kommt, antwortet.

Was die Oberuferer aufführten, war nicht die ›Wiedergabe‹ der rührenden Geschichte von Christi Geburt mit Ochs und Esel, Königen und Engeln zu trauten Melodien und allerlei bäurischer Vergegenwärtigung, sondern war die Deutung der Ereignisse für sie selbst und ihrer selbst an diesen Ereignissen. Und wenn wir genau hinsehen, so haben sie auch uns gedeutet: Wir sind es, die dort in den verschiedenen Rollen auftreten, als guter und als böser Wirt, als Hirten, die ihre einfache Gabe bringen und gläubig und ohne zu fragen wissen, daß das, was sie suchen, hier im Stall zu finden ist, daß dieses Kind sie von Unglück und Jammer erlösen wird; wir sind jene Weisen aus dem Morgenland mit ihrem Streit um den Vortritt, Leute, die die Sterne ›konsamanieren‹ und bei aller Gelehrtheit nicht begreifen, was das Zeichen sagen will, die aber kommen und das Knie beugen und die Reichtümer der Welt darbringen; wir sind vor allem Herodes, und wir sind seine Kriegsknechte.

Der Mensch bedarf der Erlösung, das hat das Paradeisspiel gezeigt; als sie ihm zuteil wird, bei ihm anklopft, um eingelassen zu werden, hat er sich schon eingerichtet in seiner Welt (»Ich, als ein Wirt von meiner Gestalt / Hab in mein Herberg und Haus Gewalt«); wir jagen die göttliche Verheißung, die uns zuliebe im menschlichsten Gewand kommt, in Nacht und Kälte hinaus. Dort geschieht die Wahrheit als offenbares Mysterium, schutzlos, einfach, *humanissime*. Wie Herodes später von Kaiphas erfährt, wird der neue König »Keine Gewalt habn / Zu Tode verurteilt für einen Spott gehabt werdn«. »Besser wär's, so man ihm behend fürkäm / Und in der Jugend ihm das Leben nähm«, ist des Herodes angstvoll schlaue Auskunft. Herodes, das ist die Gegenwelt zu den Ereignissen in diesem Stall. Er macht aus dem ganzen eine Tragödie – unsere Tragödie. An ihm haben es die Kinder in jener Schule erfahren können: Wir sind Herodes; wir wissen auf einmal genau, was es heißt, ein ›unrechtmäßiger König‹ zu sein und den Anspruch des wahren Herrschers zu fürchten; wir wissen, was es heißt, aus Angst um sein Regiment alle Kinder zu morden, die »zweijährig und darunter sein«. Im Angesicht des Heils macht sich der Mensch heillos. Er mordet die Kinder und schlägt den Christus ans Kreuz. In der verlassensten Stunde des Herodes wird es offenbar (»Kommt denn und tröst mich niemand heut / Es seind gleich Geister oder Leut?«), in der Qual des Gewissens (». . . um eins ist mir nur bang / Daß ich soll soviel Kindlein erstechen lan«), in der Vergewaltigung unserer eigensten Regungen (»Pack dich, du närrisch Weib . . .«) und in der tragischen Ironie (»Weißt nicht, was es gibt für Angelegenheit; / Genommen wird mir mein Regiment . . .«); wir erfahren, daß alles umsonst war: »Euer Königliche Majestat, merkt auf vonstunden: den neugeborenen König haben wir nicht gefunden.«

Und dann will der Mensch umkehren: »Will selber schaun, wo ich ihn find . . .« Aber dann ist es zu spät: das Siegel jeder Tragödie. – Man wende nicht ein, daß Kinder diese Dinge nicht verstünden. Die metaphysische Kraft des Menschen hängt nicht von der Zahl der Jahre ab, und die Erfahrung von Schuld hat ein jeder längst gemacht, bevor er diese Rolle lernt.

Als Herodes vom Teufel geholt wird, verrät ihn sogar sein eigener Hauptmann, der doch seinen Befehl einst »mit Freuden angehört« und ihm so sorgfältig über die gemordeten Kinder abgerechnet hatte: »eintausend vierhundertvierzig und acht«. Und der nun sagt: »Aber ich will mich an meinem Herrn König rächen / Und mich mit diesem Schwert erstechen.«

Welch ein Wort! Das Unrecht an den Kindern wird um das an den Getreuen verdoppelt, die die Verantwortung dafür als Vorwurf zurückgeben.

Herodes verschwindet in den Höllenschlund. Was das ist, weiß wohl heute keiner mehr. Aber man ahnt daran, was Weihnachten bedeutet – jenseits des Friedens aus Familieninnigkeit, Tannenbaum und Schokolade. Wo die Hoffnung ausbleibt, wo Verdammnis eintritt, wie bei Herodes, wird der andere Friede sichtbar.

Die Hoffnung, daß die Weihnachtsgeschichte allein – wenn ich sie nicht von klein auf und in der richtigen Umgebung gehört habe – ihre Wahrheit sagt, habe ich nicht. Ich brauche die Hilfe der dramatisierten und ritualisierten Heilsgeschichte; ich brauche das Weihnachtsoratorium und seine irdisch-überirdische Musik; ich brauche am Ende Theologie. – Und was dann?

Zur dritten Schwierigkeit

Diese letzte und größte beginnt freilich erst hier: Wenn die Welt ungeheure Anstrengungen macht, den Frieden durch Rüstung zu sichern, wenn darüber das Elend der Armen, die Angst der Reichen, die Hilflosigkeit und Ungeduld der *homines bonae voluntatis* immer größer werden, wenn der gewaltlose Widerstand gegen vergewaltigende Systeme von diesen gewaltlos umgangen wird und wenn Friede der Seele nur durch Abkehr von den großen politischen, sozialen und ökonomischen Nöten zu haben ist – was hat uns die Weihnachtsbotschaft dann noch zu sagen? Der Kindermord (welcher auch immer!) muß in unserer Zeit nicht, wie einst, in böser Absicht geschehen. Dem Herodes kann man in den Mörder-Arm fallen! Heute geschehen die schlimmsten Dinge ›automatisch‹ – während wir nicht-begreifend oder ohnmächtig oder gleichgültig oder phantasielos zusehen. Wir müssen harte Politik und uns die Hände schmutzig machen, wenn die Menschheit auch nur überleben soll. Oder zu Heiligen werden.

Also keine Weihnachtsbotschaft mehr? Doch – aber nicht

sie allein. Ohne den Opfertod von Golgatha und ohne das dazwischen gelebte streitbare, aber gewaltlose Leben Christi bleibt die Geschichte von Bethlehem ein erbauliches Ammenmärchen. Sie beschwichtigt.

Oder anders ausgedrückt: Die Wahrheit der Weihnachtsgeschichte, ihre Forderung wird ernster. Sie darf nicht mehr bloß eine Metapher sein – dafür, daß das Heil *wie* ein nacktes Kind ist. Es *ist* das nackte Kind. Nur wenn wir uns ihm zuwenden – ohne Vorbehalt, ohne Schonung des eigenen Reichtums, der gewordenen und gewohnten Ordnungen, der weltlichen Klugheit –, könnten wir stark genug sein, die Menschheit vor sich selbst zu retten.

Ich gestehe, mir gelingt diese radikale Zuwendung nicht. Wieviel Kellen Suppe muß man täglich austeilen, um die Abgründe von Hunger zuzuschütten? Woraus schöpft man? Wie begegnet man dem *Übel*, das hinter der *Not* liegt und diese täglich neu gebiert? – Wieviel hilfreicher wäre es gewesen, der *angelos* hätte zur gleichen Geschichte verkündet:

»Der Friede ist bei Gott. Die Menschen, die er liebt, haben so viel Macht und Licht, wie er ihnen gibt. Herrlichkeit ist weder für ihn noch für uns – aber Menschlichkeit: eine karge Herberge, ein Lager auf Stroh, die Gaben der Hirten und der Weisen. Mehr wird es nicht sein. Wer nach mehr trachtet, muß sich fürchten.«

Vielleicht gingen wir mit dieser kleinen Hoffnung besser um als mit der großen, die wir verfälscht, verpredigt, verkitscht, vergeudet haben, weil wir sie uns nicht erfüllen können und Gott dies nicht tut.

Es grüßt Sie Ihr
Hartmut Hentig

Dieser Brief ist zuerst in dem von Walter Jens herausgegebenen Buch *Frieden. Die Weihnachtsgeschichte in unserer Zeit* (Kreuz Verlag: Stuttgart 1981) erschienen. Walter Jens hatte seine dem Brief vorangestellte neue Übersetzung der Weihnachtsgeschichte an rund zwanzig befreundete Personen geschickt und sie gebeten, aufzuschreiben, was das Lesen dieses Textes heute in ihnen auslöst.

9. Der Zweifel der Gegenwart

Ein Brief an eine Kollegin (1981)

> Ja, so geht man dahin, und die Zeit geht auch dahin – bis man nicht mehr weit entfernt eine Schattenlinie bemerkt, eine Mahnung, daß man auch das Reich der sorglosen Jugend hinter sich lassen muß.
>
> *Joseph Conrad*

Liebe Eva,
noch weiß ich nicht, wie lang ein Brief nach Mbandaka braucht. Sie sagten, Sie würden mit dem Schiff drei Wochen unterwegs sein. Das war vor zehn Tagen. Wenn ich meiner Freundesweisheit treu bleiben will und die afrikanischen Verhältnisse etwa so sind, wie man behauptet, muß ich Ihnen *jetzt* schreiben. Die Weisheit gebietet: Am dritten Tag nach der Ankunft im fremden Land muß spätestens Post von den Freunden daheim eintreffen. Nie braucht man sie dringender als dann.

Nie freilich wissen die Freunde weniger, was sie schreiben sollen. Jedenfalls mir ist Ihre neue Umwelt so fremd, daß ich nicht einmal verständige Fragen stellen und damit meine Zuwendung bekunden könnte. Hier dagegen hat sich noch nichts ereignet, das sich aus Ihrer Entfernung nicht nichtig ausnähme. Ihnen die eigene Trauer nachzuschicken, scheint mir nicht erlaubt. – Aber vielleicht ist es in der Ordnung, Sie um etwas zu bitten: Sie möchten in den nächsten Wochen und Monaten an dem Problem mitdenken, das Sie uns hinterlassen haben, und uns dann eines Tages schreiben, wie Sie es sehen. »Ihr seid verrückt mit euren Zweifeln«, könnte Ihre Antwort sein, oder: »Ich habe das Richtige getan, kommt nach« oder: »Ich war nie sicher, ob ich das *Richtige* tue, aber richtig ist, daß ich es *getan* habe« oder: »Alles, was wir Europäer hier anstellen können, ist falsch – durch unsere Anstrengungen ist weder den Afrikanern noch uns zu helfen«. Damit Sie wissen, worum es mir geht – hier ein Bekenntnis und seine Begründung:

Nichts von allem, was ich in den letzten Jahren erlebt habe, hat mich so nachdenklich, so zweiflerisch, so neidisch gemacht wie Ihr Fortgehen. Was uns seither trennt, mehr trennt als die drei- oder viertausend Kilometer, die zwischen uns liegen, ist, daß Sie die ›Schattenlinie‹ überschritten haben.

Vor 15 Jahren hieß, nach Afrika oder Südamerika oder Asien in die Entwicklungshilfe zu gehen, soviel wie: Ich habe eine neue Aufgabe gefunden, ich werde neue Taten an neuen Ufern tun, ich breche auf zu dem, was nottut. Heute ist solcher Aufbruch immer auch Abbruch, Abkehr von uns selbst, Flucht aus einer kaputten Welt.

Dies ist mein Stichwort. Vor zwanzig Jahren las ich den Roman von Romain Gary *Die Wurzeln des Himmels.* Er ist nicht mehr zu haben, sonst schickte ich Ihnen ein Exemplar. Lassen Sie mich kurz erzählen, was mir mit und aus diesem Buch in diesem Augenblick in die Erinnerung kommt.

1945 streift ein aus dem deutschen KZ befreiter Franzose namens Morel durch das zerstörte Deutschland. Am Weg sitzt ein kleines Mädchen und weint. Es hat seinen Hund verloren – Eltern, Geschwister, ein Heim hat es schon lange nicht mehr. Morel hilft dem Kind suchen. Hand in Hand gehen sie weiter. Irgendwann kommen sie zu einem Sammellager für streunende Hunde: Hunderte von verhungerten Kläffern in schmutzigen, überfüllten Zwingern. Der Hund des kleinen Mädchens ist nicht dabei. Morel fragt den Wärter, was aus den Hunden wird. Der Wärter: »Wir behalten sie drei Tage. Werden sie in der Zeit nicht abgeholt, vergasen wir sie.«

Morel weiß nun: Die Welt ist so gründlich kaputt, daß man nach Aufgaben, nach einem Plan, nach einer Idee nicht suchen muß; es ist ganz gleich, wo man anfängt; man muß überall bei den Wurzeln beginnen.

Er geht nach Afrika, die Elefanten vor der Ausrottung durch Großwildjäger zu retten. Er stattet damit einen Dank ab. Im KZ hat er (oder war es sein Kamerad?) die Folterungen dadurch überstanden, daß er sich im Augenblick der Qual eine Elefantenherde vorstellte – Sinnbild der Freiheit: stark, groß, schön, unnütz! Elefanten werden von den einen wegen ihrer Herrlichkeit, von den anderen wegen ihres Proteingehalts erlegt und von wiederum anderen, weil die Elefantenherde/die Freiheit sich mit ihren Kürbisfeldern nicht verträgt. Die Zivilisation wächst über der Erde, auch über dem Schwarzen Afrika, zusammen. Für Freiheit und Elefanten bleibt das Reservat, der Zoo, das Museum – oder die organisierte Ausrottung.

Morel schießt einem amerikanischen Zeitungskönig von der Statur eines Hearst in den Hintern – und über diesem Ereignis geraten alle in Afrika um das Erbe der Kolonialmächte kämpfenden Gruppen aneinander: Stammesfürsten und Nationalisten, linke Befreiungsorganisationen und Vertreter der Négritude, die Ausbeuter der Rohstoffe und der Folklore, die Anthropologen, die die Urformen afrikanischen Lebens erhalten wollen, und die Fortschrittler, die Afrika schnell mit Aufklärung und Technologie versehen wollen, christliche Missionare, faschistische Söldner, verrückte Idealisten wie Morel. Es ist noch einmal das ganze Panorama der damals möglichen Politik, nein, der möglichen Politiken vor uns ausgebreitet. Jeder hatte noch seine Hoffnung – und das nicht nur in Afrika. ›. . . es ist ganz gleich, wo man anfängt‹, ob mit dem Suchen des Hundes oder mit dem Retten der Elefanten oder der Errichtung einer Laborschule.

Heute sieht dies anders aus: Auch die Laborschule, auch die Bürgerinitiativen der Eva Meinerts, auch die Friedensbewegung sind uns erkennbar als das, was sie wohl immer waren: Versuche, das System mit den Mitteln des Systems zu heilen. Geht das? Können *wir* das? Ja, *glauben* wir, daß wir's können? Daß wir zweifeln, scheint uns zu schwächen. Pädagogik kann nur gelingen, wenn und wo Erwachsene über ihre Welt verfügen, für ihre Welt einstehen. Mißbrauch, Kurzsicht, Unvermögen liegen nahe, wenn Erwachsene ihre Kinder zu ihrem eigenen Ebenbild formen. Aber *umgekehrt:* Wo man gar nicht mehr wollen kann, daß die Kinder so werden, wie man selbst, kann man (auch) nicht mehr erziehen.

Schulreform, Ökologie, Frieden ohne Waffen – das sind einander ähnliche Anstrengungen: Man weiß, was falsch ist, und leistet Widerstand, berichtigt, dämmt ein. Aber unsere Kultur wandeln – wer hätte die Zuversicht, daß *das* gelingt?! Das Grundverbum der Pädagogik, das bisher ›helfen‹ hieß (helfen, daß der kleine, unerfahrene, schwache Mensch X tun kann), weicht mehr und mehr dem Verbum ›verhindern‹ (verhindern, daß das Kind in die tödliche Gefahr Y rennt). Wie sieht das in Zaïre aus? Ich stelle mir vor: eine noch offene Welt; unsere Zivilisation hat Zaïre schon erreicht; aber sie hat Zaïre noch nicht verdorben.

Bei uns sind die Lehrer immer in der Etappe, immer hinten! Die Entwicklungen sind immer schon passiert, wenn wir sie erklären, zu steuern suchen. In Zaïre könnte der Lehrer noch vorn sein, kann er noch offene Möglichkeiten erkennen, kann selber tun, wozu er erzieht – ein Risiko eingehen und es bestehen. Bei uns gibt es nur noch Gefahr – die berechenbare Bedrohung in der unberechenbaren Komplexität.

Was werden Sie, Eva, in Zaïre tun? Unter den Angeboten, die Romain Gary in den *Wurzeln des Himmels* macht, paßt kein einziges zu Ihnen. Sie wollen Zaïre weder als Idylle (die es nie war) bewahren, noch es endlich zivilisieren, euro-amerikanisieren. Inzwischen wissen wir Ihre Antwort: Sie werden etwas sehr Einfaches, Unideologisches, ja, Unidealistisches tun, nämlich die Elite des Landes (was immer das ist) Englisch lehren. Sie werden nicht über den Gebrauch befinden, den Ihre ›Schüler‹ davon machen sollen. Sie werden beobachten, mit den Menschen leben, lernen.

So könnte ich denn schließen mit der Bitte und der verständigen Gewißheit: daß Sie zurückkehren und uns lehren, was Sie gelernt haben. Und ich könnte weise hinzufügen: Hoffentlich gibt es uns dann noch.

Aber so harmonisch geht das heute nicht aus. Ich muß nun auch Ihnen erzählen, wie der Roman von Gary endet: Keine der rivalisierenden ›Mächte‹ siegt; alle geraten in nur noch tiefere Verwirrung; und auch Morel, der die Elefanten vor der Ausrottung durch den Menschen gerettet hat, rettet sie nicht vor der Natur selbst – vor der großen Dürre, die hereinbricht. In langen Zügen sieht man am Ende des Buches die Tiere und Menschen auf die wenigen großen Pfützen im Kontinent ziehen. Nur wenige werden überleben.

Schreibe ich also einen resignierten Brief – wie Gary einen resignierten Roman geschrieben hat? Nein. Ich wünsche mir und meinen Freunden die Kraft, zwischen den austrocknenden Erwartungen in der Ebene und dem bergan führenden steinigen Bett des Flusses Zweifel das letztere zu wählen. Ja, die Zweifel haben wir längst, die kann und muß ich uns nicht machen. Aber wir müssen sie aushalten lernen – mit karger Hoffnung, wankender Überzeugung, nicht endenden Widersprüchen und in Freundschaft.

Sie, Eva, sind uns im Zweifeln schon weit voran: darum scheinen Sie uns so unzweifelhaft sicher. Enzensberger hilft mir zu sagen, wie ich es meine:

> bleibt es, im großen und ganzen, unentschieden
> auf immer und immer, das zeitliche spiel
> mit den weißen und schwarzen würfeln?
> bleibt es dabei: wenig verlorene sieger,
> viele verlorne verlierer?
>
> ja, sagen meine feinde.
>
> ich sage: fast alles, was ich sehe,
> könnte anders sein, aber um welchen preis?
> die spuren des fortschritts sind blutig.
> sind es die spuren des fortschritts?
> meine wünsche sind einfach.
> einfach unerfüllbar?
>
> ja, sagen meine feinde.
>
> die sekretärinnen sind am leben.
> die müllkutscher wissen von nichts.
> die forscher gehen ihren forschungen nach.
> die esser essen. gut so.
>
> indessen frage ich mich:
> ist morgen auch noch ein tag?
> ist dies bett eine bahre?
> hat einer recht, oder nicht?
>
> ist es erlaubt, auch an den zweifeln zu zweifeln?
>
> nein, euern ratschlag, mich aufzuhängen,
> so gut er gemeint ist, ich werde ihn nicht befolgen.
> morgen ist auch noch ein tag (wirklich?),
> die augen aufzuschlagen und zu erblicken:
> etwas gutes, zu sagen: ich habe unrecht behalten.

süßer tag, an dem das selbstverständliche
sich von selber versteht, im großen und ganzen!
was für ein triumph, kassandra,
eine zukunft zu schmecken, die dich widerlegte!
etwas neues, das gut wäre.
(das gute alte kennen wir schon . . .)

ich höre aufmerksam meinen feinden zu.
wer sind meine feinde?
die schwarzen nennen mich weiß,
die weißen nennen mich schwarz.
das höre ich gern. es könnte bedeuten:
ich bin auf dem richtigen weg.

Liebe Eva, gehen *Sie diesen* Weg weiter.

Es grüßt Sie
Ihr
Hartmut Hentig

Ein bisher unveröffentlichter Brief an eine Lehrerin der Bielefelder Laborschule, die nach Zaïre gegangen ist und an einer evangelischen Missionsschule in Mbandaka Englisch unterrichtet.

10. Bin ich ›der große Zampano‹?

Eine Antwort auf die Frage, wie ich es mit der mir ›anvertrauten Macht‹ halte (1982)

Macht ist mir nicht anvertraut. Mir sind Kinder anvertraut, und über die haben wir Erwachsenen allemal Macht – ob wir wollen oder nicht.

- Wir sind größer und stärker: Wir erreichen die Türklinke; wir können eine Kiste heben und forttragen; wir können, wenn wir uns ein wenig recken, über die anderen Menschen hinweg sehen, was sich da ereignet; uns grüßt der Portier höflich; uns nimmt Nachbars Hans nicht die Sachen weg.
- Wir kennen die Welt – ihre Gesetze, Gewohnheiten, Gefahren, Geheimnisse und vor allem die Grenzen: die Grenzen dessen, was man in ihr haben oder erreichen kann; wir können die selbstverschuldete Ohnmacht vermeiden, in die uns unerfüllbare Erwartungen versetzen.
- Wir haben allerlei Fertigkeiten erworben: Wir können eine Schleife binden, ein Spielzeug reparieren, lesen und schreiben, eine fremde Sprache sprechen und verstehen, eine Photographie entwickeln, eine Wunde verbinden, Auto fahren.
- Wir haben Rechte: Wir *können* nicht nur Auto fahren, wir *dürfen* es, wie wir auch über unser Eigentum verfügen, aufbleiben, rauchen, in bestimmte Kinos gehen dürfen; wir besitzen die Schlüssel zu verschlossenen Schubladen.
- Wir haben ganze Geschichten in uns, die wir erlebt oder gelesen haben; wir können erzählen – von Orten, die weit weg sind, von Zeiten, die nie wiederkehren.
- Wir können Pläne machen – so, daß sie sich erfüllen: Übermorgen, nach zweimal Schlafen, werden wir angeln fahren und hinterher wird Mike uns abholen zu seinem Grill, wo wir die Fische braten. Wir haben immer schon alte Freunde; wir können sie von Nicht-Freunden unterscheiden; wir bringen es – geheimnisvoll – dahin, daß sich die Welt in unsere Wünsche fügt.

Weil Kinder in dieser Welt auf vieles angewiesen sind, was wir haben, können und dürfen, sind sie auf uns angewiesen. Sie bekommen, was sie brauchen oder begehren, sehr oft nur durch uns; sie werden, damit sie es bekommen, tun, was uns ihnen oder ihren Wünschen gewogen macht; sie geben uns Macht über sich, um ein klein wenig Macht über das zu haben, was sonst nicht in ihrer Macht steht.

Dieser scheinbar einfache, geläufige Befund enthält eine komplexe Beziehung, die ich in vier Thesen entfalten will. Ihnen folgt jeweils eine Erklärung:

1. *These:* Die Macht der Erwachsenen, also der Eltern, Erzieher, Lehrer, über Kinder ist ihnen nicht ›anvertraut‹ – weder von der verfaßten Gesellschaft, also vom Staat, noch von der historisch gewordenen Gesellschaft, also von der Tradition, noch von den einen Erwachsenen an die anderen; diese Macht liegt vor oder stellt sich her; sie ist für das Verhältnis von Erwachsenen zu Kindern konstitutiv. Übertragbar sind die Machtmittel und das Recht, sie zu gebrauchen, also Herrschaft.
2. *These:* Die gängige Auffassung, es komme allein darauf an, wozu der Erwachsene seine Macht verwende – zu einem objektivierten Zweck, z. B. zu der Formung des Kindes nach den eigenen Vorstellungen, zu dessen Einfügung in die Welt, wie sie ist, zur Vorbereitung einer anderen (besseren) Welt, *oder* zur Befestigung ihrer selbst, *oder* zu ihrer Aufhebung – diese Auffassung greift zu kurz. Erziehung muß in sich stimmig sein. Es gibt pädagogische Gründe, die Anwendung von Herrschaft in der Erziehung für widersinnig zu halten.
3. *These:* Auch Kinder haben Macht über die Erwachsenen. Allgemeiner gesagt: der Bemächtigte hat eine in der Natur dieses Verhältnisses eingeschlossene Gegenmacht.
4. *These:* Alle, die Kinder erziehen, sollten hiermit gleichermaßen rechnen – mit der Natürlichkeit und Unentrinnbarkeit dieser Macht einerseits *und* mit der Gegenmacht, mit ihrer eigenen Abhängigkeit von der Zustimmung des Kindes zu ihren Absichten, mit einer prinzipiellen Unverfügbarkeit ihres ›Objekts‹ andererseits; sie sollten diese besondere Natur des pädagogi-

schen Machtverhältnisses annehmen und nicht durch ›Regierung‹ (Herbart) ersetzen wollen – ein Mißverständnis, ja ein Mißbrauch, zu dem die staatlich veranstaltete Pädagogik, die Einrichtung Schule, hartnäckig verführt.

Zu These 1

Daß der Erwachsene Macht über das Kind habe und zwar aus seiner eigenen Stärke und aus des Kindes Schwäche heraus und nicht kraft einer Ermächtigung, wird wohl niemandem ein ernstes Problem sein. Wohl aber wird man sich fragen, erstens ob diese Macht für die organisierte Pädagogik genügt, und zweitens welche Erwachsenen über welche Kinder in welchen Angelegenheiten ›verfügen‹ sollen.

Die erste Frage ist nur hypothetisch zu beantworten. Wir haben eine ›herrschaftliche‹ öffentliche Pädagogik nunmehr auf der ganzen Welt; Beobachtungen an einer herrschaftsfreien (*nota bene*: nicht machtfreien) Erziehung kann man nicht mehr machen; Experimente wären entweder rein, also extrem und für die Kinder unzumutbar, oder doch wieder von Herrschaft infiziert. Wir bleiben auf Gedankenexperimente angewiesen und werden die Ungewißheit behalten.

Die zweite Frage wiederum ist eher praktisch als theoretisch zu beantworten. Gewiß: die Gesellschaft beauftragt eine bestimmte Personengruppe mit der Bildung, Ausbildung und Erziehung der Kinder und Jugendlichen, und sie verpflichtet die Bürger, ihre Kinder den dafür geschaffenen Einrichtungen zuzuführen. Sie macht die Eltern für die Erziehung der Kinder verantwortlich und entzieht sie ihnen, wenn sie diese Verantwortung vernachlässigen. Aber eigentliche pädagogische Macht – das ist die Möglichkeit, die beabsichtigten Wirkungen zu tun – ist nicht übertragbar wie ein Kommando oder ein Titel oder ein Preßbohrer. Sie stammt aus sich selbst.

Es wird viele geben, die diese Feststellung zwar nicht bestreiten, das Festgestellte aber für bekämpfenswert halten: Solche von niemandem verliehene, unverantwortete und darum auch unwiderrufbare Macht von Menschen über Menschen dürfe es nicht geben! Macht ist eine verdächtige, belastete und belastende Sache – weder will der eine sie erleiden noch mag der andere zugeben, daß er sie ausübt. Schon unser Sprachgefühl sperrt sich gegen die Verbindung des harten Wortes ›Macht‹ mit dem freundlichen Wort ›anvertraut‹. Geläufiger sind uns andere Redeweisen: Macht wird ergriffen, usurpiert, erschlichen, verweigert, gekostet und ausgekostet; die Mächtigen sind die Verdächtigen; es gibt Machtpolitik, Machtkampf, die ›Arroganz der Macht‹ ... Ein schlechtes Gewissen folgt ihr wie ihr eigener Schatten – auch, ja gerade da, wo die Macht ausdrücklich gepriesen oder ausdrücklich aufgegeben wird. Es ist, als ob dem Wort eine Erinnerung an den illegitimen Ursprung aller Macht anhafte.

Und doch hat jeder von uns Macht auch anders erfahren – als Liebender, als Leidender, als Lernender. Hat Schönheit nicht ›Macht‹ über uns – oder die Anmut, die Würde, die Lauterkeit, die Reinheit, die Tapferkeit eines Menschen? Gibt es nicht eine Mächtigkeit der Erinnerung, eine Überwältigung durch Einbildungskraft, durch Glanz und Größe der Vorstellungen, die einer hat? Stehen wir nicht buchstäblich in der Macht unseres Gewissens? Überlassen wir uns, wenn wir schwach, krank, aus eigener Kraft zu leben unfähig sind, nicht willig und mit Recht der Macht eines Helfers – eines Freundes, Arztes, Priesters? ›Bemächtigt‹ sich unser nicht ein bedeutender Gedanke? Sind Bewunderung für und Vertrauen auf einen anderen nicht eine ursprüngliche, unschuldige, ganz und gar unvermeidbare Macht eines Menschen über den anderen? Was, wenn nicht Macht, räumen wir dem Vorbild, dem Erfahreneren, dem Klügeren, dem Beredteren über uns ein? Und ist es nicht vor allem solche Macht, die in der Erziehung zählt und wirkt? Ist Wissen nicht tatsächlich Macht?

Sieht man dies so, erkennt man auch, daß man *diese* Macht gar nicht aufgeben und vollends nicht auf einen anderen übertragen kann. Zwar entsendet eine Regierung einen *ministre plénipotentiaire,* der beispielsweise bindende Verträge aushandeln und unterzeichnen darf; der König gibt Don Pizarro Macht über die Gefangenen; die Kirche ermächtigt den Priester, die Absolution zu erteilen; eine Gesellschaft überträgt einer Körperschaft die Aufgabe, Studenten auszubilden, oder einer Einrichtung des öffentlichen Rechts, Fernseh- und

Hörfunkprogramme auszustrahlen – mit all der Macht, die dies jeweils bedeutet. Aber genau genommen handelt es sich nur um eine bestimmte Instrumentierung der Macht, eine besondere Form, die Macht zu vermitteln. Wenn man dabei dann das Wort ›anvertrauen‹ verwendet, dann drückt man damit allenfalls aus, daß der Machthaber sich auf sein ›Instrument‹ verläßt: ihm Spielraum gewährt und zusichert und vernünftige Eigenmächtigkeit nicht als Mißbrauch ansehen will. Die Macht selber bleibt bei ihm.

In all den genannten Fällen hat er sie als Herrschaft inne – dauernd, legitimiert und institutionalisiert, was ja nur heißt: nicht von der Person, nicht von ihrer individuellen Schwäche oder Stärke abhängig. Befehlsgewalt, Amtsautorität, Geheimnis, Besitz, ein Schutzmandat, eine definierte Verantwortung kann man anderen ›anvertrauen‹ – und den dazugehörigen Apparat: Aufklärungsorgane und Gewaltmittel, Rechte und Ehren, Befugnisse und Ämter – aber nicht das, woraus sie erwächst: die Überlegenheit, die Ursache für die Zustimmung, die freiwillige Unterwerfung der anderen.

Vielleicht lege ich das Wort ›Macht‹ eigenwillig aus. Die Lexika sagen im wesentlichen zwei Dinge: Macht sei Verfügung über andere Personen oder über Sachen, und Macht bedürfe nicht der Anerkennung der von ihr Betroffenen (»Macht ist die Chance, innerhalb einer sozialen Beziehung den eigenen Willen auch gegen Widerstreben durchzusetzen, gleichviel worauf diese Chance beruht«, Max Weber). Meist nehmen sie Abgrenzungen gegen ›Herrschaft‹ vor, und diese wiederum trennen sie von ›Regierung‹. »Herrschen ist Unsinn, Regieren ist Weisheit. Man herrscht also, weil man nicht regieren kann«, sagt Seume. – Solchen Feststellungen widerspreche ich nicht. Wenn es aber heißt, Macht sei »die *Gesamtheit aller Kräfte und Mittel,* die jemandem oder einer Sache gegenüber Lebewesen oder Dingen zur Verfügung stehen«, vermisse ich eine Abgrenzung gegenüber dem, was man ›Einfluß‹, ›Autorität‹, ›Charisma‹, ›Zauber‹, ›Überlegenheit‹ o. ä. nennt. Auch habe ich das Bedürfnis, die Macht von ihren Mitteln zu unterscheiden.

Meinem Zweck entspricht folgende einfache Einteilung: *Macht* ist das Vermögen, Wirkungen nach eigenem Willen auf andere zu tun – sie zu Taten oder Gedanken oder Gefühlen zu veranlassen. Dieses Vermögen ist seiner Natur nach nicht übertragbar. Instrumentalisiert man dieses Vermögen, so, daß man es auch zum Teil oder ganz weitergeben kann, wird daraus entweder *Herrschaft*, d. i. definierte und institutionalisierte Macht, die mit der Zustimmung oder Fügsamkeit der Beherrschten rechnet, oder *Gewalt*, d. i. die physische oder psychische Beugung des anderen gegen seinen Willen. Solange ich kein anderes Wort habe, um die Wirkung zu bezeichnen, die einen Menschen einem anderen ohne Herrschaft und ohne Gewalt und auch ohne deren Androhung verbindet oder folgen läßt, bin ich auf das Wort ›Macht‹ angewiesen und darauf, daß man die beiden anderen Wörter hierfür *nicht* benutzt.

Zu These 2

Die Befugnisse wie die Wirkungen, die eine Person über bzw. auf eine andere hat, so daß sie sich ihr fügt, sind die Menschen geneigt danach zu beurteilen, wie gründlich legitimiert und wie wohltuend sie für Individuum und Gesellschaft sind. Sie fragen nach dem Zweck. Der Zweck, den Platon der Erziehung seiner Wächterkaste gibt, ist, das Gemeinwohl zu denken und zu bewahren. Locke will die Natur, die für sich selbst sorgt, in die Konvention der Gesellschaft, in den herrschenden *nomos* einpassen. Rousseau will umgekehrt der Natur gegen eine übermächtig gewordene und verderbliche Zivilisation zum Recht verhelfen. Herbart postuliert zwei Zwecke: den der Freiheit des künftigen Erwachsenen und den der gebotenen Sittlichkeit. Sie alle gebrauchen ihre Befugnisse und Macht nach Kräften. Ihre Lehre von der Pädagogik ist eine Lehre von der intelligentesten und ökonomischsten Nutzung ihrer Mittel. Man kann, mit anderen Worten, nicht über das jeweilige pädagogische Verfahren urteilen, ohne über sein Ziel zu urteilen. – Endet füglich die Frage nach dem Gebrauch von Macht oder Herrschaft oder Gewalt in der Pädagogik bei einem Streit der Weltanschauungen und bleibt also zu dessen Entscheidung selber auf Macht angewiesen?

Ich denke, die von allen gemachte bloße Unterscheidung von ›Erwachsenen‹ und ›Kindern‹, von solchen, die zu erziehen berechtigt sind, und solchen, die erzogen werden müssen, zeigt, daß am Ende *jeder* Erziehung der Erwachsene steht – wenn nicht als Ergebnis der Erziehung allein, so doch sicher ein Ergebnis auch der Erziehung. Das Kind ist immer ein Kind – ein ungeordnetes oder ein abgerichtetes, ein verspieltes oder ein altkluges, ein selbständiges oder ein von Verantwortung geleitetes. So oder so ist es ein Kind. Ein Erwachsener aber kann kindisch geblieben sein, unerwachsen, unmündig. Er ist definiert durch Selbstverantwortlichkeit. Er sollte ohne Erzieher leben können. Die Aufhebung der Erziehungsbedürftigkeit muß darum Ziel aller Erziehung sein.

Ist das so, widerspricht sie ihrem eigenen Auftrag, wenn sie das Machtgefälle, das die Erziehung erst ermöglicht, allzu gründlich in ihren Verfahren verankert, es zu lange beibehält.

Weil Rousseau dies bewußt zu vermeiden trachtet, ist seine Erziehungslehre für mich besonders glaubwürdig: Er läßt die Kinder ihre Schwäche erfahren, damit sie ihr entrinnen wollen, und er heißt die Erwachsenen ihre Macht – Hilfe wie Strafe – so weit zurücknehmen wie möglich, um die verselbständigende Erfahrung wirken zu lassen.

Eltern, die in bürgerlichen Verhältnissen leben, gewöhnen das Kind zu früh an diesen Lebensstil und wecken mehr Bedürfnisse, als es hat. So kommen sie seiner Schwäche nicht zu Hilfe, sondern vermehren sie. Sie schwächen es auch, wenn sie Leistungen von ihm verlangen, die die Natur nicht fordert, wenn sie seine geringe Kraft ihrem eigenen Willen unterwerfen, statt es nach seinem Willen leben zu lassen. Auf diese Art verwandeln sie die auf der Schwäche des Kindes und der Elternliebe beruhende gegenseitige Abhängigkeit so oder so in Sklaverei.

Das Kind soll weder Tier noch Erwachsener, sondern eben Kind sein. Es muß seine Schwäche fühlen, aber nicht darunter leiden; es soll abhängig sein, aber nicht nur blind gehorchen; es soll bitten, aber nicht befehlen. Es ist anderen nur wegen seiner Bedürfnisse unterworfen, weil jene besser wissen, was ihm nützt oder schadet, was für seine Erhaltung zuträglich oder nachträglich ist. Niemand hat das Recht, dem Kinde etwas zu befehlen, was ihm zu nichts nützt, selbst der Vater nicht.

Erhaltet das Kind allein in der Abhängigkeit von den Dingen, so werdet ihr es stets naturgemäß erziehen.

Gegen die Worte ›es ist nichts mehr da‹ hat sich niemals ein Kind aufgelehnt, wenn es sie nicht für eine Lüge hielt.

Erfahrung und die Wahrnehmung, daß sie etwas nicht können, allein dürfen bei ihm die Stelle des Gesetzes vertreten. Gesteht ihm nie etwas zu, weil es danach verlangt, sondern weil es dessen bedarf! Es soll gar nicht wissen, was Gehorsam ist, wenn es etwas tut, oder was Befehlen ist, wenn man etwas für es tut. Seine Freiheit empfinde es gleicherweise bei seinen eigenen wie bei euren Handlungen.*

Die Erziehung in und zu Freiheit ist bei Rousseau identisch mit der Erziehung durch und für Notwendigkeit. Sie ist das Gegenteil einer Erziehung durch Zwang.

Zu These 3

Diese als ›negative‹ Pädagogik schlecht bezeichnete Lehre Rousseaus setzt dreierlei voraus: Erstens, daß der Erwachsene Macht über das Kind hat – so wie ›Macht‹ vorhin im Gegensatz zu ›Herrschaft‹ bestimmt worden ist; zweitens, daß das Kind einen ›natürlichen‹ Trieb hat, sich selbst zu entfalten und sich selbst zu behaupten (›Natürlich‹ soll heißen: Wenn man diesen Trieb nicht wissentlich oder willentlich kappt oder verkehrt, wird er in der Regel so auftreten); und drittens, daß dieser Trieb die richtigen Vorbilder bekomme, wichtige Bewährungen erfahre, *an* der Welt, in der der Mensch bestehen soll, vernünftiger Einsicht zu folgen lerne.

Es gibt ganz andere Auffassungen darüber, zum Beispiel die Herbarts. Für ihn ist im Kind nur ein ›wilder Ungestüm‹, der ein ›Prinzip der Unordnung‹ ist, die Einrichtungen der Erwachsenen verletzt und die künftige Person des Kindes selbst gefährdet**. »Dieser Ungestüm muß unterworfen werden.«

* Jean Jacques Rousseau: Emile oder Über die Erziehung, Schöningh Verlag: Paderborn 1958, S. 69, 70 und 78.

** Die Pädagogik Herbarts. Allgemeine Pädagogik aus dem Zweck der Erziehung abgeleitet. Hrsg. von Herman Nohl, Beltz Verlag: Weinheim 1952, S. 21 (= Kleine pädagogische Texte 25).

Unterwerfung geschieht durch Gewalt; und die Gewalt muß gerade stark genug sein und sich oft genug wiederholen, um vollständig zu gelingen, ehe sich Spuren eines ächten Willens beim Kind zeigen (S. 21).

Herbart spricht von der ›Regierung‹ des Kindes – die der Vermeidung von Schaden und Streit diene. Seine Mittel sind Drohung, Zwang, Aufsicht, Autorität und Liebe.

Herbart ist weder ein Barbar noch ein Tor. Er weiß, wie jeder Pädagoge, daß man vernünftigerweise nur am Willen der Kinder anknüpfen und die Sittlichkeit nicht mit militärischer Strenge von ihnen ›erpressen‹ kann (S. 27). Aber er rechnet nicht mit einem willigen Willen, sondern nur mit einem gebeugten. Daß es gegenseitige Abhängigkeit gebe, kommt ihm nicht in den Sinn. Er rechnet nicht einmal mit einem Rebellen, einem Gegenwillen, einer Gegenmacht im Kinde. Die Liebe, von der die Rede war, »beruht auf einem Einklange der Empfindung und der Gewöhnung«.

Wie sehr die Liebe ⟨des Zöglings⟩, wenn sie einmal gewonnen ist, das Regieren erleichtert, braucht nicht erst gesagt zu werden (S. 25).

Daß das Kind ein Objekt der Erziehung sei, dieser Auffassung entrinnt keine Pädagogik, auch die Rousseaus nicht. Aber Rousseau wendet die Ahnungslosigkeit des Kindes in eine belehrende Erfahrung und die Allmacht des Erziehers in dessen verpflichtende Last:

Keine Unterwerfung ist so vollkommen als die scheinbar freiwillige, denn man nimmt den Willen selbst gefangen. Ist denn das arme Kind, das nichts weiß, nichts kann und nichts kennt, nicht völlig in euren Händen? Verfügt ihr denn nicht über alles, was es umgibt? Könnt ihr's nicht beeinflussen, wie ihr wollt? Sind nicht seine Arbeiten, seine Spiele, sein Vergnügen und sein Ungemach in euren Händen, ohne daß es davon weiß? (Emile, S. 115).

Dies ist die ehrliche Wahrheit – die Voraussetzung dafür, daß sich der Erzieher keiner Selbsttäuschung hingibt. Rousseau spricht hier zwar hauptsächlich von den Umständen, durch deren Einrichtung der Erwachsene über den Willen des Kindes verfügt – aber seine Feststellung gilt *a fortiori* für die Wirkungen der Person. Die Macht der Väter ist keine Erfindung der Psychoanalyse!

Ich stelle mir eine Erziehung vor, die die Macht des Erziehers nicht verhehlt, die sie ermöglicht, und die sie nicht mißbraucht, um den ›Zögling‹ zu regieren, sondern die sich mit der ungleichen Gegenseitigkeit befreundet. Unterscheidet man zwischen Macht, Herrschaft und Gewalt, wie ich es oben getan habe, wird man verstehen, daß ich an eine ganz und gar folgen- und darum rücksichtslose Macht von Menschen überhaupt nicht glauben mag; solche Macht ist immer reziprok. Ganz frei sind die Menschen gegeneinander nur in der Gleichgültigkeit.

Ich kann meine Regungen unterdrücken, wenn ein Kind weint, dem ich meinen Willen aufgezwungen habe; aber ich kann sie nicht nicht haben, ohne das ›Objekt‹ Kind für mich wertlos zu machen. Liegt mir an seinem Gehorsam, liegt mir auch an ihm. Ich kaufte mir sonst besser einen Automaten, der sich mir absolut – nämlich willenlos – unterwirft.

Zu These 4

Die Schule ist eine Anstalt mit einer hierarchischen Struktur: Grundgesetz, Landesverfassung, Schulgesetz, Richtlinien und Erlasse, Schulverwaltung, Schulaufsicht, Schulleitung, Lehrer, Schüler – so ist das Gefälle. Es gibt, lange bevor die ›Herrschaft‹ das Kind erreicht, die Herrschaft von Gesetzen über Behörden, von Behörden über erwachsene Menschen und von erwachsenen Menschen über einander. Das System funktioniert nur, wenn bestimmte Maßnahmen einheitlich verfügt und eingehalten werden. Schülern, die nicht erscheinen, die ihre Aufgaben nicht machen, die nicht auf ihren Plätzen bleiben, wird mit Mitteln der Herrschaft zugesetzt. Der Lehrer, der nur die Wirkungen seiner Person einsetzt, die die eigentliche pädagogische, den anderen in seinem Willen treffende Macht konstituieren, kann, weil die Bemühung nicht nachweisbar ist, wegen Unterlassung belangt werden. Das System lehrt Herrschaft, wo es Vernunft und Loyalität lehren sollte. Tagaus, tagein spielen Lehrer und Schüler an unseren

Schulen Herrschaftsspiele: Wer siegt? Wer behält recht? Wer bleibt cool? Wer ist hier der große Zampano?

Dies ist eine Überzeichnung. Sie soll erklären, warum viele Lehrer, ich eingeschlossen, die ihnen übertragene Herrschaftsgewalt lieber nicht haben wollen. Ich selber will auch keine *Macht* über Menschen haben – außer in zwei Formen: Ich überzeuge sie gern von dem, was mir wichtig ist, und ich werde gern von denen geliebt, die ich selber liebe. Die Nebensätze sind hier die Hauptsache. Andere schlechthin von allem überzeugen zu wollen, wovon ich überzeugt bin, wäre eine pathologische Form von geistiger Herrschsucht. Schlechthin geliebt werden wollen, wäre eine ebenfalls pathologische Lebens- und Ich-Schwäche. Mit solchen Gebrechen könnte und dürfte ich nicht Erzieher sein.

Die mir anvertrauten Kinder sollen meinen Wunsch spüren, daß das mir Wichtige auch sie bewege und daß meine Gefühle nicht unerwidert bleiben mögen. Und in beidem haben sie Macht über mich. Weh mir, wenn ich zu herrschen beginne, weil dies nicht gelingt, und wohl mir, wenn es gelingt, weil sie dieser meiner ›Macht‹ vertrauen – sie erkennen und sie doch nicht fürchten.

Als Klaus von Bismarcks 70. Geburtstag bevorstand, bat seine Frau die Verwandten und Freunde des Jubilars aufzuschreiben, was ihnen zu einem Klaus von Bismarck bewegenden Thema, nämlich ›Anvertraute Macht‹, in den Sinn kommt. Meine Gedanken sind in der Wochenzeitschrift *Die Zeit* (am 30. 4. 1982) in etwas gekürzter Form unter einem nicht von mir formulierten Titel veröffentlicht worden.

11. Das Bleibende bin ich

Eine Antwort auf die Frage, was meinem Leben Richtung gegeben habe (1982)

»Was meinem Leben Richtung gegeben hat« – darauf hat mich die Anfrage des Herausgebers neugierig gemacht. Ich habe ihm meinen Beitrag für sein Buch zugesagt, weil ich *nicht* wußte, was ich schreiben würde. Diese Einsicht hat mich beunruhigt.

Das Ergebnis meiner Selbstprüfung ist für uns beide widrig: Mein Leben hat keine »Richtung« – es läßt sich nicht unter das Bild vom »entscheidenden Anstoß« bringen, »der für den weiteren Verlauf . . . richtunggebend war«. Widrig *für mich*, weil man offensichtlich von einem anständigen oder gar bedeutenden Leben erwartet, daß es diese Figur zeige. Widrig *für den Herausgeber*, weil mein Beitrag nicht die literarische Form annehmen kann, die er seinen Autoren nahegelegt hat.

Aber vielleicht interessiert ihn, die übrigen Autoren und die Leser, unter welch anderem Bild sich mir mein Leben darstellt. Das schreibe ich hier auf. Im übrigen denke ich, daß auch andere mit dem Auftrag Schwierigkeiten gehabt haben. Ja, der Herausgeber relativiert selber seine »Überzeugung«, daß jedes Menschenleben einmal eine entscheidende Prüfung erfahren habe: durch Krankheit oder Kummer, durch Krieg oder Kerker; dies alles seien »Stationen auf dem Weg« zu sich selbst, ein »lebenslanger dialektischer Prozeß«. Es wird in der Tat nicht viele Leben geben, die *eindeutig* durch *ein* Ereignis in *eine* Richtung gewendet worden sind, und die Beispiele, die einem (aus der Literatur oder der Wirklichkeit) hierzu einfallen, sind auf tragische und d. h. unentrinnbare Weise monoman oder langweilig. Das reiche Leben scheint Wechsel, Erschütterung und Ausgleich, »Dialektik«, wie es im Anschreiben hieß, zu verlangen. Was diese von Zerrissenheit und Diskontinuität unterscheidet, woraus sie besteht, ist nicht an einer einzelnen Begebenheit sichtbar zu machen; sie fordert eine Serie von Wirkungen und Wandlungen.

Zunächst habe ich es doch mit dem Bild vom »Anstoß« und

von der »Richtung« versucht. Wie oft habe ich meine Entscheidungen oder Urteile mit meiner Erfahrung des Nationalsozialismus begründet! Nie wieder wollte ich seitdem in einem Staat leben, der faschistisch regiert wird, unter Menschen, die faschistisch denken und handeln. »Faschistisch« bedeutet nicht nur, daß die Schwäche des einen an sich schon die Bosheit, die Gewalt, das Unrecht des anderen rechtfertigt; »faschistisch« bedeutet darüber hinaus die Leugnung von Sittlichkeit überhaupt, weil nach dieser Irrlehre der einzelne Mensch – das Wesen, das denkt, will, leidet, hofft, sich entscheidet, ein Gewissen hat – nur eine Funktion biologischer und historischer Lebensgesetze ist. »Du bist nichts, dein Volk ist alles.« Das haben die Nazis genau so gemeint, wie sie es gesagt haben – Wort für Wort.

Meine meist gleichzeitige Hinwendung zu den Alten Sprachen und zum Christentum, zum amerikanischen Instrumentalismus und zu Platon, zum Naturrecht und zum Positivismus, zu Hans Morgenthaus Theorie von der notwendigen Wiederherstellung der klassischen Diplomatie und zu Rousseaus radikaler Demokratie, zum frühen Marx und zu den Soziologen der Macht – von Montesquieu über Max Weber zu Ralf Dahrendorf – hatte darin ihren Ursprung: Sie alle waren, oft auf einander entgegengesetzte Weise, Richter über den Nationalsozialismus. Ja, die von den Siegermächten in die Ahnenreihe Hitlers versetzten Luther, Friedrich II. von Preußen, Bismarck, oder die angeblich geistigen Wegbereiter Nietzsche, Spengler, Heidegger, Benn haben mich angezogen, weil an ihrer Nähe zu den Faschisten die ausschlaggebende Differenz und die bleibende Gefahr um so deutlicher wurden.

Aber *warum* habe ich den Faschismus erst als Bedrohung, dann als Demütigung und Qual erlebt und nicht wie die überwiegende Mehrzahl meiner Landsleute und vor allem meiner Altersgenossen erst als Hoffnung, dann als Aufrichtung und allenfalls als Verführung? Wenn dies überhaupt interessiert, dann doch wegen der Ursache und nicht wegen der ja bekannten Folgen!

Auch da habe ich eine bewährte, stabile Antwort: Das danke ich meinem Vater.

Aber wiederum: Wie kommt es, daß er so auf mich gewirkt hat, daß seine moralische Autorität nicht Auflehnung, trotzigen Widerspruch hervorrief?

Ich sehe mich als Kind: von schwacher Konstitution, empfindsam, phantasiebegabt, liebebedürftig und darum auf Frieden bedacht, all meine geistige und seelische Kraft auf die Beschwichtigung, die Befreundung, wenn nötig die Täuschung meiner Umwelt verwendend, mich der Unterwerfung durch Lüge entwindend, der Anpassung durch den Schein der Anpassung.

Auf der Suche nach der ursprünglichen, durch niemanden und nichts gemachten »Identität« gelange ich bald in Bereiche meiner Person, die abzuschirmen mich zeitlebens mehr beschäftigt hat als das Streben nach Bewährung – so wichtig mir auch diese war. Ja, Bewährung vor mir selbst und den anderen war mir wichtig, weil sie mir bei der Dissimulation zu helfen versprach.

Wer sein Leben früh und bewußt zum Schutz des eigenen Selbst lebt, dem widerfährt dreierlei:

- eine »Richtung« bildet sich nicht aus; sie wird kunstvoll vermieden;
- überall bieten sich neue Hilfen zu dieser Verbergungsarbeit an; man lebt wechselvoll, weil Stillstand Erkennbarkeit bedeutet; »Sicherheit ist gefährlich« – nicht nur in der Politik;
- Geborgenheit, Ausruhen, also das Gegenteil von »Anstoß« gibt es nur bei Freunden, die darum auch den größten Einfluß ausüben.

Es ist die Dauerhaftigkeit, fast Unwandelbarkeit bestimmter menschlicher Beziehungen, die mein Leben eigentlich wandelt: aus Flucht freie Bewegung, aus freier Bewegung willige Heimkehr macht.

Vielleicht hätte ich mich für diesen Beitrag naiv stellen sollen und so tun, als sei zwischen den Richtung-Gebern Beruhigung und Anstoß kein Unterschied, als könne *auch dies* gemeint sein: die Erfahrung einer das Leben bestätigenden und be-stetigenden Freundschaft. Das aber ist vollends nicht auf fünf Seiten darstellbar! Dabei hätte ich außerdem die Wahl gehabt zwischen der Elektra-Liebe meiner Schwester, die von mir die Taten eines Orestes erwartet und sie allemal –

nachsichtig – selber tut, weil ich zaudere, und der Iolaos-Liebe meines Bruders, der hinter mich in meinen Schatten tritt: meine Kraft verdreifachend – durch die seine, durch die Gemeinschaft, durch das darin gewonnene Selbstvertrauen; oder zwischen Carl Friedrich von Weizsäckers Gabe der Empathie, die aus mir Gedanken und Worte heraushört, wie sie einer hat, der ich gern wäre, verbunden mit seiner Fähigkeit, den Freund an seinem Denken zu beteiligen (mit der Folge, daß ich in seiner Gegenwart zu können scheine, was er voraussetzt, und also meine Unvollkommenheit bewältige) und Gerold Ummo Beckers männlicher Geduld, an der ich die eigentliche Absicht meiner Pädagogik erst verstanden habe: den anderen frei, selbständig und selbstbewußt zu machen, weil dessen Liebe und Dankbarkeit nur dann wohltuen; oder zwischen Ernst Kletts schwäbisch-preußischem Mentorat, das unbeirrt von mir erwartet, daß ich »mir selbst« – einem gedachten fleißigen, asketischen, unseligerweise auf Athen statt auf Sparta fixierten Totalpädagogen – treu bleibe, weshalb er mir zugleich jede sybaritische Freude zumuten kann, und Axel von dem Bussches spröder, alles durchschauender Neugier für den jungen Kommilitonen, der darum etwas aus sich machen wollte, was diesem Blick standhält; oder zwischen der pädagogischen Liebe der seligen Dora Springer-Ringleb für den unzeitgemäßen Jüngling, dem sie im Frühjahr 1943 die gesamte Rolle (rund 400 Verse) des Empedokles abhörte, selber den Cyrano de Bergerac vortrug und die Rätsel von Schleiermacher zu lösen zutraute, und dem festen Glauben des ebenfalls seligen Lehrers Ernst Lindenborn, daß das Schöne, Wahre und Gute die Erniedrigung unter den Nazis überleben werde – in Menschen wie mir. Welch schwere, verpflichtende, glücklichmachende Lasten! Könnte es in *meinem* Leben irgendeine »Wende«, irgendeine »Richtung« geben, die all solcher Bestimmung gewachsen wäre?! Selbst wenn ich eine große Tat getan – aus der Wehrmacht desertiert, eine Cap Anamur ausgestattet und nach Vietnam auf den Weg gebracht, den Opfergang in die hohe Politik auf mich genommen – hätte, oder auch nur das bekennende und andere bewegende Wort geschrieben: meinen *Werther*, mein *Im Westen nichts Neues*, meine *Geburt der Tragödie aus dem*

Geist der Musik – ein Resultat irgendeiner jener Freundschaften wären sie nicht.

Was haben wir hiermit gewonnen? Die Aufzählung ist mir nützlich, weil ich mir an ihr klarmache, wie die genannten Menschen mein Leben zugleich verändert *und* festgelegt haben; sie ist zugleich unnütz, weil sie hoffnungslos unvollständig ist und weil auch sie nur wieder die nächste Frage aufdrängt: Warum gerade sie solchen Einfluß auf mich hatten oder haben – mit einander oft entgegengesetzten Eigenschaften und einander widerstreitenden Wirkungen?

An dieser Stelle kehrt sich die Frage und damit die ganze Figur um: Welchen Begegnungen, Ereignissen, zeitgeschichtlichen Entwicklungen habe *ich* die Zusammengehörigkeit, die Vereinbarkeit, die »Richtung« aufgeprägt, die sie in meinem Leben haben? Das Bleibende, »Identische« bin *ich*. Ich nehme keinen Bruch in meiner Geschichte wahr; ich verstehe noch heute, was ich vor zwei, drei, vier Jahrzehnten in gänzlich anderer Lage, mit anderem Wissen und in anderer Lebensstimmung gesagt habe, obwohl ich jetzt das Gegenteil zu sagen scheine. Es gibt da einen unverrückbaren Kern der Person, der sich erst an den verschiedenen Herausforderungen enthüllt, sich erst in den Umbrüchen der falschen Bundesgenossenschaft entledigt, sich der gemeinten Wahrheit erst an ihrer Gefährdung versichert. Dabei wechseln die Waffen und Worte. So bin ich für »Demokratisierung« eingetreten, als sie durch obrigkeitliche Denkformen und Institutionen »von oben« verhindert wurde; seit diese – unter dem Kampfruf »Demokratisierung« – durch *collective bargaining*, also Interessendurchsetzung mit Hilfe kalkulierter Mehrheiten, »von unten« ersetzt worden ist, muß ich mich anderer Mittel und Namen bedienen, um die unerfüllte Absicht weiter zu verfolgen. Ich muß nicht nur ein neues Wort ersinnen, sondern mich selbst, meine Erwartung und mein Verhalten ändern. Und dies sei nun doch an einer Geschichte eines »Anstoßes« verdeutlicht:

Im Winter 1948/49 kam ich als einer der ersten deutschen Studenten in die USA – an ein kleines von einer pazifistischen Kirche unterhaltenes Liberal Arts College. Ich war alsbald von zwei Dingen fasziniert: erstens von der intellektuellen und moralischen Gründlichkeit, mit der meine Gastgeber – der gläubige Teil der gemischten Studentenschaft – über die Friedlosigkeit in dieser Welt nachdachten und auf sie reagierten: mit einem radikalen und gleichwohl in dieser modernen Welt lebbaren Christentum (die Einladung eines Studenten aus dem besiegten Nazi-Deutschland war selber Ausdruck ihrer Entschlossenheit zu versöhnender Tat); zweitens von »Demokratie als Lebensform«, also nicht nur als Staatsform, so wichtig gerade sie für das alltägliche »Leben« einer politischen Minderheit ist (es war die Zeit des Korea-Krieges, und junge Leute, die den Wehrdienst verweigerten, gerieten sehr schnell in die Ecke der Feiglinge und Vaterlandsverräter).

Ich habe mich an beidem – den religiös-moralischen und den politischen Konflikten dieser Gemeinschaft – leidenschaftlich beteiligt, habe die Geschichte und Theorie der amerikanischen Republik und alle Facetten des amerikanischen Pazifismus (und seine Gegner) gründlich studiert und die an diesem College offiziell proklamierte Verbindung zwischen Christentum und Demokratie mitzuerfüllen getrachtet. Mein Interesse wurde zuerst begrüßt, löste aber bald auch Unruhe und Mißtrauen aus. Es mobilisierte meine engere Umgebung; bald erkannte sie, wo die eigenen Wortführer eben nur dies waren und sich vor bestimmten Konsequenzen scheuten; mit den Augen dessen, der von außen kam, sahen auch meine Freunde, einen wie oberflächlichen Gebrauch sie von ihren Institutionen, Rechten, Überzeugungen machten. Man beschloß, im Rahmen der College-Politik ein weiterreichendes und ehrlicheres Programm aufzustellen und zu verfolgen und kürte einen eigenen Kandidaten, M. H., dem ich zutraute, unsere schwierige Politik zu vertreten, weil ich es ihm zutrauen wollte: Mein Eintreten für die Sache war zugleich ein Eintreten für ihn.

Als die Kampagne für die Studentschaftswahlen angelaufen war, zeigte sich die Wirkung aller anspruchsvolleren Politik: Auch die andere Seite erwachte und versicherte sich ihrer Interessen. Sie formierte sich erstaunlich schnell unter erstaunlich primitiven Parolen und verwandelte die Kandidatur meines Freundes aus dem üblichen vergnüglichen *popularity test* in einen harten und mühsamen Kampf. M. H. begann daraufhin von den gemeinsam beschworenen Vorhaben und Prinzipien abzufallen und litt dreifach: unter der unerwarteten Feindseligkeit vieler Kommilitonen, der Schwierigkeit des politischen Auftrags, der Enttäuschung, die er uns bereitete. Er war überfordert.

Ich hatte damals eine in meinem Leben mehrfach wiederkehrende Wahl: zwischen einer klaren und sicheren Überzeugung und einer mir wertvollen menschlichen Beziehung. In diesem Schillerschen Konflikt zwischen Wahrheit und Menschlichkeit habe ich mich damals für die letztere entschieden. Den »Verrat« an der Sache habe ich dadurch auszuhalten versucht, daß ich mir klarmachte: Eben dies gehöre zur Demokratie und zum Christentum, daß sie mit menschlicher Unvollkommenheit rechnen. Wehe der Gesellschaft, die auf Helden angewiesen ist – so habe ich später bei Brecht gelernt. Der überforderte Politiker wird ein abhängiger sein oder autoritär und am Ende unmenschlich werden.

Zugleich habe ich in mir wahrgenommen, daß ich eine Überzeugung nicht einfach opfern kann – auch einem noch so starken Gefühl wie der Freundschaft nicht. Wo das geht, war die »Überzeugung« doch nur eine Meinung. Die Überzeugung lebt weiter. Eines Tages bricht sie wieder hervor und rächt sich. Am Ende hat die gemeinsam beschlossene Entlassung von M. H. aus seinen Verpflichtungen auch zu seiner Entlassung aus unserer Achtung geführt. Nur die Liebe könnte dies überdauern. Wenn ihr dies gelingt, dann weil sie stark genug ist, ihren Gegenstand neu zu schaffen. Woher *sie* ihre Kraft und ihre Visionen nimmt, danach mögen andere weiterfragen wollen. Ich will es nicht.

Im Jahre 1981 bat Peter Raab mich und drei Dutzend andere Personen, aufzuzeichnen, *Was meinem Leben Richtung gab*. Mein Beitrag ist in dem gleichnamigen Band der Herder-Bücherei (Herder: Freiburg, Basel, Wien 1982, Nr. 940) abgedruckt.

12. Mein erstes Lieblingsbuch
Ein Bekenntnis (1982)

Das *eine* erste Lieblingsbuch kann ich nicht benennen. Alle ersten Bücher, an die ich mich erinnere, waren Lieblingsbücher: Bücher, an denen mir etwas ganz Neues aufging, etwas, das sie mir lieber machte als alle voraufgehenden, etwas, wodurch sie unentbehrlich wurden. Mit jeder solchen Entdeckung wandelte sich meine Beziehung zu den früheren *Lieblings*büchern, weil sich meine Beziehung zu *Büchern* wandelte. Vor allem aber: Jedes dieser Bücher war in einem besonderen Sinne *mein* Buch.

Wie das Eselchen das Christkind suchte war das erste Buch, das mir allein gehörte. Die Eltern schenkten es mir zum Trost, als sie einmal mit meiner Schwester ausgingen und mich nicht mitnahmen. (Und das Eselchen, von dem es handelte, wäre ich gern gewesen: es ging seinen Weg unbeirrt durch Not und Gefahr und wurde am Ende wundersam dafür belohnt.)

Peter Rabbit war das erste Buch (von unzähligen, die im Laufe meines Lebens gefolgt sind), das von mir handelte. Peter tat immer etwas, wovor man ihn gewarnt hatte; unfehlbar ereilte ihn das Unheil; aber er kam glimpflich davon, fand zurück in die aufgeräumte Kaninchenidylle, wurde ins saubere Bett gesteckt – und niemand hatte inzwischen aufgehört, ihn zu lieben.

Pinocchio war das erste Buch, das die Wahrheit über die Welt durchblicken ließ. Sie war nicht nur voller Verführungen, böser Verzauberung, Schurken und unverläßlichen Freunden – da war vor allem eine tiefe ursprüngliche Kluft zwischen dem hölzernen Bengele und denen, die gut waren, eine traurige schicksalhafte Verlorenheit, die ich allein verstehen konnte. Ach, was wäre Pinocchio ohne mich!? Es war das erste Buch, das mich brauchte. Ja, ich wußte, daß das gute Ende nicht stimmt. Wie der *deus ex machina* hat es die Heillosigkeit der Existenz nicht aufgehoben, sondern tiefer bewußt gemacht.

Heidi war das erste Buch, das ich selber gelesen, allein durchgehalten habe. Mit ihm gelang eine Flucht, bin ich in eine neue Freiheit vorgestoßen.

Vorher aber, etwa gleichzeitig mit *Peter Rabbit*, bekamen wir Kinder *St. Nikolaus in Not.* Es handelte von der Welt, wie ich sie mir wünschte: verständlich, verläßlich, verheißungsvoll.

Das beseligende Zutrauen kam wohl sicher ebenso sehr von den Bildern der Else Wenz-Viëtor wie von der pfiffig-rührenden Geschichte des Felix Timmermans. Während der Erwachsene zu lesen begann: »Es fielen noch ein paar mollige Flocken aus der wegziehenden Schneewolke, und da stand auf einmal auch schon der runde Mond leuchtend über dem weißen Turm. Die beschneite Stadt wurde eine silberne Stadt. Es war ein Abend von flaumweicher Stille und lilienreiner Friedsamkeit«, hatten die Kinderaugen Zeit, sich an dem Bild zu sättigen, das dem Text gegenüberstand: ein Blick herab auf eine alte verschneite nächtliche Stadt mit ihren Zinnen, Türmen, hohen Dächern, schiefen Schornsteinen und hier und da einem heimelig erleuchteten Sprossenfenster. Ein Mann in Hausschuhen und geflicktem Rock ist aus dem Turmzimmer herausgetreten, bläst auf seinem Horn »eilig drei Töne in die vier Himmelsrichtungen«; auf seinem Gesicht glüht die Wärme der Stube, in die er gleich zurückkehren wird; die Sterne leuchten blaß im milchigen Himmel; der Schnee stiebt auf... Alles ›stimmt‹ auf diesen Bildern, ist so liebevoll genau: das bröselige Mauerwerk und der Sprung im Fensterglas, die Bartstoppeln der Männer am Abend und die Warze von Trinchen Mutser, der Schatten der unterschiedlich langen Eiszapfen und der Rauch, der wirbelnd aus dem Kamin austritt, die Schaufelräder aus Zuckerwerk, die das große Schokoladenschiff verzieren, und der Schein der Kerze auf den glatten Pfefferkuchen. (Ein ganzes Jahrzehnt hindurch habe ich in der Adventszeit Kerzen erfolgreich so gemalt, wie ich es hier bewunderte – mit einem etwas erhöhten Rand links, einem nach unten sich verdickenden Tropfen rechts und einer festgewordenen runden Wachspfütze am Fuß.) In Trinchen Mutsers Schlafzimmer sieht man die Maserung der Holzdielen im Mondschein; auf dem Kalenderblatt ist der

6. Dezember zu lesen; man erkennt die einzelnen Tuchlagen des Flickenteppichs.

Wir lebten damals in Kalifornien. Wen erstaunt es da, daß mich dies alles entzückte und mir sehnsüchtige Vorstellungen vom fernen Deutschland eingab. Nichts schien dort regelmäßig zu sein, nichts sah aus, wie wenn es aus einer Fabrik käme; nichts wollte, ja, nichts durfte hier neu sein, und alles war doch ganz in der Ordnung. Trinchen, die ältliche Ladenbesitzerin, lag mit ihren dünnen Zöpfen und einer gerüschten Nachthaube im Bett. Das Bett selber war – Inbegriff aller Gemütlichkeit – ein großer Kasten, von Vorhängen umgeben und mit mächtigen Federbetten gefüllt. Unter ihm stand ein Nachttopf. Wo hatte man je so etwas gesehen! In jenem vorgestellten Deutschland gab es nicht nur Fachwerkhäuser, die unten schmaler waren als oben, enge Gassen, durch die nie ein Auto würde fahren können, und Gaslaternen – es gab Nachtwächter mit Hellebarde und Dichter mit Meerschaumpfeifen, einen St. Nikolaus, der wie ein Bischof und nicht wie ein verkleideter Onkel aussah, und einen Knecht Ruprecht, der just dies war: ein vierschrötiger Knecht mit gestricktem Kopfschützer und zerknautschten Stiefeln.

Dies alles nahm ich auf, während sich die Geschichte anließ. Und dies ist mir von ihr in Erinnerung geblieben: Trinchen Mutser hat einen kleinen Laden. Der Kummer hält sie heute in ihrem Bett wach. Sie hat das teure Schokoladenschiff nicht verkauft. Auch Cäcilie ist wach – ein kleines Mädchen, das mich weniger durch seine Bravheit als durch seine Armut rührt; es ist so arm, »daß es sich nie mit Seife waschen konnte«. Cäcilie hat sich eben jenes große Schokoladenschiff gewünscht, die *Kongo*, und sitzt nun vor dem Kamin mit einem Kissen auf dem Schoß, damit es nicht zerbreche, wenn St. Nikolaus es hereinfallen läßt. Der Heilige und sein Knecht, der in dieser Nacht alle Kinder »je nach Artigkeit« beschenkt, ist am Ende der Stadt und am Ende seiner Gaben, als er bei Cäcilie anlangt: Es ist alles vergeben. Cäcilie, die angehört hat, wie ratlos St. Nikolaus und Knecht Ruprecht sind, tritt aus dem Haus, grüßt die Herren und erklärt beherzt: Noch gebe es ja das Schokoladenschiff! Sie führt sie zu Trinchen Mutsers Laden. Diese verlangt von dem prächtigen

Kunden einen Preis, den dieser auch dann nicht zahlen könnte, wenn sie ihn nicht rasch erhöht hätte. Sie landet ziemlich hart auf ihrem Zwiebelkorb, und Cäcilie wird heimgeschickt, wo die *Kongo* unversehrt auf ihrem Kissen landet und weiße Watte aus ihren zwei Schornsteinen raucht – nach einem wundersamen Gesetz in zwei entgegengesetzten Richtungen. Wie der Dichter und der Nachtwächter dabei mitwirkten, wußte ich damals als Kind genau zu erzählen. Die beiden Himmelsgesetze hatten mir Eindruck gemacht: Erstens darf St. Nikolaus niemanden wecken (so muß Cäcilie an Trinchen Mutsers Tür klopfen, und als dies nichts bewirkt, der Dichter geholt werden, der auch noch wach ist); zweitens darf St. Nikolaus nichts von seiner kostbaren Ausstattung hergeben – keinen einzigen Diamanten von seinem reichbesetzten Bischofshut (so muß denn am Ende der Nachtwächter für die 25 Mark bürgen, die das Schiff kosten soll).

Heute, beim Wiederlesen, wundere und frage ich mich: Kann ich das alles verstanden haben – diese poetische, ironische, moralisch-abgründige und um Kindlichkeit der Sprache völlig unbekümmerte Erzählung?

Was haben Sätze wie diese ausgerichtet: »Ihr wißt, für St. Peter ist der Himmel kein Taubenschlag«, »Gott duldet keine Advokatenkniffe«, »Welche Muse kommt, um mir Heldengesänge zu diktieren?« (so fragt der Dichter, und als er den Heiligen erkennt, »jätete er allen Dialekt aus seiner Sprache, machte Verbeugungen und redete von Dante, Beatrice, Vondel, Milton und anderen Dichtergestalten . . .«)? – Aber muß man jedes Wort verstehen, um das Ganze zu verstehen? Ist es mit dem Text nicht wie mit den Bildern: Was man nicht erkennt, ergänzt die Phantasie – wenn nur alles Sichtbare in sich stimmig ist.

Was ein Kanonenofen ist oder eine Mitra, warum der diamantene Pelikan im Bischofsstab das Rubinblut für seine Jungen pickt und warum der Nachtwächter in sein Horn bläst, was es heißt, einen Rosenkranz zu beten oder einen Opferstock auszunehmen – das werde ich die gefragt haben, die mir's vorgelesen haben. Diese werden von sich aus erklärt haben, daß Trinchen Mutsers Zöpfe am Tage »aufgesteckt« werden und daß der Kragen des Dichters Remoldus Keersmaeckers abknöpfbar ist, um öfter gewechselt werden zu können als das Hemd. Sie werden beim Vorlesen des Satzes »›Tu es aus lauter Poesie‹, sagte der Dichter (zu Trinchen) theatralisch« eingeschoben haben: »das heißt ›um der Dichtkunst, um der Schönheit willen‹«.

Daß diese mich je gelangweilt habe, daran kann ich mich nicht erinnern. Beim Wiederlesen erinnere ich mich vielmehr der lebhaften Teilnahme, die der Satz in mir auslöste: »Trinchen Mutsers Herz war in einen Dornbusch gefallen« – so weh tat es ihr, daß sie das Schiff nicht verkauft hatte! Der zitierte Anfang der Geschichte hat uns Kinder eingestimmt, beruhigt und zugleich die Erwartung geweckt. Und vollends wird die kunstfertige Komposition ihre Wirkung getan haben: Da wachen vier Menschen in dieser Stadt, in der sonst alles schläft und wissen noch nicht, was sie in dieser Nacht miteinander zu tun haben werden. Auch wir wissen es nicht, aber uns stehen sie jetzt zu Gebote; es gibt sie; sie müssen nicht erfunden und eingeschmuggelt werden, wenn man sie braucht.

Selbst die Ironie, so antworte ich mir jetzt, wird beim Vergnügen mitgewirkt haben: Wenn Trinchen den heiligen Antonius und den heiligen Nikolaus um Hilfe anruft, weil sie diesen für einen verkleideten Dieb hält, und er antwortet: »Aber ich bin doch selbst St. Nikolaus«, da wird der Vierjährige vielleicht nicht, der Siebenjährige sehr wohl seinen Spaß dran gehabt haben. Den vergnügt es sogar, wenn der Nachtwächter diesen Nikolaus identifiziert, weil er doch so aussieht wie der ›in den Bilderbüchern‹! Kinder sind beides: gute Realisten und gute Poeten. Sie sind sehr zufrieden, wenn ihnen gesagt wird, wie Knecht Ruprecht »mit Katzengeschmeidigkeit an den Regenkandeln und Dachrinnen entlang« hangelt, um in die verschiedenen Stuben zu kommen, sind aber auch sehr einverstanden mit jenem glatten Mondstrahl, auf dem der Esel mit St. Nikolaus obendrauf und Knecht Ruprecht am Schwanz vom Himmel herab auf die Erde rutscht. Und weil das so ist, bin ich sicher, daß ihnen auch der ökonomische Hintersinn der moralischen Geschichte nicht ganz entgeht. Nein, geschmunzelt habe ich nicht bei dem Satz, mit dem sich Frau Dr. Vaes dafür entschuldigt, daß sie das große Schiff nicht kauft: »Ach, St. Nikolaus ist ein armer Mann. Die Kinder werden schon viel zu sehr verwöhnt, und außerdem gehen die Geschäfte von dem Herrn Doktor viel zu schlecht. Wissen Sie wohl, Trinchen, daß es in diesem Winter fast keine Kranken gibt? Wenn das nicht besser wird, weiß ich nicht, was wir anfangen sollen.« Ich habe daran gerätselt (wie an den vier Wochen, die der Dichter seine Miete schuldig geblieben ist). Geschäfte gehen gut oder schlecht. Das sind die Wörter, mit denen sonst die Taten von Menschen bedacht werden. Am Ende war ich jedenfalls immer gleichermaßen froh darüber, daß St. Nikolaus der Not entronnen war, Cäcilie das Schiff bekommen hatte und Trinchen sich wenigstens diesmal nicht mehr um ihre Bilanz sorgen mußte. Ich war bewegt, befriedigt, belehrt.

Mit Staunen höre ich seit Jahren, daß es dieses Buch nicht mehr gibt. Ich kann mir die Redensarten denken, mit denen man das begründet. Sehe ich, was die Verlage statt dessen bringen, bin ich geneigt, sie samt und sonders für falsch zu halten. Sie wissen alle zuviel – über das Kind, seine Bedürfnisse, wie man es fördert und womit man es überfordert. Aber wenn eine Geschichte nicht auch den Großen Freude macht, werden sie sie den Kleinen weder vorlesen noch erklären und möglicherweise gar nicht kaufen.

Hier ist eine gute Geschichte gut erzählt und kongenial illustriert – nicht ängstlich Wörter vermeidend, die das Kind nicht kennt, nicht knauserig die Poesie umgehend, die ein Kind nicht genießen könne, nicht die Moral leugnend, weil sie nicht zeitgemäß sei, nicht das Geheimnis wegdeutend, weil eine aufgeklärte Pädagogik das so verlange, und nicht die Wirklichkeit beschönigend, weil Weihnachten ist. Das alles hat weder die Welt noch das Kind nötig. Man traue ihm zu, daß es seine Wahrheit finde oder entbehre und also suche. Das muß das Buch dem Kind zugestehen. *St. Nikolaus in Not* endet: »Wie konnte das so in aller Stille geschehen? . . . Ja, das weiß nun niemand, das ist die Findigkeit und die große Geschicklichkeit vom Knecht Ruprecht, und die gibt er niemand preis.«

Dieser Text ist in der *Frankfurter Allgemeinen Zeitung* am 23. 12. 1982 erschienen.

13. Liebstes und Schlimmstes

Ein im 56. Lebensjahr ausgefüllter Fragebogen (1981)

Was ist für Sie das größte Unglück? *Krieg.*

Wo möchten Sie leben? *In Berlin vor 1933.*

Was ist für Sie das vollkommene irdische Glück? *Da gibt's Stellen in der Musik . . .*

Welche Fehler entschuldigen Sie am ehesten? *Die von Kindern.*

Ihre liebsten Romanhelden? *Pierre Besuchow, Fabrice, Lord Jim, Piggy (in »Herr der Fliegen«), Jakob der Lügner.*

Ihre Lieblingsgestalt in der Geschichte? *Sokrates.*

Ihre Lieblingsheldinnen in der Wirklichkeit? *Tina (die Kinderfrau meiner Geschwister), meine Schwester Helga.*

Ihre Lieblingsheldinnen in der Dichtung? *Antigone, die Sanseverina, Gräfin Rosmarin Ostenburg (»Das Dunkel ist Licht genug«).*

Ihr Lieblingsmaler? *Rembrandt.*

Ihr Lieblingskomponist? *Schubert.*

Welche Eigenschaften schätzen Sie bei einem Mann am meisten? *Wohlgemerkt als Eigenschaften, nicht als Tugenden: die männlichen.*

Welche Eigenschaften schätzen Sie bei einer Frau am meisten? *Wohlgemerkt als Eigenschaften, nicht als Tugenden: die weiblichen.*

Ihre Lieblingstugend? *Freundlichkeitundredlichkeit (frei nach B. Brecht).*

Ihre Lieblingsbeschäftigung? *Aufräumen.*

Wer oder was hätten Sie sein mögen? *Ein Sänger / Ein Seefahrer / Ein Schauspieler.*

Ihr Hauptcharakterzug? *Rastlosigkeit (aus Pflichtgefühl?) / Liebe zu Kindern.*

Was schätzen Sie bei Ihren Freunden am meisten? *Ihre Treue zu, ihre Geduld mit mir.*

Ihr größter Fehler? *(Was könnte einen bewegen, den preiszugeben?)*

Ihr Traum vom Glück? *Er wechselt – und widerspricht stets meiner Vernunft.*

Was wäre für Sie das größte Unglück? *Unsterblichkeit.*

Was möchten Sie sein? *»Jung, schön, hold und weise«.*

Ihre Lieblingsfarbe? – – –.

Ihre Lieblingsblume? *Wicken.*

Ihr Lieblingsvogel? *Bussard.*

Ihr Lieblingsschriftsteller? *Thukydides, Johann Peter Hebel, Joseph Conrad.*

Ihr Lieblingslyriker? *Goethe, Benn, Bachmann.*

Ihre Helden in der Wirklichkeit? *Männer und Frauen wie: Henning von Teskow, Sophie Scholl, Janusz Korczak.*

Ihre Heldinnen in der Geschichte? *Rosa Luxemburg, Jeanne d'Arc vor Gericht.*

Ihre Lieblingsnamen? *Tobias, Mirjam, Johannes (unangenehme Träger könnten sie mir auf der Stelle verderben).*

Was verabscheuen Sie am meisten? *Opportunismus.*

Welche geschichtlichen Gestalten verachten Sie am meisten? *Die gestaltlosen – den millionenfachen »Herrn Karl«.*

Welche militärischen Leistungen bewundern Sie am meisten? *Verteidigung und Aufstand gegen übermächtige Unterdrücker (Platää, Warschauer Getto).*

Welche Reform bewundern Sie am meisten? *Die Abschaffung der Todesstrafe.*

Welche natürliche Gabe möchten Sie besitzen? *Fest schlafen, schön singen, gut vorlesen können.*

Wie möchten Sie sterben? *Freiwillig und undramatisch (wenn sich das vereinen läßt).*

Ihre gegenwärtige Geistesverfassung? *Glücklich unentschieden.*

Ihr Motto? *»Das nichtgeprüfte Leben ist nicht lebenswert« (Sokrates).*

Das *Magazin* der *Frankfurter Allgemeinen Zeitung* veröffentlicht seit seinem Bestehen jede Woche die Antworten einer sogenannten ›Persönlichkeit des öffentlichen Lebens‹ auf einen Fragebogen, der dadurch berühmt geworden ist, daß schon Marcel Proust ihn beantwortet hat. Meine Antworten sind in der Nummer vom 19. 2. 1982 erschienen.

14. Buchveröffentlichungen des Autors

Probleme des altsprachlichen Unterrichts, dargestellt am Modell der englischen Schule. Ernst Klett: Stuttgart 1960 (= Beiheft zu *Der Altsprachliche Unterricht,* Reihe V)

Wie hoch ist die Höhere Schule? Eine Kritik. Ernst Klett: Stuttgart 1962

Das erste Studienjahr an der Universität. Bericht über eine Tagung. Unesco-Institut für Pädagogik: Hamburg 1963

Hellas und Rom. Langewiesche-Brandt-Verlag: Ebenhausen bei München 1964 (= Band I zu *Lesewerk zur Geschichte*)

Die Schule im Regelkreis. Ein neues Modell für die Probleme der Erziehung und Bildung. Ernst Klett: Stuttgart 1965

Platonisches Lehren. Probleme der Didaktik, dargestellt am Modell des altsprachlichen Unterrichts. Ernst Klett: Stuttgart 1966

Universität und Höhere Schule. C. Bertelsmann Verlag: Gütersloh 1967

Öffentliche Meinung, öffentliche Erregung, öffentliche Neugier. Pädagogische Überlegungen zu einer politischen Fiktion. Vandenhoeck & Ruprecht: Göttingen 1968

Systemzwang und Selbstbestimmung. Über die Bedingungen der Gesamtschule in der Industriegesellschaft. Ernst Klett: Stuttgart 1968, 2. Aufl. Stuttgart 1969

Spielraum und Ernstfall. Gesammelte Aufsätze zu einer Pädagogik der Selbstbestimmung. Ernst Klett: Stuttgart 1969

Cuernavaca – oder: Alternativen zur Schule? Ernst Klett: Stuttgart/Kösel: München 1971

Das Bielefelder Oberstufen-Kolleg. Ernst Klett: Stuttgart 1971 (= Sonderpublikation der Schriftenreihe der Schulprojekte Laborschule/Oberstufen-Kolleg, Heft 1)

Die Bielefelder Laborschule. Ernst Klett: Stuttgart 1971 (= Sonderpublikation der Schriftenreihe der Schulprojekte Laborschule/Oberstufen-Kolleg, Heft 2)

Magier oder Magister? Über die Einheit der Wissenschaft im Verständigungsprozeß. Ernst Klett: Stuttgart 1972

Röll, der Seehund. Gertraud Middelhauve: Köln 1972

Schule als Erfahrungsraum. Eine Übung im Konkretisieren einer pädagogischen Idee. Ernst Klett: Stuttgart 1973

Die Wiederherstellung der Politik/Cuernavaca revisited. Ernst Klett: Stuttgart/Kösel: München 1973

Die Sache und die Demokratie. Drei Abhandlungen zum Verhältnis von Einsicht und Herrschaft. Suhrkamp: Frankfurt 1975

Was ist eine humane Schule? Drei Vorträge. Hanser: München, Wien 1976

Mitarbeit an: *Detto und andere.* Acht Einheiten für Sozialwissenschaften in der Schule von Lippitt–Fox–Schaible. Ernst Klett: Stuttgart 1977

Paff, der Kater oder Wenn wir lieben. Hanser: München, Wien 1978

Die entmutigte Republik. Politische Aufsätze. Hanser: München, Wien 1980

Die Krise des Abiturs und eine Alternative. Klett-Cotta: Stuttgart 1980

Aufwachsen in Vernunft. Kommentare zur Dialektik der Bildungsreform. Klett-Cotta: Stuttgart 1981

Erkennen durch Handeln. Versuche über das Verhältnis von Pädagogik und Erziehungswissenschaft. Klett-Cotta: Stuttgart 1982

Hartmut von Hentig